prépabac

CAP
TERTIAIRES ET INDUSTRIELS

TOUTES LES MATIÈRES GÉNÉRALES

- **Français**
  Véronique Saunier
- **Histoire-Géographie, Enseignement moral et civique**
  Marc Boulanger
- **Mathématiques**
  Aimeric Imbert
- **Sciences physiques et chimiques**
  Aimeric Imbert
- **Prévention, Santé, Environnement**
  Sylvie Crosnier, Mary Cruçon
- **Anglais**
  Jemma Chauveau

FOUCHER

ISBN 978-2-216-13370-3 (Nouvelle édition)

ISBN 978-2-216-11781-9 (1re édition)

AVANT-PROPOS

Ce Prépabac **« Toutes les matières générales »** est conçu pour vous accompagner dans votre préparation au CAP.

Pour chaque matière, **chaque thème du programme** fait l'objet d'un chapitre.

Chaque chapitre est composé d'un cours qui synthétise, de manière efficace, tout ce qu'il faut savoir sur le thème concerné. Selon les matières, il est enrichi de documents, de schémas, de cartes…

Des exercices corrigés et des sujets de type CAP permettent un entraînement efficace à l'examen.

Dans les marges du cours, vous trouverez également, sous forme d'encadrés bleus, les commentaires et conseils des auteurs. Enseignants de CAP, ils se sont efforcés de faire ainsi ressortir les informations, conseils et mises en garde qui leur paraissaient les plus utiles dans le cadre d'une préparation au CAP.

Il nous reste à vous souhaiter de très bonnes révisions et un CAP sans souci !

SOMMAIRE

FRANÇAIS

1 Se construire 8
2 S'insérer dans le groupe 20
3 S'insérer dans l'univers professionnel 39
4 S'insérer dans la cité 53

HISTOIRE-GEOGRAPHIE- ENSEIGNEMENT MORAL ET CIVIQUE

Histoire

1 Voyages et découvertes, XVIe-XVIIIe siècles 68
2 Être ouvrier en France, XIXe-XXIe siècles 76
3 La République en France 85
4 Guerres et conflits en Europe au XXe siècle 94

Géographie

5 Le développement inégal 102
6 Nourrir les hommes 110
7 Les sociétés face aux risques 117
8 Mondialisation et diversité culturelle 124

Enseignement moral et civique

9 La personne et l'État de droit 132
10 Égalité, différences, discriminations 137
11 Exercer sa citoyenneté dans la République et dans l'Union européenne 141
12 Pluralisme des croyances et laïcité 147

MATHÉMATIQUES

1 Le calcul numérique 152
2 Le repérage 163
3 La proportionnalité 171
4 La situation du premier degré 179
5 La statistique descriptive, les notions de chance ou de probabilité 182
6 La géométrie plane 191
7 La géométrie dans l'espace 206
8 Les propriétés de géométrie plane 209
9 Les relations trigonométriques dans le triangle rectangle 215
10 Les calculs commerciaux 218

SCIENCES PHYSIQUES ET CHIMIQUES

1 Sécurité : la prévention des risques chimiques et électriques 222

Sciences chimiques

2 Chimie 1 : la structure et les propriétés de la matière 228
3 Chimie 2 : acidité, basicité, pH, techniques d'analyse et de dosage 236

Sciences physiques

4 Mécanique 1 : la cinématique 240
5 Mécanique 2 : l'équilibre d'un solide soumis à 2 forces 245
6 Acoustique : les ondes sonores 250
7 Électricité : régime continu, régime sinusoïdal monophasé, puissance et énergie 254
8 Thermique : la thermométrie 259

PRÉVENTION, SANTÉ, ENVIRONNEMENT

Module 1 : L'individu et sa santé

1 Les rythmes biologiques et le sommeil 262
2 Une alimentation adaptée à son activité 265
3 L'activité physique et ses effets sur la santé 268
4 Les conduites addictives 270
5 Les infections sexuellement transmissibles 272
6 La contraception 274

Module 2 : L'individu dans ses actes de consommation

7 Le budget et l'épargne 277
8 Le crédit et le surendettement 280
9 Les achats 283
10 Les contrats et les assurances 287
11 L'information et la protection du consommateur 289
12 La sécurité sanitaire du consommateur 291

Module 3 : L'individu dans son parcours professionnel

13 La formation initiale 294
14 La formation continue et la validation des acquis de l'expérience (VAE) 296
15 La recherche d'emploi 299

Module 4 : L'individu dans son environnement professionnel

16 La législation du travail 302
17 Les contrats de travail et les rémunérations 303
18 Les représentants du personnel 308
19 Les structures de défense, de protection et de contrôle 310
20 La surveillance de la santé du salarié 312
21 Les risques professionnels 314
22 Les accidents du travail et les maladies professionnelles 316
23 Le risque lié à l'activité physique 319
24 Les troubles musculo-squelettiques (TMS) 322
25 Le risque lié au bruit 325
26 Le risque lié aux poussières 328
27 Le risque chimique 330
28 Le risque mécanique 333
29 Le risque électrique 335
30 Le risque lié à l'éclairage 339
31 Le risque incendie 341
32 Le risque lié à la charge mentale 343
33 Les déchets 345

ANGLAIS

1 Les chiffres et les dates 350
2 Le nom 354
3 To be, to have et have got 357
4 Le présent simple, le présent en -ing et le gérondif 361
5 Le prétérit simple 366
6 Can, must et l'impératif 370
7 Les questions et les prépositions 373
8 Le futur avec will et l'expression would like to 378

FRANÇAIS

1. Se construire 8
2. S'insérer dans le groupe 20
3. S'insérer dans le monde professionnel 39
4. S'insérer dans la cité 53

FRANÇAIS

1 Se construire

Le programme de français doit aider l'élève à se construire : en développant une réflexion sur son identité et son devenir social, sur son histoire personnelle, familiale, scolaire et professionnelle.

1 Se décrire

A Faire son autoportrait

■ Se décrire, c'est révéler son identité, des aspects de son physique, mais aussi de son caractère. C'est aussi et surtout transmettre aux autres le regard que l'on porte sur soi-même.

■ Pour qu'un portrait soit précis, vivant, il faut évoquer les éléments les plus représentatifs de son identité, de son physique et de son caractère.

Vocabulaire : le portrait	
L'identité	Nom, prénom, surnom, formation, métier
Le portrait physique	**Allure générale** : *grand, athlétique, carré, charpenté, musclé, costaud, mince, svelte, longiligne, chétif, maigre, fluet, trapu, rond, élégant, souple, vif...* **Visage** : *ovale, rond, carré, long, lisse, épanoui, détendu...* **Teint** : *foncé, clair, coloré, mat, pâle...* **Yeux** : *bleus, gris, noirs, verts... en amande, bridés, pétillants, flamboyants, rieurs...* **Front** : *haut, plat, bombé, proéminent* **Nez** : *long, épaté, retroussé, court, rond...* **Lèvres** : *charnues, épaisses, minces, serrées...* **Cheveux** : *bruns, blonds, châtains, noirs, roux, foncés, clairs, cendrés, brillants, dorés, bouclés, frisés, crépus, ondulés, lisses, raides, souples, fins, épais, touffus...* **Démarche** : *majestueuse, gracieuse, vive, fière, raide, élégante...* **Épaules** : *larges, étroites, carrées...* **Mains** : *douces, fines, massives, musclées...* **Jambes** : *longues, musclées, fines*
Le portrait moral	**Qualités et défauts** : *aimable, généreux, courageux, patient, franc, tolérant, compréhensif, sociable, doux, tendre, honnête, malicieux, taquin, discret, sentimental, timide, réservé, égoïste, jaloux, avare, coléreux, impatient, peureux...* **Goûts et passions** : *musique (rock, techno, rap...), lecture, danse, voyages, animaux, nature, collections, jeux vidéo, informatique, photo, cinéma, sorties avec des amis...* **Habitudes** : *téléphoner, envoyer des SMS, travailler, regarder la télévision, se coucher tôt/tard, se lever tôt/tard...*

Exemple de description

Mademoiselle Juju, c'est moi. Mon vrai nom, c'est Juliette, mais tout le monde m'appelle Juju. Je suis de taille moyenne, pas très bien proportionnée. Je trouve mon visage trop rond, j'ai la peau mate, les yeux oscillant entre le bleu, le gris et le vert. On me dit qu'ils sont pétillants et rieurs, et cela me fait plaisir. Mon nez est légèrement retroussé, ma bouche est grande et mes lèvres sont plutôt pleines.

J'ai oublié la vraie couleur de mes cheveux, je crois me souvenir que je suis châtain. Maintenant, je suis très fière de ma chevelure noire de jais.

Je suis sociable, j'engage facilement la conversation. Je pense pouvoir dire que je suis généreuse et j'aime aider les autres. En revanche, et c'est certainement l'un de mes plus grands défauts : j'ai du mal à faire vraiment confiance. Au fond, je suis certainement plus réservée que j'en ai l'air. Je m'intéresse à énormément de choses, j'adore dessiner et jouer de la guitare, mais ma grande passion ce sont les romans policiers.

Légende

Identité

Portrait physique

Traits de caractère

Goûts et passion

■ Application : exercice d'écriture

En vous aidant du vocabulaire proposé dans le tableau page précédente, faites votre description.

B Se présenter autrement : l'autoportrait d'un artiste

Pour se présenter, on peut aussi se dessiner, se peindre, se photographier… À travers des œuvres d'art, l'artiste nous donne à voir le regard qu'il porte sur lui-même.

Norman Rockwell, *Triple Autoportrait*, 1960
Collection of Norman Rockwell Museum, Stockbridge, Massachusetts, États-Unis

Commentaire du tableau

Pourquoi ce titre : *Triple autoportrait* ?

- Le **peintre** s'est **peint** de dos en train de **peindre**.
- Sur la toile, il est en train de se peindre de face tel qu'il se voit dans le miroir.
- À l'arrière-plan, il a peint son reflet dans le miroir.

• On voit donc l'artiste de dos, assis sur un tabouret, se penchant pour se regarder dans un miroir posé sur une chaise (miroir où nous voyons son reflet sans doute comme il doit le voir lui-même), tandis que sa main reste levée, avec le pinceau sur la toile devant lui et où commence à apparaître son autoportrait. Le peintre et son image dans le miroir se correspondent parfaitement : même taille, mêmes lunettes (qui nous cachent le regard). L'autoportrait sur la toile est, lui, beaucoup plus grand que « nature », sans lunettes.

• Il paraît plus jeune, sa pipe est horizontale (et non pas tombante comme dans la « réalité »). On peut imaginer que le miroir renvoie le « vrai » Norman Rockwell, celui qui a vieilli, qui a l'air un peu triste ou boudeur, alors que le portrait sur la toile est le peintre idéalisé, en tout cas différent.

• L'autoportrait est le résultat d'un choix : mettre en évidence un défaut physique, révéler une humeur, un trait de caractère...

2 Se raconter

A Raconter sa propre vie : l'autobiographie

Ne pas confondre autobiographie et biographie

L'autobiographie est l'écriture de sa propre vie. Auteur, narrateur et personnage principal se confondent. La biographie est le récit qu'un auteur fait de quelqu'un : un homme politique, un artiste, un personnage historique...

L'autobiographie est « un récit rétrospectif (*qui a rapport avec le passé*) en prose qu'une personne réelle fait de sa propre existence, lorsqu'elle met l'accent sur sa vie individuelle, en particulier sur l'histoire de sa personnalité. » Philippe Lejeune, *in Le Pacte autobiographique*, Éditions du Seuil, 1975.

Raconter sa propre vie dans une autobiographie ou un journal intime, c'est :

- **rédiger à la première personne** (« je »), en étant à la fois l'auteur, le narrateur, le personnage principal ;
- s'engager dès l'introduction à **dire la vérité** et à annoncer pourquoi on a envie de se raconter : se délivrer d'un événement douloureux, exprimer des émotions, mieux se connaître, devenir un exemple, témoigner d'événements historiques... ;
- **choisir des moments de sa vie**, en fonction de ce que l'on souhaite transmettre.

Un début de récit autobiographique

Avant de me décider à travailler sur ce livre, j'y ai longuement pensé... Rétrospectivement, je ne voyais rien qui dût être censuré. Il n'y avait aucune raison de ne pas être honnête. Ce qui est fait est fait. Il n'y a pas à y revenir. Ça n'est pas dans ma nature. D'ailleurs je connais la musique ! J'ai donc décidé de raconter tout ce que je peux me rappeler, selon mes plus fidèles souvenirs. [...]

Légende

Je = auteur, narrateur, personnage principal

S'engage à dire la vérité

J'ai maintenant quarante-sept ans et ça fait un bout de temps que j'entends parler de moi. Certaines choses que les gens disent ne sont que pure opinion : bonne ou mauvaise. Certains faits sont hautement inexacts ou trompeurs. J'ai l'intention de revenir en arrière et de revivre ça. Et je suis content... que vous soyez assez intéressés pour m'écouter raconter mon histoire.

Je suis né le 23 septembre 1930 à Albany en Géorgie. [...]

Ray Charles[1] et David Ritz, *Le Blues dans la peau*,
© Presses de la renaissance (1979 pour la traduction française)
et Éditions Belfond (2005).

1. Ray Charles (1930-2004) : chanteur et pianiste américain surnommé *The Genius*. Aveugle à sept ans et orphelin à quinze, il apprend seul le piano et le saxophone. C'est un grand nom du jazz.

Légende

Veut se raconter pour rétablir la vérité

S'adresse directement aux « lecteurs »

Le récit d'un moment fort

Dans une autobiographie, on ne raconte pas tout ; on choisit, dans ses souvenirs, des moments forts : en général, un épisode à l'origine d'émotions intenses, de bouleversements. Le récit doit être vivant, on peut intégrer des dialogues, évoquer des sensations (la vue, l'ouïe, le toucher, l'odorat, le goût) ou des émotions. On peut commenter ses souvenirs (donner des explications, juger l'attitude que l'on a eue, tirer une morale...).

Patrick Chamoiseau se souvient de l'arrivée de l'eau courante à Fort-de-France, en Martinique.

L'eau est arrivée ! L'eau est arrivée ! L'eau est arrivée ! Et tout le monde courait-venir, se bousculait, réglait une vitesse sur l'eau offerte. D'abord les grandes personnes. Nan Ninotte, toujours en tête, remplissait son bassin, puis ses bassines, puis ses six ou sept bombes, puis quelques casseroles, puis ses carafes. Les autres mamans faisaient de même. [...] En fait chacun stockait l'eau bien au-delà de ses utilisations du jour : régnait la crainte diffuse que la municipalité ne se ravise et ne l'accorde plus. Après il restait un rien de minutes que les enfants devaient mettre à profit pour se laver. Et comme on ne pouvait faire la queue, nous entrions tous en débandade frétillante dessous le jet.

Patrick Chamoiseau, *Une enfance créole I, Antan d'enfance*,
© Éditions Gallimard, 1990.

Légende

Commentaires du narrateur

nous = auteur, narrateur, personnage principal et ses amis

Conjugaison
• **Pour raconter un souvenir**, on emploie plutôt le **passé composé**. Il se conjugue avec l'auxiliaire être ou **avoir** + **le participe passé**. Exemple : J'ai vécu ; je suis né... • **Pour décrire la situation**, on privilégie souvent l'**imparfait**. Exemple : Nous étions dans un jardin en fleurs, ma mère lisait... • **Pour expliquer ou commenter les souvenirs**, on emploie le **présent**. Exemple : Aujourd'hui, je me rends compte que ma vision était celle d'un enfant. **Voir tableaux de conjugaison en fin de partie.**

Exercice : Différencier auteur, narrateur, personnage

Dans l'extrait suivant : qui est l'auteur ? le narrateur ? le personnage ?
Est-ce une autobiographie ? Trouvez des indices qui justifient vos réponses.

Ne pas confondre auteur et narrateur

L'auteur invente, écrit une histoire. Il signe le récit de son nom, ou de son pseudonyme, il fait publier son texte.
Le narrateur est inventé par l'auteur, il raconte l'histoire. Il peut être effacé (le récit est à la troisième personne) ou présent ; dans ce cas, il est un personnage de l'histoire (le récit est à la première personne).

Le docteur Frankenstein a créé un être vivant de toutes pièces, d'une grande laideur et d'une force surhumaine. La créature va à la rencontre de son créateur...

Il s'approchait : son expression traduisait une souffrance profonde mêlée de mépris et de malignité et sa laideur surnaturelle le rendait à peine supportable en son horreur pour des regards humains. Mais j'y fis à peine attention ; la rage et la haine me privèrent d'abord de la parole, et je ne me ressaisis que pour l'accabler sous l'expression de ma haine furieuse et de mon mépris.

« [...] Va-t-en vile créature ! Ou, plutôt, reste que je te réduise en poussière. [...]
– Je m'attendais à cet accueil, dit le démon. [...] Comment pourrais-je t'émouvoir ? Aucune supplication ne te fera donc tourner un regard favorable vers ta créature, qui implore ta bonté et ta compassion ? Crois-moi, Frankenstein, j'étais bon ; mon âme rayonnait d'amour et d'humanité : mais ne suis-je pas seul, misérablement seul ? [...] Quel espoir puis-je mettre en tes semblables qui ne me doivent rien ? Ils me méprisent et me haïssent ! »

Mary Shelley, *Frankenstein*, traduction de Germain d'Hangest, © Éditions Garnier-Flammarion.

CORRIGÉ

L'auteur est Mary Shelley (elle a inventé l'histoire). Le narrateur est le docteur Victor Frankenstein (il raconte l'histoire). Le personnage principal est le narrateur. Le deuxième personnage est la « créature ». Ce n'est pas une autobiographie puisque le personnage principal et narrateur est inventé par Mary Shelley. Indices : Mary Shelley est une femme, le narrateur est un homme. Les monstres avec une force surhumaine n'existent pas, c'est une histoire fantastique.

B Exprimer des sensations et des sentiments

■ Les **sensations** sont éprouvées par les sens : odorat, ouïe, toucher, goût, vue.

■ Les **sentiments** sont des réactions face à des événements : joie, tristesse, surprise, peur, colère...

Je devais me rendre à l'évidence ; j'étais perdue dans la neige. Le froid me transperçait ; mes jambes engourdies me soutenaient à peine. J'étais découragée et j'avais peur. Tout à coup je sentis une odeur de bois brûlé. Un chalet apparut au loin... J'entendais des chants, des rires. J'étais sauvée. L'angoisse fit place au soulagement. La joie me portait et j'oubliais mes pieds gelés...

Catherine Guillemard, © Éditions Foucher.

Légende

Narratrice

Sentiments : découragement, peur, puis joie

Sensations : odorat, vue, ouïe, toucher

Exercice : Différencier sensations et sentiments

Repérez les sentiments et les sensations. Que veut exprimer le narrateur ?

Qu'allais-je lui dire ? Pourrais-je lui parler normalement ? Mon cœur battait très fort, bien trop fort. Un son sortirait-il de ma bouche ? Je voyais de la lumière, je pouvais même l'apercevoir, mais mes doigts n'arriveraient jamais à atteindre la sonnette. Je sentais comme un voile devant mes yeux. Je m'en veux, je suis si prêt du but et l'angoisse me déborde. Je n'entends plus rien, les bruits de la rue sont assourdis, je vais m'évanouir...

CORRIGÉ

- Les sentiments : amour, excitation, trouble intense, angoisse...
- Les sensations : perte du toucher, de la vue, de l'ouïe provoquée par une trop forte émotion.

Vocabulaire : des verbes pour exprimer ses sensations	
Voir	– avec attention : *épier, dévisager, reluquer, examiner, guetter, inspecter, observer, regarder, toiser, viser, fixer, espionner, scruter, surveiller...* – avec émerveillement : *admirer, contempler, dévorer des yeux...* – sans pouvoir détacher les yeux : *être fasciné, hypnotisé par...* – brutalement : *constater, découvrir, remarquer, sauter aux yeux...* – rapidement : *jeter un coup d'œil, lorgner, saisir à la dérobée, viser du coin de l'œil...*
Entendre	– *écouter, ouïr, percevoir, tendre l'oreille, venir aux oreilles...* – Un bruit agréable peut : *bercer, caresser, charmer, réjouir...* – Un bruit désagréable peut : *agresser, déchirer les tympans...*
Sentir	*flairer, humer, renifler, respirer, empester, empuantir...*
Goûter	*savourer, avaler, déguster, se délecter, se rassasier, dévorer, croquer...*
Toucher	– avec brutalité : *appuyer, cogner, frotter, heurter...* – avec douceur : *caresser, câliner, enlacer, flatter, chatouiller...* – avec insistance : *tripoter, palper, pétrir, presser, tâter...* – avec légèreté : *effleurer, frôler...* – avec hésitation : *tâtonner...*

Vocabulaire : des mots pour exprimer ses sentiments	
Verbes	*aimer, détester, (se) réjouir, exulter, (s')inquiéter, (s')ennuyer, détester, attrister, chagriner...*
Adjectifs qualificatifs et participes passés employés comme adjectifs	*aimable, inquiétant, ennuyeux, mélancolique, réjouissant, détestable, triste, peiné, surpris, sidéré, étonné, aimé ; détesté ; haï ; attristé ; admiré ; adoré, attristé, méprisé, soulagé, apeuré, effrayé, terrorisé...*
Noms	*la joie, le bonheur, l'amour, le soulagement, l'ennui, le chagrin, la compassion, le mépris, la tristesse, le désespoir, la mélancolie...*
Phrases exclamatives	*C'est extraordinaire ! (étonnant ! admirable ! horrible !...)* *Quel désastre ! (désolation ! tristesse ! horreur !...)*
Interjections	*Ah ! Ha ! Oh ! Ho ! Hélas !...*
Adverbes	*tendrement, amoureusement, joyeusement, amèrement, mélancoliquement, tristement...*
Expressions	*broyer du noir, avoir le cafard (le bourdon), voir la vie en rose, avoir une dent contre quelqu'un, être en pétard, exploser de joie (de colère)...*

3 S'exprimer en poésie

A Qu'est-ce que la poésie ?

■ La poésie est d'abord un **art du langage**. Le poète cherche la musique des mots mais aussi l'expressivité à travers des images évocatrices (« *Par les soirs bleus d'été...* », Arthur Rimbaud).

■ Le texte poétique se divise souvent en **strophes**, elles-mêmes constituées de **vers**. Le vers correspond à une ligne et non à une phrase. Il débute généralement par une majuscule.

■ Dans les poèmes à **forme fixe**, les vers sont de même longueur et sont marqués par des rimes (répétitions de sons identiques en fin de vers). Dans les poèmes à **forme libre**, les strophes et les vers peuvent être de longueur irrégulière, et les rimes ne sont pas obligatoires. À l'intérieur des vers, des **répétitions** de sons-voyelles (assonances) ou des répétitions de sons-consonnes (allitérations) contribuent à la musicalité du texte.

■ **Forme fixe et forme libre**

Le chat	**Commentaires**
Je/sou/hai/te/dans/ma/m**ai**/**son** : ←	Tous les vers ont **8 syllabes**.
Une femme ayant sa r**aison**, ←	
Un chat passant parmi les **livres**,	
Des amis en toute s**aison** ←	**Rimes**
Sans lesquels je ne peux pas v**ivre**.	
Guillaume Apollinaire (1880-1918)	Donc : **forme fixe**

Maison de craie	**Commentaires**
Sur son ardoise l'enfant dessine **(9 syllabes)**	• Les vers sont **irréguliers**.
une maison : porte, fenêtre unique, **(10 syllabes)**	• Pas de rimes en fin de vers.
cheminée de guingois **(6 syllabes)**	• Pas de majuscule en début de vers.
et dans le ciel l'oiseau-soleil. **(8 syllabes)**	
© ***Jean Joubert**, in* Mille ans de poésie	Donc : **forme libre**

■ **Des assonances et des allitérations**

Dans la strophe ci-dessous, extraite du poème « Sous le pont Mirabeau » de Guillaume Apollinaire, on repère une assonance en [ou] et une allitération en [m] qui accentuent l'idée de la fuite du temps et de la fuite des amours.

« S**ou**s le pont **M**irabeau c**ou**le la Seine
Et nos a**m**our**s**
Faut-il qu'il **m**'en s**ou**vienne
La joie venait t**ou**j**ou**rs après la peine »

B S'engager par la poésie

■ Un poème engagé défend une cause, ou dénonce l'injustice, l'intolérance, le racisme, la guerre... Il utilise souvent un ton indigné, par le choix de mots qui expriment un jugement de valeur.

■ **Les marques de l'engagement**

Dans le poème suivant, Victor Hugo dénonce une situation intolérable : le travail des enfants, leurs conditions de travail, l'injustice sociale mais aussi le progrès qui crée des usines inhumaines où les rythmes de travail sont infernaux.

Où vont tous ces enfants dont pas un seul ne rit ?
Ces doux êtres pensifs que la fièvre maigrit ?
Ces filles de huit ans qu'on voit cheminer seules ?
Ils s'en vont travailler quinze heures sous des meules ;
Ils vont, de l'aube au soir, faire éternellement
Dans la même prison le même mouvement.
Accroupis sous les dents d'une machine sombre,
Monstre hideux qui mâche on ne sait quoi dans l'ombre,
Innocents dans un bagne, anges dans un enfer,
Ils travaillent. Tout est d'airain, tout est de fer.
Jamais on ne s'arrête et jamais on ne joue.
Aussi, quelle pâleur ! La cendre est sur leur joue.[...]
Travail mauvais qui prend l'âge tendre en sa serre,
Qui produit la richesse en créant la misère,
Qui se sert d'un enfant ainsi que d'un outil ! [...]

Victor Hugo, « Melancholia », in *Les Contemplations*, 1856.

Légende

Description de l'état physique des enfants

Description du travail des enfants, dans des conditions abominables

Usine inhumaine, machines qui broient ceux qui travaillent

Des images pour exprimer son engagement

Dans le texte ci-dessus, Victor Hugo utilise de nombreuses images pour renforcer son indignation.

• La **comparaison** associe deux réalités (un élément comparé, un élément comparant) en les reliant entre elles par un outil de comparaison.

« d'un enfant | ainsi que | d'un outil »
↓ Comparé — ↓ Outil de comparaison — ↓ Comparant

• La **métaphore** associe deux réalités (un élément comparé, un élément comparant) sans outil de comparaison.
L'usine (élément comparant non dit) est comparée à un « monstre hideux », à une « prison », un « bagne », « un enfer » (éléments comparés).
Le travail (élément comparé) est comparé à un « aigle : » « qui prend l'âge tendre [les enfants] dans sa serre » (élément comparant).

• La **personnification** donne à un élément non vivant des caractéristiques humaines.
Les machines ont des dents : « les dents d'une machine sombre », elles « mâchent »...

Exercice : Analyser un poème

1. Le poème suivant est-il à forme fixe ou à forme libre ?
2. Ce texte est-il un poème engagé ? Pourquoi ?
3. Quels mots traduisent les sentiments du poète face à la situation ?
4. « un vent mauvais » : quelle est la figure de style employée ? Expliquez-la.

Dans cette ville
où l'indifférence
la misère
l'ennui
lèvent un vent mauvais [...]
Où l'enfance se gaspille
court les rues
pour quelques pièces
et fouiller les ordures

Où l'enfance se gaspille
déambule
au fil des jours
au fil des heures
de son errance

Véronique Tadjo, *À mi-chemin*, © Éditions l'Harmattan.

CORRIGÉ

1. La forme est libre : les vers sont de longueur irrégulière. Pas de rimes. Pas toujours de majuscules en début de vers. Pas de ponctuation.
2. Ce poème dénonce la misère dans un pays où les enfants ne peuvent aller à l'école (« l'enfance se gaspille/court les rues... »), où ils trouvent de quoi vivre en fouillant les ordures.
3. « vent mauvais », « se gaspille », « déambule », « errance ».
4. C'est une métaphore, comme si l'indifférence, la misère, l'ennui se répandaient sur toute la ville, emportant l'enfance sur son passage.

4 Justifier un choix, un avis, formuler une opinion personnelle

A Thèse, arguments, exemples

■ Pour justifier un choix, un avis, formuler son opinion, il faut argumenter, c'est-à-dire défendre son point de vue, pour convaincre, au moyen de preuves et d'exemples.

■ L'opinion défendue s'appelle la **thèse**.

■ Pour construire un paragraphe argumentatif, on annonce dans la première phrase le thème (ce dont on va parler) et l'opinion que l'on souhaite justifier : sa thèse.

EXEMPLE : La [télévision] <u>supprime tout esprit critique.</u>
thème — opinion défendue

■ Puis il faut développer des **arguments** illustrés par des **exemples**.
• Argument 1 : **Beaucoup d'émissions sont stupides** : *des jeux qui n'apportent aucune culture, des divertissements qui font croire que chacun peut devenir une star... (exemples).*
• Argument 2 : **La télévision rend passif**, *nous passons des heures sans bouger à avaler des images sans même y réfléchir (exemple).*
• Argument 3 : **La télévision empêche d'avoir des relations avec les autres.** *Souvent, dans les familles, même les repas se passent devant le petit écran, interdisant toute conversation (exemple).*

Exercice : Repérer le thème, la thèse et l'argument

1. Quel est le thème de ce texte ?
2. Quelle est la thèse défendue par Emmanuelle Laborit ?
3. Quel argument développe-t-elle ?

Un enfant sourd, pour moi, ce n'est pas un enfant handicapé. C'est une personne différente, avec une langue, une histoire. Effectivement, on a une déficience auditive. Mais on peut tout comprendre avec les yeux. On a un autre sens qui est visuel et qui peut complètement compenser ce manque auditif. L'enfant sourd, pour moi, c'est un enfant absolument normal, il est comme un enfant entendant.

Emmanuelle Laborit, première comédienne sourde couronnée par un Molière pour sa performance dans *Les Enfants du silence*, *Les Années Lycées*, ministère de l'Éducation nationale et Axa, © Éditions Darjeeling, 1994.

CORRIGÉ

1. Le thème est la surdité.
2. E. Laborit défend la thèse suivante : un enfant sourd n'est pas un handicapé, « c'est une personne différente ».
3. Argument : il dispose d'un autre sens, la vue qui compense l'absence de l'ouïe et lui permet d'être « absolument normal ».

B Des mots valorisants et dévalorisants

Pour exprimer son opinion, il faut utiliser des mots efficaces qui valorisent (pour dire du bien) ou qui dévalorisent (pour dire du mal).

EXEMPLE : Pour ou contre les jeux vidéos pour les jeunes enfants ?

Pour	Légende
Les jeux vidéos sont un moyen ludique et intelligent pour apprendre à utiliser l'ordinateur, qui est un outil indispensable à la vie de tous les jours. Beaucoup de jeux sont vraiment des réussites : même des œuvres d'art avec des dessins de grande qualité. Certains jeux sont excellents pour découvrir les couleurs, les formes, les bases des mathématiques, des langues... La majorité des jeux vidéo stimulent indiscutablement la concentration, la mémoire, la reconnaissance visuelle, la rapidité, la logique et favorise la coordination des gestes. Face aux échecs, l'enfant apprend à être patient. De plus, les jeux peuvent aussi favoriser les échanges avec d'autres enfants qui partagent les mêmes passions.	Adjectifs qualificatifs valorisants Noms valorisants Verbes valorisants Adverbes valorisants

Contre	Légende
Une grande partie des jeux sont de qualité médiocre, tant dans la forme que dans le contenu. Les valeurs véhiculées par les jeux sont souvent négatives : violence, compétition, argent... Finalement beaucoup de ces jeux risquent d'entraîner des angoisses chez l'enfant. C'est souvent simpliste et inintéressant. De plus, l'enfant reste sans bouger pendant des heures. Il ne fait plus de sport, il ne développe aucun esprit créatif, il n'a aucun esprit critique. Il est passif et se coupe du monde réel. Il n'a plus de relation avec les autres et en particulier, il risque de ne plus partager d'activités avec ses parents.	Négations Adjectifs qualificatifs dévalorisants Noms dévalorisants Verbes dévalorisants Adverbes dévalorisants

Grammaire : noms, adjectifs qualificatifs, verbes, adverbes	
Le nom	**nom commun** : désigne un objet, un état, un fait... : *jeu, joie, réussite* **nom propre** : désigne une personne, une ville, un pays, quelque chose d'unique : *Pierre, Japon, France-Soir...*
L'adjectif qualificatif	Il qualifie le nom et s'accorde en genre et en nombre avec lui : *des films extraordinaires, un jeu passionnant, une découverte effrayante...*
Le verbe	Il indique un état ou une action. Il se conjugue et varie en personne, nombre, temps et mode : les auxiliaires : *être, avoir* les verbes du 1er groupe : *aimer, détester...* les verbes du 2e groupe : *finir, choisir...* les verbes du 3e groupe : *apprendre, combattre...*
L'adverbe	Les adverbes sont invariables. Ils modifient le sens d'un verbe, d'un adjectif ou d'une phrase : *Bien, mal, très, ne...pas, vraiment...*

Vocabulaire : des mots pour donner son opinion	
Il est un peu court et imprécis de dire : « c'est bien », « c'est super », ou « ce n'est pas bien », « c'est mal fait », ou encore « c'est moyen ». Il vaut mieux chercher le mot précis.	
Pour dire que c'est bien	*utile, efficace, enrichissant, agréable, facile, intelligent, formateur, important, essentiel, remarquable, complet...*
Pour dire que ce n'est pas bien	*inintéressant, ennuyeux, inefficace, difficile (et non dur), pénible, injuste, compliqué, confus, négligeable...*
Pour dire que c'est moyen	*passable, médiocre, quelconque, ordinaire, monotone, sans surprise, peu enthousiasmant...*

C Des procédés d'écriture pour renforcer son opinion

Certains procédés d'écriture permettent de renforcer son opinion, en exprimant des sentiments forts, en mettant en relief des arguments...

- Les **phrases exclamatives** permettent d'exprimer des sentiments (joie, colère, mépris...).
- Les **images** (comparaisons et métaphores) rendent plus vivante, plus parlante l'argumentation.
- Les **répétitions** insistent sur l'importance d'une idée.
- Les **interpellations** du destinataire – par des questions par exemple – retiennent son attention, l'incitent à réfléchir...

EXEMPLE

Quel film extraordinaire ! Quels acteurs ! J'ai été tenue en haleine d'un bout à l'autre de l'histoire. J'en suis restée sans voix ! J'étais émue, vraiment émue jusqu'aux larmes, bouleversée, comme si j'étais moi-même l'héroïne du film... Tu n'imagines même pas ! As-tu déjà vu un film te faisant cet effet ? C'est une vraie folie !

Légende

Phrases exclamatives
Images
Comparaison
Répétitions
Interpellation du destinataire

Grammaire : Les types de phrases

• **La phrase déclarative** est utilisée pour transmettre une information affirmative ou négative.
J'adore *mon travail, mais je* ***n'****aime* ***pas*** *faire le classement des archives.*
Attention ! On dit : je **n**'aime **pas** et non *j'aime pas.*
• **La phrase interrogative** sert à poser une question et se termine par un point d'interrogation.
As-tu vu ce film **?** *Est-ce que tu as vu ce film* ?
• **La phrase exclamative** exprime des sentiments et se termine par un point d'exclamation.
Que c'est beau !
• **La phrase impérative** permet de donner un ordre ou un conseil. Le verbe est généralement à l'impératif. *Pars. Partons. Partez.*

Exercice : Analyser un texte d'opinion

1. Quel est la thèse dans le premier extrait ? Identifiez deux arguments.
2. Quel est la thèse dans le second extrait ? Identifiez deux arguments.
3. Dans ces deux extraits, repérez les mots valorisants et dévalorisants.
4. Quels procédés sont utilisés pour rendre le discours plus convaincant ?

LE POUR
La publicité est géniale. Elle est indispensable pour s'informer, pour connaître les nouveaux produits. Vous-mêmes avez sans doute souvent essayé un produit après avoir vu un spot publicitaire ? De plus, elle est généralement belle. Elle sert souvent de tremplin pour de futurs réalisateurs de films. Elle colore nos rues et anime nos magazines. C'est un véritable phénomène de société ! Imaginez un monde sans pub ! Quelle tristesse !

LE CONTRE
La publicité nous envahit. Elle est partout ! Elle abîme nos paysages, elle défigure nos rues. Elle nous agresse sans cesse. Elle nous influence avec des mensonges, puisque tous les produits vantés par la pub sont, paraît-il, extraordinaires. Elle nous incite à faire des dépenses inutiles. Elle crée de soi-disant besoins. Finalement, la publicité nous enferme dans des modes et empêche tout esprit critique.

CORRIGÉ

1. La publicité est indispensable. Argument 1 : elle nous informe. Argument 2 : elle peut être artistique. Argument 3 : elle anime nos rues.
2. La publicité est envahissante et inutile. Argument 1 : elle nous incite à acheter des produits chers dont nous n'avons pas besoin. 2. Argument 2 : elle crée des besoins. Argument 3 : elle nous amène à suivre des modes.
3. Mots valorisants (extrait 1) : « géniale » ; « indispensable » ; « belle » ; « colore » ; « anime ».
4. Mots dévalorisants (extrait 2) : « envahit » ; « abîme » ; « défigure » ; « agresse » ; « mensonges » ; « inutiles » ; « soi-disant » ; « enferme » ; « empêche ».
5. Dans le texte POUR : interpellation du récepteur (« vous-même » ; question pour attirer l'attention ; trois phrases exclamatives exprimant l'enthousiasme. Dans le texte CONTRE : phrase exclamative exprimant la colère. Personnification de la publicité (« elle nous envahit… nous agresse… »).

2 S'insérer dans le groupe

1 Communiquer, échanger

A À l'oral

Un dialogue est un échange de paroles qui peut être oral ou écrit.

Dans un dialogue oral, la communication est directe, immédiate. Les deux interlocuteurs sont tour à tour émetteur et récepteur. Les temps utilisés sont ceux du discours : présent, futur, passé composé…

Selon la situation de communication, on choisit d'utiliser plutôt le registre familier, courant ou soutenu.

EXEMPLE d'un échange oral

Légende	*Deux jeunes gens échangent leurs points de vue à propos de l'expression « vivre ensemble ».*
Thème de la discussion	– C'est quoi pour toi, « vivre ensemble » ?
Pronoms de la 1re et 2e personne	– Pour moi, c'est vivre avec ceux qu'on aime et être capable de vivre avec ceux qu'on n'aime pas.
Présent de l'indicatif	– Tu as raison, mais pour moi c'est aussi vivre sans faire de différences avec les étrangers, les handicapés, les personnes âgées… C'est ne pas se croire supérieur et aider ceux qui en ont besoin.
Idées essentielles	– Je suis complètement d'accord. Vivre ensemble, c'est dire non aux préjugés.

Étude de la langue : les registres de langue
Dans les échanges, il faut adapter son langage à la situation de communication. • **Le registre familier** Les mots sont argotiques, souvent abrégés et parfois grossiers : *les copains, le prof, la tronche…* La syntaxe (construction des phrases) est simplifiée, voire incorrecte : « *Je sais pas* » au lieu de « *Je ne sais pas* ». On l'utilise généralement entre amis. • **Le registre courant** Il est compris de tous. C'est le langage qui convient à toutes les situations. Le vocabulaire est simple et les phrases sont correctes : « *Je suis heureux de te voir, comment vas-tu ?* » • **Le registre soutenu** Les mots sont recherchés : « *solliciter* » au lieu de « *demander* », « *nullement* » au lieu de « *pas du tout* »… Les phrases sont complexes (principale et subordonnées) : « *À mon bras se trouvait Gaspard, l'homme que l'éternité m'avait dévolu pour époux* » (R. de Obaldia) au lieu de : « *J'étais au bras de Gaspard que j'avais épousé pour la vie* ».

Exercice : Changer de registre

Identifiez les registres de langue dans les phrases suivantes, puis changez de registre en vous adaptant à la situation de communication

1. *(À des camarades de classe)* Le film que j'ai vu hier était drôle. Les acteurs étaient vraiment excellents et le scénario était très bien construit.
2. *(À des adultes que l'on ne connaît pas très bien)* On a un prof de sport génial, super cool qui se la joue pas. Avec lui, on apprend plein de trucs.
3. *(À ses parents)* Jonathan m'a cordialement convié à se joindre à un groupe d'amis pour célébrer son anniversaire. Pourrai-je m'y rendre ?

PROPOSITIONS DE CORRIGÉ

1. Registre courant ; le registre familier serait plus adapté avec des amis : « Hier, j'ai vu un film génial. Les acteurs étaient super, ils jouaient vachement bien et le scénario était vraiment bien fichu ».
2. Registre familier ; le registre courant serait plus adapté : « Nous avons un très bon professeur de sport, très sympathique, qui n'est pas prétentieux. Avec lui, nous apprenons beaucoup de choses. »
3. Registre soutenu ; il n'est absolument pas adapté pour parler à ses parents ; il vaut mieux choisir un registre courant et familier, mais jamais vulgaire : « Jonathan m'a invité à fêter son anniv' avec un groupe de copains. Est-ce que je pourrai y aller ? »

B À l'écrit

Un échange écrit peut se faire par lettre, courriel, SMS... La communication est alors plus ou moins différée.

EXEMPLE d'échange écrit : le courriel

Le courriel ou ***e-mail*** *(mail)* donne les mêmes informations qu'un courrier classique (expéditeur, date, objet), mais il a l'avantage d'être beaucoup plus rapide. Dès que l'on est connecté sur la boîte aux lettres, on peut répondre immédiatement. Les phrases, généralement courtes et précises, vont à l'essentiel. Le registre de langue est courant.

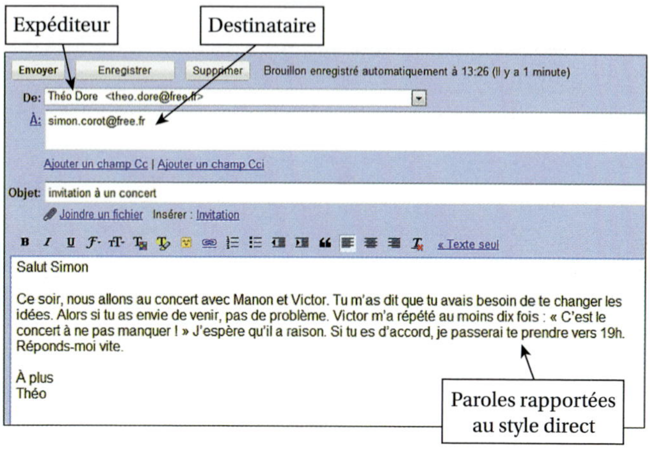

2 Insérer des paroles dans un récit

■ Dans un texte, on est parfois amené à rapporter les paroles de quelqu'un d'autre, directement ou indirectement.

■ Pour rendre le récit vivant, il est utile de faire dialoguer les personnages. Le dialogue peut être annoncé par un verbe de parole (dire, répondre...), il imite la réalité. Les temps verbaux sont ceux du discours. Chaque prise de parole est précédée d'un tiret.

■ Pour insérer un dialogue dans un récit, il faut se faire une idée du caractère des personnages (comment parlent-ils ?), il faut repérer l'événement qui les fait parler et inventer un échange autour de cet événement.

EXEMPLE de dialogue inséré dans un récit

Récit au passé

William venait souvent passer quelques jours chez Émilie. Un soir qu'elle rentrait du travail, elle le trouva particulièrement agité. Elle lui demanda :

Verbe de parole

Tirets précédant les échanges de paroles **au présent** et **passé composé**

– Qu'est-ce que tu **as** ?
– Je ne **sais** pas... C'**est** l'orage **je crois**. **J'ai** peur.
– Tu ne m'**as** jamais **dit** ça.
– À mon âge, c'**est** ridicule.
– Ce qui **est** ridicule, c'est de savoir que mon meilleur ami ne m'**a** pas tout **dit**.

Reprise du récit, au passé

Émilie lui sourit, un peu moqueuse tout de même. Finalement, elle le trouvait attendrissant et elle eut envie de le prendre dans ses bras comme un enfant.

Exercice : Insérer un dialogue dans un récit

1. Où se déroule l'histoire ? Qui sont les personnages ?
2. Quel événement va entraîner un échange de paroles entre les deux personnages ?
3. Identifiez des caractéristiques pouvant donner le ton du dialogue.
4. Imaginez le dialogue pour continuer l'histoire.

Par un jour de grand beau temps, un vieil homme roulait à toute allure, plongé dans ses pensées. Soudain la voiture pila net. Au milieu de la route, un petit garçon construisait une ville avec de petites briques. L'enfant, surpris, le regarda, mais ne bougea pas. Il n'avait pas l'air gêné. Quant au vieil homme, il sentait monter la colère.

CORRIGÉ

1. L'histoire se déroule sur une route. Les deux personnages sont un vieil homme et un enfant.
2. Un enfant joue sur la route et empêche la voiture du vieil homme de passer.
3. L'enfant n'a pas l'intention de bouger : « ne bougea pas » ; « n'avait pas l'air gêné ». Le vieil homme est en colère : « sentait monter la colère ».

4. Proposition de dialogue :
– Eh ! Petit ! Ne vois-tu pas que tu empêches la circulation ?
– Et que voulez-vous que j'y fasse ?
– Dégage tes jouets et laisse-moi passer.
– Impossible Monsieur, vous le voyez bien.
– Comment ça impossible ?
– Je construis une ville, ce n'est pas au mur de s'écarter pour laisser passer une voiture. C'est à la voiture de trouver une rue pour longer le mur.

(D'après un conte chinois)

Les discours rapportés

• Au **style direct**, les paroles rapportées sont précédées d'un verbe de parole, suivi de deux points, puis de guillemets. Les paroles sont rapportées telles qu'elles ont été prononcées. À l'oral, le style direct est peu utilisé car le risque est grand de confondre les pronoms et de ne plus savoir qui parle à qui. À l'écrit, le style direct donne une impression de réel.

EXEMPLE
Pierre m'**a demandé** : « À quelle heure arrive ton train ? »

• Au **style indirect**, les paroles sont rapportées dans une proposition subordonnée introduite par un verbe de parole.

EXEMPLE
Paul m'a dit que tu viendrais à notre soirée.

Les paroles ne sont pas répétées exactement. On l'utilise plus souvent à l'oral. À l'écrit, le ton est moins vivant qu'au style direct.

Pour varier les verbes de parole
- **Dire ; affirmer ; raconter ; expliquer ; déclarer, insister ; approuver**
- **Demander, supplier**
- **Répondre ; rétorquer ; protester**
- **Appeler ; crier**
- **S'exclamer ; s'écrier**
- **Hurler ; menacer ; ordonner**
- **Se lamenter ; gémir**

Exercice : Manipuler le style direct et le style indirect

1. Dans le texte ci-dessous, relevez les verbes de parole.
2. Transformez la deuxième phrase, en passant du style indirect au style direct.
3. Transformez le dialogue en passage en style indirect.

Elle semblait épouvantée. Elle hurla que le chien avait aboyé, que la foudre était tombée sur lui et qu'il avait été tué par l'éclair. Le voisin, M. Pirot, l'interrompit :
– Calmez-vous, Madame Leblond. L'important, c'est que vous n'ayez rien.
– C'était le diable, j'en suis sûre. C'est le diable qui a pris mon chien, murmura-t-elle.
– Allons, allons ! Soyez raisonnable, vous savez bien que le diable n'existe pas, affirma M. Pirot.

CORRIGÉ

1. Les verbes de parole : hurler, interrompre, murmurer, affirmer.
2. « Le chien a aboyé, la foudre est tombée sur lui, il a été tué par l'éclair », hurla Mme Leblond.
3. M. Pirot l'interrompit et lui dit qu'elle devait se calmer, que l'important, c'était qu'elle n'ait rien. Elle murmura qu'elle était sûre que c'était le diable qui lui avait pris son chien. M. Pirot affirma que ce n'était pas raisonnable, que le diable n'existe pas.
Les subordonnées successives au style indirect rendent le passage très lourd.

3 Comprendre un message donné par un récit : exemple de la nouvelle

Une nouvelle est un court récit imaginaire. Contrairement au roman, elle est centrée sur un seul événement. Les personnages sont moins développés. La fin arrive assez rapidement et forme une chute, quelquefois inattendue.
Dans un récit, l'auteur peut faire passer ses idées, dépeindre la société dans laquelle il vit, en dénoncer les défauts... à travers par exemple les paroles et les actions de ses personnages.

EXEMPLE de nouvelle montrant le refus d'intégration dans un groupe

Le Papa de Simon

Simon, le fils de la Blanchotte, vient d'arriver dans une nouvelle école. Ses camarades se moquent de lui car il n'a pas de papa. Il se bat avec les enfants, mais ils sont bien trop nombreux...

[...] Simon tout à coup cessa de sangloter. Une rage l'affola. Il y avait des pierres sous ses pieds ; il les ramassa et, de toutes ses forces, les lança contre ses bourreaux. Deux ou trois furent atteints et se sauvèrent en criant [...]. Resté seul, le petit enfant sans père se mit à courir vers les champs, car un souvenir lui était venu qui avait amené dans son esprit une grande résolution. Il voulait se noyer dans la rivière.
[...] Soudain, une lourde main s'appuya sur son épaule et une grosse voix lui demanda :
– Qu'est-ce qui te fait donc tant de chagrin, mon bonhomme ?
Simon se retourna. Un grand ouvrier qui avait une barbe et des cheveux noirs tout frisés le regardait d'un air bon. Il répondit avec des larmes plein les yeux et plein la gorge :
– Ils m'ont battu... parce que... je... je... n'ai pas... de papa... pas de papa...
– Comment, dit l'homme en souriant, mais tout le monde en a un.
L'enfant reprit péniblement au milieu des spasmes de son chagrin :
– Moi... moi... je n'en ai pas.
Alors l'ouvrier devint grave ; il avait reconnu le fils de la Blanchotte, et, quoique nouveau dans le pays, il savait vaguement son histoire.
– Allons, dit-il, console-toi, mon garçon, et viens-t-en avec moi chez ta maman. On t'en donnera... un papa. [...]

Le grand ouvrier forgeron, Philippe, ramène Simon chez lui. Philippe s'attache à l'enfant et tombe amoureux de la Blanchotte malgré les quand-dira-t-on sur cette mère célibataire. Dans la forge, auprès de trois de ses camarades de travail et en présence de Simon, il défend son point de vue.

– Est-ce sa faute, à cette fille, si elle a failli ? On lui avait promis mariage, et j'en connais plus d'une qu'on respecte bien aujourd'hui et qui en a fait tout autant.
– Ça, c'est vrai, répondirent en chœur les trois hommes.
Il reprit :
– Ce qu'elle a peiné, la pauvre, pour élever son gars toute seule, et ce qu'elle a pleuré depuis qu'elle ne sort plus que pour aller à l'église, il n'y a que le bon Dieu qui le sait.
– C'est encore vrai, dirent les autres.
Alors on n'entendit plus que le soufflet qui activait le feu du foyer. Philippe, brusquement, se pencha vers Simon :
– Va dire à ta maman que j'irai lui parler ce soir. [...]

Philippe demande la main de la Blanchotte qui accepte. Il va alors voir Simon et lui dit :

– Tu leur diras, à tes camarades, que ton papa c'est Philippe Rémy, le forgeron, et qu'il ira tirer les oreilles à tous ceux qui te feront du mal.
Le lendemain, comme l'école était pleine et que la classe allait commencer, le petit Simon se leva, tout pâle et les lèvres tremblantes :

– Mon papa, dit-il d'une voix claire, c'est Philippe Rémy, le forgeron, et il a promis qu'il tirerait les oreilles à tous ceux qui me feraient du mal.
Cette fois, personne ne rit plus, car on le connaissait bien ce Philippe Rémy, le forgeron, et c'était un papa, celui-là, dont tout le monde eût été fier.

Guy de Maupassant, *Le Papa de Simon*, 1879.

Exercice : Comprendre le message de la nouvelle

Après avoir lu la nouvelle ci-dessus, répondez aux questions suivantes :
1. Quel problème Simon rencontre-t-il ?
2. Comment réagit Simon ?
3. Par qui est-il sauvé ?
4. Quel adjectif est employé pour qualifier le grand ouvrier ?
5. Quels arguments l'ouvrier utilise-t-il pour défendre la Blanchotte ?
6. Comment se résout le problème ?
7. À votre avis, que dénonce Maupassant ? À travers quel personnage devine-t-on son opinion ?

CORRIGÉ

1. Simon arrive dans une nouvelle école. Les enfants se moquent de lui car il n'a pas de papa.
2. Simon commence par se battre mais, découragé, il veut se suicider, en se noyant dans la rivière.
3. Il est sauvé par un grand ouvrier à qui il ose raconter son histoire.
4. Le grand ouvrier est « bon ».
5. Philippe avance deux arguments :
a. La Blanchotte a été trahie. Elle s'est retrouvée enceinte d'un homme qui lui avait promis le mariage, cela ne veut pas dire qu'elle n'est pas sérieuse.
b. Elle a beaucoup souffert pour élever seule son fils ; elle ne sort jamais, sauf pour aller à l'église.
6. Philippe décide d'épouser la Blanchotte et d'adopter Simon. À partir de ce moment, Simon va être intégré dans la classe.
7. Maupassant dénonce les préjugés d'une société qui n'accepte pas les différences : Simon n'est pas comme ses camarades car sa mère est célibataire et on la juge immorale. Maupassant nous transmet son opinion à travers la voix de Philippe qui refuse les qu'en-dira-t-on, qui ne juge pas sans connaître.

Vocabulaire : Éviter de se répéter

Pour raconter une histoire sans trop se répéter, il faut utiliser des substituts (des mots qui remplacent).
Il est important de bien identifier à quoi les substituts font référence. Ce sont :
• soit **des noms ou des groupes de mots** :
– *l'homme, l'ouvrier, le grand ouvrier, le forgeron → Philippe ;*
– *l'enfant, le fils de la Blanchotte → Simon ;*
• soit **des pronoms** :
– ***Ils** (pour les camarades) m'ont battu,*
– *Tu **leur** (pour les camarades) diras…*
– *J'irai **lui** (pour la maman) parler ce soir.*

Les pronoms substituts

- **Pronoms personnels :** *il(s) – elle(s) – lui – leur – y – en*
- **Pronoms démonstratifs :** *celui-ci – celle-ci – ceux-ci…*
- **Pronoms possessifs :** *le mien – le tien – le nôtre…*
- **Pronoms indéfinis :** *on – quelqu'un – personne – chacun…*
- **Pronoms relatifs :** *qui – que – dont – où – lequel…*
- **Pronoms numéraux :** *le premier – le deuxième…*
- **Pronoms interrogatifs :** *lequel – laquelle ?…*

Exercice : Identifier des substituts

Identifiez les substituts (noms et pronoms) dans le texte suivant.

1. Manon descendit de son arbre : mais en sautant sur le sol, elle vit luire un éclair dans
2. l'herbe.
3. C'était le couteau de l'aventurier. Elle le regarda longuement et pensa que le jeune homme
4. reviendrait le chercher... Comme à regret, la jeune fille le posa bien en vue sur une pierre.
5. Elle revint sur ses pas, hésita un instant, puis elle reprit sa trouvaille.
6. « S'il revient, je le verrai et je le lui rendrai. »

D'après Marcel Pagnol, *Manon des Sources*.

CORRIGÉ

« elle vit »/ « Elle regarda »/ « Elle revint » (l. 1, 3 et 5) : pronom « elle » qui remplace Manon. « le regarda »/ « le chercher » (l. 3 et 4) : pronom « le » qui remplace le couteau. « le jeune homme » (l. 3) : groupe de mots qui remplace l'aventurier. « la jeune fille » (l. 4) : groupe de mots qui remplace Manon. « sa trouvaille » (l. 5) : mot qui remplace le couteau. « il revient » (l. 6) : pronom « il » qui remplace l'aventurier. « je le verrai » (l. 6) : pronom « le » remplace l'aventurier. « je le lui rendrai » (l. 6) : pronom « le » remplace le couteau, pronom « lui » remplace l'aventurier.

Exercice : Trouver des substituts

Les phrases suivantes sont si lourdes qu'elles en sont incorrectes. Allégez-les avec des substituts.

1. Will aperçut une minuscule musaraigne. Will attrapa la musaraigne par la queue et dit à la musaraigne de ne pas rester sur la route car c'est sur la route que la musaraigne peut se faire écraser.

2. Hubert se rend au Japon. C'est la première fois qu'Hubert va au Japon. Hubert veut retrouver au Japon la femme aimée. C'est au Japon que la femme aimée a disparu il y a vingt ans dans d'étranges circonstances. Hubert n'a jamais réussi à élucider ces étranges circonstances.

CORRIGÉ

1. Will aperçut une minuscule musaraigne. Il l'attrapa par la queue et lui dit de ne pas rester sur la route car c'est là qu'elle peut se faire écraser.

2. Hubert se rend au Japon. C'est la première fois qu'il y va. Il veut y retrouver la femme aimée. C'est là qu'elle a disparu dans d'étranges circonstances qu'il n'a jamais réussi à élucider.

4 Lire des images

A L'analyse de l'image

■ Certaines images rendent compte de la réalité, comme les photos de presse. Elles nous informent ou complètent une information.
D'autres images sont composées, créées pour nous amuser, nous convaincre (publicités), nous raconter une histoire (BD), nous toucher (tableaux)... Les images ont souvent plusieurs fonctions.

■ Pour comprendre une image, il est nécessaire de la décrire puis de l'interpréter. Il faut chercher ce qui est suggéré par l'image (les connotations), en observant :
- **les différents plans** → le premier plan, le second plan, l'arrière-plan ;
- **le cadrage** → plan d'ensemble, plan général, plan américain, plan moyen, plan rapproché, gros plan ;
- **les couleurs** → les couleurs chaudes (jaune, rouge, orange) suggèrent généralement la vie, le mouvement. Les couleurs froides (bleu, vert, blanc) peuvent évoquer la tristesse, la mort. Des oppositions de couleurs mettent en valeur des éléments de l'image ;
- **la lumière** → elle rend souvent compte d'une atmosphère : quand elle est claire, elle suggère le bonheur, au contraire quand elle est sombre, elle suggère l'angoisse, la peur, la tristesse... ;
- **le ou les destinataires ciblés** → jeunes, femmes, personnes âgées... ;
- **l'enjeu ou la visée** → informer, convaincre, séduire, émouvoir, dénoncer...

■ **Le cadrage**

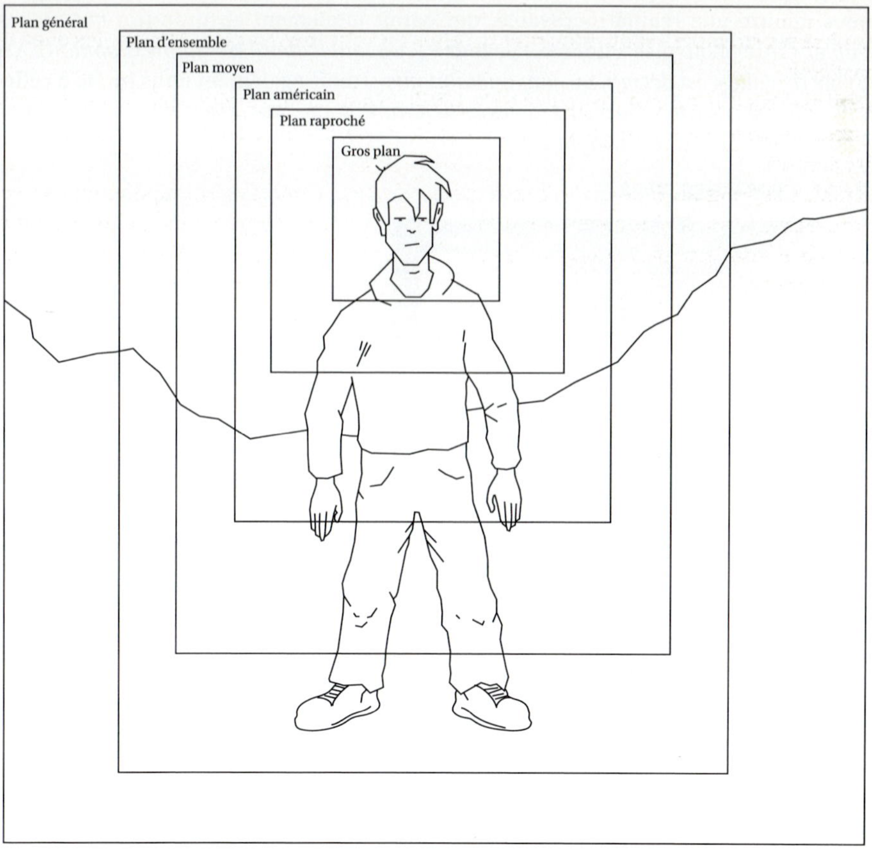

EXEMPLE de photographie rendant compte de la réalité

Photo prise par un journaliste (*Kyoto News*) à partir d'un hélicoptère le 23 mars 2011, montrant un ferry sur le toit d'un immeuble au Japon, à Otsuchi, village détruit par le tsunami le 11 mars 2011.

■ Commentaire de la photographie

Le photographe rend compte d'un **fait réel,** mais le **cadrage** est un choix : un **plan d'ensemble** qui nous montre une réalité incroyable, qui paraît totalement absurde *(un bateau sur un immeuble).* Cette photo vise à **nous surprendre** *(c'est tout d'abord très impressionnant),* à **nous émouvoir** *(le village est détruit, où sont les habitants ?)* mais également **nous incite à réfléchir** *(nous sommes peu de choses face aux forces de la nature ; toutes nos inventions, notre technologie ne peuvent empêcher les catastrophes).*

EXEMPLE d'une image créée

***Detective Dee Le Mystère de flamme fantôme* de Tsui Hark, 2011.**

Commentaire de l'affiche

L'image est le résultat d'un **montage**. La **perspective** est **inversée**.

La perspective « normale » part d'un seul point, elle s'élargit régulièrement à l'infini. Elle donne une illusion d'espace, de profondeur. Ici c'est le contraire, le personnage du **premier plan** est petit et les personnages de **l'arrière-plan** sont démesurément grands, en particulier le **gros plan** du visage de l'homme. La partie lumineuse au second plan attire le regard, elle fait référence à la « flamme fantôme », annoncée dans le titre.

B La publicité

1. Lire et comprendre une publicité

■ La publicité met en scène des mots et des images afin de convaincre les éventuels consommateurs d'acheter un produit ou un service :
- elle doit accrocher par les mots et l'image ;
- elle doit vanter le produit ;
- elle doit s'ancrer dans les mémoires.

■ Pour atteindre ces différents objectifs, la publicité met donc en place différentes stratégies :
- elle s'appuie sur une situation réelle, souvent idéalisée (*Nutella* : goûter dans une famille heureuse, dehors, au soleil) ;
- elle surprend car elle est en décalage avec le produit ou service vendu (*Free* : un jeune homme, très éloigné des nouvelles technologies) ;
- elle incite au rêve, en proposant des univers qui semblent inaccessibles (publicités pour les voyages lointains) ;
- elle exploite les caractéristiques du produit, lui donne une image de sérieux, en faisant, par exemple, appel à la science ou à des connaissances techniques (produits de beauté, voitures...).

Vocabulaire : les mots de la publicité
- **Cible : public visé (des jeunes, des femmes...).**
- **Logo : graphisme qui représente la marque.**
- **Annonceur : marque (qui commande la publicité).**
- **Argumentaire : texte qui énumère les qualités du produit.**
- **Slogan : phrase courte, percutante qui doit s'ancrer dans la mémoire *(« Nous, c'est le goût », Quick).***

EXEMPLE de publicité

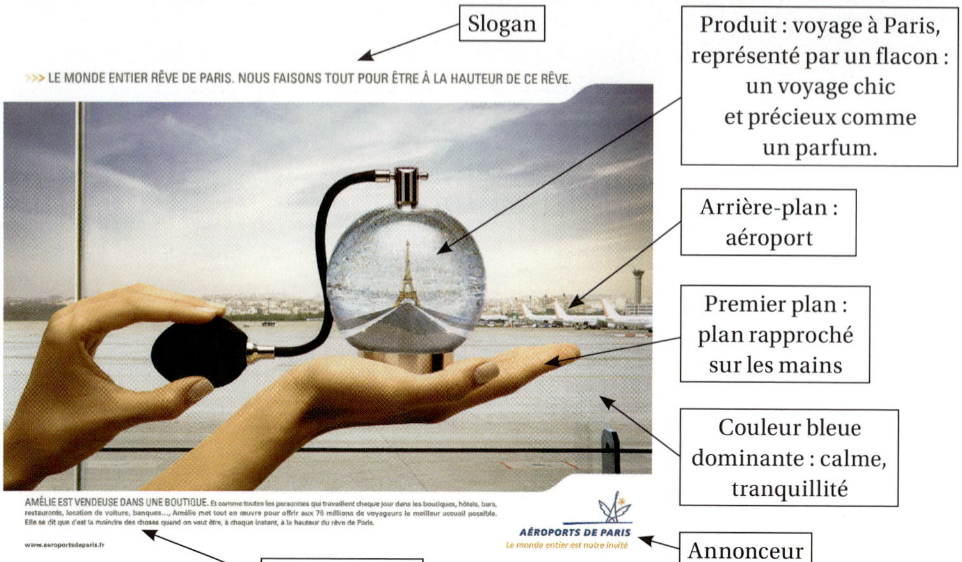

2. Analyser des slogans publicitaires

■ Pour interpeller le consommateur, on peut utiliser :
- l'impératif : « ***Deviens*** *ce que tu es* » *(Lacoste)* ;
- la marque des personnes : tu, vous, on... : « *Et si* ***on*** *en parlait ?* » *(Société Générale).*

■ Pour frapper le consommateur avec une « formule choc », on peut :
- jouer sur les mots, sur les rimes, les répétitions, les assonances, les allitérations... : « *Décathl**on**, à **fond** la **f**orme* » ;
- jouer sur des mots contraires (antithèses) : « *La plus **chaude** des boissons **froides*** » *(Gini)* ;
- utiliser des métaphores, des comparaisons, des personnifications : « *Twix, deux doigts coupe-faim* » ;
- employer des énumérations : *« Frais, fort, nature » (Tartare) ;*
- employer des mots étrangers : « *Oasis is good* » ;
- inventer des mots : *« Disneychannel : l'imaginachaîne »* ;
- exagérer : « *Pour grandir, c'est géant* » *(Gervais).*

Les phrases sont nominales ou verbales, mais doivent toujours être courtes.

Exercice : Repérer les procédés d'écriture des slogans

Pour chacun des slogans ci-dessous, identifiez les procédés d'écriture utilisés.

1. « Quand y'en a marre, y'a Malabar ».
2. « Nespresso, what else ».
3. « Plus fort sur les points faibles (Handy bag) ».
4. « Téfal, tu penses à tout ».
5. « C'est bien, c'est beau, c'est Bosch ».
6. « Faire du ciel le plus bel endroit de la terre » (Air France).
7. « Et la tendresse s'étendra sur le monde » (Cacharel).
8. « Mon partenaire minceur » (Contrex)

CORRIGÉ

1. Répétitions de mots et de sons (« y'en/y'a » – « marre/bar »).
2. Mots étrangers.
3. Antithèse (« fort » ≠ « faible »).
4. Utilisation de « tu », personnification (« Téfal, tu penses »).
5. Énumération.
6. Antithèse (« ciel » ≠ « terre »).
7. Exagération.
8. Personnification (« Contrex : mon partenaire »).

5 Aller au théâtre

1. Qu'est-ce que le théâtre ?

Le mot « théâtre » désigne un lieu, un spectacle, un genre de texte.

■ **Le lieu** comporte trois espaces : la **scène** où les comédiens jouent, les **coulisses** où se trouvent les loges (vestiaires des comédiens), les machines et les techniciens et la **salle** où sont installés les spectateurs.

■ **Le spectacle** génère l'intervention d'un grand nombre de personnes et de métiers différents.
- Le **metteur en scène** dirige les comédiens. Il donne sa propre vision de la pièce en choisissant, avec les techniciens concernés, le décor, la lumière, le son...
- Les **comédiens** apprennent et interprètent le texte sous la direction du metteur en scène.
- Les **régisseurs** (plateau, son, lumière), les **costumiers**, les **décorateurs**... s'occupent de la mise en œuvre du spectacle.

■ **Le texte théâtral** est particulier puisqu'il est à la fois destiné à être lu et entendu.

Vocabulaire : des mots pour le texte théâtral

• **Du texte à lire**
Les didascalies ou indications scéniques sont écrites pour les lecteurs, le metteur en scène et les comédiens. Elles sont en général en italiques ; elles précisent le décor, les accessoires, les déplacements, les gestes, les mimiques, les intonations de voix. Le nom des personnages est souvent écrit en majuscules.

• **Du texte à dire**
Les répliques sont les échanges de paroles entre les personnages.
La tirade est une longue réplique.
Le monologue est un long discours prononcé par un personnage, seul sur scène.
L'aparté est un code propre au théâtre : ce sont des paroles prononcées par un personnage, que les autres personnages ne sont pas censés entendre.
Le quiproquo est un malentendu qui consiste à prendre une personne, une chose ou une parole pour une autre. Au théâtre, le procédé est amusant puisque le spectateur sait qu'il y a une méprise.

2. Mises en scène et résolution de conflits

EXEMPLE de conflit comique au théâtre

Un bûcheron, Sganarelle, a frappé sa femme. Très en colère, celle-ci veut se venger. Elle fait croire à Valère et Lucas, deux valets à la recherche d'un médecin, que son mari en est un, mais qu'il ne l'avoue que lorsqu'il est battu.

Ne pas confondre « personne » et « personnage »
• Une personne est un être humain, un individu, qui est vivant, qui existe.
• Un personnage est un être de papier, inventé par un auteur.
Remarque : on peut utiliser le mot « personnage » pour des personnes célèbres : Louis XIV est un personnage historique.

PERSONNAGES →	**VALÈRE** – Monsieur, nous sommes ravis de vous voir. On nous a adressés à vous pour ce que nous cherchons ; et nous venons implorer votre aide dont nous avons besoin. **SGANARELLE** – Si c'est quelque chose, Messieurs, qui dépende de mon petit négoce, je suis tout prêt à vous rendre service. **[...]**
Comique de situation : *quiproquo* ; accentué par les apartés	**VALÈRE** – Monsieur, il ne faut pas trouver étrange que nous venions à vous : les habiles gens sont toujours recherchés, et nous sommes instruits de votre capacité. **SGANARELLE** – Il est vrai, Messieurs, que je suis le premier homme du monde pour faire des fagots. **[...]**
Didascalies	**VALÈRE** – Faut-il, Monsieur, qu'une personne comme vous s'amuse à ces grossières feintes ? s'abaisse à parler de la sorte ? qu'un homme si savant, un fameux médecin comme vous êtes, veuille se déguiser aux yeux du monde, et tenir enterrés les beaux talents qu'il a ?
Apartés	**SGANARELLE**, *à part* – Il est fou.

VALÈRE – De grâce, Monsieur, ne dissimulez point avec nous. [...]
SGANARELLE – Quoi donc ? que me voulez-vous dire ? Pour qui me prenez-vous ?
VALÈRE – Pour ce que vous êtes, pour un grand médecin.
SGANARELLE – Médecin vous-même ; je ne le suis point, et ne l'ai jamais été.
VALÈRE, *bas* – Voilà sa folie qui le tient. (*Haut.*) Monsieur, ne veuillez point nier les choses davantage ; et n'en venons point, s'il vous plaît, à de fâcheuses extrémités. **[...]**
SGANARELLE – Messieurs, en un mot autant qu'en deux mille, je vous dis que je ne suis point médecin.
VALÈRE – Vous n'êtes point médecin ?
SGANARELLE – Non.
Comique de mots : mots déformés
LUCAS – V'n'estes pas médecin ?
SGANARELLE – Non, vous dis-je.
Comique de gestes : coups de bâton
VALÈRE – Puisque vous le voulez, il faut s'y résoudre.
Ils prennent un bâton, et le frappent.
Résolution du conflit
SGANARELLE – [...] Ah, ah. Hé bien, Messieurs, oui, puisque vous le voulez, je suis médecin, je suis médecin, apothicaire encore, si vous le trouvez bon. J'aime mieux consentir à tout, que de me faire assommer.
VALÈRE – Ah ! voilà qui va bien, Monsieur, je suis ravi de vous voir raisonnable.

Molière, *Le Médecin malgré lui*, 1666.

Les types de comique

Dans une comédie théâtrale, on distingue différents types de comique :
- **le comique de mots** emploie des expressions déformées, du patois... ;
- **le comique de gestes** est produit par le jeu des acteurs : coups de bâton, chutes... ;
- **le comique de situation** est créé par l'intrigue : il repose sur des malentendus, des quiproquos, des tromperies ;
- **le comique de caractère** caricature des personnages ridicules : l'avare, le bourgeois...

L'aparté est un moyen pour le spectateur de savoir ce que pense un personnage : il accentue le comique.

Exercice : Analyser une scène comique

1. Dans le texte ci-dessous, identifiez les personnages en présence.
2. À quel conflit fait allusion Argan quand sa femme entre ?
3. Comment essaie-t-elle de calmer son mari ?
4. Pourquoi est-elle hypocrite ? Quelle phrase prouve son hypocrisie ?
5. Quels sont les différents types de comique (voir encadré) ?

Argan est le malade imaginaire. Très riche et veuf, il a épousé en secondes noces Béline qui simule des soins attentifs, mais n'attend en réalité que sa mort pour pouvoir hériter. Elle est complice avec Toinette, sa domestique qui se moque d'Argan.

ARGAN – Ah ! ma femme, approchez.
BÉLINE – Qu'avez-vous, mon pauvre mari ?
ARGAN – Venez-vous-en ici à mon secours. [...] On vient de me mettre en colère.
BÉLINE – Hélas ! pauvre petit mari ! Comment donc, mon ami ?
ARGAN – Votre coquine de Toinette est devenue plus insolente que jamais.
BÉLINE – Ne vous passionnez[1] donc point.
ARGAN – Elle m'a fait enrager, ma mie. [...]
BÉLINE – Mon Dieu ! mon fils[2], il n'y a point de serviteurs et de servantes qui n'aient leurs défauts. On est contraint parfois de souffrir leurs mauvaises qualités, à cause des bonnes. Celle-ci est adroite, soigneuse, diligente, et surtout fidèle ; et vous savez qu'il faut maintenant de grandes précautions pour les gens que l'on prend. Holà ! Toinette !
TOINETTE – Madame ?
BÉLINE – Pourquoi donc est-ce que vous mettez mon mari en colère ?
TOINETTE, *d'un ton doucereux.* – Moi, Madame ? Hélas ! je ne sais pas ce que vous me voulez dire, et je ne songe qu'à complaire à monsieur en toutes choses.
[...]
BÉLINE, *accommodant les oreillers qu'elle met autour d'Argan.* – Levez-vous, que je mette ceci sous vous. Mettons celui-ci pour vous appuyer, et celui-là de l'autre côté. Mettons celui-ci derrière votre dos, et cet autre-là pour soutenir votre tête.
TOINETTE, *lui mettant rudement un oreiller sur la tête, et puis fuyant.* – Et celui-ci pour vous garder du serein.
ARGAN *se lève en colère, et jette tous les oreillers à Toinette.* [...]
ARGAN, *tout essoufflé, se jette dans sa chaise.* – Ah ! ah ! ah ! je n'en puis plus.
BÉLINE – Pourquoi vous emporter ainsi ? Elle a cru faire bien.
ARGAN – Vous ne connaissez pas, m'amour, la malice de la pendarde. Ah ! elle m'a mis tout hors de moi ; et il faudra plus de huit médecines et de douze lavements pour réparer tout ceci.
[...]
BÉLINE – Pauvre petit fils !
ARGAN – Pour tâcher de reconnaître l'amour que vous me portez, je veux, mon cœur, comme je vous ai dit, faire mon testament.
BÉLINE – Ah ! mon ami, ne parlons point de cela, je vous prie : je ne saurais souffrir cette pensée ; et le seul mot de testament me fait tressaillir de douleur.
ARGAN – Je vous avais dit de parler pour cela à votre notaire.
BÉLINE – Le voilà là-dedans, que j'ai amené avec moi.
ARGAN – Faites-le donc entrer, m'amour.
BÉLINE – Hélas ! mon ami, quand on aime bien un mari, on n'est guère en état de songer à tout cela.

Molière, *Le Malade imaginaire*, 1673.

1. Ne vous mettez pas dans cet état
2. Mot tendre, amoureux que l'on utilisait à l'époque de Molière

CORRIGÉ

1. Les personnages sont Argan, le malade imaginaire, Béline, sa femme et Toinette la domestique de Béline.
2. Argan s'est querellé avec Toinette qui a, selon lui, été insolente.
3. Béline est très douce, elle dit à son mari des mots tendres (« mon fils », « mon ami »), elle semble lui donner raison, elle fait attention à lui (« accommodant les oreillers »).

4. En fait, elle défend Toinette, mais elle ne veut pas contrarier Argan qu'elle a épousé pour son argent. Elle compte sur l'héritage. Ce qui prouve son hypocrisie, c'est qu'elle dit ne pas vouloir entendre parler de testament alors qu'elle a amené le notaire : « Le voilà là-dedans, que j'ai amené avec moi ».
5. Les différents types de comique sont :
- le comique de situation : Argan est trompé, il se croit aimé de son épouse ;
- le comique de caractère : Argan se plaint exagérément, il est capricieux, ridicule. Béline aussi est une caricature car elle est exagérément hypocrite ;
- le comique de gestes : Toinette bouscule Argan en lui mettant rudement un oreiller dans le dos, l'obligeant ainsi à se lever (alors qu'il est soi-disant malade).

Exercice : Observer deux mises en scène

Ces deux photos montrent Argan et Béline, dans la scène proposée dans l'exercice précédent.
1. Montrez les différences des deux mises en scène : décrivez Béline et Argan, leurs vêtements, leurs attitudes, le décor, les accessoires…
2. À votre avis que veulent montrer les deux metteurs en scène ? Selon vous laquelle respecte le mieux le texte ?

Image 1. *Le Malade imaginaire,* mise en scène de Gildas Bourdet, avec Philippe Séjourné et Luce Mouchel, 2003.

Image 2. *Le Malade imaginaire,* mise en scène de Georges Werler, avec Michel Bouquet et Hélène Seuzaret, 2008.

CORRIGÉ

1. Dans la mise en scène de Gildas Bourdet (image 1), les deux personnages ont un faux nez et Béline porte une robe ridicule qui fait ressortir son postérieur quand elle se penche. Argan est en vêtements de nuit avec un bonnet qui semble être un bonnet d'enfant. Il est assis sur une petite chaise, devant une table basse sur laquelle reposent des jouets. Béline et Argan se regardent et se sourient de manière très exagérée. Le sourire de Béline est très proche de la grimace. Le décor est très voyant, très géométrique (cubes, lignes) et rappellent une chambre d'enfant. Les couleurs sont vives et tranchent avec le noir et le blanc des vêtements des personnages.

La mise en scène de Georges Werler (image 2) est beaucoup plus sobre. Argan est en vêtements de nuit : il porte une robe de chambre à fleurs, un peu ridicule. Béline porte une robe longue, très travaillée. Les costumes se rapprochent plus de l'époque de Molière, tout comme le mobilier : un fauteuil ancien et un repose-pied. Argan est affaissé dans son fauteuil, il semble très abattu ; il paraît grimacer de douleur ou de colère. Sa femme est debout derrière lui, son attitude est sévère. Elle semble contrariée.

2. À travers le décor, les accessoires, le jeu des personnages, Gildas Bourdet montre un vieil homme ridicule qui se conduit comme un enfant, qui continue de faire des caprices, et une femme qui fait semblant de le materner alors qu'elle en veut à son argent.
Georges Werler montre un couple construit sur le mensonge, un vieil homme qui, à cause de ses caprices, de son égoïsme, est pris à son propre piège. Les deux mises en scène respectent le texte mais ne mettent pas en valeur les mêmes aspects : hypocrisie évidente de Béline et amour d'Argan (image 1) ; colère, souffrance d'Argan qui ne cesse de se plaindre et femme mauvaise, intéressée (image 2).

6 Se dire et dire le monde avec humour

L'humour est une forme de comique qui s'attache à souligner les aspects amusants, ridicules, absurdes de la réalité.

Grâce à l'humour, on peut rire de soi et faire rire de soi, mais aussi faire rire des autres.

L'humour permet de prendre du recul et de se sortir, par exemple, d'une situation embarrassante ou gênante.

A Dessins et humour

EXEMPLES

Un dessin pour rire de soi

Dessin de Lewis Trondheim.

Lewis Trondheim est un dessinateur qui se représente lui-même avec une tête d'oiseau. Il se moque de lui-même et de son propre humour en disant que mourir sera son meilleur gag.

Un dessin pour se moquer d'un aspect de la société

Dessin de Rémi Malingrey.

Rémi Malingrey se moque de tous ceux qui sont « connectés » en permanence, qui ne pensent plus qu'à l'ordinateur : le personnage n'a plus sa tête, remplacée par un ordinateur portable, relié à une prise électrique.

B Mots et humour

Pour dénoncer les mœurs de la société, ses injustices, ses travers, des auteurs utilisent l'humour dans des contes, des fables, des proverbes... C'est une autre manière d'argumenter.

1. Le conte

EXEMPLE de conte qui dénonce la société de son temps

Voltaire interpelle le lecteur pour lui conter une histoire.

Voltaire sous-entend que certains font fortune sans travailler, en jouant sur leurs charmes.

Ironie : Voltaire dit le contraire de ce que l'on doit comprendre. Dans l'hôpital de cet homme « de grand talent », on meurt. Les « gredins » sont les écrivains et journalistes qu'en fait Voltaire défend.

Voltaire se moque des nouveaux riches. Le personnage prend un nom noble ridicule et refuse l'instruction : il retire son fils de l'école.

Les lecteurs qui aiment à s'instruire doivent savoir que M. Jeannot (le père) avait acquis assez rapidement des biens immenses dans les affaires. Vous demandez comment on fait ces grandes fortunes ? C'est parce qu'on est heureux[1]. M. Jeannot était bien fait, sa femme aussi, et elle avait encore de la fraîcheur. Ils allèrent à Paris pour un procès qui les ruinait, lorsque la fortune, qui élève et qui abaisse les hommes à son gré, les présenta à la femme d'un entrepreneur des hôpitaux des armées, homme d'un grand talent, et qui pouvait se vanter d'avoir tué plus de soldats en un an que le canon n'en fait périr en dix. Jeannot plut à madame, la femme de Jeannot plut à monsieur. Jeannot fut bientôt de part dans l'entreprise : il entra dans d'autres affaires. Dès qu'on est dans le fil de l'eau, il n'y a qu'à se laisser aller ; on fait sans peine une fortune immense. Les gredins qui, du rivage, vous regardent voguer à pleines voiles, ouvrent des yeux étonnés ; ils ne savent comment vous avez pu parvenir ; ils vous envient au hasard, et font contre vous des brochures que vous ne lisez point. C'est ce qui arriva à Jeannot le père, qui fut bientôt M. de La Jeannotière, et qui, ayant acheté un marquisat au bout de six mois, retira de l'école M. le marquis son fils, pour le mettre à Paris dans le beau monde.

Voltaire, extrait du conte philosophique *Jeannot et Colin*, 1764.

1. Chanceux.

Exercice : Repérer la critique

Dans l'extrait ci-dessous, que dénonce le journaliste de France-Info ? Quel procédé humoristique utilise-t-il ? Relevez les expressions qui confirment votre réponse.

La France reste le quatrième marchand d'armes au monde, derrière les États-Unis, la Grande-Bretagne et la Russie... Bravo ! [...] Il y a des grandes traditions, comme ça, qu'il serait, en effet bien dommage de ne pas voir perdurer... Non, la France n'est pas uniquement le pays du champagne, des Folies-Bergère.

J.-P. Gauffre, chronique du 29 septembre 2009, France-Info.

CORRIGÉ

Le journaliste dénonce le fait que la France est le 4e vendeur d'armes du monde. Il utilise l'ironie, en écrivant le contraire de ce qu'il pense ; « Bravo » ; « grandes traditions... qu'il serait bien dommage de ne pas voir perdurer ».

L'ironie

L'ironie est un procédé qui permet de faire de l'humour.
C'est une moquerie qui consiste à dire le contraire de ce que l'on souhaite faire entendre : « la ville d'Issoire, en Auvergne, ville fameuse dans tout l'univers par son collège et par ses chaudrons » (Voltaire, *Jeannot et Colin*) : Voltaire se moque ici d'Issoire qui est une petite ville, peu connue.
C'est un procédé souvent utilisé dans la langue courante : *Eh bien ! Elle est de bonne humeur ce matin !* C'est le ton ou l'absurdité du propos qui permet de détecter l'ironie.

2. La fable

La fable est un petit récit, écrit généralement en vers, qui a pour objectif de donner une morale, un enseignement. C'est donc un texte qui a une visée argumentative.

Le plus connu des auteurs de fables est Jean de La Fontaine, qui dresse un panorama de la société de son temps. Ses personnages sont le plus souvent des animaux qui dépeignent les défauts de ses contemporains : le lion représente le roi, le chat est l'hypocrite, le renard est le rusé, etc.

Il peut ainsi critiquer son époque, en amusant ses lecteurs, sans risquer la censure.

Texte écrit en vers, avec des rimes.

La grenouille est **personnifiée** : La Fontaine lui donne des caractéristiques humaines.

Chute de l'histoire : la grenouille est punie de sa prétention.

Morale

La Grenouille qui veut se faire aussi grosse que le Bœuf

Une Grenouille vit un Bœuf
Qui lui sembla de belle taille.
Elle qui n'était pas grosse en tout comme un œuf,
Envieuse s'étend, et s'enfle, et se travaille
Pour égaler l'animal en grosseur,
Disant : Regardez bien, ma sœur ;
Est-ce assez ? dites-moi ; n'y suis-je point encore ?
Nenni. M'y voici donc ? Point du tout. M'y voilà ?
Vous n'en approchez point. La chétive Pécore[1]
S'enfla si bien qu'elle creva.

Le monde est plein de gens qui ne sont pas plus sages :
Tout bourgeois veut bâtir comme les grands seigneurs,
Tout petit prince a des ambassadeurs,
Tout marquis veut avoir des pages.

Jean de La Fontaine, *Fables*, 1668-1694.

1. Paysanne.

Comprendre la morale de la fable de Jean de La Fontaine : les hommes ne sont jamais contents de ce qu'ils ont ; les hommes sont prétentieux et veulent toujours plus ; les hommes sont envieux ; les hommes ont des rêves démesurés.

Le champ lexical

Pour installer une atmosphère, évoquer avec précision un personnage ou un paysage, l'auteur peut multiplier les mots (noms, verbes, adjectifs, expressions...) en développant un même thème. L'ensemble de ces mots constitue le champ lexical.

Exemple de champ lexical :
la mer : *sable, vague, naufrage, bateau, tempête, voguer...*

Exercice : Repérer un champ lexical

Dans la fable, « La Grenouille qui veut se faire aussi grosse que le Bœuf », relevez les mots qui appartiennent au champ lexical de la taille.

CORRIGÉ

« belle taille », « grosse », « s'étend », « s'enfle », « en grosseur », « s'enfla si bien ».

Exercice : Étudier la parodie d'une fable

La parodie est une imitation amusante d'une œuvre. Le texte ci-dessous est la parodie de la célèbre fable : « La Cigale et la Fourmi » de Jean de La Fontaine.

1. Que dénonce Françoise Sagan dans cette fable ? Quel champ lexical domine ?
2. Quelle est la morale que l'on doit en tirer ?

La Fourmi et la Cigale

La Fourmi, ayant stocké
Tout l'hiver
Se trouva fort encombrée
Quand le soleil fut venu.
Qui lui prendrait ces morceaux
De mouches ou de vermisseaux ?
Elle tenta de démarcher
Chez la Cigale sa voisine,
La poussant à s'acheter
Quelque grain pour subsister
Jusqu'à la saison prochaine.
« Vous me paierez, lui dit-elle,
Après l'oût, foi d'animal,
Intérêt et principal. »
La Cigale n'est pas gourmande
C'est là son moindre défaut.
« Que faisiez-vous au temps froid ?
Dit-elle à cette amasseuse.
– Nuit et jour à tout venant
Je stockais, ne vous déplaise.
Vous stockiez ? j'en suis fort aise ;
Eh bien ! soldez maintenant. »

Françoise Sagan, « La Fourmi et la Cigale », © Éditions Stock, 2010.

CORRIGÉ

1. Françoise Sagan dénonce la société de consommation qui accumule des biens inutiles. Le champ lexical dominant est celui du commerce : « démarcher », « s'acheter », « paierez », « intérêt et principal », « stockais »/« stockiez », « soldez ».

2. La morale : il ne sert à rien d'accumuler des biens, il faut posséder ce dont on a besoin.

3 S'insérer dans l'univers professionnel

1 Rechercher un emploi

A Lire et écrire des petites annonces

La petite annonce est un texte très court écrit avec des abréviations. C'est un message bref centré sur une information : une demande ou une offre d'emploi.

Vocabulaire : des abréviations utiles dans les petites annonces

ach	achète
adr.	adresse
BP	boîte postale
candid.	candidature
CDD	contrat à durée déterminée
CDI	contrat à durée indéterminée
ch.	cherche
cial	commercial
Cie	compagnie
comp.	complet
cpte	compte
CV	curriculum vitae
écr.	écrire
env.	envoyer
etc.	et caetera
expér.	expérience
hor.	horaire
motiv.	motivé(e)
possib.	possiblilité
prox.	proximité
RdV ou RV	rendez-vous
rech.	recherche
RSVP	répondre s'il vous plaît
sér.	sérieux(se)
sta. ou stab.	stable
Sté	société
tab.	tableur
tel.	téléphone
total.	totalement
tps	temps
trav.	travail
travx	travaux
TTX	traitement de texte
vd	vend
vds	je vends
vte	vente

Qu'est-ce qu'une abréviation ?
L'abréviation est un mot raccourci par retranchement de lettres :
- **retrait des lettres finales. *M. pour Monsieur ; JH pour jeune homme... ; SNCF pour Société nationale des chemins de fer...* Quand une abréviation est composée de plusieurs lettres, les points ne sont pas obligatoires (J.-F. ou JF).**
Attention ! Éviter *Mr* qui signifie *Mister* (Monsieur en anglais) ;
- **retrait des lettres centrales. *Mme pour Madame ; Cie pour compagnie...***

	OFFRE D'EMPLOI	← Rubrique
Entreprise →	**Crèche Les petites Canailles**	
Message : précision de la demande →	Rech. aux. puériculture dipl. Apt. relationnelles, sens du trav. en équipe et esprit d'initiative. Exp. souhaitée. CDI tps plein dès que poss. Sal. selon conv. collective. Env. lettre de motiv. + CV	
Coordonnées →	22 bis rue de Nice 75012 Paris	

Exercice : Comprendre l'écriture d'une petite annonce

1. Rédigez la petite annonce ci-dessus en faisant des phrases complètes.
2. Rédigez à partir du texte ci-dessous une petite annonce brève et efficace pour demander un emploi d'été.

Jeune homme de 18 ans diplômé du brevet d'aptitude aux fonctions d'animateur (BAFA) recherche un poste d'animateur pour l'été 2011, en centre aéré ou en colonie, de préférence à proximité de la mer. Téléphone : 06 75 43 23 12.

CORRIGÉ

1. La crèche, Les Petites Canailles, recherche une auxiliaire de puériculture diplômée, ayant des aptitudes relationnelles, le sens du travail en équipe, et l'esprit d'initiative. Une expérience est souhaitée. L'emploi proposé est un contrat à durée indéterminée, à temps plein. Le poste est à pourvoir dès que possible. Le salaire suit la convention collective. Envoyer une lettre de motivation et un curriculum vitae, au 22 rue de Nice, 75012 Paris.
2. JH 18 ans BAFA rech. poste anim. Été 2011 centre aéré ou col. préf. prox. mer
Tel. 06 75 43 23 12.

B Rédiger son CV

■ Le *curriculum vitae* (CV) permet de présenter son identité professionnelle à un employeur.

Il doit aider à obtenir un entretien pour un stage, une embauche. Il doit donc être clair, synthétique (aller à l'essentiel), saisi avec un logiciel de traitement de textes et sur une seule page.

■ Il est organisé en quatre rubriques :
- **état civil** : prénom et nom ; adresse postale ; adresse électronique, numéros de téléphone (fixe et portable) ; date de naissance ou âge ;
- **formation** : diplôme obtenu, établissement fréquenté, sections... avec l'indication des années correspondantes ;
- **expérience professionnelle** : noms des entreprises, tâches effectuées et périodes concernées ;
- **divers** : compétences variées (langue, informatique...) ; centres d'intérêt et loisirs...

La photo est souhaitable mais n'est pas obligatoire.

EXEMPLE DE CV

Félix Muller
40, rue de la Plaine
76410 Caudebec-lès-Fleurs
@ : Felixmuller@free.fr

Photo

Tel. fixe : 02 35 60 21 21
Tel. portable : 07 72 82 33 24
Né le 17 février 1992

Formation
2010 CAP Restauration (service), LP Jacques-Prévert, Rouen
2008 Brevet des collèges, collège Georges-Brassens, Caudebec-lès-Fleurs

Expérience professionnelle
2010 Stage de 4 semaines au Bambou Bar, Rouen : *accueil et service*
2009 Stage de 4 semaines au restaurant Les Jasmins, Rouen : *service*

Centres d'intérêt
Volley-ball, en club depuis 8 ans
Aquariophilie
Cinéma (science-fiction)

Exercice : Constituer un CV

Repérez les informations indispensables à la constitution d'un CV et remettez-les dans l'ordre ; supprimez celles qui sont inutiles.

A. 50 kg, brune, cheveux longs
B. Camille BRUNEL
C. Baby-sitting pendant les vacances
D. 25, rue Gustave-Flaubert, 33000 Bordeaux
E. 2006 CAP Petite enfance, LP Marie-Curie
F. Janvier 2006 Stage crèche municipale *Les Lilas*, Bordeaux
G. Permis de conduire B
H. Mai 2005 Stage en halte-garderie, *Baby Récré*, Bordeaux
I. Tel. 06 78 34 54 54
J. Je possède une Fiat Punto verte
K. Pratique de la guitare
L. Je regarde beaucoup les séries américaines
M. Patinage
N. 18 ans
O. 2004 Brevet des collèges, *Les bruyères*, Bordeaux

CORRIGÉ

État civil : B – D – I – N ; Formation : O - E ; Expérience professionnelle : F - H ; Centres d'intérêt : K – M ; Divers : C – G.
Les autres informations n'ont pas leur place dans un CV.

C Écrire la lettre de motivation

■ La lettre de motivation accompagne le curriculum vitae. Elle en est le complément indispensable. Elle est souvent nécessaire lorsque l'on recherche un stage et est généralement essentielle pour trouver un emploi. Elle doit susciter l'intérêt de l'employeur et lui donner envie de rencontrer celui qui sollicite un emploi, un stage, un apprentissage.

■ La lettre se décompose en 3 paragraphes :
- **l'accroche** doit donner envie de lire la lettre et montrer que l'on connaît l'entreprise ;
- **le 2e paragraphe** montre que l'on possède **des compétences**. On peut faire appel à ses expériences antérieures pour prouver que l'on a une bonne connaissance des tâches à effectuer ;
- **le dernier paragraphe** sert de conclusion. Il doit introduire l'idée d'un **entretien** et comporter la formule de politesse.

■ La lettre de motivation obéit aux règles du courrier. Elle est manuscrite et sa présentation doit être soignée. Elle tient sur une seule page.

EXEMPLE DE LETTRE DE MOTIVATION

Expéditeur + coordonnées →

Alexia Dupré
12, rue des Aubépines
13000 Marseille
Tel. 06 75 45 32 12
19 ans
Célibataire

Destinataire + coordonnées →

Mme Levaillant
Crèche Le Jardin des bisous
27, rue de la Mer
13000 Marseille

Lieu et date → Marseille, 30 juin 2010

Objet de la lettre →

Objet : candidature spontanée

Formule d'appel →

Madame,

Accroche : motif de la lettre →

Titulaire d'un CAP Petite Enfance, ma passion pour ce métier m'amène aujourd'hui à vous proposer mes services en ce domaine. En effet, votre crèche recherche peut-être du personnel diplômé afin d'accompagner les enfants dans toutes les étapes de la vie quotidienne : toilette, habillage, repas, jeux, et participer activement à leur éveil.

Qualité et compétences →

Je suis douce, patiente et j'ai le sens du contact avec les enfants. En outre, je suis organisée et rigoureuse, j'apprécie le travail en équipe. Lors de mes stages, j'ai pu assurer l'accueil, les soins d'hygiène, l'alimentation des enfants. À travers les jeux, j'ai pu contribuer à leur éveil et à leur éducation.

Demande d'entretien → Formule de politesse →

Je serais heureuse de vous rencontrer pour vous exposer de vive voix mes motivations. Je vous prie d'agréer, Madame, l'expression de mes respectueuses salutations.

Alexia Dupré
↑ Signature

Pièce jointe →

P.J. Curriculum vitae

Vocabulaire : des mots utiles pour la lettre de motivation	
- appliquer	- organisé(e)
- autonome/autonomie	- prendre en charge
- collaborer	- projet professionnel
- compétences	- proposer
- connaissances	- qualités
- consciencieux(se)	- réactif(ve)
- créer	- s'adapter
- disponibilité/disponible	- savoir-faire
- dynamisme/dynamique	- sens de l'initiative
- efficacité/efficace	- sens des responsabilités
- impliqué(e)	- sens du contact
- mettre en œuvre	- travail d'équipe

2 L'entretien d'embauche

A Se préparer à l'entretien d'embauche

■ L'entretien d'embauche est la dernière étape de votre recherche d'emploi, c'est une **entrevue professionnelle** qui met face à face un employeur et un demandeur d'emploi.
• Pour l'employeur, c'est l'occasion de découvrir une personnalité, d'évaluer des qualités, de tester des motivations.
• Pour le candidat, c'est l'occasion de valoriser sa candidature, par une présentation soignée, une expression et une élocution correctes, une écoute attentive et une participation active.

■ Avant tout entretien, il est nécessaire de noter les points importants afin de ne pas se laisser déstabiliser par les questions.

B Questions pouvant être posées lors d'un entretien d'embauche

■ **Lors de l'entretien d'embauche, vous devez absolument montrer au recruteur que vous avez réponse à toutes les questions. Questions embarrassantes, questions pièges ? Sachez faire face à toutes les situations !**

• **Parlez-moi de vous...**
Cette question arrive souvent, car elle est facile à poser. Le recruteur cherche à vous connaître, à analyser la façon dont vous allez vous exprimer (clarté, concision, qualité de l'information), mais aussi à vous mettre à l'aise en vous laissant la parole de façon à vous mettre en valeur.
• **Pouvez-vous me parler d'une expérience professionnelle dont vous soyez particulièrement fier, qui vous a particulièrement motivé ?**
Choisissez une expérience qui a de préférence un lien avec le poste visé. Attention de bien expliquer le contexte de la tâche.
• **Décrivez-moi une expérience professionnelle pendant laquelle vous avez dû surpasser des problèmes ou des obstacles ? Comment avez-vous pu résoudre ces problèmes ?**
Le recruteur cherche à savoir si ces obstacles vous font peur et si vous êtes assez débrouillard et indépendant.
• **Pourquoi avez-vous choisi cette formation ?**
Le recruteur souhaite comprendre ce que vous avez appris et, par conséquence, ce que l'on peut attendre de vous, ce qui vous a passionné.

• Aimez-vous le travail en équipe ?
Le recruteur veut savoir si vous allez bien vous intégrer dans l'équipe. Montrez que vous appréciez de travailler avec différentes personnalités.
• Que faites-vous pendant vos loisirs ? Quelles sont vos passions ?
Le recruteur peut avoir l'air de détendre l'atmosphère, mais attention il continue à vous analyser et à essayer de mieux comprendre l'intégralité de votre personnalité. Restez toujours professionnel !
• Quels sont vos points faibles ? (Quels sont vos points forts ?)
Attention ! Question piège la plus posée ! Montrez que vous avez suffisamment de recul sur vous-même pour discerner vos défauts et vos axes d'améliorations.
Variante* : *Définissez-vous en 6 adjectifs (positifs et négatifs).

Aujourd'hui Étudiant, http://etudiant.aujourdhui.fr

Grammaire : Les types de questions

• **Les questions ouvertes** demandent des réponses détaillées. La réponse doit être construite.
Exemple : *Pourquoi avez-vous choisi cette formation ? Quels sont vos critères... ?*
Dans le cadre d'un entretien, on les utilise :
- en début d'entretien, pour mettre à l'aise, faire parler de soi... ;
- pour engager un échange ;
- pour mieux connaître les motivations ;
- pour demander des précisions.

• **Les questions fermées** demandent des réponses très précises.
Exemple : *Où avez-vous effectué votre dernier stage ? Quelle technique utilisez-vous pour... ? Ce salaire vous conviendra-t-il ?*

Dans le cadre d'un entretien, on les utilise :
- pour obtenir des informations précises, techniques... ;
- pour obtenir une confirmation.

On peut poser les questions de manière directe ou indirecte.
• Dans **l'interrogation directe**, on peut :
- utiliser un mot interrogatif : *Quelles sont vos passions ?*
- utiliser l'expression « est-ce-que » : *Est-ce que vous appréciez de travailler en équipe ?*
- inverser le sujet : *Avez-vous déjà travaillé en centre aéré ?*
- ajouter un point d'interrogation à une phrase affirmative : *Je pourrais prendre des congés dès la première année ?*

• Dans **l'interrogation indirecte**, la question est proposée dans une proposition subordonnée introduite par un verbe d'interrogation : *Je me demande si je pourrais prendre des congés dès la première année. Je voudrais savoir quand débutera le contrat.*

Exercice : Imaginer les questions d'un demandeur d'emploi

Voici une liste de réponses d'un employeur. Quelles questions a pu poser le candidat ?
1. Le salaire proposé est de 1 100 euros par mois.
2. Je vous donnerai ma réponse dans huit jours.
3. L'entreprise emploie 15 personnes.
4. Pour des raisons de sécurité.
5. De 8 h 30 à 17 h 30.

CORRIGÉ

1. Quel est le salaire mensuel ? **2.** Quand aurai-je une réponse ? ou Quand saurai-je si j'ai ce poste ? **3.** Combien y a-t-il d'employés dans l'entreprise ? **4.** Pourquoi ne puis-je emmener seule trois enfants en promenade ? **5.** Quels sont les horaires de travail ?

C Réussir l'entretien

La présentation

La tenue vestimentaire est très importante lors de l'entretien… C'est la première chose que l'on voit de vous.

• **Allure :** cheveux coiffés, barbe rasée ; mains et ongles propres ; parfum et maquillage discrets.

• **Vêtements :** classiques, mais adoptez une tenue dans laquelle vous vous sentez à l'aise ; rien d'excentrique ou de provocant ; peu de bijoux et rien de clinquant ; des chaussures propres et en bon état.

L'attitude

– Ayez une attitude positive et souriez. On trouve toujours plus sympathique quelqu'un qui sourit.

– Coupez votre portable.

– Regardez le recruteur dans les yeux.

– Attendez que le recruteur tende la main, serrez-la fermement mais pas trop, en regardant le recruteur.

– Attendez d'y être invité pour vous asseoir. S'il y a plusieurs sièges, asseyez-vous en face du recruteur. S'il est debout et que plusieurs endroits sont possibles : bureau, table de réunion, salon privé… demandez où se passe l'entretien.

– S'il y a interruption (téléphone, secrétaire, etc.), demandez si vous devez sortir (par politesse) et souvenez-vous toujours de la dernière question ou réponse posée, car il est bien possible que l'on vous demande : « Où en étions-nous ? » Vous devez pouvoir répondre.

– N'hésitez pas à prendre des notes lors de l'entretien, cela pourra vous servir plus tard pour reprendre des éléments ou pour penser à aborder certains sujets sans les oublier. Cela dénotera une bonne organisation. Demandez toujours avant si vous pouvez le faire, et limitez-vous à des termes clés et à des phrases courtes. Le recruteur ne doit pas être gêné par votre prise de note.

Conjugaison : futur et conditionnel

Pour poser des questions ou exprimer des souhaits concernant un emploi, il est utile de bien maîtriser le **futur** et le **conditionnel**.

• Le **futur** exprime le plus souvent une action qui va avoir lieu. *Je vous contacterai dans huit jours.*

• Le **conditionnel** présent a plusieurs valeurs. Il peut exprimer :

– une action soumise à une condition. *Nous pourrions en reparler… (si l'occasion se présente)* ;

– un souhait. *J'aimerais m'occuper des nourrissons…* ;

– une demande polie. *Je voudrais savoir…*

Astuce

• Au futur et au conditionnel, on peut confondre la première personne du singulier : j'irai (futur) ou j'irais (conditionnel).

• Pour conjuguer correctement la première personne du singulier (s ou sans s), il faut remplacer le « je » par « il ».

Si j'en avais la possibilité, je travaillerais à l'étranger. S'il en avait la possibilité, il travaillerait à l'étranger (conditionnel).

Si ma candidature vous intéresse, je serai heureuse d'intégrer votre équipe. Si sa candidature vous intéresse, il sera heureux… (futur).

Voir tableaux de conjugaison en fin de partie.

Exercice : Choisir le futur ou le conditionnel

Conjuguez les verbes entre parenthèses comme il convient : futur ou conditionnel présent.

- Lors d'un entretien, je (pouvoir) prouver mon dynamisme.
- Le CV joint vous (exposer) le détail de mes expériences.
- Je (être) heureuse de rejoindre votre équipe.
- Je (aimer) vous rencontrer.
- (pouvoir)-vous commencer le 14 avril ?
- Le contrat (débuter) le 14 avril.

CORRIGÉ

pourrais (cond.). exposera (futur). serais (cond.). aimerais (cond.). Pourriez (cond.). débutera (futur).

3 Mettre en relation différents supports

A Lire un schéma explicatif

Le schéma explicatif permet de visualiser un processus de fabrication, l'évolution d'un phénomène, le fonctionnement d'un appareil...

Le schéma est titré et souvent accompagné d'un commentaire qui détaille ce que montre l'image.

Des signes et ses symboles (flèches, couleurs...) peuvent faciliter la compréhension du schéma.

■ Passer du schéma au texte

EXEMPLE DE SCHÉMA

Raccorder le lave-linge

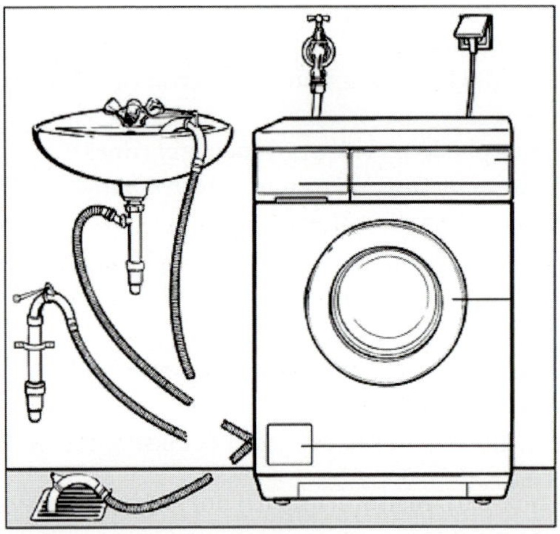

Le schéma ci-dessus explique les différents raccordements d'un lave-linge lors de l'installation.

Le lave-linge se connecte d'une part à un **robinet d'arrivée d'eau,** afin de l'alimenter en eau froide. Le **tuyau flexible de vidange** de la machine se place dans une **évacuation d'eau** : il peut se suspendre à un évier ou un lavabo, se raccorder à un tuyau d'évacuation plastique ou encore s'évacuer dans une vidange au sol (puits d'écoulement). Vérifier la bonne tenue du flexible.

Exercice : Expliquer un schéma

1. Que représentent les flèches jaunes ? les flèches rouges ?
2. Expliquez le cycle de l'eau en utilisant des mots exprimant une progression chronologique (voir post-it bleu page suivante).

Le cycle de l'eau

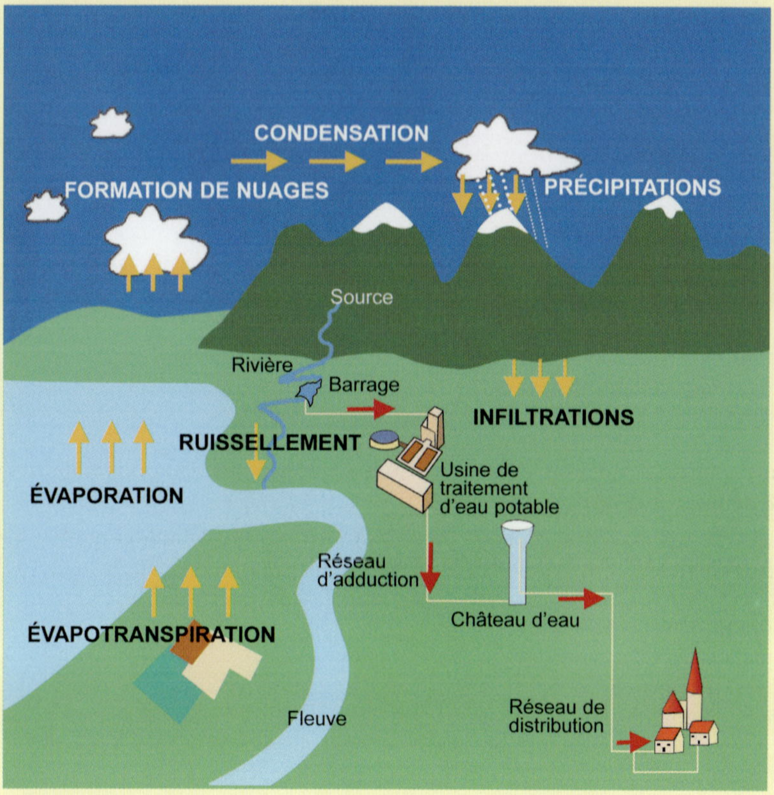

CORRIGÉ

1. Flèches jaunes : eau naturelle ; flèches rouges : eau traitée.
2. Le cycle de l'eau se déroule à la fois sur Terre et dans l'atmosphère. D'abord les rayons chauds du soleil provoquent l'évaporation de l'eau à la surface des mers, ainsi que l'eau contenue dans les sols et les plantes (évapotranspiration).
Ensuite, cette vapeur, en montant dans l'atmosphère plus froide, reforme des petites gouttes qui se rassemblent en nuages (condensation).
Ces nuages se déplacent avec le vent et produisent de la pluie et de la neige (précipitations). Plus de la moitié de cette eau s'évapore de nouveau. Un quart pénètre dans la terre par infiltration et alimente les nappes phréatiques et les rivières souterraines. Tandis que le reste rejoint les cours d'eau (rivières et fleuves), les mers et les océans par ruissellement.
Pour arriver au robinet, l'eau récupérée grâce à des barrages est traitée dans des usines de traitement d'eau potable, puis est acheminée vers des châteaux d'eau avant d' être distribuée dans les foyers.

D'après http://www.i-emn.fr/mem-eau/a-la-decouverte-de-l-eau

Des mots de liaison pour exprimer le déroulement chronologique d'une tâche, d'un phénomène

- **D'abord, tout d'abord, en premier lieu..., premièrement.**
- **Ensuite, puis, en second lieu, deuxièmement.**
- **Quand, pendant que, tandis que, avant de/que, après que**
- **Enfin.**

Des mots de liaison pour exprimer l'addition de faits

- **D'une part... d'autre part, de même, de plus, encore, également, aussi, ainsi que, de nouveau...**

Grammaire : La nominalisation

Dans beaucoup de documents (schémas, CV, description d'une tâche), il est nécessaire de rédiger des phrases nominales.

Contrairement à la phrase verbale construite autour d'un verbe, la phrase nominale est construite autour d'un nom. Il s'agit de transformer le verbe en nom.

Phrase verbale : *des nuages se forment.*

Phrase nominale *: formation de nuages.*

Une phrase nominale permet de mettre en valeur l'essentiel du message.

Exercice : Nominaliser

Transformez les phrases verbales en phrases nominales.

- Les livres sont numérisés.
- Les produits sont sélectionnés.
- Je transmets la réclamation à mon chef de service.
- Je vérifie les commandes.
- L'atelier doit être rangé tous les jours.

CORRIGÉ

Numérisation des livres. Sélection des produits. Transmission de la réclamation au chef de service. Vérification des commandes. Rangement de l'atelier tous les jours.

Lire un schéma exprimant des causes et des conséquences

• **La cause** explique le pourquoi d'un fait, d'un phénomène, d'une idée : ce qui s'est produit avant.

Des mots pour exprimer la cause *: Car, parce que, puisque, en effet... découler de, s'expliquer par, provenir de... en raison de, grâce à, à cause de...*

EXEMPLE : ***Grâce au*** *permis à points, le nombre d'accidents a diminué.*

• **La conséquence** montre les suites, les résultats provoqués par les causes : ce qui se produit après.

Des mots pour exprimer la conséquence : *En conséquence, par conséquent, d'où, donc, ainsi, c'est pourquoi, alors, entraîner, provoquer...*

EXEMPLE : *La commande a du retard,* ***par conséquent*** *j'ai appelé le client pour le prévenir.*

EXEMPLE DE SCHÉMA

Les causes et les conséquences de la déforestation au Congo (Afrique)

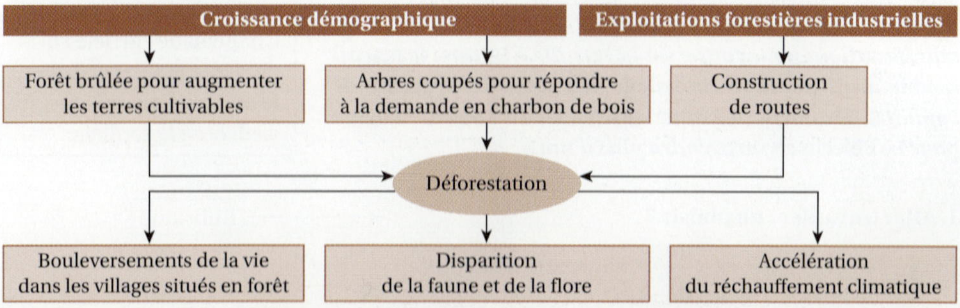

Exercice : Rédiger une explication avec des causes et des conséquences

Rédigez l'explication du schéma ci-dessus en utilisant des mots de liaison exprimant la cause et la conséquence. Lorsqu'il y a plusieurs phénomènes au même niveau, utilisez des mots de liaison exprimant l'addition.

CORRIGÉ

La déforestation au Congo s'explique d'abord par la croissance démographique. Des forêts sont alors brûlées pour augmenter la superficie des terres cultivables et plus d'arbres sont abattus pour répondre à la demande en charbon de bois. De plus, la forêt est exploitée industriellement, entraînant la construction de routes. La déforestation provoque un bouleversement de la vie des villageois habitant dans les forêts ainsi qu'une disparition de la faune et de la flore. Le réchauffement climatique en est aussi une conséquence.

B Lire et comprendre un sondage

■ Un sondage est une méthode statistique d'analyse d'une population, à partir d'un échantillon de cette population.
Le mot « sondage » est également utilisé couramment pour désigner les résultats obtenus.

■ Il se présente le plus souvent sous la forme de tableau chiffré, avec un titre de rubrique, la question posée, les propositions de réponses accompagnées des pourcentages.

Ces tableaux doivent être analysés pour être compris. Les commentaires fournissent des explications complémentaires.

Échantillon
Dans un sondage, un échantillon est un ensemble de personnes représentatif d'une population (actifs, jeunes, électeurs, etc.) et choisi pour répondre aux questions d'un sondage.

EXEMPLE DE SONDAGE

Sondage : les Français ont-ils encore le goût du travail ?

Avènement de la « société des loisirs », loi sur les 35 heures, manifestations pour conserver la retraite à 60 ans : le travail semble avoir perdu de sa valeur aux yeux d'une partie de l'opinion. Vraiment ? Le sondage exclusif TNS Sofres - Logica pour* Le Pèlerin *en surprendra plus d'un.

Chapeau de l'article : il présente le sujet et donne le nom de l'organisme qui a effectué le sondage.

1. Aller travailler : un plaisir ? ← Rubrique

Ces dernières semaines, êtes-vous allé travailler avec plaisir ?*	
Tous les jours ou presque	52 %
Assez souvent	28 %
Total : vont travailler avec plaisir	80 %
Peu souvent	10 %
Rarement ou jamais	8 %
Total : ne vont pas travailler avec plaisir	18 %
Sans opinion	2 %

* Question posée uniquement aux actifs.

← Question posée

Choix de réponses et chiffres en pourcentage

← Précision sur l'échantillon : « actifs » = qui travaillent

2. Pourquoi travaille-t-on ?

Ce qui est le plus important dans le travail pour vous, c'est... En premier ? Et ensuite ?		
	Citée en premier	Total des réponses citées
La rémunération	18 %	57 %
L'intérêt du travail	24 %	50 %
Les relations avec les collègues	15 %	43 %
La sécurité de l'emploi	17 %	37 %
Les responsabilités	8 %	27 %
Les perspectives d'évolution	5 %	20 %
L'utilité sociale de son travail	7 %	19 %
La localisation du lieu de travail	3 %	14 %
La charge et le temps de travail	2 %	7 %
Sans opinion	1 %	1 %

Le total des pourcentages est supérieur à 100, les personnes interrogées ayant pu donner trois réponses.

← Précision pour expliquer les chiffres

Rappel des chiffres	Non, les Français ne sont pas brouillés avec le travail ! 80 % d'entre eux s'y rendent avec plaisir, « assez souvent » au moins, dont 52 % « tous les jours ou presque » !
Chiffres commentés par le journaliste	Certes, il est plus facile de voir dans le travail un « moyen d'épanouissement personnel » qu'une « contrainte pour gagner de l'argent » lorsqu'on appartient à une catégorie aisée sans soucis financiers plutôt qu'au monde ouvrier. 19 % des cadres considèrent leur emploi comme une contrainte pour gagner de l'argent, contre 31 % des ouvriers.
Explications données par un responsable du sondage	« Le goût du travail n'a jamais disparu, analyse Guillaume Petit, de TNS Sofres. Il n'y a pas de baisse de la valeur travail. Si l'on observe parfois une prise de distance des Français avec leur emploi, elle concerne davantage l'entreprise, mais pas le travail en général. »
Chiffres commentés par le journaliste	Lorsqu'on demande aux Français de citer les trois aspects les plus importants du travail pour eux, un quart mentionne en premier lieu son intérêt. Mais c'est la rémunération qui revient le plus souvent parmi les trois réponses possibles. La charge de travail arrive bonne dernière. « Les Français ne sont pas des fainéants, on ne choisit pas un emploi parce qu'il n'y a pas grand-chose à faire », relève Guillaume Petit. [...]
Chiffres commentés par le journaliste	On observe des différences sociales marquées, avec des cadres qui privilégient l'intérêt du travail (79 %) alors que les ouvriers mettent en avant la rémunération (75 %). La sécurité de l'emploi atteint la quatrième position (37 %) devant les responsabilités (27 %) et les perspectives d'évolution (20 %).
	En fin de classement, 19 % des Français jugent importante « l'utilité sociale de son travail », 14 % « la localisation géographique de son lieu de travail » et 7 % « la charge de travail et le temps de travail. [...]

Frédéric Niel, *Le Pèlerin*, n° 6684, 6 janvier 2011.

4 Rendre compte d'une expérience professionnelle

A Présenter une entreprise

■ La fiche d'identité présente les informations essentielles sur l'entreprise à des futurs salariés, stagiaires ou aux enseignants dans le cadre d'un rapport de stage.

■ Les rubriques de l'exemple ci-dessous sont indispensables. Les phrases sont nominales (voir paragraphe 3).

EXEMPLE DE FICHE DE PRÉSENTATION

Gros Mat

Création : 1980
Siège social : 22, avenue des Champs 21000 Dijon
Statut juridique : SA (société anonyme)
Domaine d'activités : matériaux de construction pour professionnels et particuliers
Implantation géographique : Dijon, Auxerre
Emploi : 50 salariés
Chiffre d'affaires : 900 000 euros
Rayonnement économique : régional

B Expliquer une tâche

■ La tâche se décompose en une suite chronologique d'opérations. Ce sont des actions et on choisit plutôt d'utiliser les infinitifs.

■ Pour bien expliquer une tâche, il faut :
- classer les opérations dans l'ordre ;
- utiliser des termes professionnels, propres à l'activité ;
- nommer précisément « l'objet » travaillé et les outils, machines nécessaires... ; préciser les techniques employées si besoin ;
- aboutir à un résultat.

EXEMPLE DE TÂCHE

Actions exprimées à l'infinitif

Technique utilisée

Outils

Termes professionnels propres à l'activités

La sauce mousseline

- Faire tiédir l'eau et le citron dans une casserole.
- Verser les jaunes d'œufs dans la casserole et mélanger au fouet hors du feu.
- Porter sur feu moyen, sans cesser de fouetter. Bien surveiller : le jaune ne doit pas cuire.
- Continuer jusqu'à ce que ce que la sauce mousse, puis devienne onctueuse.
- Verser le beurre fondu, clarifié.
- Ajouter la crème légèrement battue.
- On obtient une sauce liée, idéale pour les asperges.

4 S'insérer dans la cité

1 Lire et écrire un article de presse

■ La presse rassemble traditionnellement l'ensemble des médias « papier » : journaux quotidiens, magazines hebdomadaires (*Aujourd'hui en France, Le Monde, Libération, L'Express*...). Depuis quelques années, les journaux ont leur site Internet et peuvent se lire en ligne. De plus, de nouveaux médias se sont créés, interactifs (faisant intervenir les internautes) : *Rue89, Médiapart*... On parle de « presse internet » ou « presse en ligne ».

■ La fonction de la presse est d'abord d'informer, de donner les nouvelles de l'actualité : transmettre, expliquer et si nécessaire commenter des informations. La presse hiérarchise les faits, mettant en avant les plus importants. Elle fait des choix en fonction des lecteurs qu'elle cible.

Le vocabulaire des journalistes

Chaque métier a son vocabulaire, son argot ayant des significations différentes de l'usage habituel.

- **« Chiens écrasés » : rubrique des faits divers.**
- **« Griller » : donner une information avant les autres journaux (« griller les concurrents »).**
- **« Marronnier » : sujet qui fait vendre, qui revient régulièrement, sans lien avec l'actualité : la rentrée scolaire, les soldes, la sexualité des Français, la fête des mères...**
- **« Papier » : article.**
- **« Scoop » : nouvelle révélée par un seul journal.**
- **« Tartiner » : écrire un long article ennuyeux.**

■ Les articles de presse prennent des formes différentes selon le contenu que l'on veut transmettre : faits divers, compte rendu d'un événement, reportage, enquête, dossier...

■ La mise en page doit faciliter la lecture.

A Les règles d'écriture d'un article de presse

■ **Le titre** annonce brièvement l'information. Le **chapeau** résume l'information. Des **intertitres et les légendes des photos** clarifient la lecture.

■ **Le corps de l'article** (le contenu) doit répondre aux questions : Qui ? Quoi ? Où ? Quand ? Pourquoi ?

■ Un article de presse se lit vite ; le lecteur doit donc comprendre tout de suite de quoi il traite. Il faut que l'essentiel de l'information apparaisse dès le début du texte. La fin de l'article ou chute doit être frappante : *ouvrir par une interrogation, donner une « leçon », comparer avec un autre fait*... Pour « survoler » un article, on peut se contenter de lire le titre, le chapeau, les premières lignes, les intertitres et les dernières lignes.

■ Le style doit privilégier les phrases courtes.

■ Dans la presse papier ou Internet, **la une** (première page) sert de vitrine au journal. Les artistes sont classés dans des **rubriques** : *international ou monde, national ou France, faits divers ou société, politique, sports, culture, etc.*

EXEMPLE D'UN ARTICLE DE PRESSE

GROS TITRE →	**COMMENT UMUT VA SAUVER SA SŒUR**
Chapeau →	**Le professeur Frydman et son équipe ont détaillé hier la façon dont le cordon ombilical du premier « bébé-médicament » en France allait « guérir » la sœur d'Umut.**
L'événement →	En un clin d'œil, Umut-Talha (« notre espoir » en turc) est devenu le bébé le plus célèbre de France. Il faut dire que cet enfant n'est pas n'importe qui. Né le 26 janvier dernier à l'hôpital Antoine-Béclère à Clamart (Hauts-de-Seine), il est le premier « bébé-médicament » français. Et le simple fait qu'il existe va probablement rendre la santé à sa grande sœur de 3 ans, gravement malade.
Intertitres	**98% de chances que son aînée guérisse** Umut est le petit dernier d'une fratrie de trois. Sa sœur de 3 ans et son frère de 6 ans souffrent d'une sévère maladie génétique du sang responsable d'anémies. Tous deux survivent grâce à des transfusions. Mais d'ici à quelques mois, les prélèvements qui ont été effectués sur le cordon d'Umut devraient sauver sa sœur. « La greffe intrafamiliale marche extrêmement bien », explique le professeur René Frydman, le « père médical » d'Umut. « Nos chances de succès pour soigner la grande sœur sont de 98 %. » **Umut compatible uniquement avec sa sœur**
Récit et explications avec des citations.	L'histoire d'Umut commence il y a quelques mois dans une éprouvette. Les équipes de Béclère et Necker (Paris), qui ont travaillé ensemble, ont utilisé le DPI (diagnostic préimplantatoire), techniquement possible depuis vingt ans mais autorisé en France depuis 2006. Les parents d'Umut ont bénéficié d'une FIV (fécondation *in vitro*), et les médecins n'ont gardé que les embryons indemnes de la maladie génétique familiale. « Nous en avons obtenu deux : l'un sain mais incompatible avec les aînés, l'autre sain et compatible avec la grande sœur d'Umut », explique le professeur René Frydman. [...] **Un autre bébé pour soigner le grand frère ?**
Fin de l'article (chute) : ouverture sur un avenir plein d'espoir.	Et l'autre enfant ? L'aîné de la fratrie qui ne pourra pas être soigné par le cordon d'Umut ? « Il est malade mais il va vivre grâce aux transfusions mensuelles », glisse le professeur René Frydman. « Et nous ne serions pas étonnés que les parents reviennent nous voir pour entreprendre une nouvelle grossesse », souffle son équipe. Un autre bébé aimé et désiré, qui en plus aurait la mission de réparer définitivement toute sa famille. Hélène Bry, article publié le 9 février 2011, *Le Parisien*.fr

EXEMPLE : LA UNE D'UN JOURNAL QUOTIDIEN POUR LES ADOLESCENTS

Exercice : Comprendre un article de presse

Lisez attentivement l'article de presse page précédente : « Comment Umut va sauver sa sœur » et répondez aux questions suivantes.

1. À quoi sert le chapeau ?
2. Cet article répond-il bien aux cinq questions : Qui ? Quoi ? Où ? Quand ? Pourquoi ? Justifiez précisément votre réponse.
3. À quoi servent les citations (paroles rapportées au style direct) ?
4. À quoi servent les intertitres ?
5. À votre avis, après lecture de l'article, le titre est-il interrogateur ou affirmatif ?

CORRIGÉ

1. Le chapeau résume les faits.

2. Qui ? Le professeur Frydman et le bébé Umut. Quoi ? Naissance du « premier bébé médicament ». Où ? Hôpital Antoine-Béclère à Clamart. Quand ? 26 janvier 2011. Pourquoi ? Pour permettre de soigner la grande sœur atteinte d'une très grave maladie. La journaliste répond donc bien aux cinq questions indispensables pour écrire un article de presse.

3. Les citations renforcent les affirmations du journaliste. C'est le professeur qui parle et il confirme ce que dit la journaliste.

4. Les intertitres annoncent le contenu des paragraphes. Ils simplifient la lecture en annonçant l'essentiel.

5. Le titre de l'article est affirmatif. D'une part, il n'y a pas de point d'interrogation, d'autre part, l'article montre clairement qu'il est quasi-certain que la sœur sera sauvée grâce aux prélèvements effectués sur le cordon du bébé Umut.

B Le fait divers

■ Le fait divers est un événement du quotidien qui intéresse le lecteur parce qu'il est émouvant (*un enfant est sauvé*...), parce qu'il fait sensation (*il a tué toute sa famille*...), parce qu'il est proche géographiquement (*accident, incendie*...).

■ On peut dire aussi qu'un fait divers est un fait extraordinaire qui arrive à des personnes ordinaires (*un mécanicien de l'aéroport de Roissy a tenté de voler un Boeing*) ou un fait ordinaire qui arrive à des personnes extraordinaires (*l'accident de Lady Diana, le mariage du prince William et de Kate*...).

■ Le fait divers pose souvent un problème de société : *des suicides dans une entreprise posent le problème des conditions de travail ; une catastrophe ferroviaire nous interroge sur la sécurité des trains ; la mort d'un SDF nous questionne sur la pauvreté dans un pays riche ; etc.*

■ Dans un fait divers, on commence généralement par la fin, avant de faire un retour en arrière pour dérouler les faits dans un ordre chronologique.

> **Ordre chronologique**
> Qui suit l'ordre des événements dans le temps. Chronos est un mot grec qui signifie « temps ».

EXEMPLE D'UN FAIT DIVERS

L'article commence par la fin.	**Le miraculé !** Jonathan Plessis a été sauvé par son portable et des sauveteurs courageux. Il était prisonnier dans une crevasse, à 3 000 mètres d'altitude, par – 25 °C.	**Les cinq questions** Qui ? Quoi ?
Retour en arrière	Dimanche 23 novembre, Jonathan, 24 ans, étudiant à Grenoble et montagnard expérimenté, était parti surfer avec des amis au-dessus de la station de Sainte-Lucie sur le glacier des Monts-Mallet.	Quand ? Où ?
Déroulement des faits, dans l'ordre chronologique.	« J'étais plus lent, j'ai perdu de vue mes copains, j'ai voulu les rejoindre et j'ai coupé hors piste. Puis, tout à coup, la chute, dix mètres de haut ! C'est incroyable, mais je n'avais rien de cassé », raconte le jeune homme encore sous le choc. Jonathan a pu utiliser son téléphone portable et a réussi à joindre une amie qui a aussitôt prévenu les secours. [...] **Sauvetage difficile** C'est seulement le lendemain, lundi, que les secouristes en hélicoptère localisent le jeune homme. Il faut lutter contre le vent et le froid glacial et finalement Jonathan est récupéré en légère hypothermie et emmené à l'hôpital où il est encore en observation.	Pourquoi ?
Chute qui révèle un fait de société : le hors piste est dangereux.	Il affirme que, pour lui, le hors piste, c'est bien fini.	
Jour de la publication	Corinne Bredin, *Le Journal de Grenoble*, mardi 25 novembre 2010.	

Exercice : Reconstruire un fait divers

Remettez ce texte dans le bon ordre, en suivant le plan indiqué par l'exemple ci-dessus.

A. Alors que tous les convives étaient pétrifiés, Anna s'est précipitée pour lui porter secours. Elle l'a aidé à s'allonger et lui a fait un point de compression avec des serviettes de table pour stopper l'hémorragie.

B. « Je me suis souvenue de mes cours de secourisme, au lycée », a simplement dit Anna.

C. Cette coiffeuse de 25 ans dînait dans un restaurant, avec une amie lorsque le garçon a fait irruption, en sang, le cou tranché par un cutter.

D. « Sans la présence d'esprit de cette femme, la victime n'aurait pas survécu », a affirmé le médecin des pompiers.

E. Elle est restée ainsi en attendant les pompiers.

F. Depuis 2006, l'éducation nationale a rendu le secourisme obligatoire, voilà une histoire qui nous convainc de l'utilité de cet enseignement.

G. Anna Saulier n'oubliera jamais ce mardi 25 février 2010 lorsqu'elle a sauvé la vie d'un jeune homme qui venait de se faire agresser et voler son sac dans le centre-ville de Gisors.

CORRIGÉ

G. L'article commence par la fin. Identité ; date ; événement.

C. Retour en arrière. Circonstances de l'événement.

A. Déroulement des faits : Anna secourt le garçon.

E. Attend les pompiers.

B. et D. Paroles rapportées d'Anna puis du pompier.

F. Chute. Chacun peut avoir à secourir quelqu'un, d'où l'importance des cours de secourisme.

Étude de la langue : La forme impersonnelle, la voix active et la voix passive

1. La forme impersonnelle

On appelle « verbes impersonnels » des verbes qui ne se conjuguent qu'à la troisième personne du singulier : *il faut, il pleut, il neige...*

D'autres verbes peuvent se construire à la forme impersonnelle. Dans un article de presse, cette construction permet souvent au journaliste de ne pas s'impliquer directement : *il a fallu, il se trouve que, il est possible, il semble que, il paraît que...*

2. La voix active et la voix passive.

À la voix active, le sujet accomplit l'action exprimée par le verbe.

Les secouristes *localisent* ***le jeune homme****.*

Sujet verbe v. active **Compl. d'objet direct (COD)**

À la voix passive, le sujet du verbe devient complément d'agent introduit généralement par le mot « par ».

Le jeune homme *a été localisé* ***par les secouristes****.*

Sujet verbe v. passive **Compl. d'agent**

À la voix active, ce sont les secouristes qui sont mis en valeur. À la voix passive, on insiste sur le jeune homme.

Souvent, le complément d'agent est sous-entendu :

Il *est emmené à l'hôpital* (sous entendu : ***par les secouristes***).

Exercice : Identifier et utiliser des formes impersonnelles

1. Relevez les verbes à la forme impersonnelle

Il a fallu attendre les années 1990 pour que le grand public découvre Internet. Il est certain que l'ordinateur est devenu indispensable à notre vie quotidienne. Il faut toutefois sensibiliser les gens aux dangers des nouvelles technologies.

2. Complétez les phrases suivantes par un verbe à la forme impersonnelle

a. ...... tous les internautes risquent une amende en cas de téléchargement illégal.
b. ...... Facebook est un moyen de connaître les internautes pour mieux cibler la publicité.
c. ...... ils sont des millions à acheter en ligne.

CORRIGÉ

1. « Il a fallu » ; « Il est certain que » ; « Il faut ».
2. a. « Il paraît que » (pour mettre en doute).
b. « Il est certain que » (pour affirmer) ou « Il semble que » (pour s'interroger).
c. « Il se trouve qu' », « il est sûr que »...

Exercice : Passer de la voix active à la voix passive

1. Beaucoup de touristes visitent la Tour Eiffel.
2. La foule acclame les coureurs.
3. Le soleil éblouit le conducteur.
4. Le PSG a marqué un but.

CORRIGÉ

1. La Tour Eiffel est visitée par beaucoup de touristes.
2. Les coureurs sont acclamés par la foule.
3. Le conducteur est ébloui par le soleil.
4. Le but a été marqué par l'OM.

2 Lire et écrire un article d'opinion

Dans un article d'opinion, l'auteur ne dit pas « je », mais il laisse paraître son point de vue à travers des commentaires, des jugements, des mots valorisants ou dévalorisants.

NUCLÉAIRE : LA CATASTROPHE SANITAIRE

Le peuple japonais vit l'un des pires accidents industriels de l'histoire du capitalisme. À l'occasion du 20e anniversaire de Tchernobyl, Sveltana Alexievitch, auteur biélorusse d'un livre de témoignages des victimes de Tchernobyl, avait eu cette pensée prémonitoire : « Tchernobyl : notre passé ou notre avenir ? »(*Le Monde*, 25 avril 2006). Hélas, en ce 25e anniversaire de Tchernobyl, le cauchemar de Fukushima renoue, au Japon, avec cette expérience terrible de l'accident nucléaire.

Mot qui exprime l'émotion

[...]

Un fléau comparable à l'amiante

Mots très forts, dépréciatifs (négatifs) qui expriment la colère

Tricastin, Paluel ou Fessenheim[1], Tchernobyl[2] et Fukushima[3], tous ces sites nucléaires participent d'une même catastrophe sanitaire d'une ampleur comparable à celle de l'amiante, qu'il s'agisse de la contamination radioactive à bas bruit[4] dans la routine des parcs nucléaires, ou d'une pollution de grande ampleur provoquée par les accidents tels que ceux de Tchernobyl et de Fukushima.

Expression d'un jugement : dénonciation des conditions de travail

Partout dans le monde, à longueur d'année, pour assurer la maintenance des installations nucléaires, des travailleurs, le plus souvent précaires, subissent des conditions de travail et de vie incompatibles avec la dignité humaine. Les maintenir dans l'invisibilité est le moyen choisi par le lobby nucléaire pour sauvegarder l'image, aujourd'hui brisée, d'une industrie sans risques.
La catastrophe de Fukushima révèle au monde cet autre scandale de santé publique. Puisse cet article contribuer à la reconnaissance de l'engagement des travailleurs de Fukushima qui, aujourd'hui, sacrifient leur vie pour tenter d'éviter l'apocalypse.

Annie Thébaud-Mony, sociologue, directrice de recherche honoraire à l'Inserm (Le grand débat), *Le Monde*, 21 mars 2011.

1. Centrales nucléaires françaises considérées comme particulièrement dangereuses.
2. Centrale nucléaire ukrainienne qui a explosé en 1986.
3. Centrale nucléaire japonaise, en grande partie détruite après un tsunami, le 11 mars 2011.
4. Contamination lente par de faibles échappements de radioactivité.

Exercice : Écrire un article d'opinion

1. Dans le texte ci-dessous, identifiez la thèse, les arguments, les exemples.
2. À quoi servent les deux mots encadrés ?
3. Sur le modèle de cet article, rédigez un article d'opinion qui défend Facebook.

UTILISER FACEBOOK AVANT SEIZE ANS EST DANGEREUX !
Les jeunes ados ne sont pas conscients des dangers qu'ils courent en utilisant les réseaux sociaux.
En France, trois adolescents sur quatre ont un profil sur Facebook. Mais ils ne réalisent pas qu'ils sont vulnérables face aux harceleurs et aux séducteurs. « Je me suis rendu compte que mon fils était en contact avec des adultes lorsqu'il est sur certains jeux », dit une maman inquiète.

Une perte de temps !
Facebook affirme qu'il ferme les comptes des moins de 13 ans, certes, mais beaucoup trichent sur leur âge. Et là, qui vérifie ? Les jeunes passent un temps fou sur Facebook. On devrait dire qu'ils TUENT le temps, passant à côté de la vraie vie ! Plus de la moitié des élèves de 3e restent sur Internet plus de 3 heures par jour, c'est désolant. S'il est nécessaire de vivre avec son temps, il est important de protéger les enfants et de leur donner les moyens de s'épanouir. Interdire les réseaux sociaux aux moins de 16 ans est l'une des solutions.

CORRIGÉ

1. Thèse : On devrait interdire Facebook aux moins de 16 ans.
Argument 1 : Les adolescents sont vulnérables. Exemple : Des adultes jouent avec des adolescents et peuvent être dangereux.
Argument 2 : C'est une perte de temps. Exemple : « Plus de la moitié des élèves de 3e restent sur Internet plus de 3 heures par jour »

2. « Certes » est une concession. « Mais » permet d'avancer ses propres arguments.

3. Proposition d'article pour défendre Facebook.
Titres possibles : VIVE FACEBOOK ! ou COMMUNIQUER AUTREMENT AVEC FACEBOOK
Chapeau : *Pour trois ados sur quatre, Facebook est un formidable moyen de communiquer autrement.*

À un âge où la communication est délicate, Facebook permet de se parler directement sans craindre le regard des autres. On peut se donner une image plus valorisante. Facebook permet de discuter en dehors du collège, de s'entraider pour les devoirs. « Grâce à Facebook, je me suis mieux intégrée au collège », dit Émilie qui entre en 3e dans un nouvel établissement. Elle ajoute : « En plus, j'ai gardé contact avec les copains de mon ancienne école ».

Intertitre : Il faut s'habituer à ce nouveau média

Facebook n'accepte pas les comptes des moins de 13 ans, il s'engage à rendre plus sûr son site et incite les parents à participer à l'utilisation de ce nouveau média. « C'est vrai, il faut s'habituer à ce qui est nouveau, dit une maman, la télévision aussi faisait peur ! » Il faut apprendre à s'en servir, et puis il y a beaucoup de parents ravis de voir leurs enfants rester à la maison car, au moins, ils peuvent garder un œil sur eux.

Rappel : Thèse, arguments, exemples

Dans un article d'opinion, on retrouve la thèse (opinion défendue), des arguments (idées qui appuient la thèse) et des exemples. Ce sont souvent des citations qui illustrent ou renforcent les arguments.

Étude de la langue : les mots de liaison

- **Enchaîner** des arguments qui défendent la même opinion : *d'abord ; et ; ensuite ; de plus ; en outre ; non seulement... mais encore, enfin...*
- **S'opposer** à des arguments : *en revanche ; cependant ; toutefois...*
- **Accepter** l'argument de l'autre pour mieux s'y opposer : *certes... mais ; bien que...*
- Exprimer la **cause** : *parce que, car, à cause de, grâce à, en effet...*
- Exprimer la **conséquence** : *en conséquence, donc, d'où...*
- Exprimer le **but** : *afin de, pour...*

Exercice : Utiliser les mots de liaison

1. Dans les phrases suivantes, repérez les mots de liaison et indiquez ce qu'ils expriment.

a. Bien que la loi l'interdise, de nombreux internautes téléchargent illégalement.

b. Grâce aux progrès de la médecine, on vit mieux et plus longtemps.

c. Les femmes travaillent de plus en plus : non seulement elles ont un travail à l'extérieur, mais encore elles continuent de consacrer 4h par jour au travail domestique, donc l'inégalité hommes-femmes est toujours vraie.

2. Pour chacune des propositions suivantes, inventez une opposition.

a. L'informatique facilite le travail, mais...

b. S'abonner à un magazine permet de ne manquer aucun numéro, mais...

c. Le confort matériel rend les hommes plus heureux, certes, mais...

3. Quels mots de liaison devez-vous choisir dans cet échange d'arguments ?

Caroline : J'adore la musique, j'écoute de tout, ... je n'aime pas le rap. C'est une musique agressive. ...... les textes se ressemblent tous.

Lucie : .... les sujets sont souvent les mêmes, ... chaque chanteur s'exprime avec sa propre personnalité.

CORRIGÉ

1. a. « Bien que » : opposition ; **b.** « Grâce aux » : cause ; **c.** « non seulement...mais encore » : addition de 2 arguments allant dans le même sens.

2. a. mais on perd beaucoup de temps devant un ordinateur à faire autre chose ; **b.** mais du coup nous lisons toujours le même journal ; **c.** certes, mais on oublie parfois des valeurs plus importantes : la générosité, le respect...

3. « mais je n'aime pas le rap » / « de plus les textes se ressemblent tous ». « certes les sujets... / mais chaque chanteur s'exprime... »

3 La critique : une opinion sur une œuvre

■ Une critique de presse est un article qui porte un jugement négatif ou positif, parfois nuancé, sur un film, une pièce de théâtre, un livre, un concert...

■ Pour rédiger une critique, il faut respecter un plan en deux parties :
- présentation de l'œuvre : résumé ;
- appréciation. Le journaliste s'implique en utilisant des mots valorisants ou dévalorisants, mais il ne dit jamais « je ».

EXEMPLE D'UNE CRITIQUE DE FILM

Résumé de l'histoire

La marquise Obardi est l'un des personnages influents dans le grand monde parisien. Issue d'un milieu populaire, elle a connu la pauvreté mais a depuis accédé à l'aristocratie. Pour elle seules comptent la réussite et la richesse. Sa fille Yvette, née d'un premier mariage avec un ouvrier, tué au cours d'une manifestation de rue, a une autre conception de la vie. Yvette ne souhaite qu'un mari et des enfants. Malgré les réticences[1] de la jeune fille, la marquise décide de l'initier aux fastes[2] de la grande vie [...]. Deux visions s'affrontent : une aspiration au bonheur familial pour Yvette et une vie fantasque[3], faite de dîners et d'aventures amoureuses pour la marquise.

Critique nuancée
Des mots valorisants et des mots dévalorisants.
L'opposition est marquée par « En revanche ».

Coup de chapeau à la fraîcheur d'Ana Girardot, qui joue la jeune et rêveuse Yvette avec talent. En revanche, l'interprétation d'Anne Parillaud – la marquise Obardi – est moins réussie. L'actrice surjoue[4], son phrasé[5] manque cruellement de rythme et la crédibilité de son personnage en pâtit. En dépit de cette fausse note, l'ensemble reste assez agréable et divertissant.

Critique de l'épisode « Yvette », série *Chez Maupassant*, *Téléobs* du 29 avril au 6 mai 2011.

1. Hésitations.
2. Le luxe.
3. Pleine de fantaisies.
4. En fait trop, son jeu est exagéré.
5. Manière de dire le texte.

Grammaire : La construction des phrases courtes : phrase simple et phrase complexe

Dans un article de presse, on privilégie les phrases courtes. Les phrases sont simples ou complexes.
■ La **phrase simple** ne comporte qu'une seule proposition. *La comédienne joue bien.*
■ La **phrase complexe** comprend plusieurs verbes. Elle est donc formée d'au moins deux propositions :
- juxtaposées. *L'e-commerce prend de l'ampleur, les acheteurs font confiance à l'achat en ligne*
- coordonnées. *Il est heureux d'avoir survécu **et** assure qu'il ne recommencera plus.*
- subordonnées. ***Quand il a vu le policier**, il s'est enfui. L'homme **qui s'est enfui** a pris peur en voyant le policier.*

Exercice : Transformez des phrases simples en phrases complexes

1. Transformez les deux phrases simples suivantes en une phrase complexe :
a. par juxtaposition ;
b. par coordination ;
c. par subordination.
« C'étaient des héros. Ils avaient réussi à atterrir. » :

2. Choisissez le pronom relatif qui convient dans la liste suivante pour transformer les couples de phrases simples en une phrase complexe.
Pronoms relatifs : Qui, que, dont, auxquels.
a. Il s'est acheté un vélo. Il en avait envie depuis longtemps.
b. Il a découvert un carton. Le temps l'avait recouvert d'une épaisse couche de poussière.
c. Dans ce grenier, mille objets l'entouraient. Elle n'y pensait plus depuis longtemps.
d. Les candidats à ce jeu vivent une expérience incroyable. Cette expérience les conduit à l'autre bout du monde.

CORRIGÉ

1. a. C'étaient des héros, ils avaient réussi à atterrir.
b. C'étaient des héros car ils avaient réussir à atterrir.
c. C'étaient des héros parce qu'ils avaient réussi à atterrir.

2. a. Il s'est acheté un vélo dont il avait envie depuis longtemps.
b. Il a découvert un carton que le temps avait recouvert d'une épaisse couche de poussière.
c. Dans ce grenier, mille objets l'entouraient auxquels elle ne pensait depuis longtemps.
d. Les candidats à ce jeu vivent une expérience incroyable qui les conduit à l'autre bout du monde.

4 Écrire un courrier des lecteurs

■ La rubrique « courrier des lecteurs » rassemble des lettres écrites à la rédaction d'un journal pour donner une opinion, féliciter, critiquer... Ce courrier s'adresse à la rédaction du journal ou aux autres lecteurs.

■ L'émetteur est présent dans son écrit : il utilise le « je » ou le « nous » ; il s'adresse au journal : « vous ». Le ton est indiqué par la ponctuation : des points d'interrogation et d'exclamation pour exprimer la colère, la surprise. Des mots valorisants et dévalorisants permettent d'émettre un jugement.

EXEMPLE D'UN COURRIER DE LECTEUR

S'adresse directement au journal

Présence de l'émetteur

Mots dévalorisants

Ponctuation pour exprimer ses sentiments

Une dépense excessive !
Vous avez consacré un article au projet de mémorial célébrant l'abolition de l'esclavage à Bordeaux. C'est vraiment navrant !... Il n'y a pas d'autres mots. La ville va édifier ce monument pour un coût de 10 millions d'euros ! Cela ne vous pose donc aucun problème ? Bien au contraire vous applaudissez !
À l'heure où l'on ne cesse de parler des déficits publics, où les Français connaissent des difficultés quotidiennes, où les besoins sont nombreux, il me semble que la dépense est pour le moins exagérée. Loin de moi l'idée d'oublier tous ceux qui ont été victimes de l'esclavage, mais il serait tout de même plus utile de créer une fondation pour lutter contre cette exploitation des hommes et des femmes qui malheureusement existe toujours, y compris dans notre propre pays !

Mme Olivier, Paris.

Étude de la langue : La ponctuation

La ponctuation est nécessaire à la compréhension du texte. Elle donne aussi le ton du texte.

- **Le point** limite les phrases déclaratives. Il est toujours suivi d'une majuscule.
Je t'aime vraiment. Vraiment. Tu peux me croire. Dans cet exemple, les points expriment la certitude, la fermeté du ton.

- **La virgule** sépare les éléments d'une énumération ou détache les groupes de mots dans une phrase.
À l'heure où l'on ne cesse de parler des déficits publics, où les Français connaissent des difficultés quotidiennes, où les besoins sont nombreux,...

- **Le point d'interrogation** sert à interroger. Quelquefois, la question ne demande pas une réponse mais exprime un sentiment de colère, de surprise, un choc...
Cela ne vous pose donc aucun problème ?

- **Le point d'exclamation** indique l'expression d'un sentiment, d'un ordre.
C'est vraiment navrant !

- **Les deux points** annoncent des paroles rapportées au style direct. Les guillemets entourent les citations.
Émilie dit : « Facebook permet de rester en contact avec les vieux copains ».

Exercice : Bien utiliser la ponctuation

Ponctuez le texte suivant. N'oubliez pas les majuscules.
Il est temps de réagir il faut lutter contre la pollution atmosphérique diminuer le trafic routier n'est-ce pas la solution la plus efficace prenons donc nos bicyclettes ou marchons pour les longues distances nous avons les transports en commun bus et train.

CORRIGÉ

Il est temps de réagir ! Il faut lutter contre la pollution atmosphérique. Diminuer le trafic routier, n'est-ce pas la solution ? Prenons donc nos bicyclettes ou marchons ! Pour les longues distances, nous avons les transports en commun : bus et train.

5 Comprendre un discours argumentatif

Dans un discours, l'orateur cherche à persuader son auditoire en jouant sur les émotions. Il utilise alors des images saisissantes, met en scène les sentiments et les passions, crée la communion avec le public en évoquant des valeurs partagées.

Utilisation du « nous » : B. Obama est avec le peuple américain.

« Yes, we can » *(Oui, nous pouvons)*

Lorsque nous avons surmonté des épreuves apparemment insurmontables ; lorsqu'on nous a dit que nous n'étions pas prêts, ou qu'il ne fallait pas essayer, ou que nous ne pouvions pas, des générations d'Américains ont répondu par un simple credo qui résume l'esprit d'un peuple.

Des mots répétés comme un refrain, qui frappent les auditeurs.

Oui, nous pouvons.

Ce credo était inscrit dans les documents fondateurs qui déclaraient la destinée d'un pays.

Oui, nous pouvons.

Il a été murmuré par les esclaves et les abolitionnistes ouvrant une voie de lumière vers la liberté dans la plus ténébreuse des nuits.

Oui, nous pouvons.

Rappel de l'histoire et des valeurs défendues.

Il a été chanté par les immigrants qui quittaient de lointains rivages et par les pionniers qui progressaient vers l'ouest en dépit d'une nature impitoyable.

Oui, nous pouvons.

Ce fut l'appel des ouvriers qui se syndiquaient ; des femmes qui luttaient pour le droit de vote ; d'un président qui fit de la Lune notre nouvelle frontière ; et d'un King *[ici, il s'agit de Martin Luther King]* qui nous a conduits au sommet de la montagne et nous a montré le chemin de la Terre promise.

Images poétques pour émouvoir les auditeurs.

Oui, nous pouvons la justice et l'égalité. Oui, nous pouvons les chances et la prospérité. Oui, nous pouvons guérir cette nation. Oui, nous pouvons réparer ce monde.

Oui, nous pouvons.

Barack Obama, discours de campagne dans le New Hampshire, 10 janvier 2008.

Exercice : Identifier des procédés de persuasion

1. Sur le modèle du texte ci-dessus, identifiez les procédés utilisés par Nelson Mandela pour persuader son auditoire de fonder une nation nouvelle ?

2. Quel est le champ lexical dominant (mots appartenant à un même thème) ?

Nelson Mandela devient président de l'Afrique du Sud après des années d'apartheid (séparation des Noirs et des Blancs). Mandela est noir, il veut empêcher une guerre entre les Noirs et les Blancs, il en appelle à la naissance d'une nation arc-en-ciel (de toutes les couleurs) en paix avec elle-même et avec le monde.

Nous prenons l'engagement de bâtir une société dans laquelle tous les Sud-Africains, blancs ou noirs, pourront marcher la tête haute sans aucune crainte au fond de leur cœur, assurés de leur droit inaliénable à la dignité humaine – une nation arc-en-ciel en paix avec elle-même et avec le monde. [...]

Nous comprenons bien qu'il n'y a pas de voie facile vers la liberté.

Nous savons bien que nul d'entre nous agissant seul ne peut obtenir la réussite. Nous devons donc agir ensemble en tant que peuple uni, pour la réconciliation nationale, pour la construction de la nation, pour la naissance d'un nouveau monde.

Que la justice soit présente pour tous !

Que la paix soit là pour tous !

Que le travail, le pain, l'eau et le sel soient à la disposition de tous !
Que chacun sache cela, car tant le corps que l'esprit et l'âme ont été libérés pour leur plein épanouissement ! Que jamais, au grand jamais ce beau pays ne subisse l'oppression de l'un par l'autre et ne souffre l'indignité d'être le pestiféré du monde.
Que règne la liberté !
Le soleil ne se couchera jamais sur une réussite humaine si glorieuse.
Dieu bénisse l'Afrique.
Merci.

Nelson Mandela, extrait du discours d'investiture, 10 mai 1994.

CORRIGÉ

1. Utilisation du « nous » : Mandela est avec le peuple noir et le peuple blanc. Énumération : « pour la réconciliation nationale, pour la construction de la nation, pour la naissance d'un nouveau monde ». Répétition des mêmes mots en début de phrase, comme une prière : « Que la justice.../ Que la paix.../ Que le travail.../ Que chacun.../ Que règne... ». Partage des mêmes valeurs : liberté, justice, paix, travail.

Les valeurs
Les valeurs morales guident le jugement, en fonction de ce que l'on considère comme étant bien ou mal. Certaines valeurs sont reconnues par tous : la liberté, l'égalité, la tolérance, le respect, la générosité, etc.

2. Champ lexical de l'union : « tous les Sud-Africains », « blancs ou noirs », « une nation arc-en-ciel », « agir ensemble », « peuple uni », « réconciliation nationale », « pour tous ».

6 Tirer des leçons d'un récit de science-fiction

La science-fiction est un genre littéraire et cinématographique qui prend généralement pour cadre une époque future ou un lieu lointain et inaccessible (une autre planète par exemple). Elle se fonde sur la science, et au XXe siècle, les inventions imaginées par les auteurs sont progressivement devenues des réalités (*fusées, robots*...).

Dans les récits de science-fiction, les écrivains dénoncent souvent des progrès ou des dérives qui risquent de faire sombrer le monde (dans le film *La Planète des singes*, une catastrophe nucléaire a mis fin au règne des hommes). Les personnages ont des profils réalistes, les descriptions sont très précises pour respecter l'exactitude de la science.

Résumé du film *Avatar*

Malgré sa paralysie, Jake Sully, un ancien marine immobilisé dans un fauteuil roulant, est resté un combattant au plus profond de son être. Il est recruté pour se rendre à des années-lumière de la Terre, sur la planète Pandora, où de puissants groupes industriels exploitent un minerai rarissime destiné à résoudre la crise énergétique sur Terre. Parce que l'atmosphère de Pandora est toxique pour les humains, ceux-ci ont créé le programme Avatar, qui permet à des « pilotes » humains de lier leur esprit à un avatar, un corps biologique commandé à distance, capable de survivre dans l'atmosphère de Pandora.
Les avatars sont des hybrides créés génétiquement en croisant l'ADN humain avec celui des Na'vis, les habitants de Pandora. Sous sa forme d'avatar, Jake peut de nouveau marcher. On lui confie une mission d'infiltration auprès des Na'vis, qui font obstacle à l'exploitation du précieux minerai.
Mais tout va changer lorsque Neytiri, une très belle Na'vi, sauve la vie de Jake...

Le héros a un profil réaliste.

Exploitation d'une autre planète ; crise écologique.

L'action se passe sur une lointaine planète.

Le récit s'appuie sur des avancées scientifiques.

Exercice : Repérer ce que dénonce un récit de science-fiction

1. Quels indices montrent que le texte ci-dessous est un récit de science-fiction.
2. Relevez les contradictions.
3. Est-ce une société idéale ? Pourquoi ?
4. Que dénonce ce récit ?

Le roman se déroule, à Londres, capitale de la première région aérienne de l'Océania. Océania vit sous une dictature. Le Parti unique est commandé par un chef invisible dont les portraits sont partout : Big Brother. Winston Smith, le personnage principal du roman, travaille au ministère de la Vérité. Il corrige les journaux et réécrit l'histoire selon les ordres de Big Brother. Mais Winston se met à penser par lui-même.

Derrière Winston, la voix du télécran continuait à débiter des renseignements sur la fonte et sur le dépassement des prévisions pour le neuvième plan triennal. Le télécran recevait et transmettait simultanément. Il captait tous les sons émis par Winston au-dessus d'un chuchotement très bas. De plus, tant que Winston demeurait dans le champ de vision de la plaque de métal, il pouvait être vu aussi bien qu'entendu. Naturellement, il n'y avait pas moyen de savoir, si, à un moment donné, on était surveillé. Combien de fois, et suivant quel plan, la Police de la Pensée se branchait-elle sur une ligne individuelle quelconque, personne ne pouvait le savoir. On pouvait même imaginer qu'elle surveillait tout le monde, constamment. [...]
Winston restait le dos tourné au télécran. Bien qu'un dos, il le savait, pût être révélateur, c'était plus prudent. À un kilomètre, le ministère de la Vérité, où il travaillait, s'élevait, vaste et blanc au-dessus du paysage sinistre. [...]
Le ministère de la Vérité – Miniver, en novlangue[1] – frappait par sa différence avec les objets environnants. C'était une gigantesque construction pyramidale de béton d'un blanc éclatant. Elle étageait ses terrasses jusqu'à trois cents mètres de hauteur. De son poste d'observation, Winston pouvait encore déchiffrer sur la façade l'inscription artistique des trois slogans du parti.

LA GUERRE C'EST LA PAIX
LA LIBERTÉ C'EST L'ESCLAVAGE
L'IGNORANCE C'EST LA FORCE

Georges Orwell, *1984,* (roman écrit en 1948), © Éditions Gallimard.

1. Langue d'Océania ; extrêmement réduite, elle ne permet pas d'accéder au savoir.

CORRIGÉ

1. L'action se passe dans un pays appelé Océania. Le télécran est une invention de l'auteur à une époque où aucun foyer n'a la télévision. Le télécran permet de voir et d'entendre tout le monde. L'immeuble où se situe le ministère de la Vérité est très futuriste : « une gigantesque construction pyramidale de béton d'un blanc éclatant ».

2. Les contradictions : au ministère de la Vérité, Winston doit corriger et réécrire l'histoire selon les ordres de Big Brother, donc il doit mentir. Les devises du parti sont surprenantes et associent des mots contradictoires : « La guerre c'est la paix ». « La liberté c'est l'esclavage ». « L'ignorance c'est la force ».

3. C'est une dictature : le ministère de la Pensée surveille tout le monde. Le ministère de la Vérité ment. Et sont mises en avant des contre-valeurs : la guerre, l'esclavage, l'ignorance.

4. George Orwell dénonce les dictatures, mais aussi les risques que représentent les nouvelles technologies qui peuvent nous surveiller partout.

HISTOIRE-GÉOGRAPHIE-ENSEIGNEMENT MORAL ET CIVIQUE

Histoire

1. Voyages et découvertes, XVIe-XVIIIe siècles 68
2. Être ouvrier en France, XIXe-XXIe siècles 76
3. La République en France 85
4. Guerres et conflits en Europe au XXe siècle 94

Géographie

5. Le développement inégal 102
6. Nourrir les hommes 110
7. Les sociétés face aux risques 117
8. Mondialisation et diversité culturelle 124

Enseignement moral et civique

9. La personne et l'État de droit 132
10. Égalité, différences, discriminations.................... 137
11. Exercer sa citoyenneté dans la République et dans l'Union européenne 141
12. Pluralisme des croyances et laïcité 147

HISTOIRE-GÉOGRAPHIE

1 Voyages et découvertes, XVIe-XVIIIe siècles

Les Européens, stimulés par l'humanisme puis l'esprit des Lumières, explorent le monde. Comment l'aventure maritime et la découverte de nouvelles civilisations élargissent-elles l'horizon et le savoir des Européens, du XVIe au XVIIIe siècle ?

Grandes découvertes (1450-1550)
1488 Passage du Cap de Bonne-Espérance par Bartolomeu Dias
1492 Découverte de l'Amérique par Christophe Colomb
1499 Vasco de Gama explore l'Inde
1519-1522 Premier tour du monde par Fernand de Magellan

Exploration des continents et grand commerce international au cours du XVIIe siècle

Exploration du Pacifique au XVIIe siècle et voyages scientifiques
1766-1769 Tour du monde de Bougainville
1768-1779 Explorations du Pacifique par James Cook

1 Découverte et conquêtes de nouveaux mondes aux XVIe-XVIIe siècles

Explorations maritimes au XVIe siècle

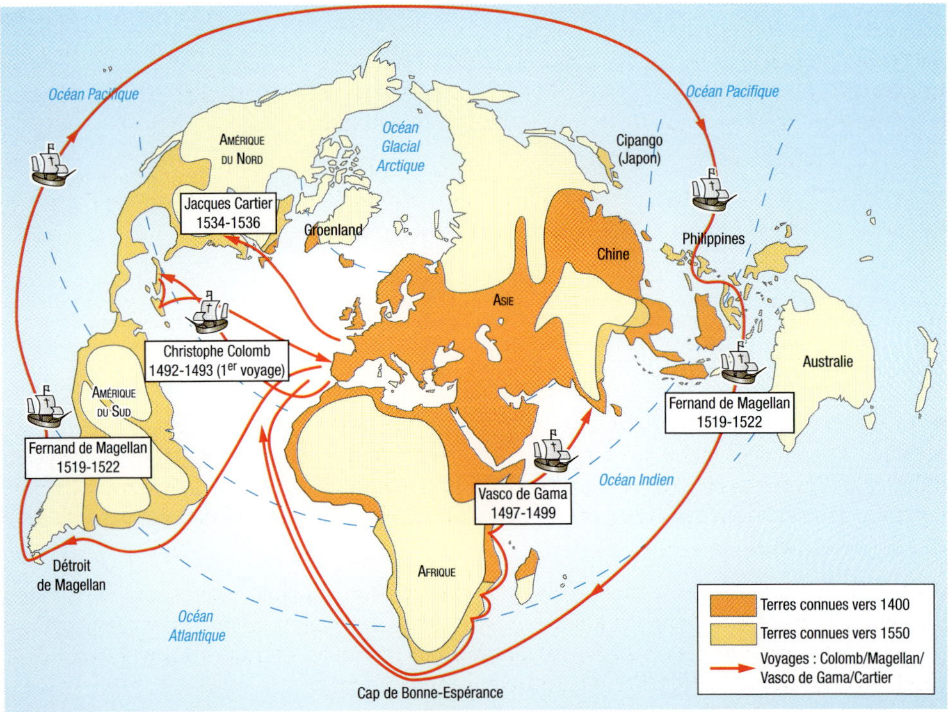

A Une volonté de dépasser l'héritage médiéval

■ Depuis l'Antiquité, l'Europe est traversée de nombreuses routes de commerce terrestres et maritimes qui la relient avec l'Afrique et l'Asie. Le commerce méditerranéen s'élargit au Moyen Âge, notamment par les croisades (XIe-XIIIe siècles) et par le commerce de la soie et des épices avec le monde musulman. Cependant, le **commerce vers l'Asie**, développé par Marco Polo au XIVe siècle et facteur de prospérité pour les cités italiennes, est fragilisé lorsque les Turcs prennent Constantinople et les Balkans en 1453.

■ De **nouvelles routes vers l'Asie** sont cherchées pour maintenir la prospérité du commerce vers l'Orient : les Portugais contournent l'Afrique par cabotage (Bartolomeu Diaz franchit le cap de Bonne-Espérance et contourne l'Afrique en 1488). *Situation 1 : Christophe Colomb, explorateur génois au service de l'Espagne, découvre un nouveau continent, l'Amérique, en cherchant la route des Indes (1492).*

Cabotage : navigation marchande, d'un port à l'autre, le long des côtes et repères naturels.

■ Les navigateurs européens sont motivés par la **curiosité** et **l'esprit d'aventure**, autant que par l'espoir de **s'enrichir** (or, épices, soie...) en dépit des dangers. Découvrir de nouveaux peuples pour les christianiser est aussi un but de la Réforme catholique.

B Humanisme, progrès scientifiques et grandes découvertes au XVIe siècle

■ L'esprit humaniste stimule la recherche de l'Autre, l'élargissement de la définition de l'homme, centre de la pensée du XVIe siècle. Il encourage la recherche de terres inconnues et met à profit les progrès scientifiques pour faciliter la navigation et l'orientation dès le XVIe siècle. La **boussole** et l'**astrolabe**, associées à la **rose des vents**, précisent les positions, les distances et le contour des côtes pour aboutir à des cartes maritimes plus exactes (ex. : les **portulans** génois et catalans). La **caravelle** permet de voyager plus loin et plus vite. Au XVIe siècle, la navigation peut dépasser le cabotage pour explorer la Méditerranée et surtout l'Atlantique.

- **Astrolabe : instrument pour mesurer la latitude d'un lieu (distance angulaire, en degrés, séparant un lieu de l'Équateur).**
- **Caravelle : trois mâts robuste, bien armé, maniable, économique, de grande contenance.**
- **Traite : transport et commerce de marchandises puis d'esclaves.**

■ Vespucci (1499-1502) montre que l'Amérique est un continent. L'expédition espagnole de Magellan (1519-1522) fait le tour du monde en contournant l'Amérique par le sud tandis que les Français et les Anglais essaient d'atteindre les Indes par le nord après 1530.

C Conquêtes, commerce international et renouveau culturel (XVIe-XVIIe siècles)

■ Au XVIe siècle, les *conquistadores* (conquérants) espagnols bâtissent un empire colonial du Mexique aux Andes, tandis que les Portugais en créent un second, au Brésil et dans l'océan indien. Les Européens cherchent également un passage vers le nord de l'Amérique pour mieux relier l'Europe et l'Asie. Les Français (Cartier) s'installent au Canada en 1541, les Anglais sur la côte est de l'Amérique du Nord.

■ Les établissements commerciaux (comptoirs) se multiplient sur les côtes. Les États créent des compagnies de commerce nationales au XVIIe siècle. Les colons pillent les richesses (mines, plantations), soumettent les indigènes et font venir des esclaves d'Afrique (traite). Les richesses suscitent la rivalité et les conflits entre puissances coloniales.

■ Les routes de commerce diffusent dans le monde entier les productions de l'Europe, l'Amérique et l'Asie. L'Europe découvre le tabac, la tomate, le maïs venus d'Amérique (où parviennent le cheval, le riz, le café et le sucre). Les villes portuaires de l'Atlantique s'enrichissent (Séville, Lisbonne, Anvers, Bordeaux, Nantes), notamment par l'or et l'argent venus d'Amérique.

2 L'exploration scientifique des continents au XVIIIe siècle

A L'esprit des Lumières renouvelle l'exploration et la recherche du savoir

■ La prospérité de l'Europe du XVIIIe siècle relance les échanges mondiaux : la population européenne augmente et avec elle les besoins de produits agricoles et industriels, stimulant le commerce international. L'esprit des Lumières, né en France et diffusé dans toute l'Europe, encourage la recherche de connaissances et le **raisonnement** ; il accélère les **progrès scientifiques et techniques**, notamment dans la navigation.

■ Les Européens rivalisent dans des voyages autour du monde à but scientifique, commercial et politique, souvent organisés et financés par les États.

B Un monde mieux connu, exploré et cartographié

■ Le calcul de la longitude, joint à celui de la latitude, permet de localiser précisément les îles et territoires et de dresser des cartes exactes, largement imprimées et diffusées qui permettent une exploration scientifique et systématique des espaces maritimes.

■ Les naturalistes collectent de nombreuses espèces minérales, végétales et animales nouvelles ; ils les dessinent et classent des échantillons pour faire un inventaire encyclopédique de la nature. *Situation 2 : Bougainville est le premier Français à faire le tour du monde (1766-1769) pour accumuler le plus de connaissances possibles ; il est accompagné de nombreux savants (géographes, astronomes, botanistes, médecins…).*

■ La soif de connaissances passe par la recherche d'un continent austral au sud de l'Amérique et d'un passage vers le Pacifique au nord-ouest de l'Amérique. Les Européens s'aventurent à l'intérieur des continents (Sibérie, montagnes d'Europe et d'Amérique). L'exploration des **archipels du Pacifique**, initiée par Magellan en 1520, est précisée. *Situation 2 : Bougainville et la Polynésie. Situation 3 : Cook cartographie scientifiquement le Pacifique de 1768 à 1779, jusque dans les latitudes extrêmes sud et nord.*

C Des échanges commerciaux et culturels accrus à travers le monde

■ La **découverte de nouvelles cultures et les récits de mœurs** suscitent la fascination des Européens pour les sociétés exotiques et encouragent les voyages. Certains savants ou religieux étudient les langues et coutumes des indigènes, transforment la vision du monde. Les philosophes renouvellent la réflexion sur la place de l'homme dans l'univers et la diversité des civilisations (*Situation 2 : Bougainville crée le mythe de « l'île heureuse » en décrivant une Polynésie* *paradisiaque, notamment Tahiti ; il célèbre l'état de nature décrit par les philosophes, et le « bon sauvage »).* Des missionnaires continuent à diffuser le catholicisme sur tous les continents.

■ Les **échanges commerciaux** (coton, soie...) doublent entre 1720 et 1780 ; les produits tropicaux modifient les habitudes alimentaires des Européens (pomme de terre, épices, café, thé, cacao...). Le commerce triangulaire (Europe, Afrique, Amérique) et la **traite des esclaves** s'intensifient. L'Europe domine le monde, l'Angleterre s'affirme sur les océans.

Explorations maritimes au XVIIIe siècle

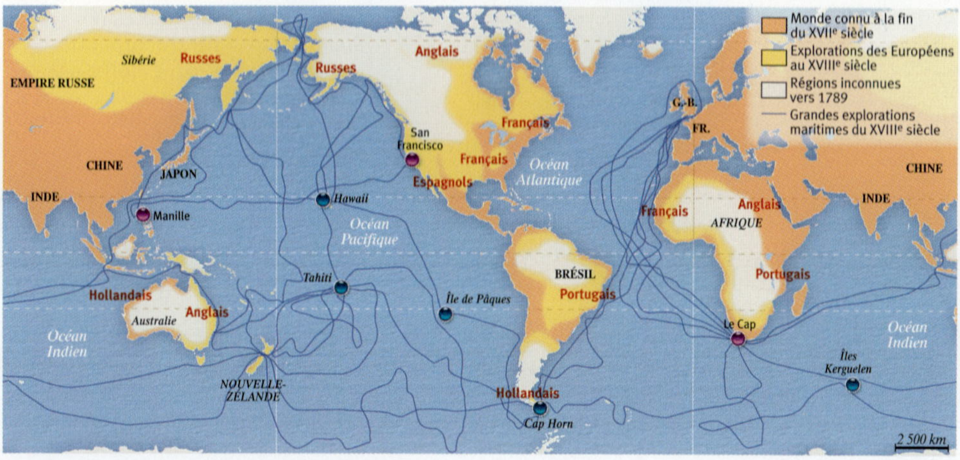

EXERCICES – Questions de cours

1. Rédigez au présent un texte d'une quinzaine de lignes relatif aux causes des explorations du XVIe siècle au XVIIIe siècle.

- Aidez-vous des termes : christianisation – enrichissement – progrès scientifiques – civilisations – goût de l'aventure – curiosité – humanisme – esprit des Lumières.

- Reliez les phrases par des connecteurs logiques (d'abord, de plus, mais, or...).

2. Complétez le texte suivant relatif aux conséquences des explorations du XVIe au XVIIIe siècle en vous aidant des termes suivants : empires coloniaux – archipels du Pacifique – mythe du bon sauvage au XVIIIe siècle – Cook – Christophe Colomb – traite des esclaves – mondialisation – anéantissement – rond – Amérique – Bougainville – produits exotiques – Australie.

Soulignez les connecteurs logiques employés dans le texte ci-dessous.

« Les explorations du XVIe au XVIIIe siècle permettent d'améliorer la connaissance des Européens envers le monde qui les entoure. D'abord, ils découvrent avec (*explorateur*) que le monde est (*adjectif qualificatif*). Ils apprennent ensuite, avec (*explorateurs*), l'existence de (*continent*) au XVe puis de (*territoires*) au XVIIIe siècle. Grâce à ces voyages, ils enrichissent leur philosophie et leur réflexion sur le monde au contact des populations des contrées lointaines (*un exemple de réflexion philosophique*).

Enfin, une première (*nouvelle organisation économique*) apparaît, stimulée par les échanges de (*groupe nominal*) (maïs, tomate, tabac, coton d'Amérique vers l'Europe). Cependant, la constitution de (*organisations territoriales nouvelles hors d'Europe*), nécessaires à l'établissement de routes de commerce stables, induit (*forme de commerce d'êtres humains*) et (*nom*) de populations indigènes. »

3. Complétez le tableau ci-dessous :

Époque d'exploration	Espaces explorés	Explorateurs importants	Découvertes majeures
	Côtes de l'Afrique à l'Inde		Nouvelles routes de commerce, contacts avec de nouvelles civilisations
		Colomb	
		Magellan	Le monde est rond ; contact avec de nombreuses civilisations nouvelles
	Tour du monde	Bougainville	
1785-1788		La Pérouse	

CORRIGÉ

1. Rédigez au présent un texte d'une quinzaine de lignes relatif aux causes des explorations du XVIe siècle au XVIIIe siècle.

L'humanisme au XVIe siècle puis l'esprit des Lumières au XVIIIe siècle stimulent la recherche scientifique, avivent la curiosité et l'esprit de découverte, le goût de l'aventure, la recherche de connaissances, la rencontre avec d'autres civilisations. Mais certains explorateurs sont motivés par l'espoir d'un enrichissement personnel. D'autres encore veulent participer à l'expansion du christianisme auprès des nouvelles sociétés.

De plus, ces voyages sont possibles grâce aux progrès techniques qui permettent la navigation au long cours (boussole, horloge de marine…) et l'établissement de cartes précises (portulans). Enfin, les États européens financent de telles expéditions, coûteuses et dangereuses, mais qui peuvent augmenter leur prestige, leur territoire (empires coloniaux) et leurs ressources (or, épices…).

2. Complétez le texte suivant relatif aux conséquences des explorations du XVIe au XVIIIe siècle (les connecteurs logiques sont soulignés, les termes manquants figurent en italique).

Les explorations du XVIe au XVIIIe siècle permettent d'améliorer la connaissance des Européens envers le monde qui les entoure. D'abord, ils découvrent avec *Christophe Colomb* que le monde est *rond*. Ils apprennent ensuite, avec *Cook et Bougainville*, l'existence de *l'Amérique* au XVe siècle puis de *l'Australie et des archipels du Pacifique* au XVIIIe siècle. Grâce à ces voyages, ils enrichissent leur philosophie et leur réflexion sur le monde au contact des populations des contrées lointaines (*le mythe du bon Sauvage au XVIIIe siècle*).

Enfin, une première *mondialisation* apparaît, stimulée par les échanges de *produits exotiques* (maïs, tomate, tabac, coton d'Amérique vers l'Europe). Cependant, la constitution *d'empires coloniaux*, nécessaires à l'établissement de routes de commerce stables, induit la *traite des esclaves* et *l'anéantissement* de populations indigènes.

3. **Complétez le tableau ci-dessous :**

Époque d'exploration	Espaces explorés	Explorateurs importants	Découvertes majeures
1488	Côtes de l'Afrique à l'Inde	Diaz	Nouvelles routes de commerce, contacts avec de nouvelles civilisations
1492	Amérique	Colomb	Découverte de nouvelles terres (Amérique) ; le monde est rond
1519-1522	Tour du monde	Magellan	Le monde est rond ; contacts avec de nombreuses civilisations nouvelles
1766-1769	Tour du monde	Bougainville	Le monde est rond. Découvertes naturelles et scientifiques. Contacts avec de nombreuses civilisations
1785-1788	Pacifique	La Pérouse	Meilleure connaissance du monde, nouveaux produits exotiques, contacts avec d'autres civilisations

EXERCICES – Situations au choix

Situation 1 au choix : Christophe Colomb et la découverte de l'Amérique

« 9 septembre 1492. À trois heures, le vent se lève et je prends la route vers l'ouest.

10 octobre. Les hommes se plaignent de la longueur du voyage. Je les réconforte en leur rappelant les profits qui les attendent.

12 octobre. La terre apparaît à deux heures du matin.

13 octobre. Au lever du jour, arrivèrent sur la plage une quantité d'hommes de belle apparence. Leurs cheveux sont lisses et gros comme des crins de cheval. […] Ils apportaient des pelotes de coton filé, des perroquets et donnaient tout pour quelque bagatelle qu'on leur offrait en échange.

24 octobre. Je suis parti pour une île que les Indiens appellent Colba [*Cuba*]. […] Ils disent qu'elle est bien pourvue de perles, d'or et d'épices. »

16 décembre 1492. Les habitants d'Hispaniola [Haïti] ne possèdent pas d'armes et vont tout nus […]. Ils sont aptes pour qu'on les fasse travailler. On pourra en faire des chrétiens. »

D'après le journal de bord de Christophe Colomb, 1492-1493.

1. Rappelez quand, pour le compte de qui et vers quelle destination C. Colomb voyage.
2. Quels progrès techniques permettent à C. Colomb d'effectuer ces voyages ?
3. Comment C. Colomb décrit-il les Indiens ?
4. Relevez dans le texte quelles sont les principales motivations de ce voyage.

Situation 2 au choix : Le tour du monde de Bougainville

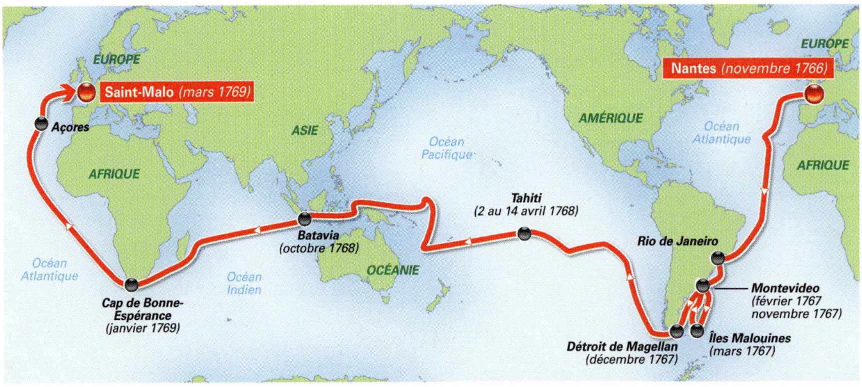

1. Rappelez les dates, l'itinéraire et les objectifs du voyage de Bougainville.
2. Quels progrès techniques permettent à Bougainville d'effectuer ces voyages ?
3. Quels sont les risques d'une telle traversée ?

Situation 3 au choix : James Cook et l'exploration du Pacifique

Cook et les naturalistes débarquent à Botany Bay (Australie) en 1770

1. Quels sont les objectifs des voyages de James Cook ? Où et quand voyage-t-il ?
2. Quels thèmes significatifs des explorateurs du XVIIIe siècle apparaissent sur la gravure ?
3. Pourquoi exécute-t-on de telles gravures au XVIIIe siècle ?

CORRIGÉ

Situation 1 au choix : Christophe Colomb et la découverte de l'Amérique

1. Christophe Colomb navigue pour la reine Isabelle la Catholique et le roi Ferdinand d'Aragon, à la recherche d'une nouvelle route des Indes vers l'Ouest, de 1492 à 1502. Il ne trouve pas les Indes, mais une nouvelle terre, San Salvador, puis de nombreuses îles des Antilles avant d'aborder les côtes américaines. Il découvre ainsi un nouveau continent, bien qu'Amérigo Vespucci s'en voie attribuer le mérite, et de nouvelles civilisations amérindiennes, ainsi que des produits exotiques.

2. Le journal montre que la traversée dure plusieurs mois et nécessite donc des instruments de navigation modernes pour se repérer (boussole, astrolabe, portulans...) et des navires maniables, solides et de bonne capacité (caravelles).

3. Les Indiens apparaissent comme des gens robustes, différents des Européens (« Au lever du jour, arrivèrent sur la plage... comme des crins de cheval »). Surtout, ils vivent nus, à l'état naturel, ce qui surprend les explorateurs. Ils sont plutôt accueillants et la communication s'installe vite (échanges de produits, indication de l'île de Cuba...). C. Colomb repère également leur infériorité technologique et leur absence d'armes, qui les rend susceptibles d'être conquis.

4. Christophe Colomb et son équipage sont d'abord motivés par l'appât du gain (« Je les réconforte en leur rappelant les profits qui les attendent », Cuba serait bien pourvue de perles, d'or et d'« épices »). Il est sensible à la question de la christianisation et à la mise en exploitation des terres découvertes (« Ils sont aptes pour qu'on les fasse travailler. On pourra en faire des chrétiens »). Il est aussi motivé par le goût de l'aventure et de la découverte car il enchaîne les explorations d'île en île (San Salvador, Cuba, Hispaniola en trois mois).

Situation 2 au choix : le tour du monde de Bougainville

1. Bougainville embarque de 1766 à 1769 pour le premier tour du monde effectué par un Français ; son itinéraire passe par l'Amérique du Sud, l'exploration scientifique du Pacifique Sud (Polynésie), de l'Indonésie, de Madagascar puis des côtes de l'Afrique jusqu'en Europe. Trois objectifs sont définis : faire progresser les sciences et la cartographie (calculs de latitude et longitude), déterminer les ressources de terres nouvelles dans des perspectives commerciales et coloniales, examiner les nouvelles populations rencontrées d'un point de vue ethnologique (nouvelles pratiques culturelles) et diplomatique (alliés potentiels).

2. Bougainville bénéficie de cartes maritimes précises et fiables. Il peut s'appuyer sur des instruments modernes qui permettent de préciser les latitudes et longitudes ainsi que d'assurer le cap du navire : globe terrestre, boussole, sabliers et compas, horloge de marine... Ces progrès sont le fruit de la réflexion des savants des Lumières, et des expéditions précédentes financées par les États et les sociétés savantes.

3. Les navires risquent le naufrage, en raison des vents violents qui traversent l'Atlantique, et peuvent aussi se perdre. La traversée, longue, entraîne l'apparition de maladies nouvelles, telles que le scorbut, et fait craindre la famine ou le manque d'eau potable. Le contact avec les nouvelles civilisations n'est pas toujours pacifique.

Situation 3 au choix : James Cook et l'exploration du Pacifique

1. James Cook voyage de 1768 à 1779 dans l'océan Pacifique. L'objectif de ses trois grands voyages est l'exploration scientifique (naturalistes), la découverte de nouvelles terres et civilisations (le « continent austral », le « passage du Nord-Ouest » qui relierait l'Atlantique au Pacifique par l'Amérique du Nord). Il décrit les peuples avec précision et neutralité.

2. La gravure représente l'Australie de manière idyllique et paradisiaque : les « bons sauvages » vivent presque nus, semblent impressionnés mais accueillants et pacifiques. La nature est luxuriante. Les voyages sont l'occasion de découvertes scientifiques (faune et flore, par exemple les perroquets) et d'échanges culturels et parfois commerciaux. La gravure fait aussi référence à la colonisation anglaise (comptoir anglais de Port Jackson en arrière-plan).

3. Ce genre de documents illustre un récit de voyage. Il permet de populariser l'existence de nouvelles civilisations lointaines et exotiques, d'entretenir la curiosité sur de nouvelles découvertes scientifiques potentielles (botanique, minéralogie, ethnologie...) et sur le mythe du paradis naturel et du « bon sauvage ». Il contribue à diffuser la philosophie des Lumières. Il incite au rêve, donne le goût du voyage et de l'exotisme, à la mode au XVIIIe siècle.

2 Être ouvrier en France, XIXe-XXIe siècles

Du XIXe au XXIe siècle, le monde ouvrier passe de la diversité à l'unité et à la conscience de classe. Comment évoluent ses conditions de vie et de travail ? Comment s'organise-t-il et construit-il une culture ouvrière ?

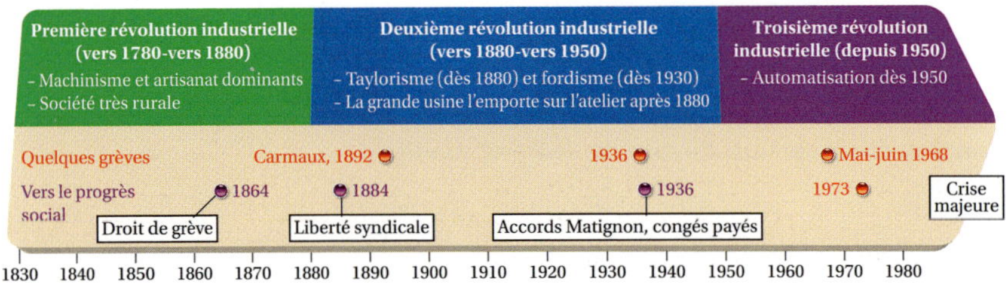

1 Le travail et l'emploi ouvrier en mutation (XIXe-XXIe siècles)

A L'ouvrier rural et la première révolution industrielle (1830-1880)

■ La majorité des ouvriers sont alors des **paysans** qui complètent leurs revenus agricoles en travaillant à domicile ou à l'usine, avec les premières machines.

■ Les **artisans ruraux ou urbains** ont une haute qualification et des revenus supérieurs. **L'ouvrier urbain**, déraciné, lié à l'usine et au machinisme, souffre de la pénibilité du travail. Mal payé, vivant dans un cadre insalubre, son sort est le plus difficile.

B L'ouvrier d'industrie et la deuxième révolution industrielle (1880-1950)

• Fordisme (dès 1930) : travail à la chaîne.
• Front populaire : alliance des syndicats et des partis de gauche et du centre.
• Socialisme : doctrine prônant la disparition des inégalités sociales et de la misère.
• Syndicat : association de défense des intérêts professionnels de ses membres.
• Taylorisme (dès 1880) : l'ouvrier se spécialise dans une tâche répétitive pour une productivité optimale.

■ La crise économique à la fin du XIXe siècle, née de la concurrence étrangère, renforce la grande industrie urbaine (textile, métallurgie...) qui peut produire moins cher. L'emploi se fait plus rare dans des campagnes qui se mécanisent. Beaucoup d'ouvriers-paysans partent en famille vers les banlieues urbaines pour travailler en usine (exode rural).

■ Pour produire en masse et en série, les usines appliquent la rationalisation du travail avec le **taylorisme**. Elles augmentent les effectifs des **ouvriers spécialisés (OS)**, non qualifiés mais vite formés, mal payés, démotivés par les cadences et les gestes répétitifs imposés par les machines (*situation 4*). Dès 1936, de nombreuses grèves protestent contre le **fordisme**, plus aliénant encore (*situation 2*).

C Automatisation, robotisation, tertiarisation, précarité (depuis 1950)

■ La consommation de masse entraîne l'emploi de **technologies de pointe** capables d'accroître énormément la vitesse et les quantités de production. Les chaînes s'automatisent dès 1950, puis se robotisent après 1973. Des robots électroniques puis informatisés effectuent les tâches pénibles ou dangereuses et remplacent de nombreux ouvriers.

■ L'ouvrier doit **se qualifier** pour s'adapter à l'automatisation et se tertiariser (gestion, maintenance, travail informatique...), notamment par la formation continue. Il incite ses enfants à faire des études (CAP, bac professionnel, BTS...) pour avoir de meilleures carrières (*situation 4*).

■ L'emploi industriel atteint un pic à la fin des Trente Glorieuses, avec 8 millions d'ouvriers en 1974. Depuis 1975, les effectifs ouvriers ne cessent de décliner, particulièrement les OS, en raison de l'automatisation croissante, des délocalisations et de la crise mondiale qui ruinent des secteurs d'activités, comme l'industrie lourde (mines, sidérurgie...), fortement concurrencée par l'essor industriel des pays en développement.

2 Vers une conscience de classe et une culture ouvrière (XIXe-XXIe siècles)

A Vers une classe ouvrière solidaire (1848-1936)

■ Les ouvriers, longtemps privés de toute protection sociale, subissent un travail long, pénible et mal payé pour ne pas perdre leur emploi. Le salaire ouvrier ne couvre pas l'ensemble de leurs besoins ; l'essentiel du budget est consacré à l'alimentation. Certains ouvriers peuvent connaître un meilleur sort quand le patron applique une politique paternaliste (l'entreprise accorde alors une protection sociale, des soins médicaux, un logement lié à l'usine et à loyer modéré, une école...). Mais leur capacité à revendiquer, par peur de perdre ces avantages, s'en trouve limitée : l'ouvrier doit alors respect et obéissance au patron, comme l'enfant à son père (exemple : le fonctionnement du Creusot).

■ Dès 1830, les ouvriers s'engagent dans des luttes sociales, violemment réprimées car illégales jusqu'en 1864. Leur fréquence freine l'activité économique, pousse à la négociation entre patrons et ouvriers. La lutte ouvrière aboutit à des lois qui améliorent leur liberté d'expression et rend leur action légale : **droit de grève** en 1864, **liberté syndicale** en 1884. Les salaires s'améliorent, le temps de travail se réduit et laisse le temps à quelques loisirs (repos du dimanche, dès 1906, journée de 8 heures en 1919, semaine de 40 heures en 1936). Une protection sociale s'établit : sécurité au travail, premiers systèmes de retraite dès 1910, protection en cas de chômage, d'accidents, de maladie... En 1894, par la loi Siegfried, l'État, sensible à leurs conditions misérables de logement, crée des habitations bon marché (HBM), origine en 1945 des HLM (habitations à loyer modéré).

■ Depuis 1848 (**suffrage universel**), les ouvriers peuvent élire leurs maires et leurs députés pour défendre leurs revendications. *Situation 1 : la grève de Carmaux (1892), soutenue par le syndicat des mineurs et le député socialiste Jean Jaurès, crée un débat national sur les conditions de travail.* Les partis socialiste (SFIO, 1905) et communiste (congrès de Tours, 1920) représentent les ouvriers dans les élections et favorisent l'intégration républicaine des mouvements. Des modes de vie semblables et la presse ouvrière forgent une **culture ouvrière** avec ses symboles : 1er mai (fête du travail dès 1889, devenue officiellement jour férié en 1919), drapeau rouge...

B De l'engagement politique et syndical au progrès social (1936-1975)

■ La condition ouvrière s'améliore considérablement après 1936 : les salaires augmentent, des acquis sociaux majeurs se conquièrent. Les ouvriers paralysent l'économie nationale en 1936 en occupant pacifiquement les usines (« grèves joyeuses »). Le Front populaire, conduit par le socialiste Léon Blum, leur répond par les **Accords Matignon** (7 juin 1936) : ils instaurent des contrats de travail qui définissent clairement leurs conditions de travail, ils augmentent les salaires, la liberté syndicale et leur représentation dans l'entreprise. Avec les **lois sociales** (semaine de 40 heures, congés payés), l'ouvrier commence à accéder à la société de consommation (*situation 2*). La **Reconstruction (1945)** améliore les conditions de vie et de travail : retour des lois de 1936 abolies par Vichy, droit à la santé (la Sécurité sociale rembourse les soins), allocations familiales, etc. Les salaires et le confort grandissent (électricité, habitations à loyer modéré, voitures...). Le progrès urbain accélère l'exode rural, l'ouvrier-paysan disparaît.

■ La négociation avec les patrons et l'État accélère l'intégration républicaine et souligne alors le rôle des syndicats en 1936, puis en 1968. Les partis ouvriers participent alors activement au gouvernement. En 1968, la fin de la grève nationale massive est négociée par les syndicats ouvriers avec le patronat et l'État lors des accords de Grenelle, qui renforcent le droit syndical dans les entreprises et améliorent les salaires.

■ Le syndicalisme grandit dans le monde ouvrier, affirmant le sentiment de former une classe unie. **L'identité ouvrière et la culture populaire** se consolident autour de fêtes (le 1er mai devient un jour férié en 1919 : la « journée internationale des travailleurs ») et d'idéaux politiques communs (socialisme, communisme). L'essor du temps libre favorise la sociabilité (cafés, fêtes, jardins ouvriers, sports, chorales et fanfares, théâtres populaires, associations sportives...). La chanson, la littérature et le cinéma (Jean Renoir et son acteur fétiche Jean Gabin) transmettent la culture et l'histoire de la condition ouvrière.

C Le monde ouvrier se fractionne et se tertiarise (de 1960 à nos jours)

■ Les ouvriers entrent pleinement dans la société de consommation, profitent d'un niveau de confort et d'équipement amélioré dès les années 1960 (électroménager, automobile, télévision...). Leur pouvoir d'achat triple entre 1950 et 1975. De nombreux ouvriers se regroupent dans de grands ensembles dans les années 1960-1970 (ex. : La Courneuve) : si le confort s'améliore (électricité, eau courante...), la crise ouvrière à la fin des années 1970 révèle l'absence de mixité sociale liée à ce concept. Les banlieues ouvrières sont alors associées à des quartiers urbains à réhabiliter et à repenser.

■ Depuis **mai 1968**, la fracture se creuse dans le monde ouvrier, entre jeunes contestataires et anciens syndiqués ; les intérêts divergent, les mouvements revendicatifs s'affaiblissent.

■ La **crise de 1973** entraîne la précarité et le chômage. L'identité ouvrière est alors associée à la crise, au chômage et se dévalorise quand elle ne correspond pas à des emplois qualifiés. Cette crise identitaire favorise l'emploi tertiaire.

EXERCICES – Questions de cours

A. Retrouvez des faits importants pour les ouvriers français :

Date	Événement	Explication
1864		
	Création de la SFIO	
	Repos du dimanche obligatoire	
7 juin 1936		
	Accords de Grenelle	

B. Expliquez le contexte, le rôle des acteurs et les enjeux d'un document.

Jean Effel, affiche pour la CGT, 1949

1. Décrivez le document : nature, auteur, date, intention principale.

2. Relevez et expliquez les symboles du monde ouvrier présents sur le document. Relevez et expliquez les symboles républicains présents sur le document.

3. Relevez les revendications principales présentes sur l'affiche et replacez-les dans le contexte de publication du document.

4. Qui est le personnage principal de l'affiche ? Pourquoi est-il présent au milieu de ces symboles ouvriers ?

C. Expliquez le sens d'une photographie en lien avec le sujet d'étude :

Atelier de ferrage des Peugeot 203 en 1948 à Sochaux

En vous aidant du document et de vos connaissances, rédigez au présent un texte d'une dizaine de lignes relatif aux conditions de travail d'un ouvrier dans l'industrie automobile en 1948.

- Aidez-vous des termes : fordisme – bruit – chaleur – chronométrage – aliénant – répétitif – ouvrier spécialisé – production de masse

- Reliez les phrases par des connecteurs logiques (d'abord, de plus, mais, or...).

CORRIGÉ

A. Situez et expliquez des événements importants pour le monde ouvrier français :

Date	Événement	Explication
1864	Droit de grève légalisé	Les ouvriers peuvent légalement faire grève et présenter des revendications. La grève doit cependant rester pacifique et dans le cadre légal de la sécurité publique
1905	Création de la SFIO	Création de la SFIO (Section française de l'internationale ouvrière), ancêtre du parti socialiste (qui prend ce nom en 1969). Le parti communiste se sépare de la SFIO en 1920 lors du congrès de Tours
1906	Repos du dimanche obligatoire	Au moins une journée de repos par semaine accordée à chaque salarié pour lui accorder un temps hebdomadaire de loisirs et de vie familiale
7 juin 1936	Accords Matignon	Accords économiques aboutissant à une hausse des salaires, aux conventions collectives et à une liberté syndicale accrue
1968	Accords de Grenelle	Renforcement du droit syndical dans les entreprises, hausse des salaires. Règlement de la crise de mai 1968 par la négociation entre patrons, syndicats ouvriers et État

B. Expliquez le contexte, le rôle des acteurs et les enjeux d'un document.

1. Il s'agit d'une affiche syndicale, diffusée par la CGT (Confédération générale du travail), l'un des plus grands syndicats français. Elle date de 1949, donc de l'immédiat après-guerre, de la

Reconstruction et du début des Trente Glorieuses. Le dessinateur Jean Effel crée une affiche en l'honneur du 1er mai, fête du travail, exprimant ainsi le militantisme ouvrier, les progrès économiques et sociaux, acquis et espérés, et la culture ouvrière qui s'affirme.

2. Le document présente de nombreux symboles de la culture ouvrière : la fête des travailleurs (1er mai), leur tenue (bleu de travail), le drapeau rouge (rappel du droit de grève et de la liberté syndicale ; le rouge est la couleur du sang du peuple, versé pour sa liberté). Le drapeau rouge est à la fois la couleur des Républicains de la révolution de 1848, des Communards de 1870-1871 et ensuite du parti communiste après 1920. Les principaux symboles républicains, associés aux valeurs républicaines (égalité, liberté, fraternité), sont Marianne, le bonnet phrygien des révolutionnaires de 1789. La colombe de la paix est un symbole du climat d'après-guerre, attaché au progrès et à la dignité humaine à l'échelle universelle (globe terrestre) : la Déclaration universelle des droits de l'homme date de 1948.

3. Les principales revendications font référence aux progrès du Front populaire en 1936 (hausse des salaires, semaine de 40 heures) et aux débats anciens sur la question des retraites (qui est possible à 60 ans en 1945 sous certaines conditions, mais devient généralisée seulement avec la loi Auroux en 1982). Les Accords Matignon et les lois du Front populaire sont suspendus par la France de Vichy pendant l'Occupation, mais sont rétablis par le gouvernement provisoire en 1944-1945 puis par la IVe République dès 1946. Des références à la paix et à la fraternité universelle s'inscrivent dans le contexte de l'après-guerre.

4. Marianne, symbole républicain, tient le drapeau ouvrier rehaussé des initiales de la CGT. Jean Effel exprime ici l'intégration républicaine du monde ouvrier qui, en 1949, a confiance en la IVe République qui a restauré les acquis sociaux du Front populaire. La République entend ici les revendications du monde ouvrier et travaille à lui donner satisfaction, conformément au programme fixé en 1944 par le Conseil national de la Résistance, base de la Reconstruction républicaine et de la démocratie. La culture ouvrière s'associe à la culture républicaine sur cette affiche.

C. Expliquez le sens d'une photographie en lien avec le sujet d'étude.

La photographie montre le travail d'un ouvrier spécialisé dans l'usine Peugeot de Sochaux en 1948. Non qualifié, l'ouvrier est formé rapidement à effectuer des gestes répétitifs. En effet, chacun de ses gestes est chronométré. Aucun temps mort n'est toléré par le rythme de travail imposé par la chaîne. Si le bruit et la chaleur rendent les conditions de travail pénibles, le pire est la répétitivité qui rend le travail aliénant, usant physiquement et moralement. Or, les voitures avancent rapidement, et il ne faut pas retarder la progression de la chaîne, afin de ne pas gêner le travail des autres ouvriers. Le fordisme, inventé dans les années 1930 aux États-Unis, se diffuse en Europe pour aboutir à une production de masse standardisée. De fait, l'automobile doit devenir accessible à un large public en baissant les coûts de fabrication. C'est pourquoi l'ouvrier spécialisé, bon marché, déshumanisé, contribue à favoriser l'émergence d'une société de consommation de masse.

EXERCICES – Situations au choix

Situation 1 au choix : 1892, Jean Jaurès et la grève de Carmaux

Documents : Jean Jaurès défend la cause des ouvriers de Carmaux.

« On connaît l'origine du conflit : un ouvrier mineur, Calvignac, a été élu maire de Carmaux le 1er mai par un conseil municipal ouvrier, socialiste et républicain. Tout récemment, il a été élu conseiller d'arrondissement à une majorité énorme, contre le candidat patronné par la Compagnie [des mines de Carmaux]. Deux jours après, il est congédié. […] Calvignac a demandé deux jours de congé réguliers par semaine pour pouvoir remplir son double mandat de maire et de conseiller d'arrondissement. [...] En refusant, [la Compagnie] a voulu empêcher systématiquement l'exercice de son mandat : elle a porté atteinte au suffrage universel ; et en faisant du bulletin de vote une dérision, elle a criminellement provoqué la violence des ouvriers. »

Jean Jaurès, *La Dépêche*, 29 août 1892.

Le gouvernement peut, à la rentrée, et la loi en main, dire à la compagnie : « Si vous ne réintégrez pas Calvignac, si vous sacrifiez encore un jour à votre odieuse ambition l'intérêt du pays, le salaire des ouvriers, la vie de mille familles, j'ouvre dès ce soir contre vous la procédure de déchéance [...]. [La Compagnie] sera exploitée par les ingénieurs de l'État [...] ; dès demain tous les ouvriers, y compris Calvignac, rentreront à la mine. »

Jean Jaurès, *La Dépêche*, 11 octobre 1892.

1. Quelle est la cause de la grande grève de Carmaux (16 août-3 novembre 1892) ?
2. Expliquez brièvement qui est Jean Jaurès et quelles sont ses idées politiques.
3. Quelle est la proposition de Jean Jaurès pour terminer le conflit ?

Situation 2 au choix : 1936, les occupations d'usine

Photo de la grève au chantier naval de Bordeaux, mai 1936

1. En quoi les grèves de 1936 adoptent-elles une forme nouvelle ? Que font les ouvriers ?
2. Décrivez les impressions qu'une telle photographie donne du monde ouvrier.
3. Expliquez comment se terminent ces grèves.

Situation 3 au choix : Être ouvrier à Maubeuge (Nord)

Document : Marcel Boulanger (1905-1983), ouvrier dans le bassin de la Sambre.

Né à Saint-Waast-la-Vallée à 20 km de Maubeuge, scolarisé jusqu'à 12 ans, mon père est embauché en 1917 comme ouvrier à la scierie Dassonville, comme son père. Il part en 1927 travailler à l'usine du Tilleul à Sous-le-Bois (Maubeuge), qui fabrique de la métallurgie et du matériel de chemin de fer depuis 1844. Il se marie en 1929 et quitte le village pour louer un des logements ouvriers, identiques et jumelés à la manière des corons miniers, édifiés par l'usine à Sous-le-Bois en 1932. Ces maisons avec jardin étaient louées un prix modique, modernes, équipées de l'eau courante et de sanitaires dans la cour. L'usine avait un service social très actif qui aidait les familles nombreuses ; elle avait financé dès 1863 la construction d'un dispensaire pour des soins gratuits, d'une bibliothèque, d'une église, de deux écoles et d'une maison de retraite. Six jours par semaine, huit heures par jour, mon père fixe des rivets [clous massifs] d'assemblage de wagons selon un travail à la chaîne pénible et bruyant. La machine à riveter remplace la masse en 1950, mais en 1962, il souffre de problèmes musculaires et se trouve relégué au transport et à la manutention jusqu'à sa retraite en 1963. Les seules occasions de détente sont les bals du samedi soir, le cinéma, les commerces et les cafés, pour voir les amis et parler de la vie du quartier.

Témoignage de Roland Boulanger, directeur d'école (retraité), le 22 juillet 2009.

1. Décrivez la carrière de M. Boulanger (période d'activité, emplois et catégories sociales, lieux de travail successifs). Comment caractériser les conditions de travail de cet ouvrier ?
2. Pourquoi M. Boulanger quitte-t-il la campagne pour la ville ? Est-il un cas rare en 1929 ?
3. Décrivez les lieux de vie et de sociabilité ouvrière que M. Boulanger a connus.

Situation 4 au choix : Progrès techniques et transformation des conditions de travail dans le secteur de l'industrie textile

Doc 1. Une filature en France au XIXe siècle, à Bagatelle

Doc 2. Un conducteur de machines dans une filature en France en 2015

1. (Doc 1) Décrivez les conditions de travail des ouvriers au XIXe siècle (pénibilité, hygiène, sécurité ; techniques et savoir-faire employés…).
2. (Docs 1 et 2) Comparez ces conditions de travail à celles des salariés du textile au XXIe siècle.

CORRIGÉ

Situation 1 au choix : 1892, Jean Jaurès et la grève de Carmaux

1. La grève de Carmaux éclate lors du renvoi de Calvignac, ouvrier élu maire et conseiller d'arrondissement au grand dam de la Société des Mines de Carmaux (SMC). Le renvoi repose sur le refus d'aménager son temps pour qu'il exerce son mandat. Les ouvriers y voient une atteinte au suffrage universel. Ils revendiquent la réintégration de Calvignac, au nom de la liberté d'expression et de leurs droits politiques.

2. Jean Jaurès, professeur, est touché par la condition ouvrière qu'il découvre à Carmaux et adhère au socialisme au cours de cette grève, dont il défend les revendications à la Chambre des députés à plusieurs reprises ; en retour, les ouvriers l'élisent député entre 1892 et 1914.

3. Jean Jaurès propose une solution légale, qui permettrait d'intégrer davantage la cause ouvrière dans la République. Il estime que la SMC ne respecte pas une élection libre et légale, se trouve donc en tort, et devrait donc être gérée par l'État pour restaurer l'ordre public et le respect du suffrage universel. Cette solution affaiblirait la SMC, mais donnerait satisfaction au monde ouvrier qui, en 1892, commence à chercher des solutions dans le recours à la loi plutôt que dans la manifestation violente. Jaurès en appelle aux principes républicains et s'inscrit dans la défense du monde ouvrier contre les abus de certains patrons.

Situation 2 au choix : 1936, les occupations d'usine

1. Les grèves de 1936 sont « joyeuses » et pacifiques, contrairement à celles du XIXe siècle. L'ouvrier ne cherche pas à détruire l'outil, à brutaliser le patronat. Il occupe l'usine (« grève sur le tas »), organise des fêtes pour occuper le temps, reste optimiste, calme et déterminé.

2. Le but du photographe est de montrer la force, la détermination et l'unité du monde ouvrier en 1936. L'ouvrier est présenté sous un jour positif, ses revendications n'en ont que plus de poids. L'ouvrier ne cherche plus à inquiéter mais à sensibiliser les Français et le gouvernement (en train de se former après la victoire des élections de mai 1936), afin d'obtenir leur attention et leur soutien.

3. Les ouvriers obtiennent satisfaction en tous points par les Accords Matignon (hausse salariale, conventions collectives, délégués ouvriers) et les lois sociales du Front populaire (semaine réduite à 40 heures, congés payés). Le gouvernement Blum a tenu ses promesses.

Situation 3 au choix : Être ouvrier à Maubeuge (Nord)

1. M. Boulanger, actif de 1917 à 1963, est d'abord ouvrier-paysan (scieur de long) puis ouvrier spécialisé dans le rivetage à l'usine du Tilleul. Il travaille dans l'industrie lourde, dans des conditions physiquement éprouvantes liées au taylorisme (horaires longs, bruit, sollicitation physique importante). L'arrivée de la machine après 1945 allège la pénibilité du travail, mais sa santé s'en ressent finalement (problèmes musculaires et cardiaques).

2. M. Boulanger participe à l'exode rural lié à la multiplication du travail en usine dans l'entre-deux-guerres, stimulé par la deuxième révolution industrielle. Il vient chercher de meilleures conditions de travail et de vie (avantages sociaux offerts par l'usine du Tilleul).

3. M. Boulanger dispose de lieux de vie modernes et bien entretenus (coron avec jardin et confort moderne). Les lieux de sociabilité sont représentatifs du mode de vie ouvrier de l'époque : écoles, commerces, cafés et bals populaires, cinéma ; il s'agit de services sociaux et de loisirs de quartier qui permettent de retrouver les amis pour échanger des nouvelles.

Situation 4 au choix : Progrès techniques et transformation des conditions de travail...

1. La gravure montre les premières usines à l'ère du machinisme, laisse deviner le bruit assourdissant, la respiration rendue difficile par la poussière et les fibres diffusées dans un espace clos. Le travail sur ces machines mues par la vapeur est pénible, parfois dangereux. Les femmes et les enfants forment une main-d'œuvre nombreuse, sous la surveillance d'un contremaître. Ils travaillent manuellement à obtenir un fil aussi fin que possible tandis que les bobines tournent mécaniquement. Les enfants nettoient, chassent la poussière et renouent les fils s'ils viennent à se rompre. La qualification est nécessaire pour obtenir un résultat satisfaisant. Le travail est répétitif et épuisant car il faut suivre le rythme de la machine.

2. La photographie montre que la filature textile est aujourd'hui entièrement robotisée. Le conducteur de machines est un technicien qualifié, chargé de la maintenance et de la surveillance des machines. Il est seul pour gérer des machines complexes. Il travaille dans des conditions d'hygiène et de sécurité beaucoup plus satisfaisantes.

3 La République en France

Cinq Républiques se succèdent en France depuis 1792, au gré des crises politiques. Elles aboutissent à des progrès immenses de la démocratie et des droits de l'homme. Comment évolue l'expérience républicaine française, d'une constitution à l'autre ?

1 La République, un régime fréquemment remis en cause depuis 1792

A Les Ire et IIe Républiques : des régimes fragiles (1792-1851)

■ L'Assemblée nationale constituante (1789) fonde la **monarchie constitutionnelle**. Le roi, qui tente de restaurer l'absolutisme, est arrêté à Varennes (1791). L'Assemblée élue au suffrage universel remplace la monarchie, discréditée, par la **République** (1792). Mais l'Europe monarchique inquiète des idées nouvelles, déclare alors la guerre à la France. La République s'efface devant la dictature pendant la Terreur (1793-1794). Le Directoire (1795-1799) rétablit le suffrage censitaire. Le Consulat puis l'Empire remplacent ce régime corrompu par une **dictature déguisée** qui anéantit la Première République.

- **Constitution : loi qui définit les droits et devoirs des citoyens, l'organisation des pouvoirs et la forme du gouvernement.**
- **Démocratie : régime dans lequel le pouvoir est exercé par le peuple ou ses représentants élus. Il respecte la séparation des pouvoirs et les droits de l'homme (égalité, libertés...).**
- **République : régime politique, pas toujours démocratique, dans lequel les détenteurs du pouvoir sont élus par la nation.**
- **Suffrage : droit de vote accordé à tous (universel) ou aux plus riches (censitaire).**

■ La nation veut la souveraineté, conteste la **Restauration** monarchique (1815-1848) : après la révolution de 1830, celle de **février 1848**, entraînée par le parti républicain, établit la IIe République, un régime bref mais démocratique. Louis-Napoléon Bonaparte est élu président de la République au suffrage universel. Mais le coup d'État du 2 décembre 1851 lui permet de garder le pouvoir : la IIe République s'efface devant le Second Empire.

B Les IIIe et IVe Républiques : des régimes parlementaires plus durables, mais encore contestés (1870-1958)

■ La défaite du Second Empire face à l'Allemagne (1870-1871) entraîne l'élection d'une Assemblée au suffrage universel où royalistes et républicains s'opposent. En 1875, les députés votent les lois constitutionnelles fondatrices de la IIIe République : le **Parlement** a le pouvoir législatif ; il contrôle et peut renverser le président du Conseil (Premier ministre) qui détient l'essentiel de l'exécutif. Les républicains dominent les institutions en 1879.

■ La IIIe République est cependant agitée par de nombreuses **crises politiques** : attentats anarchistes (1890-1910), scandales (Panama, affaire Dreyfus), Première Guerre mondiale. La crise des années 1930 marque la désaffection des Français envers le régime parlementaire incapable de redresser l'économie et discrédité dans des scandales. Le 6 février 1934, l'extrême-droite manque son **coup d'État**, entraînant un sursaut pacifiste et républicain : le Front populaire. La défaite de mai-juin 1940 fait démissionner le gouvernement au profit du maréchal Pétain qui reçoit les pleins pouvoirs. La **France de Vichy** (1940-1944) remplace la IIIe République, accusée de la débâcle, par un régime nationaliste, antidémocratique, antiparlementaire et antirépublicain qui suspend les droits de l'homme.

■ Après la **Libération** (1944), le général De Gaulle dirige un gouvernement provisoire qui organise des élections démocratiques. Lors du discours de Bayeux (1946), il propose une République qui subordonnerait le pouvoir législatif du Parlement à un **pouvoir exécutif présidentiel fort**. Les Français craignent de donner trop de pouvoirs au président : la IVe République reprend prudemment la forme parlementaire de la IIIe République. Mais les crises coloniales fragilisent le régime : le président n'a pas l'autorité pour obliger le Parlement divisé à dégager une majorité... Le général De Gaulle, rappelé pour résoudre la guerre d'Algérie en 1958, fonde la Ve République sur le modèle annoncé à Bayeux.

C Une Ve République, parlementaire, au pouvoir présidentiel fort (depuis 1958)

■ La Ve République, approuvée par referendum (1958), et l'élection du président au suffrage universel direct (1962) réaffirment la **souveraineté populaire**. *Situation 1 : le président, légitimé par le peuple, installe un pouvoir exécutif fort face à un Parlement affaibli, limité au pouvoir législatif. La séparation des pouvoirs est renforcée.* Garant de l'indépendance nationale, le président fait de la **défense** et de la **diplomatie** son domaine réservé. Il rend les lois applicables, nomme le gouvernement. **Il définit les grandes orientations politiques** que le gouvernement met en œuvre. Il peut consulter directement le peuple par **referendum**. Les ministres sont responsables devant le Parlement qui vote les lois ; l'Assemblée peut renverser le gouvernement, mais le président peut la dissoudre... Le régime est dit semi-présidentiel.

> • **Cohabitation : le président et le Premier ministre sont de tendances politiques opposées.**
> • **Laïcité : séparation de la société civile et des religions. L'État est indépendant mais tolérant et respectueux face aux religions.**
> • **Referendum : consultation directe du peuple qui répond par « oui » ou « non » à une mesure proposée par le président de la République.**

■ Lors des **événements de mai 1968,** les ouvriers et les étudiants contestent la société et la politique gaulliste. Il faut apaiser les revendications par des progrès sociaux (accords de Grenelle, 1968) et un referendum, mais le système républicain survit à la crise.

■ Les institutions, stables jusqu'en 1986, sont à nouveau menacées par la **cohabitation** qui fragilise le pouvoir présidentiel sous F. Mitterrand (1986-1988, 1993-1995) et J. Chirac (1997-2002). L'exécutif doit être temporairement partagé entre le Premier ministre (politique intérieure) et le président (politique extérieure) pendant les cohabitations.

■ Le **referendum de 2000** réduit le mandat présidentiel à cinq ans (quinquennat) ; depuis 2002, les élections présidentielles et législatives se font la même année pour éviter les cohabitations. En 2008, le **congrès de Versailles** (Assemblée nationale et Sénat) vote qu'un président ne peut plus exercer plus de deux mandats consécutifs.

■ Depuis 1995, la République est marquée par la « **fracture sociale** » (J. Chirac) face à la crise mondiale, l'endettement de l'État et la montée du chômage. L'abstention croissante des électeurs suscite des débats pour l'avenir de la démocratie et du système républicain, alors que les gouvernements de droite (N. Sarkozy) puis de gauche (F. Hollande) peinent à relancer la croissance dans une économie mondialisée.

2 L'installation progressive de valeurs, principes et symboles fédérateurs

A Égalité, liberté, fraternité : des valeurs républicaines fortes héritées de 1789

■ La Ire République repose sur les principes **du 4 août 1789** (fin des privilèges, égalité entre les citoyens) et sur la **Déclaration des droits de l'homme et du citoyen** (26 août 1789) héritée des Lumières : égalité, libertés, souveraineté du peuple, sécurité... La fraternité (fête de la Fédération, 14 juillet 1790) soude la nation. *En 1848, le* ***suffrage universel masculin*** *et* ***l'abolition définitive de l'esclavage*** *sont proclamés par la IIe République (situation 1).* La IVe République ajoute des **droits économiques et sociaux** (droit à l'emploi, à l'instruction, à la santé...) aux droits civils (grandes libertés) et politiques (vote et éligibilité) conférés par les trois précédentes républiques. L'égalité entre les citoyens est affirmée par l'État-providence.

■ L'égalité progresse notamment au fil du droit de vote : d'abord réservé aux plus riches (suffrage censitaire), il est étendu à tous les hommes en 1848 (suffrage universel masculin), puis à toutes les femmes en 1944 (suffrage universel féminin). En 1974, la majorité électorale passe de 21 à 18 ans lors de l'élection de Valéry Giscard d'Estaing. *Situation 1 : le droit de vote est étendu en 1994 aux citoyens européens, résidant en France, pour les élections locales et européennes.* De plus en plus de Français, au fil des républiques, font l'apprentissage de la vie politique et de la démocratie.

■ Sous la IIIe République, les **libertés de presse et de réunion** (1881), la **liberté syndicale** (1884) et le **droit d'association** (1901) incitent les citoyens à s'investir activement dans la politique. J. Ferry, ministre de l'Instruction, crée **l'école primaire publique, gratuite, obligatoire et laïque** (1881-1882) ; elle contribue, avec le service militaire, à enraciner les idées républicaines dans l'esprit des citoyens.

B La République devient démocratique, sociale, indivisible et laïque

■ La Ire République se proclame **démocratique,** mais seuls les plus riches citoyens ont le droit de vote. Elle s'affirme **indivisible** dans son souci d'unifier les lois sur tout le territoire français.

■ La IIe République affirme le principe démocratique par le suffrage universel masculin et en ajoute un nouveau : elle se veut également sociale, elle doit s'occuper équitablement des besoins de tous les citoyens, quelle que soit leur situation de fortune.

■ Dès 1899, un long conflit oppose les républicains à l'Église autour de la laïcité *: en 1905, la loi de séparation de l'État et de l'Église exclut les religieux de la vie politique et l'État des affaires religieuses (situation 3).* La République devient indépendante mais tolérante envers toutes les religions. La IIIe République devient alors **démocratique, sociale, indivisible et laïque**.

■ Les IVe et Ve Républiques ne cessent dès lors d'affirmer ces quatre principes dans leur constitution : définition de droits sociaux, usage fréquent du referendum après 1958 qui réaffirme la démocratie française, extension des lois nationales aux territoires d'outre-mer au nom de l'indivisibilité, loi de 2004 sur la laïcité dans les lieux publics...

C Des symboles qui créent un attachement républicain

■ Les symboles stimulent le sentiment national et l'attachement au système républicain. Ils construisent l'unité de la nation en lui donnant un passé commun, une culture commune, notamment par le biais de l'école et de l'armée (service national). Ils permettent de rappeler les circonstances de la naissance d'un régime, son ancienneté et son évolution. Ils représentent un patrimoine commun qui renforce l'attachement de la nation à l'État.

■ La Iʳᵉ République crée des symboles pour remplacer le souvenir de l'Ancien Régime et fédérer les citoyens. Le **drapeau tricolore** représente les couleurs de Paris (bleu et rouge) qui encadre le roi (blanc), ou parfois le symbole des trois ordres (le bleu de l'Église, le blanc de la noblesse, le rouge du peuple) placés sur un pied d'égalité. **L'hymne (*La Marseillaise*)** est un chant de victoire de 1792, destiné à galvaniser les troupes pour défendre la République contre l'oppresseur. **La devise (Liberté, égalité, fraternité)** est affirmée par la **Déclaration des droits de l'homme et du citoyen** et par la **fête de la Fédération (14 juillet 1790)** qui marque la réconciliation de tous les Français autour des valeurs révolutionnaires.

■ Si la IIᵉ République réaffirme les symboles révolutionnaires (la devise en particulier), c'est la IIIᵉ République qui leur donne une dimension nationale durable. Le président J. Grévy institue la fête nationale du 14 juillet (prise de la Bastille et fin de l'absolutisme en 1789, fête de la Fédération et unité nationale en 1790), le drapeau tricolore et la *Marseillaise* deviennent officiellement des symboles nationaux en 1880. Marianne devient le symbole d'une République robuste, une « mère Patrie » qui défend la liberté les armes à la main. Le Panthéon devient le temple de la République en 1885 (après l'avoir été brièvement sous la Iʳᵉ République) : les hommes illustres qui ont construit le régime ont l'honneur d'y être inhumés (des écrivains et hommes politiques comme V. Hugo, des militaires, des savants, des philosophes...).

■ **L'armistice du 11 novembre** devient une fête nationale en 1918, la République entretient la mémoire nationale par le « **soldat inconnu** » enterré au pied de l'arc de Triomphe qui célèbre les victoires françaises et rend hommage aux nombreux soldats morts pour la France. La IIIᵉ République fait de la fin de la Première Guerre mondiale le symbole de la survie du régime face à l'oppresseur.

■ Les IVᵉ et Vᵉ Républiques continuent à ajouter des symboles fédérateurs (fête du 8 mai, capitulation de l'Allemagne nazie en 1945), affinent le cérémonial (défilé du 14 juillet), célèbrent les personnages illustres qui ont contribué à grandir la République (entrée au Panthéon d'hommes et de femmes illustres qui se poursuit aujourd'hui avec des savants comme Marie Curie, des résistants comme Jean Moulin...).

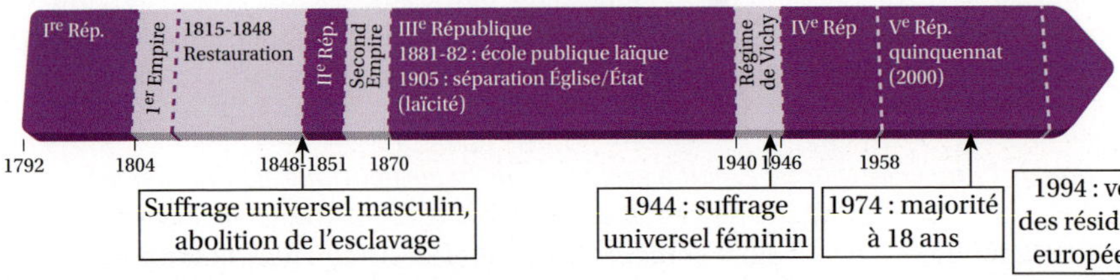

EXERCICES – Questions de cours

A. Expliquez une lithographie illustrant la République française

La République triomphante préside à la grande fête nationale du 14 juillet 1880

1. Rappelez quelle est la situation politique en France à la date de réalisation du document.
2. Relevez les symboles républicains présents sur le document et expliquez-les brièvement.
3. Quels personnages se trouvent aux pieds du personnage central ? Dans quelle attitude ?
4. Quel est le but d'une telle lithographie ?

B. Expliquez les lois de Jules Ferry par rapport au sujet d'étude

Loi du 16 juin 1881, Art 1er – « Il ne sera plus perçu de rétribution scolaire [somme d'argent versée par les parents] dans les écoles primaires publiques [...] »

Loi du 28 mars 1882,

Art 1er – « L'article 23 de la loi du 15 mars 1850 (l'enseignement primaire comprend l'instruction religieuse) est abrogé. »

Art 4 – « L'instruction primaire est obligatoire pour les enfants des deux sexes âgés de six ans révolus à treize ans révolus. Elle peut être donnée soit dans les établissements d'instruction primaire ou secondaire, soit dans les écoles publiques ou libres, soit dans les familles [...]. Un règlement déterminera les moyens d'assurer l'instruction primaire aux enfants sourds-muets et aux aveugles. »

1. Rappelez le contexte de la rédaction des lois Ferry. Quels en sont les objectifs ?
2. Montrez que les lois Ferry respectent les valeurs républicaines.
3. Montrez que les lois Ferry respectent les principes républicains.

C. Complétez une frise chronologique avec des lois républicaines

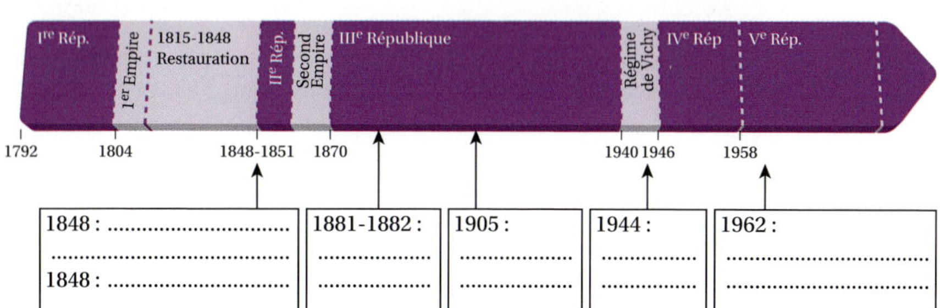

CORRIGÉ

A. Expliquez une estampe illustrant la République française

1. En 1880, la France est encore marquée par la défaite contre l'Allemagne (guerre de 1870-1871) qui a abouti à la chute du Second Empire et à l'instauration de la IIIe République. Une Assemblée nationale, où royalistes et républicains s'opposent, est élue au suffrage universel. La République est récente, elle cherche à se stabiliser.

2. Les symboles républicains illustrent les principes et valeurs nouvellement installés par la IIIe République. Le personnage central est Marianne, allégorie de la jeune République qui défend les libertés les armes à la main (glaive, symbole de justice et de revanche). Elle porte une robe blanche (pureté). Le drapeau tricolore désigne l'égalité entre tous les citoyens ainsi que les couleurs de Paris enserrant le blanc de l'ancienne monarchie. Le bonnet phrygien est le symbole des Sans-culottes de 1789, il incarne la liberté et l'unité des citoyens. Dans le lointain, un navire ramène dans un souci de fraternité les derniers Communards exilés en Nouvelle-Calédonie en 1871, considérés en 1880 comme les pionniers de la République. Sur la colline figure la prise de la Bastille, point de démarrage de la révolution populaire et symbole de la fête du 14 juillet. La République réaffirme l'égalité, les libertés et surtout la fraternité, les trois valeurs fondamentales.

3. L'armée défile aux pieds de Marianne, sous le regard des dirigeants politiques de l'époque (dont le président de la République Jules Grévy, le président du Sénat Léon Say et le président de la Chambre des députés Léon Gambetta). Le 14 juillet 1880 marque la proclamation de la fête nationale et l'associe à un défilé militaire, symbole de puissance et d'unité nationale. L'État et la nation se joignent pour célébrer le régime républicain.

4. La lithographie est un souvenir pour les citoyens qui assistent au défilé du 14 juillet. Il s'agit d'un document de propagande destiné à impressionner les foules, à fédérer les citoyens derrière les valeurs et principes républicains, à implanter durablement le nouveau régime dans le paysage comme dans les mentalités.

B. Expliquez les lois de Jules Ferry par rapport au sujet d'étude

1. Les lois Jules Ferry sont votées en 1881 et 1882, à un moment où la IIIe République se stabilise et se consolide par des symboles. Jules Ferry, ministre de l'Instruction publique, entend créer une école gratuite, obligatoire, publique et laïque pour éduquer tous les Français. Il s'agit en particulier de diffuser les valeurs et principes républicains dans toute la population, et de créer un attachement profond au système républicain.

2. Les lois Ferry respectent l'égalité puisque toutes les filles et tous les garçons de 6 à 13 ans doivent y avoir accès gratuitement. La gratuité favorise l'égalité dans la mesure où tous les milieux sociaux ont donc accès à l'éducation ; les enfants handicapés reçoivent aussi un enseignement adapté. Les lois respectent les libertés individuelles : si l'école est obligatoire, elle devient laïque pour respecter la liberté de conscience ; chaque famille peut choisir un enseignement public, privé ou à domicile. Les lois Ferry favorisent la fraternité dans la mesure où toute la nation reçoit la même éducation primaire et partage l'apprentissage de la vie en collectivité, dans le cadre républicain.

3. Les lois Ferry sont démocratiques, dans la mesure où elles diffusent les valeurs du pouvoir au peuple à travers l'enseignement républicain. Elles sont sociales, car l'école publique est ouverte à tous, quel que soit le niveau de fortune, puisqu'elle est gratuite. Elles appliquent le principe d'indivisibilité : le même enseignement, défini dans des programmes scolaires nationaux, est diffusé sur tout le territoire. Elles respectent enfin la laïcité, puisque l'enseignement et les symboles religieux sont tenus à l'écart de l'école publique, qui tolère toutes les croyances sur un pied d'égalité.

C. Complétez une frise chronologique avec des lois républicaines

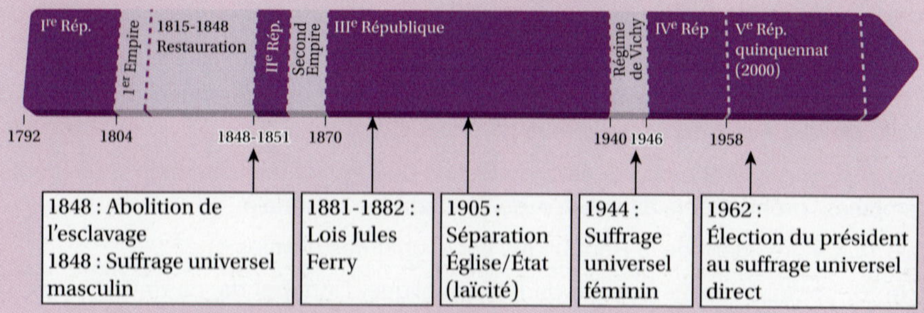

EXERCICES – Situations au choix

Situation 1 au choix : Le droit de vote en France : évolution et débats

Une petite enveloppe bleue, des bulletins imprimés, un rideau et puis, tombant dans une urne transparente, une voix qui s'exprime, choisit, élimine ou conteste. Un geste simple, un droit évident qui ne l'a pas toujours été [...]. Après une première tentative avortée en 1793, « le suffrage universel et direct » n'est proclamé qu'en 1848 et pour l'élection du président de la République. La France est alors le premier pays du monde à l'instituer, mais l'universalité est réservée aux hommes. [...] Brutalement, le corps électoral, jusque-là restreint par le suffrage censitaire, passe de 246 000 à plus de 9 millions d'électeurs, dont bon nombre d'analphabètes [...]. En 1852 Louis Napoléon Bonaparte se fait sacrer empereur des Français. Le suffrage universel mettra vingt ans à s'en remettre. Ce droit, rétablit en 1871, en entraîne aussitôt un autre, celui de ne pas s'en servir. La figure de l'abstentionniste apparaît [...]. Il faudra attendre 1944 pour que l'universalité s'élargisse aux femmes [...]. Valéry Giscard d'Estaing proposera l'abaissement de la majorité électorale à 18 ans.

Pascale Robert-Diard, *Le Monde*, 6 mai 2007,
« Le droit de vote, histoire mouvementée d'un geste simple ».

1. Expliquez la phrase soulignée.

2. Rappelez les étapes de la conquête du droit de vote en France en vous aidant du texte.

3. Quand l'abstention apparaît-elle ? Pourquoi représente-t-elle un danger pour la République ?

Situation 2 au choix : Le président de la République sous la Ve République

Doc. 1 : La Constitution de la IVe République (extraits)

Art. 14. Le président du Conseil des ministres [Premier ministre] et les membres du Parlement ont l'initiative des lois.

Article 29. Le président de la République est élu par le Parlement.

Article 31. Le président de la République est tenu informé des négociations internationales. Il signe et ratifie les traités.

Article 47. Le président du Conseil des ministres assure l'exécution des lois [...] et la direction des forces armées.

Doc. 2 : La Constitution de la Ve République (extraits)

Article 6. - Le président de la République est élu pour cinq ans au suffrage universel direct.

Article 9. Le président de la République préside le Conseil des ministres.

Article 11. Le président de la République peut soumettre au referendum tout projet de loi portant sur l'organisation des pouvoirs publics [...].

Article 12. Le président peut, après consultation du Premier ministre et des présidents des Assemblées, prononcer la dissolution de l'Assemblée nationale.

Article 15. Le président de la République est le chef des armées.

Article 16. Lorsque les institutions de la République, l'indépendance de la Nation, l'intégrité de son territoire ou l'exécution de ses engagements internationaux sont menacées d'une manière grave et immédiate et que le fonctionnement régulier des pouvoirs publics constitutionnels est interrompu, le président de la République prend les mesures exigées par les circonstances, après consultation officielle du Premier ministre, des présidents des Assemblées ainsi que du Conseil constitutionnel.

1. (Doc 1) Quels sont les principaux pouvoirs du président de la IVe République ?
2. (Doc 2) Quels sont les principaux pouvoirs du président de la Ve République ? Concluez.
3. (Doc 1 et 2) Comment évolue l'élection présidentielle ? Pourquoi ?

Situation 3 au choix : République et laïcité : la loi du 9 décembre 1905

La loi de séparation de l'Église et de l'État, résultat d'un long débat

[...] Il est sage, avant tout, de rassurer la susceptibilité éveillée des « fidèles », en proclamant solennellement que non seulement la République ne saurait opprimer les consciences ou gêner dans ses formes multiples l'expression extérieure des sentiments religieux, mais encore qu'elle entend respecter et faire respecter la liberté de conscience et la liberté des cultes [...]. En le votant, vous ramènerez l'État à une plus juste appréciation de son rôle, vous rendrez la République à la véritable tradition révolutionnaire et vous aurez accordé à l'Église ce qu'elle a seulement le droit d'exiger, à savoir la pleine liberté de s'organiser, de vivre, de se développer selon les règles et par ses propres moyens, sans autre restriction que le respect des lois et de l'ordre public.

Discours d'A. Briand (rapporteur de la loi de 1905) à la Chambre des députés, 4 mars 1905.

1. Comment évolue l'Église en France avec la loi de 1905 ? Ce sujet est-il sensible ?
2. Quels sont les objectifs républicains soulignés par la loi de 1905, d'après A. Briand ?

CORRIGÉ

Situation 1 au choix : Le droit de vote en France : évolution et débats

1. Le vote permet au citoyen de s'impliquer dans la vie politique, de participer à la construction de la République dans l'intérêt général : il est un droit politique et un moyen d'expression démocratique. La phrase rappelle également les principales étapes du vote : prendre des bulletins, choisir celui que l'on va placer dans l'enveloppe bleue dans le secret de l'isoloir, la glisser dans l'urne après avoir confirmé son identité, signer le registre...

2. Le suffrage est d'abord censitaire (1791), brièvement universel lors de la proclamation de la République (1792), suspendu par la Thermidorienne et le Directoire (1794-1799) et rétabli par les plébiscites napoléoniens (1799-1815), mais le vote du peuple porte alors sur des institutions de peu d'ampleur. Le suffrage devient réellement universel masculin en 1848. Le Second Empire

enterre le débat jusqu'en 1870. Après de nombreuses années de revendication, le vote s'élargit aux femmes (suffrage universel féminin, 1944), aux jeunes (majorité électorale de 21 à 18 ans en 1974 après les événements de mai 1968) et aux citoyens de l'Union européenne résidant en France pour les élections locales et européennes (1994).

3. L'abstention apparaît en 1871 lors de l'établissement de la IIIe République. Il représente une expression de la liberté du citoyen, mais il constitue un danger. L'abstentionniste n'accomplit pas son devoir moral de citoyen, parce qu'il ne se reconnaît dans aucun programme. L'abstention massive conduit à la désaffection et à la remise en question de la légitimité républicaine. Le vote blanc a le mérite de soutenir le système républicain tout en manifestant son mécontentement vis-à-vis des programmes proposés.

Situation 2 au choix : Le président de la République sous la Ve République

1. Le document montre que le président du Conseil exerce l'essentiel de l'exécutif, dirige les armées et partage l'essentiel du législatif avec le Parlement. Dans la IVe République, le président n'a qu'un rôle représentatif ; il est tenu au courant de la politique (article 31) mais il n'a pas de pouvoir décisionnel. Le régime est parlementaire, le président a un pouvoir limité.

2. Le président de la Ve République dirige un exécutif fort. Il dispose de pouvoirs personnels étendus (chef de l'État, de l'exécutif et des armées, pleins pouvoirs en cas de grise grave (art. 16), referendum, dissolution de l'Assemblée nationale...) et de pouvoirs partagés (diplomatie, nomination des ministres...). Le président joue un rôle actif, fort, qui équilibre le pouvoir du Parlement dans les institutions : le régime est dit « semi-présidentiel ».

3. Le président de la IVe République est élu par le Parlement, il dépend pleinement de lui. Depuis le referendum de 1962, le président de la Ve République est élu directement par le peuple, ce qui lui permet de se détacher de l'influence du Parlement.

Situation 3 au choix : République et laïcité : la loi de 1905

1. La loi du 9 décembre 1905 sépare l'Église et l'État. L'État ne reconnaît et ne subventionne plus aucun culte, l'Église doit entretenir ses bâtiments et agir selon ses propres moyens. Les biens sont gérés par des associations de fidèles et par le clergé. Cette loi affaiblit l'Église et tolère l'expansion des institutions laïques qui la concurrencent (par exemple : l'école). Ce sujet est sensible car la population est encore majoritairement catholique et cette loi est rejetée par le Pape ; l'Union sacrée (1914) apaise les tensions.

2. La loi de 1905 a pour objectif majeur d'ajouter la laïcité aux principes républicains. La République devient neutre envers toutes les croyances, les respecte toutes et n'exerce aucune discrimination. Elle protège ainsi les libertés de culte et de conscience de chacun et encourage le respect entre les cultures. La loi de 1905 est un texte de réconciliation, d'apaisement, destiné à sauver l'ordre public en apaisant les tensions religieuses de l'époque.

4 Guerres et conflits en Europe au XXe siècle

L'Europe a connu de nombreuses guerres meurtrières et destructrices au XXe siècle. Les progrès technologiques de l'armement effraient de plus en plus la communauté internationale et aboutissent à l'élaboration d'un droit international pacifiste.

1 Deux guerres ouvertes, mondiales, traumatisantes (1914-1945)

A Les rivalités font de l'Europe une poudrière

- **Crime de guerre : brutalités commises en violation des lois de la guerre : destructions massives, déportations, exécutions...**
- **Génocide : extermination systématique et programmée de populations pour des raisons ethniques, religieuses ou sociales.**
- **Propagande : moyens déployés pour influencer l'opinion publique.**

■ Deux guerres entre États souverains naissent en Europe et prennent une ampleur **mondiale** (1914-1918, 1939-1945) par le jeu des **réseaux d'alliance** (Triple Entente, Axe...).

■ Ces guerres sont motivées par des **rivalités politiques et nationalistes**, par des sentiments de supériorité des nations face à leurs adversaires (les régimes impériaux face aux démocraties en 1914 ; la théorie nazie de la supériorité de la race aryenne en 1939).

■ Elles reposent aussi sur des **conflits économiques** (industries, acquisition de ressources). Les puissances cherchent à acquérir des **territoires** : la France et l'Angleterre sont des puissances coloniales jalousées par l'Allemagne et l'Italie en 1914 ; en 1939, l'Allemagne nazie revendique l'agrandissement de son « espace vital » par des conquêtes jugées « nécessaires ». Les **frontières** sont contestées : l'Alsace-Lorraine entre la France et l'Allemagne, le couloir de Dantzig qui conduit à l'invasion de la Pologne en 1939...

B Des guerres totales et industrielles

■ Ces guerres mobilisent toute la population : soldats sur les fronts, populations civiles à l'arrière pour soutenir l'économie, encadrement de la culture et de la vie quotidienne par la propagande et la censure qui entretiennent la haine envers l'adversaire...

■ Les guerres deviennent « industrielles » : elles exploitent les progrès des sciences et de l'industrie pour produire des armes de destruction massive. En 1915-1918, la guerre des tranchées appelle la création d'armes nouvelles, adaptées à la « guerre d'usure » : les chars, l'aviation, l'arme chimique (gaz), l'artillerie lourde à très grande portée... *Situation 1 : la bataille de Verdun symbolise l'horreur des tranchées et des armes de destruction massive.* En 1939, l'Allemagne nazie utilise les chars et l'aviation pour appliquer une guerre-éclair (*Blitzkrieg*) contre laquelle les États mal préparés ne peuvent résister (Pologne). Enfin, l'arme nucléaire (1945) détruit tout sur son passage sur des kilomètres autour de l'impact.

■ Des crimes de guerre (massacre d'Oradour-sur-Glane en 1944) et des tentatives de génocide suivent l'Occupation : les Arméniens par les Turcs (1915), les Juifs par les Nazis à partir de la solution finale. *Situation 2 : la conférence de Wannsee ordonne la déportation et l'extermination des Juifs d'Europe en 1942 dans le cadre des camps ; les handicapés, les Tziganes et les « asociaux » sont également gazés en masse.*

C Des bilans catastrophiques et lourds de conséquences

■ **Les pertes sont considérables** (plus de 9 millions de morts en 1918 et 17 millions de blessés, plus de 50 millions de morts en 1945). Les victimes militaires sont importantes mais, en 1939-45, les victimes civiles sont plus nombreuses en raison du pillage économique de l'Europe, des victimes des camps et des restrictions intenses imposées par les Nazis. Les populations occupées subissent les privations, les humiliations et les brutalités. Les réquisitions pour subvenir à l'effort de guerre et les rationnements massifs qui en découlent affaiblissent les populations (famine, épidémies telles que la grippe espagnole en 1918 causant plusieurs dizaines de millions de victimes).

■ La reprise d'une vie normale est difficile et lente pour les mutilés et les familles traumatisées ; la haine de l'adversaire reste vive et participe beaucoup à la montée des totalitarismes, qui affichent dans l'entre-deux-guerres des programmes de revanche (les Nazis dénoncent le traité de Versailles de 1919 comme une paix humiliante et inacceptable, un *diktat*). Les familles célèbrent la mémoire des morts : 11 novembre, 8 mai, monuments...

■ L'Europe, première puissance mondiale en 1914, perd ce statut au profit des États-Unis dès 1918. La reconstruction économique suit la guerre (les années 1920, les « Trente Glorieuses »...) : il faut rebâtir les villes touchées par les bombardements, déminer les champs de bataille, relancer l'agriculture et l'industrie mises à mal par les combats et l'Occupation, reconstruire les voies de communication... La guerre a aussi des conséquences démographiques importantes : le nombre de victimes est considérable, de nombreux enfants ne naîtront pas car les jeunes générations ont été sacrifiées. La paix retrouvée est souvent marquée par une relance de la natalité (« baby-boom », 1945-1973) pour compenser les pénuries de main-d'œuvre (« classes creuses »).

2 Vers la paix en Europe, au-delà des guerres sournoises et insidieuses ?

A La guerre froide : l'Europe, dans un conflit qui la dépasse (1947-1991)

■ De 1947 à 1991, les États-Unis et l'URSS entraînent leurs alliés à travers le monde dans un **conflit idéologique** (démocratie contre totalitarisme), **économique** (capitalisme contre communisme) et **militaire** rythmé par des crises graves et des périodes de détente. La guerre froide est marquée par une propagande intense et constante, vantant les mérites de chaque camp par opposition à l'autre.

■ L'Europe de l'Ouest, ancienne alliée, adhère au **bloc américain**, à l'**OTAN** (organisation militaire anti-communiste) et recueille l'aide financière du **plan Marshall** (1947). L'Europe de l'Est adhère dès 1947 au **bloc soviétique**, qui a libéré ses États du nazisme. Elle participe au **pacte de Varsovie** (alliance militaire dès 1955) et au **COMECON** (organisation de coopération financière). La **guerre froide** est un nouveau type de conflit, au cours duquel les États-Unis et l'URSS ne s'affrontent pas directement, par peur d'un conflit nucléaire, mais par alliés interposés. Une propagande intense et violente entre communistes et anti-communistes ainsi que des bases militaires américaines et russes se diffusent dans toute l'Europe.

■ L'Europe est alors partagée en deux par **un rideau de fer**, frontière lourdement gardée qui ne laisse filtrer que peu d'informations sur le camp opposé. L'Allemagne est le siège de la première crise en 1948, lorsque l'URSS fait le blocus de Berlin pour obliger les Occidentaux à abandonner Berlin-Ouest, située au cœur de la zone soviétique. Après un pont aérien de ravitaillement (onze mois), les deux Grands négocient le partage de l'Allemagne et de Berlin en deux. En 1961, les Allemands de l'Est, épaulés par l'URSS, bâtissent le mur de Berlin pour empêcher les Européens de l'Est de passer à l'Ouest par la capitale. L'Europe de l'Est s'insurge en Hongrie (1956), en Tchécoslovaquie (1968), en Pologne (1980) contre l'URSS qui répond en envoyant les chars contre la foule. La guerre froide s'achève avec l'effondrement économique de l'URSS (1985-1991) et l'indépendance de l'Europe de l'Est.

■ L'angoisse de la menace nucléaire demeure à l'échelle mondiale. Les États européens siègent activement dans les grandes organisations internationales (ONU) investies dans le désarmement et en particulier dans le refus de la prolifération des armes nucléaires.

B Guerres civiles, guerres d'indépendance, conflits communautaires

• **Crimes contre l'humanité : actes qui entraînent la souffrance et la mort d'individus, en application d'une idéologie.**
• **Droit d'ingérence : droit d'intervention dans les affaires intérieures d'un autre État pour défendre les droits de l'homme. Il peut être invoqué si l'État concerné ne veut pas ou ne peut pas protéger sa population.**
• **Guerre civile : lutte armée entre les populations d'un même État.**

■ À partir de 1945, les **mouvements de décolonisation** apparaissent, en raison de l'affaiblissement des puissances coloniales et de la Déclaration universelle des droits de l'homme (1948). Si certaines colonies deviennent diplomatiquement de nouveaux États (Maroc, Inde...), d'autres passent par de violentes guerres d'indépendance (Indonésie hollandaise, Indochine, Algérie) qui se prolongent parfois par des exodes ou des actes terroristes en Europe et des actes de répression qui tournent à la guerre civile.

■ Le XXe siècle est marqué par des **guerres civiles violentes et fratricides** liées à la montée des **nationalismes** (Franquistes et Républicains dans la guerre d'Espagne en 1936-1939), à des **conflits religieux** (les catholiques en Irlande contre l'Angleterre protestante) ou **ethniques** (*guerre en Yougoslavie 1991-1999 avec des massacres comme à Srebrenica en 1995 (situation 3)).* Ces guerres sont souvent marquées par des **exodes massifs** de gens fuyant les conflits, des destructions matérielles intenses, des exécutions sommaires...

■ Des mouvements indépendantistes existent tout au long du siècle : ils agissent parfois par le **terrorisme** (indépendantistes basques) ou par des **revendications actives** mais non violentes (Catalogne, Écosse). **Tous ces mouvements menacent la cohésion de l'Europe**.

C La naissance d'un droit international pour la paix

■ Face à ces épreuves, l'élaboration progressive d'un **droit international** destiné à préserver la paix et l'ordre établi par les vainqueurs (traités de paix de 1919-1920) se fait jour avec la **Société des Nations** (1919) : elle réunit les grandes puissances mais ne dispose d'aucune force armée et reste impuissante face à la montée des totalitarismes. Elle ne peut empêcher le réarmement de l'Allemagne par les Nazis (1935) et reste impuissante face aux agressions de 1938-1939 en Europe centrale (échec de la conférence de Munich de 1938).

■ Après l'échec de la SDN, la **charte de San Francisco** (1945) aboutit à la formation de l'ONU (Organisation des Nations unies). Tous les États du monde y adhèrent progressivement. L'ONU dispose d'une force armée internationale, les casques bleus, capables d'intervenir dans le monde entier pour préserver la paix (et l'ordre établi à Yalta par les vainqueurs en 1945) et pour protéger les populations civiles contre les crimes de guerre (construction progressive d'un droit d'ingérence dès 1988). Elle dispose de tribunaux internationaux destinés à juger les criminels de guerre et à prononcer des peines en cas de crimes contre l'humanité (ex. : procès de Nuremberg qui juge les Nazis (1945-1946), notamment pour les persécutions et pour l'horreur des camps). En 1998 est créée une CPI (Cour pénale internationale) permanente pour réprimer les crimes internationaux.

■ L'Europe, fatiguée des guerres, esquisse un rapprochement en bâtissant un marché commun entre les anciens adversaires (**Communauté économique européenne** en 1957 d'abord centrée sur la France, l'Allemagne de l'Ouest, le Benelux et l'Italie) qui évolue en union politique, l'**Union européenne** (traité de Maastricht, 1992). Les objectifs sont de bâtir une puissance économique apte à préserver la paix en Europe et de former un sentiment européen, notamment par la citoyenneté, qui permette de favoriser la solidarité entre les peuples. L'Europe ne parvient pas, cependant, à mettre au point une armée commune, ni une politique extérieure commune qui lui permettrait de s'affirmer comme une puissance politique mondiale (ex : incapacité à intervenir en commun dans le conflit en Yougoslavie).

■ La CEE, puis l'Union européenne, dans un souci d'apaisement, engagent des moyens tels que le programme PHARE dès 1989 pour aider les anciens pays d'Europe de l'Est et des Balkans à faire une transition économique vers le capitalisme et éventuellement faire de futures adhésions. Cette démarche relève à la fois de motivations humanitaires (aider les peuples de l'Est) et pacifistes (ne pas laisser, comme dans l'Allemagne des années 1930, des foyers de misère et de désespoir se développer et évoluer vers le totalitarisme).

EXERCICES – Questions de cours

A. Rédigez un texte à partir d'une caricature allemande de F. Behrendt, relative aux premières élections du parlement européen au suffrage universel direct (9 juin 1979)

1. Présentez l'affiche : nature, auteur, date, sujet principal.
2. Que représente le couple au premier plan ? Pourquoi leur geste est-il important ?
3. Que représentent les individus en arrière-plan et les noms présents sur l'affiche ?
4. À l'aide de ces informations et de vos connaissances, rédigez au présent un texte d'une dizaine de lignes expliquant l'importance de la création de la CEE puis de l'Union européenne par rapport au sujet d'étude « guerres et conflits en Europe au XXe siècle ». Utilisez les termes : droits de l'homme – citoyenneté – marché commun – voter – démocratie.

B. Expliquez une affiche de 1918.

Affiche de Falter pour le quatrième emprunt national de 1918

1. Décrivez l'affiche : personnages, décor, contexte de 1918. Que représente l'aigle ?

2. Expliquez le texte « Emprunt national, société générale » : quel aspect de la guerre est ici montré ?

3. Comment appelle-t-on ce genre de document ? Quels en sont les objectifs ?

C. Expliquez des termes complexes en liaison avec le sujet d'étude

Termes	Définition	Exemple(s)
Guerre totale		
	Extermination programmée et systématique de la totalité d'une population pour des raisons ethniques, religieuses ou sociales	
Guerre d'indépendance		
		Guerre d'Espagne (1936-1939) Guerre de Yougoslavie (1991-1999)

CORRIGÉ

A. Rédigez un texte en rapport avec le sujet d'étude à partir d'une affiche de 1979.

1. L'affiche représente les premières élections du parlement européen au suffrage universel direct le 9 juin 1979. Elle est exécutée par le dessinateur allemand Fritz Behrendt.

2. Le couple au premier plan représente de jeunes Européens en train de voter. Il s'agit d'une action politique pacifique, destinée à assurer le gouvernement de l'Europe par la paix et non par le conflit. Les deux jeunes gens se tiennent par la main, signe d'entente.

3. Les individus en arrière-plan sont des soldats des siècles passés, des vétérans des guerres européennes dont les batailles les plus mémorables sont nommées : guerre de Trente ans (sac de Magdebourg), guerres napoléoniennes (Waterloo), guerre de 1870 (Sedan)... Ces vétérans applaudissent les deux jeunes gens, saluent leur décision de gérer pacifiquement les problèmes de l'Europe au lieu de subir, comme eux, les atrocités des guerres successives. Ce document est une affiche de propagande en faveur de la construction d'une Europe en paix.

4. L'Europe, fatiguée des guerres après 1945, esquisse un rapprochement en bâtissant un marché commun entre les adversaires d'autrefois : la Communauté économique du charbon et de l'acier en 1951 puis la Communauté économique européenne de 1957 sont d'abord centrées sur la France, l'Allemagne de l'Ouest, le Benelux et l'Italie qui évoluent en union politique, l'Union européenne (traité de Maastricht, 1992) qui crée la citoyenneté européenne. Les objectifs sont de bâtir une puissance économique apte à préserver la paix en Europe et de former un sentiment européen, notamment par la citoyenneté, qui permette de favoriser la solidarité entre les peuples, le respect des droits de l'homme et la diffusion de la démocratie. Voter pour établir des gouvernements pacifiques et démocratiques, respectueux des droits de l'homme, devient un devoir moral et se trouve fortement encouragé en 1979 lors des premières élections de députés européens. Préserver la paix en Europe est l'un des fondements de la construction européenne.

B. Expliquez une affiche de 1918.

1. L'affiche montre un « poilu », un soldat de la Première Guerre mondiale, en train d'étrangler un aigle, symbole de l'Empire allemand. En arrière-plan se trouvent un paysage désolé, une scène d'après-guerre avec des ruines encore fumantes, et un casque à pointe prussien abandonné au sol. La scène représente les derniers temps de la guerre, le dernier effort demandé à la population française pour contribuer à vaincre l'Allemagne et ses alliés.

2. L'État français a besoin d'argent, pour soutenir l'effort de guerre et ravitailler les troupes. La fiscalité est élevée, les Français travaillent beaucoup pour des salaires modestes ; les grèves de 1917 ont montré que les populations de l'arrière ont déjà fait beaucoup d'efforts et souhaiteraient que la guerre se termine. Pour ne pas accroître la pression fiscale, l'État a recours à des emprunts depuis 1915, qu'il s'engage à rembourser avec des intérêts importants après la victoire. Les banques, telles que la Société générale, l'une des plus puissantes en France en 1918, incitent les Français à placer leur argent dans ces emprunts. L'affiche s'inscrit dans la guerre totale (réquisition des moyens économiques nécessaires).

3. Il s'agit d'une affiche de propagande. Elle fait appel au patriotisme des Français, stimule l'esprit nationaliste contre le défaitisme lié à la longueur de la guerre. Elle diffuse une image de victoire, une image rassurante du soldat en position de force, symbole qui doit inciter les Français à prêter de l'argent à l'État. Cette image est loin de la réalité des soldats épuisés par les tranchées, par la guerre d'usure, par les privations...

C. Expliquez des termes complexes en liaison avec le sujet d'étude.

Termes	Définition	Exemple (s)
Guerre totale	Guerre mobilisant la totalité de la population des États, et l'essentiel de leur économie et de leur culture	La Première Guerre mondiale La Seconde Guerre mondiale
Génocide	Extermination programmée et systématique de la totalité d'une population pour des raisons ethniques, religieuses ou sociales	Le génocide arménien par les Turcs (1915), le génocide juif par les Nazis (1942-1945)
Guerre d'indépendance	Guerre civile dans laquelle une partie de la population souhaite former un État indépendant de l'État dans lequel elle est intégrée contre son consentement	Guerre d'Algérie contre la France (1954-1962)
Guerre civile	Guerre fratricide à l'intérieur de la population d'un État entre les troupes régulières et des formations rebelles	Guerre d'Espagne (1936-1939) Guerre de Yougoslavie (1991-1999)

HISTOIRE

EXERCICES – Situations au choix

Situation 1 au choix : Verdun et la mémoire de la bataille : une prise de conscience ?

Par quel miracle suis-je sorti de cet enfer, je me demande encore bien des fois s'il est vrai que je suis toujours vivant ; pensez donc, nous sommes montés mille deux cents et nous sommes redescendus trois cents. [...] À la souffrance morale de croire à chaque instant la mort nous surprendre viennent s'ajouter les souffrances physiques de longues nuits sans boire et presque sans manger, couchant au milieu des cadavres tombés la veille [...].

Lettre du soldat G. Biron à sa mère le 25 mars 1916, *Carnets de Verdun*, Librio, 2000.

1. Rappelez le contexte historique de la bataille de Verdun.
2. Comment le soldat de Verdun voit-il la bataille ? Que ressent-il ?
3. Comment l'État français de l'époque voit-il Verdun ? Pourquoi ce texte est-il précieux ?

Situation 2 au choix : Le génocide juif : un crime contre l'humanité

Dans le cadre de la solution finale, les Juifs seront affectés à des unités de travail à l'Est... Les Juifs déclarés aptes au travail seront groupés en d'importantes colonies de travail... où immanquablement un grand nombre d'entre eux mourront de faim. Les éventuels survivants devront être traités en conséquence, étant donné qu'ils représenteront le lot le plus résistant et qu'ils seront le résultat d'une sélection naturelle qui, s'ils étaient relâchés, pourrait constituer le germe du renouveau juif. Au cours de la réalisation pratique de la solution finale, l'Europe sera passée au peigne fin d'ouest en est.

R. Heydrich, compte-rendu de la Conférence de Wannsee, janvier 1942.

1. Qu'est-ce que la solution finale ? Décrivez les deux étapes du projet nazi.
2. Comment caractériser une telle politique ? Pourquoi ?

Situation 3 au choix : Un conflit localisé récent : la guerre en ex-Yougoslavie

Slobodan Milosevic [président de la Serbie 1989-2000, président de la fédération yougoslave 1997-2000, jugé par le tribunal pénal international pour l'ex-Yougoslavie en 2002-2006 pour crimes contre l'humanité et tentative de génocide] est en train de réaliser les objectifs des dirigeants serbes les plus nationalistes et les plus extrémistes [...]: chasser les Albanais du Kosovo. [... Les troupes serbes] encerclent ou pilonnent un village ou un faubourg pour chasser les habitants et les regrouper dans un endroit où ils peuvent être facilement surveillés, puis elles liquident les porte-parole de la communauté. [...] Elles séparent les femmes, les enfants et les vieillards des hommes valides et souvent, elles exécutent ceux qui sont en âge de se battre. Enfin, les maisons abandonnées sont pillées et détruites par un obus de char ou incendiées.

Daniel Vernet, « Ce crime au cœur de l'Europe », *Le Monde*, 22 avril 1999.

1. Expliquez la nature du conflit décrit dans l'article.
2. Qui intervient au Kosovo en 1999 ? Avec quels moyens ?
3. Quelles sont les conséquences d'un tel conflit ? Comment caractériser un tel conflit ?

CORRIGÉ

Situation 1 au choix : Verdun et la mémoire de la bataille : une prise de conscience ?

1. La bataille de Verdun dure de février à décembre 1916 ; elle se déroule pendant la phase de guerre de position de la Première Guerre mondiale. Les Français sont opposés aux Allemands dans une guerre d'usure (épuiser physiquement et moralement l'adversaire).

2. G. Biron voit la bataille comme une suite de souffrances, physiques (faim, froid, manque d'hygiène et de ravitaillement, fatigue, blessures...) et morales (peur de la mort, lassitude face à l'absence de résultats et au manque de nouvelles...). Verdun est surtout, pour lui, une bataille qui coûte énormément en vies humaines. Le soldat est démoralisé.

3. L'État français voit Verdun comme une victoire car les Allemands reculent après avoir subi des pertes considérables, mais comparables aux pertes françaises. La France a besoin d'une victoire pour soutenir le moral des troupes et de l'arrière, mais, en réalité, la victoire stratégique est très faible. Un tel texte est précieux car il donne un point de vue plus concret de la guerre, celui d'un soldat du front ; au récit héroïque de propagande que délivre l'État s'oppose la chronique simple d'un soldat qui fait part de ses souffrances et de sa lassitude.

Situation 2 au choix : Le génocide juif : un crime contre l'humanité

1. La solution finale est la politique décrétée par les Nazis d'extermination systématique des populations juives à travers l'Europe. Ils envisagent dans un premier temps de les tuer à la tâche dans des camps de travail, mais rapidement les Nazis ouvrent des camps d'extermination où les Juifs sont gazés en masse dès 1942.

2. Une telle politique ne respecte pas la dignité humaine puisque les individus y sont tués dans des souffrances indescriptibles (camp d'extermination) ou progressivement par des conditions de travail forcé insoutenable (camp de concentration). Les femmes et les enfants ne sont pas épargnés. Ces individus sont jugés indignes de vivre par l'idéologie nazie. Cette politique a un caractère systématique (« passer l'Europe au peigne fin d'ouest en est », « les survivants devront être traités en conséquence... ») et programmé. Elle entend exterminer la totalité du peuple juif. Il s'agit d'un génocide et d'un crime contre l'humanité. Les responsables seront jugés et condamnés à Nuremberg (1945-1946).

Situation 3 au choix : Un conflit localisé récent : la guerre en ex-Yougoslavie

1. La guerre en ex-Yougoslavie (1991-1999) est d'abord un conflit ethnique et religieux ; il devient aussi un conflit de territoires entre les Serbes, majoritaires en Yougoslavie, réclamant un pouvoir accru, et les autres peuples. Les Serbes veulent ici chasser les Albanais de ce territoire. L'article traite de la fin du conflit.

2. En 1999, les Serbes envahissent le Kosovo, brutalisent les populations, pillent, séparent les familles, sélectionnent les plus valides pour du travail forcé, exécutent les plus rebelles. Ils disposent de troupes armées et de chars.

3. Un tel conflit aboutit à la ruine économique des territoires en guerre, à plus de 100 000 morts, à des massacres et à l'éclatement de la Yougoslavie en six États indépendants. L'ONU finit par intervenir. Milosevic a été condamné pour crimes de guerre, crimes contre l'humanité (arrestations, séparation des familles, exécution, « purification ethnique ») et tentative de génocide.

5 Le développement inégal

La croissance économique et le développement des États du monde sont inégaux. La mondialisation des échanges ne suffit pas à corriger les inégalités entre États, régions et catégories sociales. Pourquoi la distinction entre le Sud et le Nord n'est-elle plus suffisante ? Comment expliquer les inégalités à l'intérieur des territoires ?

Le développement inégal des États du Monde : entre « Nord » et « Sud »...

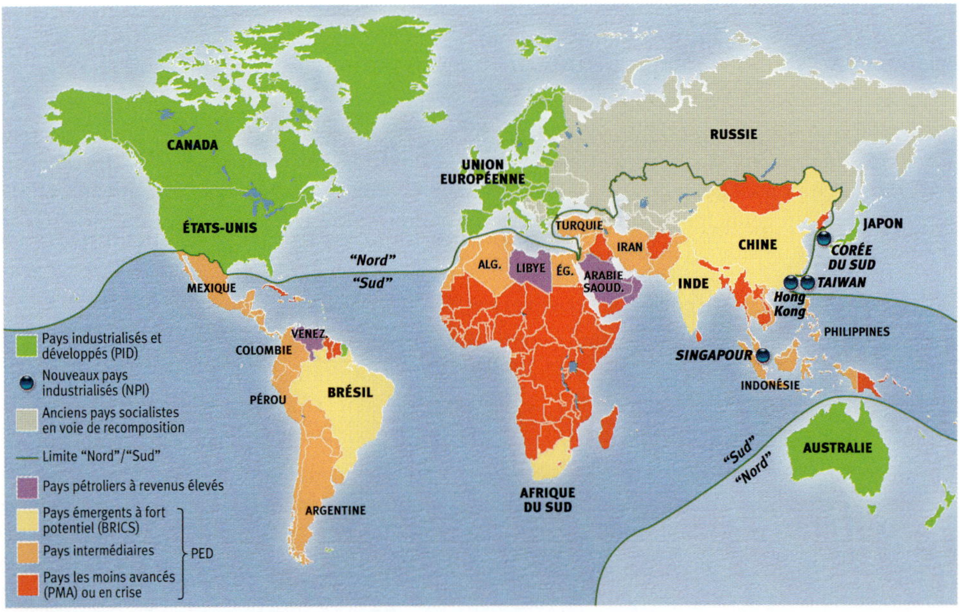

1 Une dynamique fondamentale mais non exclusive : la fracture Nord/Sud

A Des inégalités démographiques et économiques manifestes

Les pays industrialisés et développés (PID) produisent **80 % des richesses mondiales** et n'abritent que 20 % de la population planétaire. La plupart connaissent un vieillissement, voire un déclin démographique. Les ¾ des habitants des PID vivent en ville, leur croissance urbaine est plus ralentie. Souvent actifs et qualifiés, ils contrôlent la haute technologie et les flux financiers et d'information, travaillent surtout dans le tertiaire et dans l'industrie de pointe.

■ À l'inverse, les pays en développement (PED) regroupent **80 % de la population mondiale**, qui doivent se contenter de 20 % des richesses planétaires. La fécondité et la mortalité infantile sont fortes, l'espérance de vie est faible, la population est jeune et en forte croissance, peu qualifiée et encore très dépendante des activités rurales. La **croissance urbaine est forte,** beaucoup de PED terminent leur exode rural.

■ La croissance économique est nécessaire au développement des sociétés, notamment pour financer un développement durable coûteux mais nécessaire. De nombreux PED essaient de moderniser leur agriculture et d'investir dans l'industrie et le tertiaire (Inde, Afrique du Sud). Mais le PNB ne garantit pas forcément le développement : encore faut-il que toute la population profite des progrès du développement et qu'une part significative du PNB soit investie dans ce sens...

- **Nord ou PID : pays industrialisés et développés (Amérique du Nord, Union européenne, Japon et NPI asiatiques, Australie et Nouvelle-Zélande).**
- **NPI : nouveaux pays industrialisés, anciens PED qui ont réussi un décollage industriel (Corée du Sud, Hong Kong, Taiwan, Singapour).**
- **PMA : pays les moins avancés.**
- **PNB : produit national brut (ensemble des richesses produites en un an par un État, à l'intérieur de ses frontières et à l'étranger).**
- **Sud ou PED : pays en développement (Afrique, Amérique du Sud, Asie centrale, du Sud et du Sud-Est). Leur IDH est inférieur à 0,9.**

GÉOGRAPHIE

B Des contrastes forts de développement

■ L'IDH est un indicateur précis du développement, incluant le PNB ainsi que d'autres facteurs. **L'IDH est plus élevé dans les PID** car leurs populations ont de meilleurs revenus, un accès facilité aux ressources vitales (alimentation de base, eau potable) et à l'encadrement scolaire et médical. L'Afrique est le continent le moins développé. *Situation 1 : un PID comme la France dispose de moyens de prévention d'épidémies importants, diffuse par l'école et les médias les règles d'hygiène nécessaires, finance la diffusion des soins, sensibilise aux premiers secours ; un PED comme le Nigéria se heurte aux insuffisances de ses moyens pour freiner la diffusion d'épidémies comme le SIDA ou la fièvre Ebola et empêcher qu'elles ne se transforment en pandémies.*

■ Le respect des droits de l'homme enseigne beaucoup sur la capacité et la volonté de l'État de veiller au développement de sa population et à l'amélioration de son niveau de vie. Pour se développer, un État doit investir en priorité dans l'éducation et la santé. De nombreuses ONG (ex. : Amnesty International) et l'ONU (Organisation des Nations unies) s'impliquent dans la diffusion de ces droits. *Situations 1 et 2 : l'aide humanitaire (ONG, ONU, Organisation mondiale de la santé) fait progresser la situation sanitaire des PED : recul des famines, amélioration de l'accès à l'eau potable, progrès des techniques médicales, construction d'hôpitaux, formation de personnels, prévention...*

- **Croissance : augmentation de la population et de la quantité de richesses produites (PNB).**
- **Développement : amélioration des conditions de vie d'une population, mesurée par l'IDH.**
- **IDH : l'indice de développement humain mesure le degré de développement en fonction du PNB, de l'espérance de vie et du taux d'alphabétisation.**
- **ONG : organisations non gouvernementales.**

C Une politique mondiale de développement qui essaie de réduire les inégalités

■ **L'extrême pauvreté recule depuis les années 1980**. Mais, si la majorité de la population mondiale voit sa situation s'améliorer, un milliard d'individus vit en dessous du seuil de pauvreté en Asie du Sud et en Afrique subsaharienne. *Situation 2 : la croissance trop rapide des populations jeunes des PED entraîne des difficultés d'approvisionnement et de ressources, notam-*

ment en eau potable, qui pénalisent la santé et le développement des populations. Les PID financent des programmes pour sensibiliser leurs sociétés à une gestion durable des ressources.

■ **L'écart se creuse dans les PID comme dans les PED entre les très riches et les très pauvres.** Depuis la crise financière de 2008, les PID rencontrent eux-mêmes des difficultés économiques, un endettement massif (ex. : Grèce), des faillites, favorisant la croissance de la précarité. La fracture Nord/Sud persiste, mais devient plus complexe à définir, car la mondialisation des échanges et de la finance génère des crises économiques mondiales.

■ **Les PID, les ONG et l'ONU aident au développement** des PED, notamment par des investissements et de la création d'emplois (délocalisations). **Les PED créent leurs propres dynamiques de développement** par leurs choix politiques, économiques et culturels (éducation, démocratie), par l'action de l'État, des entrepreneurs et de la classe moyenne. Il ne s'agit plus de copier le modèle des « Nord », mais d'aider les « Sud » à trouver leur voie de développement la plus adaptée à leurs ressources et aux attentes de la population.

2 D'autres dynamiques de développement, à différentes échelles

A Des contrastes forts à l'intérieur des PID et des PED

■ Les PID ont des profils hétérogènes de croissance et de développement. Les **aires de puissances** (Amérique du Nord, Japon, Union européenne) représentent 20 % de la population mondiale et 80 % des richesses planétaires grâce à d'importants moyens de décision (mégalopoles et métropoles, institutions politiques et financières, sièges sociaux de multinationales...). La **Russie** et les États issus de la chute de l'URSS en 1991 sont toujours en reconstruction économique et affichent un IDH faible pour les PID. À l'inverse, les **NPI**, anciens PED, sont devenus des PID par l'essor des industries de pointe et des services.

■ Dans les PED, les **États émergents** (Brésil, Afrique du Sud, Inde, Chine...) et les **États pétroliers** connaissent une croissance économique importante, mais seule une minorité richissime de la population en profite et des retards divers subsistent (par exemple, l'Inde et la Chine accusent un retard d'IDH important pour un PNB fort). Ils se rapprochent cependant davantage des Nord que les PED en situation intermédiaire, et plus encore que les **pays les moins avancés** (PMA). Concentrés en Afrique, ces derniers souffrent de nombreux maux (guerres, famines, épidémies, catastrophes naturelles...) et sont les plus en retard.

B Des contrastes spatiaux à l'intérieur des territoires, au Sud et au Nord

■ Les **inégalités spatiales** s'accumulent entre des villes plus modernes et des campagnes plus isolées (Inde, Brésil), entre régions tertiaires actives et espaces en déclin industriel (industrie lourde), entre quartiers urbains résidentiels et bidonvilles dans les PED... Les espaces urbains sont des pôles attractifs de richesse et de développement, au détriment des espaces ruraux. Les villes concentrent les richesses, les activités de pointe et de décision et offrent des emplois mieux rémunérés et de meilleures conditions de vie (confort, accès aux services : éducation, santé, administrations...). Elles dynamisent leurs périphéries par des échanges actifs, afin de mieux répartir les activités et les populations par une attractivité plus homogène. *Situation 3 : l'agglomération parisienne dispose de quartiers centraux bien dotés en services (sièges sociaux* *d'entreprises, banques, hôpitaux...) et en axes de communication. Elle se compose aussi de banlieues défavorisées qui concentrent les problèmes sociaux : chômage, insécurité...*

■ La littoralisation des activités crée, par l'essor des échanges maritimes, des inégalités croissantes entre les façades maritimes, plus développées, et l'intérieur des États (façade pacifique de l'Asie, façade atlantique de l'Amérique, contrastes entre le littoral brésilien et les fronts pionniers de l'intérieur, entre le littoral surdéveloppé de la Chine et les régions intérieures frontalières du Tibet ou de la Mongolie...).

C Des inégalités sociales à différentes échelles, au Sud et au Nord

■ Les **nouveaux riches** et les classes moyennes progressent dans les PED (exemple : l'industriel Mittal en Inde, qui dirige une puissante firme transnationale dans la sidérurgie). Ils vivent fréquemment dans les régions métropolitaines ou littorales mondialisées.

■ Dans les PID, ce sont les **nouveaux pauvres** qui apparaissent, notamment dans les espaces urbains (ex. : les sans domiciles fixes, les travailleurs pauvres qui touchent un salaire qui ne leur permet pas une vie décente en dépit d'horaires de travail conséquents). Tous les PID sont touchés par la pauvreté, l'exclusion sociale, la précarité de l'emploi et la montée du chômage stimulée par une crise persistante. De nombreux individus ne peuvent pas se nourrir, se loger, se soigner ni s'éduquer correctement.

EXERCICES – Questions de cours

A. Analysez un tableau de données statistiques

Données (2014)	Maroc	Brésil	Corée du Sud	Haïti	Canada
Population (millions d'habitants)	33,8	203	50	10,5	35,7
PIB/habitant (en dollars)	3 163	10 895	25 987	758	51 848
Indice de développement humain	0,617	0,744	0.891	0,471	0,902
Espérance de vie (années)	75	72	81	62	81.5
Taux d'urbanisation (en %)	60,3	84,9	81,5	47	80,4
Taux d'alphabétisation (en %)	61,5	90	97,9	48,7	99

Source : www.populationdata.net

1. Définissez les critères qui permettent d'évaluer la croissance des États, puis ceux qui permettent de mesurer leur développement.
2. Relevez les PID parmi ces États. Justifiez votre réponse.
3. Relevez les PED parmi ces États. Justifiez votre réponse.
4. Les PID forment-ils un groupe homogène ? Et les PED ?

B. Étudiez un document relatif aux objectifs du Millénaire pour le développement

Les objectifs du Millénaire pour le développement (OMD) sont huit objectifs fixés par l'ONU le 8 septembre 2000 pour faire reculer la pauvreté mondiale d'ici 2015.

Entre 2000 et 2012, le nombre d'enfants non scolarisés est passé de 100 à 58 millions et le taux global d'achèvement du primaire a augmenté de 81 à 92 %. Pourtant, de tous les OMD, c'est l'éducation des enfants, en particulier des filles, qui a le plus d'impact sur la lutte contre la pauvreté. La Banque mondiale a mis l'éducation au premier plan de sa mission de lutte contre la pauvreté et elle constitue dans ce secteur l'une des premières sources de financement extérieur pour le monde en développement. [...] Une fille ayant achevé sa dernière année d'école primaire aura plus de chances de se marier plus tardivement, d'avoir moins d'enfants, de ne pas contracter le SIDA, de trouver un emploi, de recourir à des soins médicaux, de participer aux élections dans sa communauté.

D'après « Banque mondiale : un demi-siècle d'investissement dans l'éducation », objectif n° 2 des objectifs du Millénaire pour le développement, 2015.

1. Tous les enfants sont-ils scolarisés dans le monde ? Pourquoi ?

2. Quelles parties du monde sont moins bien scolarisées ? Comment améliorer l'éducation dans les parties du monde moins bien scolarisées ?

3. Relevez et classez les arguments du texte qui montrent que la scolarisation des filles est un facteur important du développement. Expliquez chacun de ces facteurs.

C. Expliquez des termes complexes en liaison avec le sujet d'étude.

Termes	Définition	Exemple(s) ou localisation(s)
PMA		
PNB		Le PNB des États-Unis est de 17 milliards de dollars en 2013
		Les favelas de Rio, les couronnes de bidonville de Lagos et du Caire...

CORRIGÉ

A. Étudier un tableau de données statistiques

1. La croissance des États peut être évaluée en fonction des critères économiques (PIB/habitant) et démographiques (population). Le développement peut être évalué en fonction de l'IDH, de l'espérance de vie (qui donne une estimation de l'encadrement médical et sanitaire), du niveau d'alphabétisation (qui permet d'évaluer la capacité d'une population à développer des activités de haute technologie) et d'urbanisation.

2. La Corée du Sud est un NPI, un ancien PED qui a réussi son développement industriel dans la haute technologie : son appartenance aux PID est marquée par son IDH et son taux d'urbanisation élevés. Le Canada est un PID, marqué par un IDH, un PIB/habitant, un taux d'alphabétisation et d'urbanisation très élevés.

3. Le Maroc, Haïti et le Brésil sont des PED ; ils ont tous les trois un IDH inférieur à 0,9, leur PIB/habitant est inférieur à 15 000 $/an. Le Brésil se distingue des deux autres par sa proximité avec les PID : l'IDH est à 0,75, les taux d'urbanisation, d'alphabétisation et l'espérance de vie sont voisins des niveaux du Canada ou de la Corée du Sud ; son PIB est encore faible (10 895 $/an) : il s'agit d'un pays émergent. Le Maroc est un PED en situation intermédiaire (son IDH est à 0,6, le PIB/habitant est trois fois plus faible que celui du Brésil ; les taux d'urbanisation et d'alphabétisation touchent entre la moitié et les 2/3 de la population, l'espérance de vie est proche de celle des pays émergents). Haïti est un PMA : son IDH est inférieur à 0,6, son PIB/habitant est dix fois inférieur à celui du Brésil ; l'espérance de vie est faible, 50 % de la population à peine est alphabétisée et vit en ville.

4. Les PID ne forment pas un groupe homogène : un Canadien a un PIB/habitant en moyenne deux fois supérieur à celui d'un Sud-coréen ; cependant, l'alphabétisation, les taux d'urbanisation et l'espérance de vie sont voisins. Les PED forment un groupe encore plus hétérogène,

puisque l'on trouve un écart de PIB/habitant énorme entre Haïti et le Brésil, un IDH entre 0,5 et 0,8 et un taux d'urbanisation et d'alphabétisation très faibles.

B. Étudiez un document relatif aux objectifs du Millénaire pour le développement.

1. En 2012, 58 millions d'enfants dans le monde ne sont pas scolarisés. Il reste donc des enfants privés d'école pour des questions économiques (tous les États n'ont pas les moyens de financer la construction de bâtiments et la formation des enseignants), politiques (instabilité ou conflit comme en Irak) ou culturelles (refus des autorités dans certains territoires de scolariser les filles en Afghanistan pour maintenir l'inégalité hommes/femmes).

2. Les populations les moins bien scolarisées se trouvent dans les PED, en particulier en Afrique et en Asie du Sud. Il faut proposer des aides humanitaires, l'intervention d'ONG (ex : ligue de l'enseignement) et d'organisations internationales (UNICEF), sensibiliser les États aux avantages pour le développement d'avoir des gens qualifiés.

3. La scolarisation des filles accélère le développement d'un État. Une fois qualifiées, les femmes peuvent travailler dans des services de pointe, dans la haute technologie, et favoriser l'accélération du développement. En tant que mères de famille, les femmes instruites diffusent plus facilement les règles d'hygiène auprès des enfants, et contribuent à faire reculer les épidémies. Les femmes éduquées apprennent à limiter les naissances à hauteur de leurs moyens financiers, suivant en cela les politiques anti-natalistes de nombreux États en développement. Des femmes instruites réclament le droit de vote et davantage d'égalité entre les hommes et les femmes : elles peuvent contribuer à la diffusion des droits de l'homme (Déclaration universelle des droits de l'homme de 1948).

C. Expliquez des termes complexes en liaison avec le sujet d'étude.

Termes	Définition	Exemple(s) ou localisation(s)
PMA	Pays les moins avancés. Ce sont les États les plus en retard pour le développement	Éthiopie, Bangladesh (PNB très faible, IDH inférieur à 0,5)
PNB	Produit national brut. Ensemble des richesses produites en un an par un État	Le PNB des États-Unis est de 17 milliards de dollars en 2013
Bidonville	Habitat spontané, illégal et précaire, bâti avec des matériaux de récupération, abritant une population très pauvre	Les favelas de Rio, les couronnes de bidonville de Lagos et du Caire...

EXERCICES – Situations au choix

Situation 1 au choix : Les inégalités face à la santé dans le monde

La rougeole est quasi endémique au Katanga, dans le sud de la République démocratique du Congo. [...] Entre le 20 avril et le 20 mai, nous avons permis la prise en charge de plus de 4 000 patients. [...] Les routes ne sont pas toujours praticables, il y a beaucoup de zones marécageuses et les distances à parcourir peuvent être très étendues. Les problématiques logistiques sont donc conséquentes. D'autant qu'il faut respecter la chaîne du froid afin de pouvoir garantir l'efficacité des vaccins. [...] À part les autorités sanitaires qui sont débordées, très peu d'acteurs médicaux sont mobilisés pour appuyer les autorités sanitaires face à cette crise. Enfin, le mauvais état de santé général au sein de la population, la fragilité des plus jeunes – exposés à la malnutrition, au paludisme, ainsi qu'aux infections respiratoires – constituent un facteur aggravant de la mortalité due à cette épidémie de rougeole et nous pousse à agir au plus vite.

D'après L. Massing, médecin de l'ONG Médecins sans frontières (MSF), « Rougeoles en RDC : nous sommes face à une urgence épidémique », www.msf.fr, 10 juin 2015

1. Quel problème sanitaire touche le Congo ? Pourquoi s'étend-il rapidement ?
2. Comment qualifier une organisation telle que MSF ? Quel rôle joue-t-elle au Congo ?
3. Comment une telle situation serait-elle gérée dans un PID ? Pourquoi ?

Situation 2 au choix : Les inégalités dans l'accès à l'eau

Des enfants récupèrent de l'eau stagnante au Zimbabwe, touché par une épidémie de choléra

1. Décrivez les enfants : où vivent-ils ? Dans quel état de santé sont-ils ? Que font-ils ?
2. Décrivez le cadre naturel : comment qualifier l'eau à laquelle ils ont accès ?
3. Expliquez ce que le photographe veut montrer.

Situation 3 au choix : Les inégalités socio-spatiales dans une grande agglomération

Lagos [capitale du Nigéria] est un chaudron qui grossit démesurément, d'une manière totalement incontrôlable. Bien sûr, les infrastructures se développent (buildings, logements, approvisionnement en eau, écoles, routes et transports), mais jamais assez vite. Il est impossible de contrôler le taux de croissance de la population. Nous faisons face à un paradoxe insoluble : plus on développe, plus la population enfle et plus il faut développer. [...] La ville est devenue un mégacentre économique et donc un aimant pour les provinces nigérianes et pour toute l'Afrique de l'Ouest. Sans parler des Chinois et des Européens qui affluent. Lagos est en train de se métamorphoser en une ville-monde, qui menace de s'effondrer sous le poids de ses propres contradictions. Elle compte 14 millions d'habitants dont une écrasante majorité de pauvres. [...] Les conditions de vie dans les bidonvilles sont déjà un cauchemar : est-ce que cela peut être pire ? Comment nourrir et abreuver ce gosier sans fond ? Même pour la classe moyenne, Lagos n'est pas une ville confortable. Le bruit, la circulation bloquée, la tension y sont permanents.

Témoignage de Teju Cole, « Une révolution de la forme est en route », *Atlas du monde de demain*, éditions Le Monde/La Vie, 2013.

1. Relevez les progrès de développement effectués par l'agglomération de Lagos.
2. Relevez dans le document les freins au développement qui persistent.
3. Montrez qu'il existe un développement inégal à l'échelle de ce territoire urbain.

CORRIGÉ

Situation 1 au choix : Les inégalités face à la santé dans le monde

1. Le Congo est touché par une épidémie de rougeole. Elle s'étend rapidement en raison de la faiblesse des moyens disponibles, de l'isolement de certaines populations, du manque d'hygiène et de vaccination... Tous ces facteurs sont liés au manque de moyens du PED.

2. MSF est une organisation non gouvernementale à but humanitaire. Elle agit en complément des services médicaux locaux, qui manquent de moyens et d'effectifs. Elle apporte, grâce aux dons rassemblés, une aide logistique précieuse, des vaccins et la connaissance de nombreux médecins engagés dans l'action humanitaire internationale.

3. Dans un PID, l'État déploierait un plan de prévention (vaccination, information des populations, conseils d'hygiène, éducation...) et un plan de secours mobilisant toutes les unités médicales nationales (hôpitaux, services d'urgence...) et les ONG. Un PID a les moyens pour de telles mesures ; la population suit des politiques obligatoires de vaccination pour enrayer les épidémies. Les médicaments et les médecins sont plus accessibles.

Situation 2 au choix : Les inégalités dans l'accès à l'eau

1. La photo présente de jeunes Africains. Ils portent des vêtements trop grands pour eux, semblent souffrir de malnutrition. Ils recueillent de l'eau dans une rivière à l'aide d'une bouteille en plastique.

2. La rivière est asséchée, stagnante et chargée de détritus : l'eau est peu abondante, et d'une hygiène douteuse. Elle n'a reçu aucun assainissement et représente un danger sanitaire. Consommer de l'eau croupie, chargée de détritus, est un facteur de diffusion du choléra.

3. L'objectif du photographe est d'alerter l'opinion sur les inégalités mondiales d'accès à l'eau et les dangers sanitaires que représentent de telles situations de misère. L'accès à l'eau est une des clés du développement, un des objectifs du Millénaire. Le document incite à l'action humanitaire, à la mobilisation des ONG et de l'OMS (Organisation mondiale de la santé) pour soutenir l'aide aux PED en matière d'accès à une eau potable, saine et précieuse pour les populations comme pour l'agriculture. Ce geste du quotidien est infiniment éloigné de l'ouverture d'un robinet dans un PID...

Situation 3 au choix : Les inégalités socio-spatiales dans une grande agglomération

1. L'agglomération de Lagos (Nigéria) se trouve dans un PED en situation intermédiaire. Le témoignage évoque quelques points de développement récent : son expansion spatiale prouve qu'elle attire de la population (depuis l'Afrique, l'Europe et la Chine) et des activités ; « les infrastructures se développent », renouvelant les réseaux de communication, les logements ; un quartier d'affaires apparaît (« buildings »). L'école et l'approvisionnement en eau se développent, gages d'amélioration de la qualité de vie des gens. Lagos devient « une ville-monde », avec des fonctions de décision qui dépassent les limites de son territoire.

2. Le témoignage souligne les freins au développement : la croissance démographique incontrôlable qui aboutit à une expansion spatiale anarchique et incontrôlée ; les services et réseaux de transports qui se développent n'arrivent pas à suivre les besoins de la population ; les transports sont saturés, le bruit et le stress dominent. La majorité de la population reste pauvre, seule une minorité est riche. Le texte dénonce les masses qui survivent dans les bidonvilles, logements illégaux bâtis avec des matériaux de récupération. Ces gens vivent dans des conditions d'hygiène épouvantables, sans confort et sans avenir...

3. Le document montre que le développement de la métropole est inégal. Lagos présente des contrastes sociaux importants (entre la minorité de gens aisés qui vivent et travaillent dans les quartiers d'affaires centraux, et la majorité de pauvres) et des contrastes spatiaux conséquents (la couronne de bidonvilles livrés à eux-mêmes par opposition aux quartiers d'affaires bien reliés par les réseaux de communication).

6 Nourrir les hommes

Les révolutions agricoles augmentent les productions, mais la croissance mondiale est si rapide que tous ne peuvent manger à leur faim. Comment nourrir l'humanité en gardant une agriculture rentable, sans épuiser les ressources planétaires ?

1 L'insécurité alimentaire : un enjeu majeur et une inquiétude mondiale

A Une demande mondiale pressante et croissante

- **Agriculture durable : modèle visant à bien nourrir les populations sans compromettre les ressources et l'environnement.**
- **Agrobusiness : activités liées à la filière agro-industrielle, contrôlées par des firmes transnationales avec des capitaux importants. Le système combine des activités agricoles, industrielles et commerciales.**
- **OGM : organismes génétiquement modifiés pour augmenter leur résistance aux aléas (sécheresse, gel, maladies, insectes...) et donc leurs rendements. Certains organismes peuvent aussi poser des risques sanitaires.**
- **Productivisme : modèle visant à augmenter les rendements sans se soucier des conséquences environnementales.**

■ **La demande alimentaire et la consommation grandissent au XXe siècle à cause de la croissance rapide de la population mondiale**, particulièrement dans les PED (80 % de la population mondiale). Si 45 % de la population mondiale travaille dans l'agriculture, la population urbaine croît très rapidement et devient difficile à satisfaire.

■ Les classes moyennes des PED, notamment des pays émergents, dont le niveau de vie augmente, adoptent les modes alimentaires occidentaux plus diversifiés, et réclament davantage de choix et de quantités (viande, produits laitiers...). Depuis 2008, la crise mondiale fait augmenter les prix des produits alimentaires, accroissant encore l'insécurité alimentaire dans les PED.

B Les révolutions agricoles des années 1960 accroissent les ressources

■ Les **révolutions agricoles**, qui appliquent des techniques modernes (engrais, pesticides, organismes génétiquement modifiés plus résistants et plus performants, cultures hors-sol, aménagements techniques tels que les systèmes d'irrigation...), comme la révolution verte en Asie, accroissent les rendements, parfois au détriment de l'environnement (pollution). *Situation 1 : l'Inde, confrontée à des famines régulières dues à une population en forte croissance, améliore sa productivité par la révolution verte : irrigation, engrais, mécanisation des campagnes, main-d'œuvre massive... Ce pays émergent a même réussi à devenir exportateur de céréales. Mais tous n'ont pas accès à ces techniques coûteuses, la malnutrition et la pollution subsistent.*

■ Les **surfaces cultivées** sont plus nombreuses en raison des défrichements (zone tropicale). Mais la croissance urbaine et l'érosion des sols compensent ces augmentations.

■ La **mondialisation des échanges**, grâce à la révolution des transports et communications (Internet), déploie des flux de produits alimentaires des pays d'abondance vers ceux où les famines subsistent. L'ONU et des ONG fournissent une **aide alimentaire** dans le cadre humanitaire à environ 73 millions de personnes.

C Des déficits alimentaires régionaux persistent à l'échelle planétaire

■ **La production reste fluctuante et est surtout très inégalement répartie à l'échelle mondiale**, en raison des aléas climatiques, de la faiblesse des ressources en eau et de la limitation des surfaces cultivées (usure des sols, expansion urbaine au détriment des terres cultivables...). De plus, l'essor des biocarburants augmente la demande en ressources agricoles, mais à des fins énergétiques et non alimentaires.

> • **Malnutrition : nourriture suffisante en quantité mais pas en qualité (carences alimentaires).**
> • **Sécurité alimentaire : fait d'assurer à tous une nourriture suffisante et équilibrée.**
> • **Sous-nutrition : nourriture insuffisante en quantité et qualité qui freine le développement physique et intellectuel des populations.**

■ Les **pays en développement (PED)** connaissent particulièrement l'insécurité alimentaire (Afrique, Asie, Amérique du Sud) : elle est liée à la pauvreté, aux guerres et instabilités politiques (Darfour), aux catastrophes naturelles et climatiques (sécheresse, inondation...) et au manque de moyens pour dépasser les méthodes traditionnelles. Les **PMA** (Afrique subsaharienne) souffrent de malnutrition intense et cumulent plusieurs facteurs, dont l'éloignement de la mondialisation des échanges. 14 % de la population mondiale souffre de sous-nutrition, plus de 30 % souffre de malnutrition et de carences alimentaires. *Situation 2 : plus de 265 millions d'habitants de l'Afrique subsaharienne restent touchés par la sous-nutrition et la malnutrition, faute de ressources agricoles suffisantes. Beaucoup dépendent de l'aide humanitaire et d'importations qu'ils peinent à financer. Des révolutions agricoles seraient nécessaires : regagner des sols sur la sécheresse, améliorer les infrastructures, moderniser les exploitations, améliorer les échanges mondiaux...*

■ Les PED pratiquent encore beaucoup **l'agriculture vivrière**, destinée à satisfaire la demande locale ; les espaces urbains s'ouvrent à l'agriculture d'exportation, mais la concurrence est forte face à **l'agrobusiness** des PID (Union européenne, États-Unis) et des pays émergents (Brésil). L'Amérique centrale et l'Afrique subsaharienne dépendent beaucoup de la mondialisation des échanges et de la hausse des prix alimentaires mondiaux.

■ Les **PID** atteignent la sécurité alimentaire par une nourriture variée, équilibrée et suffisante. et connaissent parfois des problèmes de santé liés à la suralimentation (obésité). De plus, les méthodes employées génèrent parfois des crises sanitaires. Cependant, le nombre des agriculteurs diminue. La mécanisation s'accroît, creusant les écarts de productivité avec les PED qui n'en ont pas les moyens.

2 Comment améliorer la gestion mondiale des ressources alimentaires ?

A Les limites du productivisme et de l'agrobusiness

■ La solution, pour obtenir une production agricole suffisante, a longtemps résidé dans le **productivisme** à tout prix (révolutions vertes, défrichements massifs, **OGM**...). L'intégration accrue dans les filières agro-industrielles a aussi contribué à affaiblir les revenus des producteurs au détriment des bénéfices des firmes transnationales, ruinant parfois les petits exploitants.

■ **L'agriculture extensive**, avec ses défrichements excessifs, accélère l'érosion des sols ; la chimie pollue ; certains aliments scientifiquement manipulés causent des risques sanitaires (« vache folle ») ; les conséquences des OGM sur l'environnement sont incertaines, les besoins en eau sont croissants : ne pas tenir compte de l'environnement ne risque-t-il pas à terme de ruiner les ressources alimentaires mondiales et de créer des crises sanitaires ? *Situation 3 : l'agrobusiness produit avec une rentabilité optimale en s'aidant de la haute technologie et de la finance. Le productivisme fait des États-Unis la première puissance agricole mondiale en quantités et profits, au détriment de la qualité...*

■ Cependant, les besoins alimentaires sont tels que l'on se pose la question de poursuivre les défrichements, multiplier les cultures à croissance rapide (OGM), poursuivre l'extension des bétails qui consomment beaucoup d'eau et de céréales, poursuivre les agrocarburants...

B Vers des solutions durables, rentables et plus équitables ?

■ **L'agriculture durable**, soucieuse de l'environnement, économiquement rentable et socialement plus soucieuse des revenus des agriculteurs, s'oppose au productivisme et à l'agriculture extensive. L'économie des ressources et la gestion raisonnée de l'environnement sont à considérer pour que l'agriculture continue à nourrir durablement en épargnant les capacités des sols. La préservation de la santé des consommateurs par la qualité des produits est une priorité. Pour satisfaire les besoins des sociétés sans épuiser les ressources, d'autres solutions existent : développer l'agriculture de proximité pour limiter l'énergie des transports et les emballages, investir dans la recherche agronomique...

■ **Les règles du commerce international** doivent être revues pour permettre aux populations les plus pauvres d'avoir accès à une alimentation équilibrée et variée : pratiquer le commerce équitable (où les producteurs, même modestes, sont mieux rémunérés et peuvent vivre de leur travail), revoir les aides humanitaires et les subventions des PID...

■ **La lutte contre les pertes et le gaspillage des ressources alimentaires** est également une piste de développement : les conditions de transport, de conditionnement, de conservation doivent être améliorées. La suralimentation dans les PID et pays émergents, source de maladies cardiovasculaires, doit s'atténuer, pour mieux répartir les ressources, améliorer la santé de la population mondiale et favoriser l'entraide internationale.

EXERCICES – Questions de cours

A. Complétez le tableau suivant, en retrouvant les définitions manquantes

Mots clés	Définitions
Malnutrition	
Biocarburants	
Commerce équitable	
Révolution verte	

B. Analysez des données statistiques en lien avec le sujet d'étude

Pourcentage de personnes sous-alimentées dans le monde (1970-2012)

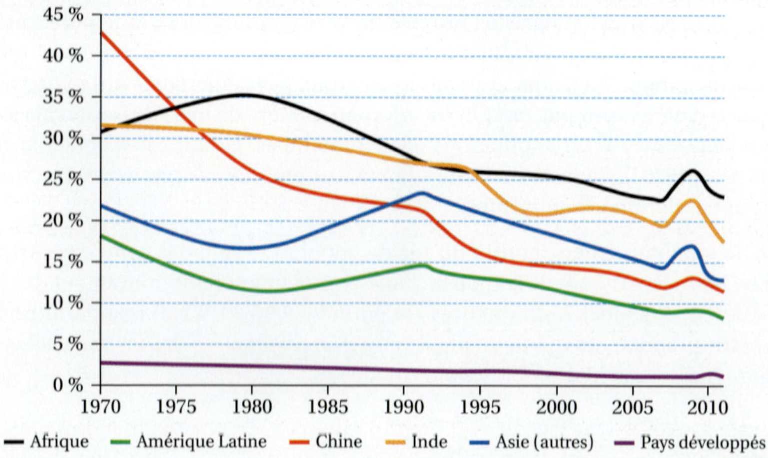

Source : FAO

1. Décrivez le graphique : nature des courbes, données proposées.
2. Comment évolue le pourcentage des personnes sous-alimentées dans les PID ? Pourquoi ?
3. Comment évolue le pourcentage des personnes sous-alimentées dans les PED ? Comparez les données selon les continents.
4. Décrivez la situation en 2008 : pourquoi le pourcentage des populations sous-alimentées dans le monde connaît-il alors un bouleversement ?

CORRIGÉ

A. Complétez le tableau suivant, en retrouvant les définitions manquantes

Mots clés	Définitions
Malnutrition	État d'un individu qui se nourrit assez en quantité mais pas en qualité. L'alimentation déséquilibrée entraîne des carences.
Biocarburants	Carburant produit à partir de matériaux organiques non fossiles (ex : huiles végétales) qui pourraient servir à l'alimentation.
Commerce équitable	Mode d'échange commercial qui contribue à réduire les inégalités de richesse dans le monde en rémunérant mieux les producteurs.
Révolution verte	Certains PED modernisent leur agriculture et en augmentent les rendements : emploi de céréales à haut rendement, irrigation, engrais…

B. Analysez des données statistiques en lien avec le sujet d'étude

1. Le graphique montre l'évolution du pourcentage des personnes nourries de manière insuffisante en termes de qualité et de quantité de 1970 à 2012 à travers le monde. Les courbes découpent bien les différentes régions du monde en développement, et les compare avec celle des pays développés. Les données sont exprimées en pourcentage de personnes sous-alimentées par rapport à la population de chaque région.

2. Le pourcentage des personnes sous-alimentées décroît lentement de 1970 à 2012 de 3 à 2 % de la population des PID. Les personnes sous-alimentées restent peu nombreuses dans les PID, reçoivent des aides des services sociaux et des ONG (ex. : Restos du cœur).

3. D'une façon générale, la tendance est à la baisse des pourcentages dans tous les PED ; cependant, les pourcentages restent encore élevés en Afrique où l'on frôle le quart de la population sous-alimentée et en Inde. Malgré les progrès de la révolution verte, la population indienne reste très nombreuse à nourrir (20 millions d'individus) et des sécheresses redoutables sévissent régulièrement. La Chine et l'Amérique latine, pays émergents qui maîtrisent mieux leur croissance démographique, ont fait un effort en matière de modernisation agricole et ont réussi à descendre à 10 % de populations sous-alimentées, ce qui est spectaculaire pour la Chine (à 45 % en 1970 !). Le reste de l'Asie semble leur emboîter le pas après des années 1990 marquées par des famines importantes.

4. En 2008, le graphique nous montre un pic de population sous-alimentée en Afrique et en Asie : la crise boursière mondiale frappe la planète, entraînant temporairement des freins à la mondialisation et aux aides humanitaires ; la période 2008-2010 voit réapparaître des crises parmi les petits producteurs qui peinent à exporter et une hausse des prix agricoles qui complique l'approvisionnement des PED les plus modestes.

EXERCICES – Situations au choix

Situation 1 au choix : L'Inde, plus d'un milliard d'hommes à nourrir

Les gains de productivité ont concerné le blé, le riz ou la canne à sucre, laissant sur la touche d'autres cultures (protéagineux et oléagineux) pourtant fondamentales pour l'économie agricole et l'alimentation indienne. [...] Les riches sont devenus plus riches et les pauvres... un peu moins pauvres [...]. D'autre part, la baisse voire l'épuisement des nappes souterraines a engendré une course suicidaire à des forages de plus en plus profonds qui a mis sur la touche les paysans dépourvus de capital, tandis que les agriculteurs aisés ont pu garder accès à l'eau. [...] La révolution verte s'est développée dans les deltas rizicoles, ou dans les poches irriguées par barrage. Des régions entières sont demeurées à l'écart du processus. [...] Beaucoup d'argent est gaspillé, et des produits subventionnés sont détournés vers le marché libre. L'Inde ne peut donc être considérée comme disposant de la sécurité alimentaire au sens fort du terme. [...] Continuer à équiper, avec de nouveaux barrages, les grands cours d'eau va réduire drastiquement une partie du débit indispensable au maintien des écosystèmes.

D'après Frédéric Landy, « L'heure est-elle encore à la révolution verte en Inde ? », article de N. Du Tent, *La Revue du projet* n° 25, http://blogs.mediapart.fr/, 29 août 2013

1. Relevez les objectifs et les moyens de la « révolution verte ».
2. Classez par thèmes les inconvénients et limites de cette politique agricole.
3. Proposez des mesures pour améliorer la révolution verte en Inde.

Situation 2 au choix : La sécurité alimentaire en Afrique subsaharienne

Dans le contexte de l'Afrique subsaharienne, la production de l'énergie nécessaire au secteur agricole se répartit de la façon suivante : 65 % est assuré par les hommes, 25 % par la force animale et seulement 10 % par les moteurs. [...] Autre chiffre évocateur : 75 % des exploitations agricoles sont des structures familiales, petites et peu modernes, dont l'accès à la motorisation est limité. Elles représentent pourtant l'essentiel des revenus des populations rurales. [...] Toute évolution du secteur doit forcément passer par un transfert de technologies et de compétences, a minima un soutien technique, adapté aux particularités du continent. Ainsi, les résultats de près d'un demi-siècle d'actions en faveur de la mécanisation agricole en Afrique semblent faibles au regard des enjeux. Le développement de la mécanisation apparaît pourtant comme une nécessité pour favoriser le développement durable et autonome de l'agriculture africaine, mais elle ne se fera pas sans l'appui des pouvoirs publics – en favorisant l'accès aux équipements notamment.

D'après Alexandre Vilgrain, « La mécanisation de l'agriculture en Afrique : un véritable enjeu de développement », www.lesechos.fr, 10 avril 2014.

1. Rappelez ce que représente l'agriculture pour les États de l'Afrique subsaharienne.
2. Décrivez les effets que la mécanisation peut apporter à l'agriculture africaine.
3. Expliquez où en est la mécanisation de l'agriculture en 2014. Justifiez votre réponse.

Situation 3 au choix : L'agrobusiness aux États-Unis

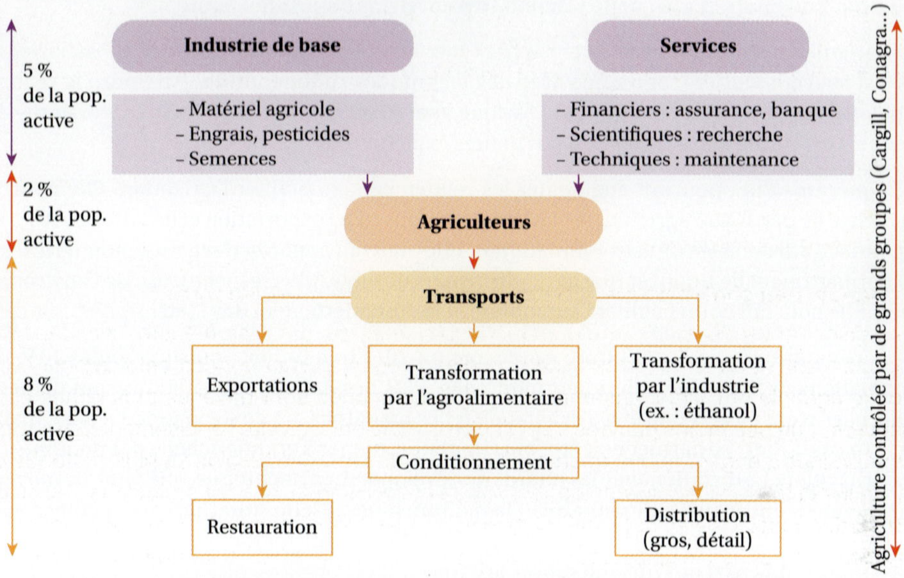

1. Définissez le terme « agrobusiness » en prenant des exemples concrets.
2. Rédigez un texte d'une quinzaine de lignes décrivant le fonctionnement d'un complexe agro-industriel américain, ses avantages et ses inconvénients en termes de production. Utilisez les termes : productivisme, quantité, qualité, agrobusiness, agriculture durable.

CORRIGÉ

Situation 1 : L'Inde, plus d'un milliard d'hommes à nourrir

1. L'Inde engage « la révolution verte » dans les années 1970 car sa population, fort nombreuse, est en forte croissance et il faut éviter les famines. La révolution verte doit assurer la sécurité et l'indépendance alimentaires de l'Inde en assurant des rendements accrus et des productions variées. Ces objectifs peuvent être atteints par l'emploi de techniques agricoles modernes qui stimulent la production : engrais, irrigation massive, machines agricoles qui permettent de cultiver plus vite des surfaces plus grandes, emploi d'organismes génétiquement modifiés (OGM) plus résistants aux fluctuations climatiques et aux rendements accrus... La croissance des productions n'est possible qu'avec une main-d'œuvre importante, dont l'Inde est largement pourvue. L'État soutient fortement l'application de cette politique par des subventions et des aides constantes.

2. Le texte décrit des problèmes économiques et sociaux : les territoires bénéficient inégalement de la révolution verte, certains sont « oubliés » par la modernité ; les écarts sociaux se

creusent ; l'exportation est privilégiée à l'alimentation de la population ; certaines aides de l'État sont détournées ou gaspillées faute d'une gestion assez efficace. Les conséquences environnementales sont les plus lourdes : épuisement des nappes phréatiques, usure des sols trop sollicités, destruction d'écosystèmes en raison des barrages...

3. La révolution verte, productiviste, doit se doubler d'une politique de développement durable. Les techniques doivent davantage tenir compte des écosystèmes, l'État doit mieux répartir les ressources pour ne pas laisser dans une misère profonde certains de ses territoires. La priorité devrait être donnée à la sécurité alimentaire de la population, plutôt qu'à l'exportation. Les cultures doivent être diversifiées pour limiter les crises alimentaires.

Situation 2 au choix : La sécurité alimentaire en Afrique subsaharienne

1. L'agriculture représente une forte part de l'activité économique de l'Afrique subsaharienne. Elle est souvent vivrière, pratiquée avec des techniques rudimentaires. Atteindre la sécurité alimentaire est un enjeu majeur pour l'Afrique, mais il n'est pas encore atteint. La majorité des Africains est rurale et travaille dans des petites exploitations.

2. La mécanisation pourrait augmenter les rendements et faciliter l'irrigation. Elle pourrait permettre de dépasser l'agriculture vivrière pour s'ouvrir à l'exportation et de faire des réserves pour mieux affronter les rigueurs climatiques. Elle pourrait apporter des gains, indique le texte, qui permettraient de financer une agriculture plus durable, plus respectueuse de l'environnement. Elle pourrait enfin faciliter l'autonomie et le désendettement des États.

3. La mécanisation de l'agriculture est encore en 2014 très limitée, puisque seules 10 % des exploitations utilisent les techniques modernes. Plus des 3/4 des exploitations sont de petite taille, elles n'ont pas les moyens d'acheter de telles machines, ou de s'endetter. Le texte insiste sur le rôle de l'État : ce dernier doit être plus impliqué, mener à grande échelle des politiques de modernisation. Le texte dénonce les retards de développement technique, qui, faute de moyens, entretiennent l'insécurité alimentaire et la malnutrition... Cette situation est à nuancer selon les États (ex. : le Rwanda a entamé en 2007 sa révolution verte), mais elle est encore représentative d'une grande part de l'Afrique subsaharienne.

Situation 3 : L'agrobusiness aux États-Unis

1. L'agrobusiness désigne l'ensemble des activités liées à la filière agro-industrielle, contrôlées par des firmes transnationales avec des capitaux importants (Coca-Cola, McDonald's...). Le système combine des activités agricoles (production de ressources agro-alimentaires), industrielles (transformation des ressources en biens de consommation : conserves, plats cuisinés, surgelés...) et tertiaires (commercialisation, transports...). Les objectifs de l'agrobusiness sont la productivité et la rentabilité optimales des exploitations.

2. D'abord, l'exploitation travaille en liaison avec des entreprises d'amont qui lui donnent les moyens d'exploiter rapidement et efficacement de grandes surfaces : industries de matériels agricoles, chercheurs, producteurs d'engrais et de semences performantes, banques capables d'investir, assurances... Ensuite, elle se lie avec des entreprises d'aval qui gèrent la commercialisation des produits à grande échelle (liens avec la grande distribution), leur transformation agroalimentaire (plats cuisinés, conditionnements divers...)... Ainsi, de tels complexes s'inscrivent-ils dans le cadre d'une agriculture productiviste, résolument tournée vers l'exportation. Ils privilégient la quantité, permettant ainsi de baisser les prix et de rendre plus accessibles sur le marché international des productions compétitives : c'est l'agrobusiness. Cependant, tous n'ont pas le souhait ou les moyens de s'inscrire dans une production de qualité, dans une agriculture durable et respectueuse de l'environnement (pollution, surproduction...). Enfin, la concurrence forte que mènent de tels groupes ruine parfois les petits exploitants, incapables de les concurrencer en termes de coût de production.

7 Les sociétés face aux risques

Les sociétés résistent depuis toujours aux risques naturels ; les activités industrielles engendrent des risques technologiques nouveaux. Comment les sociétés limitent-elles leur vulnérabilité ? Sont-elles toutes égales en termes de prévention et de secours ?

1 Des risques de plus en plus violents et de plus en plus fréquents

A Des risques naturels liés à l'instabilité de la planète et aux activités humaines

■ Certains risques sont liés à la mobilité de l'écorce terrestre (volcans, séismes, tsunamis). D'autres dépendent des variations climatiques (tempêtes, cyclones, sécheresses, vague de froid historique aux États-Unis de l'hiver 2014-2015) ou des actions humaines (disparition progressive de la mer d'Aral en Russie par la surexploitation de l'eau). Certains peuvent se cumuler (séisme suivi d'un tsunami à Fukushima au Japon en 2011 ; les sécheresses favorisent les incendies). Les risques causent d'importantes pertes humaines et matérielles et peuvent déstabiliser durablement les sociétés concernées. Les territoires les plus exposés sont les littoraux (cyclones et inondations), les zones chaudes (sécheresses) et les zones d'affrontement des plaques tectoniques (volcans, séismes).

■ Les sociétés **aggravent** les risques, lorsque des populations et activités s'installent dans les zones de danger, par **intérêt**, par **défaut** ou par **négligence** (incendies de forêts par imprudence, bâti en zones inondables, bétonnage des sols). Les cultures intensives accélèrent l'usure des sols, la déforestation favorise les inondations, les excès du tourisme et la négligence perturbent l'environnement. Le besoin d'espace, lié à la hausse des prix du terrain et à la croissance démographique, pousse les populations et les activités à s'installer dans les zones à risques. *Situation 3 : plus de 150 millions d'individus sont contraints de vivre au Bangladesh dans des zones fertiles mais inondées chaque année, lorsque les pluies de la mousson entraînent la crue des fleuves.*

- **Aléa** : probabilité de réalisation d'un phénomène naturel ou accidentel.
- **Catastrophe** : le risque devient réalité.
- **Effet de serre** : certains gaz (vapeur d'eau, méthane, CO_2) retiennent le rayonnement solaire dans l'atmosphère, et contribuent au réchauffement planétaire.
- **Prévention** : démarche pour empêcher un risque ou en limiter les effets.
- **Risque** : aléa qui menace de causer de graves dommages aux sociétés et activités.
- **Vulnérabilité** : degré de fragilité des sociétés, biens et activités face aux risques.

B Des risques technologiques, liés aux progrès des techniques et des échanges

■ Les menaces technologiques se multiplient au fil du développement de **l'industrialisation** (chimie, nucléaire), de **l'expansion urbaine** qui concentre populations et activités à risque ;

l'irradiation, l'explosion et la contamination de l'atmosphère sont redoutées (ex. : Fukushima en 2011). Les catastrophes liées au **transport** et au stockage de produits toxiques ou non recyclables concernent l'humanité entière (marées noires, déchets polluants). Des risques sanitaires (« vache folle », grippe aviaire, OGM à risques) menacent aussi les sociétés, par leur diffusion rapide par le biais de la mondialisation des échanges.

■ Les catastrophes peuvent être accidentelles (explosions), volontaires (armes chimiques) ou le fruit d'une négligence ou d'un manque de moyens (structures mal entretenues, zones d'habitat trop proches des sites à risques). La croissance des échanges, liée à la mondialisation, favorise également les catastrophes liées au transport ou au stockage de produits toxiques ou non recyclables (ex : désastre écologique lié à la pollution du delta du Niger par l'exploitation incontrôlée du pétrole, qui s'y diffuse depuis 2008).

2 Prévention et secours : toutes les sociétés sont concernées

A Les PID créent une « culture du risque » pour limiter les pertes humaines

■ **Les PID sont plus concernés et mieux préparés** : ils utilisent la surveillance planétaire par satellite, prévoient des constructions adaptées (digues), surveillent les sites industriels à risques (plans de prévention des risques technologiques). Ils informent les populations et tirent des leçons des catastrophes pour améliorer la prévention et les secours. *Situation 2 : le « couloir de la chimie » rassemble au sud de Lyon une concentration d'industries de pointe à risque (chimie, hydrocarbures...) ; l'État et l'Union européenne ont défini des mesures de surveillance, des plans de secours par usine et des campagnes d'information fréquentes.*

■ La **gestion des secours** est assurée par l'État et les collectivités : plans de déploiement des secours (police, pompiers, médecins), plans d'évacuation, provisions. S'ajoutent les aides de l'État, des collectivités et des assurances pour la reconstruction et la solidarité entre les citoyens. *Situation 1 : la tornade qui dévaste la Polynésie française en mars 2015 est anticipée par la surveillance satellite. Les secours peuvent s'organiser pour limiter le nombre de victimes, mais les dégâts restent considérables.*

B Les PED sont plus vulnérables, faute de moyens de prévention et de secours

■ Par manque de préparation, faute de moyens techniques ou financiers adaptés, **les PED sont plus vulnérables**. Ils ont du mal à prévenir, évacuer et secourir les populations. Les dégâts matériels sont plus importants dans les PID, mais les victimes sont plus nombreuses dans les PED, tant par les catastrophes que par leurs conséquences (crises alimentaires, absence d'eau potable, épidémies...). *Situation 3 : le Bangladesh, faute de moyens, peine à alerter et secourir les survivants des crues de 2011, dépourvus de vivres et d'hygiène.*

■ Les PED s'industrialisent, les accidents sont **plus meurtriers** que dans les PID car la prévention et les secours dépendent des moyens disponibles et de la volonté des États, parfois plus soucieux de leur développement que de la sécurité de leur population. Les ONG et l'ONU aident les PED à s'organiser, mais l'aide humanitaire est parfois détournée...

C L'opinion mondiale, solidaire contre les risques

■ Aucune société n'est à l'abri de risques qui dépassent souvent les frontières (nuages radioactifs de Tchernobyl en 1986 et du Japon en 2011, pollution au fil d'un fleuve comme le Danube...). Les catastrophes, médiatisées, créent l'indignation des opinions publiques et leur solidarité (tsunami en Asie du Sud-Est, 2004, séisme au Népal qui détruit une partie du patrimoine national en avril 2015). Les **structures internationales** (ONU, ONG...) sensibilisent l'opinion mondiale par les médias, entraînent l'aide humanitaire internationale et soutiennent une recherche scientifique utile à tous.

■ De nouvelles politiques essaient de concilier la croissance économique, la protection de l'environnement et la réduction des inégalités entre PID et PED. Des « océans de plastique » se constituent, par la dérive des déchets dans l'Atlantique, le Pacifique et l'océan indien. Le réchauffement planétaire naturel semble aggravé par la **pollution** croissante (effet de serre) dégagée par l'industrie et les populations. Les milieux de vie risqueraient de changer, alourdissant le poids des catastrophes naturelles et sanitaires. Des **sommets planétaires** pour le développement durable (Kyoto en 1997, Copenhague en 2009, COP21 à Paris en décembre 2015 sur le réchauffement climatique...) essaient de définir des projets mondiaux pour réduire la pollution. Mais certains États n'en ont pas les moyens (PED) ou hésitent à freiner leur développement économique (Chine).

EXERCICES – Questions de cours

A. Distinguez les risques naturels des risques technologiques parmi ces événements :

- l'éruption du volcan Eyjafjöll (Islande, mars-octobre 2010) ;
- l'accident nucléaire de la centrale de Fukushima (Japon, 2011) ;
- l'explosion d'une usine de fabrication d'engrais à West (États-Unis, avril 2013) ;
- le déraillement d'un train transportant du pétrole brut dans 72 wagons-citernes, à Lac Mégantic (Québec, juillet 2013) ;
- les inondations et pluies torrentielles au Malawi (Afrique, janvier 2015) ;
- le séisme au Népal (avril 2015).

B. Analysez une affiche d'Amnesty international de 2013.

1. Relevez la catastrophe dénoncée : s'agit-il de causes naturelles ou technologiques ? Quel territoire est concerné ?
2. Décrivez l'affiche.
3. Expliquez l'intention d'Amnesty international : que veut-elle montrer par une telle image ?

C. Classez les mesures suivantes entre prévention et secours. Définissez ces termes.

La préfecture diffuse un message radio relatif à l'arrivée d'une tornade en Polynésie française en mars 2015.

Lors du séisme au Népal en avril 2015, la Croix-Rouge s'est mobilisée pour envoyer des médecins, des vivres, des médicaments et de l'eau potable aux victimes.

Au lycée, le plan particulier de mise en sûreté (PPMS) est un entraînement annuel, établi pour que les élèves et les professeurs sachent quel est leur rôle en cas de catastrophe.

Les assurances et l'État aident les victimes des inondations à Lourdes en juin 2013 à reconstruire et assainir leurs habitations.

La directive SEVESO 3 de 2012, appliquée en 2015, oblige chaque usine à risques à faire une étude de danger des installations tous les cinq ans et à informer les habitants.

Le Bangladesh construit des digues pour limiter les effets des inondations.

CORRIGÉ

A. Distinguez les risques naturels des risques technologiques parmi ces événements :

Les risques naturels sont l'éruption du volcan Eyjafjöll, les inondations et pluies torrentielles au Malawi et le séisme au Népal. Les risques technologiques sont l'explosion nucléaire de Fukushima, l'explosion de l'usine de fabrication d'engrais à West, le déraillement de train de transport de pétrole à Lac Mégantic.

B. Analysez une affiche d'Amnesty international de 2013.

1. La catastrophe dénoncée par l'ONG Amnesty International est la pollution croissante dans le delta du Niger, due à un écoulement mal contrôlé de pétrole. Il s'agit d'une catastrophe technologique, due à de la négligence ou des erreurs humaines, comme tend à l'évoquer le baril de pétrole.

2. L'affiche montre une carte de l'Europe, et un baril de pétrole qui se déverse sur toute la surface du Portugal. Cette surface est comparable à la taille des territoires du delta du Niger qui souffrent de cette pollution.

3. Amnesty International veut interpeler l'observateur, fait une campagne marquante. La catastrophe du Niger couvre la taille d'un pays européen ; l'idée est de faire prendre la mesure de la catastrophe écologique et environnementale qui se déroule au Niger, à l'initiative d'exploitants du pétrole peu respectueux du développement durable. Cette catastrophe va avoir des conséquences lourdes sur les écosystèmes et la vie des habitants. Amnesty International dénonce un scandale environnemental et économique, et espère attirer l'attention de l'aide internationale, et soulever l'opinion pour faire pression sur le groupe pétrolier responsable de cette catastrophe technologique.

C. Classez les mesures suivantes entre prévention et secours.

Les mesures de prévention désignent l'ensemble des mesures adoptées avant une catastrophe, dans la perspective d'en réduire la portée : information par la préfecture, directive SEVESO 3 pour surveiller les sites à risques, entraînement des populations (PPMS), constructions adaptées (digues, bâtiments parasismiques).

Les mesures de secours désignent les aides apportées aux victimes des catastrophes par les États, les autorités (armée, police, pompiers, services d'urgence...), les ONG ou les particuliers : aide humanitaire au Népal, aides financières de l'État et des assurances.

EXERCICES – Situations au choix

Situation 1 : Un risque naturel en métropole : les inondations à Luz-Saint-Sauveur (Hautes-Pyrénées) le 19 juin 2013

1. Quel risque naturel apparaît ici ? Quelles en sont les conséquences ?

2. Qui peut agir pour secourir les victimes ?

3. De telles catastrophes naturelles peuvent-elles être évitées à l'avenir ?

Situation 2 : Un risque naturel dans un DROM-COM

Document : Le cyclone Oli dévaste Tubuai (Polynésie française), février 2010.

Tubuai est une île d'origine volcanique située en Polynésie française, « pays d'outre-mer ».

Le cyclone « Oli », avec une force inouïe, a bombardé Tubuai, cette petite île de l'archipel des Australes de 2 000 âmes, laissant derrière lui un mort et une population abasourdie, en larmes parfois, dans des paysages d'apocalypse. Il n'y a plus d'électricité, plus de routes, plus d'eau, et on estime, pour l'instant, que 200 habitations ont été pulvérisées. [...] Le Pays et l'État ont mobilisé d'importants moyens d'intervention. Deux bateaux du Pays partiront samedi dont le Tahiti Nui I, avec 190 agents d'intervention, issus notamment de la direction de l'équipement, du service d'assistance et de sécurité, de la direction des affaires sociales et du Fonds de développement des archipels (FDA), ainsi que des vivres de première nécessité. En renfort, une équipe médicale d'urgence est en alerte. [...] Une journée intitulée « Solidarité pour les Australes » est organisée à Tahiti.

D'après tahitipresse, 6 février 2010.

1. Quelle catastrophe naturelle touche l'île de Tubuai ? Avec quelles conséquences ?

2. Quels secours sont apportés aux victimes ?

3. Qui apporte une telle aide ? Pourquoi ?

Situation 3 : Le couloir de la chimie au sud de Lyon

Tout près de Lyon, à Feyzin, les risques technologiques font partie du quotidien. Particulièrement dans le quartier de la Raze, la zone la plus exposée de cette commune située au cœur du couloir de la chimie. De l'autre côté de l'A7 se trouve la raffinerie de Total, un des trois établissements du secteur classés Seveso, avec Rhône Gaz et Air Liquide. [...] Le groupe scolaire (maternelle et primaire) a été construit en 1960 dans ce quartier alors en plein développement. Quatre ans après l'accueil des premiers élèves entrait en activité la raffinerie où, le 4 janvier 1966, s'est produit l'une des plus graves catastrophes industrielles en France : une explosion y a fait 18 morts, dont 11 pompiers, 88 blessés et des dégâts matériels considérables. Comment maintenir une vie de quartier dans cet environnement ? [...] Un plan de prévention des risques technologiques (PPRT) doit être adopté sur le territoire de la commune début 2013. [Le déplacement de l'école a été] accepté par le préfet de région, à la condition que le nouvel établissement soit construit en zone à risque « *faible* ». Le nouvel établissement, en béton armé, bénéficie d'une isolation intérieure pour éviter toute détérioration en cas de surpression. Les murs de la cour intérieure, autour de laquelle sont disposées les salles de classes, sont pourvus de grands vitrages sécurisés. Enfin, face au risque d'émanations toxiques, un système de ventilation à double flux permet de contrôler l'entrée et la sortie d'air.

D'après J. Boucaud, « Une école très sécurisée dans le couloir rhodanien de la chimie », *Le Monde*, 19 juillet 2012.

1. Définissez « le couloir de la chimie ». Montrez que ce territoire est dynamique.
2. Relevez les facteurs de risque qui existent dans ce territoire.
3. Relevez et classez les mesures de protection adoptées pour limiter les risques au niveau des bâtiments scolaires. Qui engage ces mesures ?

Situation 4 : Les inondations au Bangladesh en 2013

1. Quelles catastrophes touchent fréquemment le Bangladesh ? Pour quelles raisons ?
2. Décrivez le document : quelles conséquences ont ces catastrophes pour les populations ?
3. Quelles aides peuvent être proposées aux victimes ? Quelles difficultés rencontrent-elles ?

CORRIGÉ

Situation 1 : Un risque naturel en métropole : inondations dans le Sud-ouest (2013)

1. Le risque naturel présenté est une crue violente qui emporte tout sur son passage. Les conséquences sont des victimes potentielles des inondations et d'immenses dégâts matériels (voitures emportées, pont fragilisé, fondations de bâtiments anéantis...).

2. Des mesures de secours doivent être déployées par les services de la préfecture et la mairie. La sécurité civile, les pompiers, le SAMU doivent être mobilisés pour aider les victimes. L'État reloge les victimes dans des structures temporaires ; les collectivités territoriales fournissent des soins et des moyens de première nécessité. La solidarité des ONG, associations et particuliers limite le nombre des victimes. Les assurances sont sollicitées, les dons et les aides de l'État se mobilisent pour aider les victimes à reconstruire. Les services de secours sont coordonnés par un plan d'intervention préfectoral.

3. De telles catastrophes sont difficiles à prévoir car elles prennent de l'ampleur très rapidement. Elles ne peuvent être évitées, mais leurs effets peuvent être atténués en renforçant l'information, la prévention (entraîner les services de secours) et la surveillance des phénomènes naturels (météorologie, établissements de digues...).

Situation 2 : Un risque naturel dans un DROM-COM

1. Tubuai est touchée par le cyclone Oli qui dévaste les habitations, les espaces cultivés et les infrastructures. L'île se trouve sans eau potable, sans électricité, sans mode de transport.

2. Tubuai bénéficie des moyens, des plans de prévention et de secours imposés sur tout le territoire français. Les aides sont rapidement déployées : des navires issus des autres archipels polynésiens envoient des vivres, des médecins et des spécialistes pour rétablir les services de base (énergie, transports) et commencer la reconstruction. Des dons (particuliers, associations, entreprises, collectivités d'outre-mer) s'ajoutent aux efforts accomplis.

3. L'État français finance une grande partie de l'aide car Tubuai fait partie de ses territoires d'outre-mer ; il en assume donc la responsabilité au-delà de sa vocation humanitaire. Le pays d'outre-mer dont Tubuai fait partie est une vaste entité territoriale insulaire ; elle manifeste sa solidarité, nécessaire dans ces espaces lointains où les archipels sont interdépendants.

Situation 3 : Le couloir de la chimie au sud de Lyon

1. Le « couloir de la chimie » désigne la concentration d'activités de haute technologie le long de la vallée du Rhône, au sud de Lyon, sur 20 km et cinq communes (Lyon, Pierre-Bénite, Saint-Fons, La Mulatière, Feyzin). Ce territoire est très dynamique car il compte de nombreuses entreprises de pointe, des centres de recherche spécialisés dans la chimie (pétrole, pharmacie, plastiques...) et les hydrocarbures : Rhônegaz, Arkema, Total...

2. Les risques technologiques sont bien réels, en raison de la nature dangereuse des produits chimiques et énergétiques stockés et transformés dans ces espaces (pétrole, gaz,...), comme l'atteste la catastrophe de 1966. Ils sont aggravés par la très forte densité d'habitations qui entoure les zones industrielles. La forte densité du tissu industriel favorise de plus une propagation rapide d'un accident potentiel : incendies, explosions, nuages toxiques...

3. Les préfectures, les collectivités territoriales (communes, départements, régions) et l'État veillent au respect des lois améliorant la sécurité des citoyens. Ces administrations règlementent les installations de population, en informant les citoyens, en délimitant des zones à risques (PPRT) et en imposant des mesures de prévention (vitrage et isolation renforcés, béton armé, ventilation performante...).

Situation 4 : Les inondations au Bangladesh en 2013

1. Le Bangladesh est sur le passage de cyclones tropicaux fréquents, qui dévastent les littoraux et s'accompagnent parfois de tsunamis. Ces catastrophes entraînent des inondations fortes, qui peuvent recouvrir jusqu'au 4/5 du pays, situé au niveau de l'océan. Le Bangladesh est un PMA : il n'a pas les moyens, avec une telle fréquence de catastrophes, de bâtir des protections efficaces (information difficile à diffuser, secours insuffisants...).

2. De telles catastrophes entraînent des destructions matérielles intenses et des pertes humaines considérables. Les populations, hommes, femmes, enfants et personnes âgées, doivent souvent abandonner les terres inondées et se déplacer massivement vers des espaces préservés mais restreints. Elles se réfugient alors dans des bidonvilles, à peine au-dessus du niveau de l'eau. Le document montre que les victimes souffrent de la famine, du manque d'eau potable et d'hygiène qui peut générer des crises sanitaires.

3. Le Bangladesh, très pauvre, fait appel à l'aide humanitaire internationale : l'ONU, les PID et de nombreuses ONG (Solidarités International, Croissant-Rouge...). L'État essaie de secourir sa population, mais ne parvient pas, faute de moyens, à toucher la totalité des habitants. L'aide internationale apporte de la nourriture et des médicaments, contribue à assainir, assécher et reconstruire les espaces dévastés. Elle participe au financement de projets (digues, villages en hauteur...). Mais le document montre que les transports sont difficiles, ce qui laisse supposer que l'acheminement des secours est également complexe.

8 Mondialisation et diversité culturelle

La diversité culturelle apparaît dans toutes les sociétés humaines ; sa richesse est revendiquée et souvent protégée. Cependant, une culture mondiale s'impose. Comment ces tendances contradictoires peuvent-elles coexister ? Sous quelles formes ?

1 Une culture mondiale émerge

A Les moyens de l'uniformisation des cultures

- **Culture de masse** : ensemble des productions culturelles diffusées par des moyens industriels (médias, firmes transnationales...) à une vaste clientèle.
- **Cyberculture** : modes de communication modernes (Internet, téléphone portable...).
- **Identité culturelle** : ensemble de caractères communs à une société (histoire, langue, religion, traditions...).
- **Médiatisation** : moyens qui rendent accessible une information par les médias (journaux, radios, télévisions, Internet...).
- **Métissage** : mélange de traditions qui s'influencent mutuellement et créent des cultures composites et nouvelles.
- **Soft power** : influence culturelle et pouvoir d'attraction d'un État.
- **UNESCO** : agence de l'ONU pour l'éducation, la science et la culture.

■ Les progrès des **transports** facilitent les **échanges** de produits culturels et l'adaptation à des modes de vie nouveaux. Le tourisme et les migrations internationales favorisent le brassage des cultures, surtout dans les grandes métropoles.

■ La **cyberculture** et la **médiatisation** facilitent l'accès au savoir, les échanges, la créativité. Elles informent pour susciter des réactions immédiates à des événements lointains. Internet véhicule cependant des informations à confirmer, tout internaute pouvant contribuer à enrichir les sites. L'opinion mondiale peut cependant réagir en temps réel à l'actualité dans le monde entier (ex : les hommages mondiaux lors du décès de Nelson Mandela, les images en direct du printemps arabe en 2011 par portable...).

B Penser, vivre, consommer à l'échelle mondiale...

■ Les médias créent des **modes planétaires** qui uniformisent les modes de vie : alimentation, vêtements (jeans), sports et loisirs (cinéma et littérature « planétaires » comme *Star Wars*...), stars (Mickael Jackson). Des traditions se diffusent loin de leur signification initiale (ex. : Noël en Chine). *Situation 1 : le cinéma américain repose sur des budgets énormes, la haute technologie et une médiatisation mondiale.*

■ Les **firmes transnationales** stimulent une consommation mondiale de masse : elles produisent en quantités industrielles des biens standardisés, vendus selon les modes créées par une **publicité** parfois agressive à travers les médias. De grands centres commerciaux se multiplient dans les métropoles urbaines pour diffuser une production mondiale. *Situation 2 : Coca-Cola, McDonald's encouragent la formation de goûts alimentaires mondiaux par leurs filiales. De grandes manifestations planétaires (Jeux olympiques, coupe du monde de football, expositions itinérantes telles que celle consacrée à Harry Potter en 2015...) contribuent à diffuser des références culturelles communes.*

■ Une **classe moyenne transnationale** attachée à la société de consommation partage des valeurs liées à la croissance urbaine mondiale : réussite individuelle, vitesse, performance... Une **opinion publique mondiale** naît autour de valeurs jugées ou souhaitées universelles : elle s'engage pour l'environnement et les causes humanitaires, contre la pauvreté...

C Quelle culture mondiale ?

■ L'Occident et les États-Unis ont longtemps dominé les effets de mode par leurs capacités majeures de diffusion et leur *soft power* : modes alimentaires (fast-food), vestimentaires (baskets, jeans), objets intégrés dans la vie quotidienne (téléphone portable, tablettes numériques), géants de l'information et de la communication (CNN, Microsoft)... *Situation 1 : les sociétés de production audiovisuelle américaines (ex. : HBO) multiplient les supports pour diffuser des valeurs « universelles ».* Game of thrones *suscite des débats endiablés à travers les continents et des conventions au cours desquelles le public peut rencontrer les acteurs ; la série présente des royaumes aux inspirations culturelles variées, pour que le public puisse se reconnaître, quelles que soient ses origines.*

■ Le **métissage mondial** actuel s'enrichit d'autres sources d'inspiration variées pour bâtir une culture mondiale riche et composite : asiatiques (mangas, yoga, Bollywood...), sud-américaines (samba), africaines (« Nollywood », afro pop, couscous...). La plupart des artistes et écrivains sont plus sensibles qu'autrefois aux projets internationaux et le public est plus curieux d'œuvres lointaines... De grands salons, comme la Japan Expo à Paris, permettent au public de se déguiser en leurs personnages favoris (*cosplay*), de découvrir en avant-première de nouvelles créations...

■ Une conscience universelle émerge, autour de valeurs souhaitées mondiales : respect de l'environnement, droits de l'homme, lutte contre la misère, solidarité face aux catastrophes...

2 À contre-courant, la diversité culturelle survit à la mondialisation

A La diversité culturelle peut engendrer un choc des cultures

■ Les **identités culturelles minoritaires**, isolées, dispersées ou opprimées, cherchent à **défendre** leur identité au sein d'une culture dominante (ex. : les Tibétains en Chine, les Gallois et les Écossais au Royaume-Uni). La mondialisation peut être vécue comme un danger pour les valeurs traditionnelles : relations sociales délaissées au profit des médias, dialectes locaux menacés, pratiques et religions ancestrales concurrencées...

■ Elles peuvent **refuser le métissage**, vécu comme un déchirement, et **se replier** sur leur identité culturelle (ex. : les Aborigènes d'Australie refusent la modernité) ou s'affirmer **violemment** (ex. : indépendantistes corses ; conflit entre Wallons et Flamands en Belgique ; refus du modèle occidental par certains intégristes religieux...).

B La diversité culturelle peut aussi enrichir les échanges

■ Dans le monde entier, de nombreuses sociétés cultivent leur particularisme culturel, local à national. Elles revendiquent leur identité et la survie de leurs traditions (éducations, alimentation, arts, littérature...). *Situation 3 : si l'anglais reste la langue internationale courante (les réseaux médiatiques et commerciaux anglo-saxons y contribuent), le chinois est parlé par le quart de l'humanité. Plus de 7 000 langues restent parlées dans le monde.*

■ Les sociétés multiculturelles peuvent être **pacifiques** et **tolérantes**, considérer la pluralité comme un atout (Union européenne, Suisse). Elles redécouvrent des emblèmes identitaires rassurants à diffuser dans le monde entier (langues, fêtes...). L'urbanisation croissante favorise ce brassage des cultures (ex. : Paris, métropole multiculturelle).

■ Les cultures traditionnelles peuvent valoriser leur identité, évoluer vers un métissage **créateur** et **novateur** (ex. : les œuvres nées d'un mélange de traditions comme le groupe gréco-turc *Imam Baildi*, mélange de rap, de chants grecs, de percussions des Balkans et de mélodies turques). Elles peuvent aussi valoriser leur originalité (ex. : restaurants ethniques).

C Un patrimoine mondial diversifié à défendre

■ Environ 25 langues disparaissent chaque année selon l'ONU, et des peuples sont menacés pour des intérêts économiques (ex. : les Dongria Kondh en Inde, en conflit avec la multinationale britannique Vedanta Resources qui souhaitait exploiter leurs mines, qu'ils considèrent comme un lieu sacré). Certains États appliquent des **politiques protectrices** (ex : la France applique « l'exception culturelle », accordant des subventions et des quotas de production culturelle nationale, et défend la Francophonie ; d'autres appliquent des moyens plus radicaux, comme la censure en Chine). En **2005, l'UNESCO** a reconnu la nécessité de défendre le patrimoine mondial, propriété de l'humanité, dans sa diversité. *Situation 3 : près de soixante langues et dialectes coexistent en Europe ; par la charte de 1992, l'Union européenne protège ce patrimoine linguistique.*

■ Les **outils de la mondialisation** (Internet, littérature, publicité, manifestations culturelles, création d'écoles...) peuvent faire connaître et préserver les cultures isolées ou minoritaires (ex : les Inuits). Certaines personnalités, d'ampleur mondiale, peuvent défendre les particularismes (ex. : Sean Connery milite en faveur de la culture écossaise).

■ Les firmes transnationales doivent **adapter leurs produits aux préférences locales** *(situation 2 : Mc Donald's retire le porc de ses produits diffusés dans le monde musulman).*

EXERCICES – Questions de cours

A. Analyser un texte : l'association « Les amis de Rochambeau en Vendômois ».

Une fête annuelle célèbre le Maréchal de Rochambeau (1725-1807), acteur majeur de la guerre d'indépendance américaine (1776-1783), au cours de spectacles et d'animations organisées sur ses terres de Thoré-la-Rochette (Loir-et-Cher) : danses historiques, jeux traditionnels, spectacle équestre, duel inspiré des Liaisons dangereuses *de Choderlos de Laclos, cortège en costumes présidé par Guy de Rochambeau, descendant du Maréchal...*

Le Vendômois est un « pays » au sens historique du mot, doté d'un passé riche, ancien et bien connu grâce aux archives. Il a toujours été caractérisé par un grand dynamisme culturel et un goût certain pour l'histoire locale et le patrimoine. Le but des bénévoles, des animateurs et des chercheurs qui se réunissent au sein de l'association est de conserver la mémoire du passé, de faire avancer la recherche archéologique et historique et de contribuer au mieux-être des habitants par un enrichissement des connaissances et une meilleure compréhension du présent. Ils pensent ainsi lutter contre la banalité du quotidien et l'uniformité d'une société mondialisée, tristement standardisée. Ce mouvement associatif patrimonial cherche aussi à renforcer l'attractivité touristique et donc économique du Vendômois. Loin d'être un repli sur soi ou une nostalgie identitaire, cet élan patrimonial se veut ouvert sur l'extérieur et souhaite jeter des ponts à l'international à travers les personnages emblématiques que sont Ronsard, Musset, Rochambeau ou les Bourbon. Il est un mouvement d'avenir.

Gérard Ermisse, conservateur général du patrimoine, président des Amis de Rochambeau en Vendômois, témoignage recueilli par Marc Boulanger en juillet 2013.

1. Présentez les objectifs de l'association « Les Amis de Rochambeau ».

2. À l'aide du document, expliquez quels sont les intérêts d'une telle fête du point de vue de la mondialisation et de la diversité culturelle.

B. Analyser une photographie : une rue de Kuala Lumpur (Malaisie) en 2015.

1. En quoi cette photographie évoque-t-elle la mondialisation des cultures ?

2. Quels éléments montrent que l'identité culturelle malaisienne survit et coexiste à côté des éléments de la culture mondiale ?

C. Exploiter le vocabulaire.

Choisissez les termes qui peuvent être illustrés par la photographie ci-dessus et définissez-les : médiatisation, communautarisme, métissage, multiculturalisme, uniformisation des cultures, repli identitaire.

CORRIGÉ

A. Analyser un texte : l'association « Les amis de Rochambeau en Vendômois ».

1. L'association des « amis de Rochambeau » est, pour reprendre les paroles de Gérard Ermisse, une de ces associations de sauvegarde et de restauration du patrimoine qui contribuent à maintenir vivants des bâtiments, des domaines, des traditions et le souvenir de grandes figures du passé. Elle se compose surtout de bénévoles, de chercheurs, de spécialistes et de passionnés, désireux de partager leur savoir. Leur objectif majeur est de faire connaître la richesse du patrimoine culturel du Vendômois, en particulier du domaine de Rochambeau, et d'en transmettre le souvenir. Elle est soutenue en ce sens par la préfecture et les collectivités territoriales. Elle s'inscrit pleinement dans les objectifs de la déclaration universelle sur la diversité culturelle de 2001 et de l'Union européenne.

2. L'originalité culturelle de la fête repose sur l'idée de faire revivre le domaine de Rochambeau, le temps d'un après-midi, comme au XVIIIe siècle. La fête est un dépaysement et une plongée dans la culture populaire. L'identité culturelle du patrimoine vendômois au XVIIIe siècle est montrée par le nombre important de personnages costumés et par les nombreuses activités culturelles qui auraient pu être proposées au XVIIIe siècle. Il ne s'agit pas ici d'une « nostalgie identitaire » ou d'un « repli sur soi » : il s'agit au contraire d'une perspective d'ouverture culturelle, fondée sur la volonté de faire connaître et de faire vivre un patrimoine. La fête s'adresse à la population locale, mais aussi aux touristes venus d'autres lieux, nationaux ou internationaux (des Américains viennent chaque année assister aux festivités). La fête illustre la vitalité et le dynamisme des identités culturelles locales ou régionales, leur volonté de ne pas disparaître et de continuer à enrichir la culture mondiale par leurs particularités et leur ouverture d'esprit.

B. Analyser une photographie.

1. Cette photographie évoque la mondialisation des cultures car de nombreuses publicités liées à la commercialisation de produits et à la diffusion de valeurs mondiales apparaissent (ex. : Singer). Les hommes présents sur la photographie sont en majorité vêtus à la mode occidentale ; la langue anglaise est utilisée sur les enseignes. L'architecture des bâtiments du centre de Kuala Lumpur fait penser à une ville occidentale ou américaine.

2. L'identité culturelle malaisienne coexiste à côté de cette « culture de masse » : les femmes figurées sur les enseignes et marchant dans la rue portent une tenue plus traditionnelle, et en particulier le foulard islamique (l'Islam est la religion d'État). Plusieurs enseignes sont rédigées en malais. Les façades multicolores sont aussi un héritage de la culture traditionnelle.

C. Exploiter le vocabulaire.

Cette photographie est une illustration de la médiatisation, du métissage, du multiculturalisme et de l'uniformisation des cultures. Elle ne correspond ni au repli identitaire qui serait une forme de rejet de ces valeurs mondialement diffusées au profit des valeurs traditionnelles, ni au communautarisme qui se traduirait par des manifestations agressives et une revendication d'indépendance face à cette mondialisation.

La médiatisation correspond à l'ensemble des moyens qui rendent accessibles une information, ici des offres commerciales, par les médias (affiches publicitaires, enseignes). Le métissage correspond ici à un mélange entre les traditions de Malaisie et les traditions occidentales ; ces cultures s'influencent mutuellement pour créer des cultures composites et nouvelles. Le multiculturalisme désigne la cohabitation pacifique de cultures variées. L'uniformisation des cultures correspond à la tendance à former des goûts et des repères culturels mondiaux (tenues à l'occidentale, langue anglaise juxtaposée au malais...).

EXERCICES – Situations au choix

Situation 1 au choix : Le cinéma américain

Doc 1. Affiche du *blockbuster* de Joss Whedon, *Avengers*, 2012, distribué par Walt Disney Pictures. Le film rapporte 1,5 milliard de dollars à travers le monde et fait l'objet de plusieurs suites (dont *Avengers 2 : l'ère d'ultron* en 2015)

Doc 2. Cinéma et *soft power*

Après avoir remarqué que ce secteur représentait des « centaines de milliers d'emplois pour la classe moyenne », il a souligné que le divertissement était « l'une des exportations les plus importantes des États-Unis ». [...] « Le divertissement fait partie de notre diplomatie (...) c'est ce qui fait de nous une puissance mondiale ». « Quand on dit "que la force soit avec vous", (les étrangers) savent de quoi vous parlez. Ils ont appris quelque chose de nos valeurs. Nous avons façonné une culture mondiale grâce à vous ».

D'après le discours du président des États-Unis, B. Obama, aux studios DreamWorks, Los Angeles, 26 novembre 2013.

1. (Doc 1) Montrez que ce film est un *blockbuster* et expliquez le terme.
2. (Docs 1 et 2) Expliquez comment le cinéma américain s'impose à l'échelle mondiale.
3. (Docs 1 et 2) Le cinéma américain contribue-t-il à l'émergence d'une culture mondiale ?

Situation 2 au choix : Géographie des goûts alimentaires

Document : Un commerce à Awassa (Ethiopie)

1. Décrivez la photographie : est-elle représentative d'un PED ou d'un PID ?
2. Comment caractériser une entreprise telle que Coca-Cola ?

3. Le document illustre-t-il la diversité culturelle ou la mondialisation des cultures ? Justifiez.

4. Quelle limite à la mondialisation des goûts est cependant suggérée par le document ?

Situation 3 au choix : Géographie des langues dans le monde

Doc 1 : « La marche pour l'unité » en Belgique

« 1 âme (en allemand), 3 langues (en flamand), 1 Belgique (en wallon) : Marche pour l'unité de la Belgique, contre les séparatistes, Bruxelles, 16 mai 2010.

Doc 2 : L'avènement du roi Philippe

À 12 heures précise, un huissier du Sénat annonçait « Le Roi – de Koning – der König ». [...] Le roi Philippe prêta alors le serment constitutionnel dans les trois langues nationales : « Je jure d'observer la Constitution et les lois du peuple belge, de maintenir l'indépendance nationale et l'intégrité du territoire ». [...] « La richesse de notre pays et de notre système institutionnel réside notamment dans le fait que nous faisons de notre diversité une force. Nous trouvons chaque fois l'équilibre entre unité et diversité. La force de la Belgique est justement de donner un sens à notre diversité ».

E. Steffens, *Applaudissements nourris lors de la prestation de serment*, 21 juillet 2013, article relatif à l'avènement du roi Philippe.

1. (Doc 1) Quelles langues apparaissent ? Expliquez ce qu'est une marche de l'unité et quelle est la situation culturelle de la Belgique en 2010.

2. (Doc 2) Décrivez l'intérêt du discours du roi vis-à-vis de la situation linguistique de la Belgique.

3. La diversité linguistique est-elle une force ou une faiblesse ? Justifiez votre réponse.

CORRIGÉ

Situation 1 au choix : Le cinéma américain.

1. Un *blockbuster* est un film à gros budget engendrant de fortes entrées. Il s'agit surtout d'un film à diffusion internationale à gros budget, doté de stars de renommée internationale (R. Downey Jr). Le film emploie de plus de grands moyens technologiques (images retouchées à l'ordinateur pour renforcer l'impression de masse des figurants et figurer les effets spéciaux qui transcendent la bande dessinée). Il rapporte plus de 1,5 milliard de dollars, bénéfice colossal pour un film...

2. Le cinéma américain s'impose à l'échelle mondiale par des moyens de production importants qui permettent une qualité d'image et de son exceptionnelle, des moyens techniques novateurs (3D, IMAX...). Surtout, il dispose de réseaux de commercialisation et de diffusion importants, coordonnés avec un budget de médiatisation massif, qui lui permet de diffuser sa production dans le monde entier avec des bénéfices énormes. Barack Obama a raison de rappeler que le cinéma est une part importante de l'économie américaine, tant pour les emplois qu'il suscite que pour les bénéfices qu'il procure (diffusion, produits dérivés).

3. Un tel film contribue à l'émergence d'une culture mondiale car il diffuse sur tous les continents des valeurs « universelles » (courage, loyauté, audace, héroïsme, lutte du Bien contre le Mal...). Il s'appuie sur des supports culturels souvent déjà mondialisés, ici popularisés par la bande dessinée. La culture américaine se diffuse par ce biais ; le cinéma devient un ambassa-

deur universel des États-Unis, un capital de sympathie et de puissance mondiale. Il crée des références qui entrent dans le patrimoine culturel universel (« Que la force soit avec vous » est une citation mondialement connue extraite de *Star Wars*). Le cinéma est une part du *soft power* des États-Unis, de son influence culturelle dans le monde.

Situation 2 au choix : Géographie des goûts alimentaires.

1. Le document montre un paysage de PED : le bâtiment est une construction traditionnelle, dans un paysage rural d'Afrique. La présence du cheval maigre renforce l'idée de pauvreté.

2. Coca-Cola est une firme transnationale réputée pour sa contribution à la mondialisation des goûts alimentaires. Elle contribue à créer un goût universellement apprécié grâce à une médiatisation intense et ancienne. La firme a su utiliser les progrès technologiques pour amplifier le battage médiatique (radio, télévision, consommation fréquente à l'écran dans le cinéma américain, et maintenant des publicités fréquentes et variées sur Internet). Elle dispose de filiales de production et de commercialisation sur tous les continents.

3. La photographie illustre la diversité culturelle dans la mesure où, sur la façade, le slogan de Coca-Cola (« Enjoy ice cold ») est écrit en anglais, la langue d'origine de la firme, et en éthiopien. Mais la diversité culturelle est ici au service de la mondialisation culturelle : le bâtiment est peint en rouge, couleur de la firme, les slogans et symboles de Coca-Cola sont omniprésents. La photographie illustre donc la mondialisation des goûts alimentaires : même dans des endroits très reculés de la planète, comme une petite ville d'Éthiopie, un des pays les moins avancés du monde, Coca-Cola arrive à faire passer sa publicité et à trouver une clientèle. Il contribue à faire du produit un élément de la culture alimentaire universelle…

4. La pauvreté est cependant une limite à la diffusion de ces produits : la commercialisation de Coca-Cola est présente, mais pas dans les proportions de ce que l'on peut trouver dans les PID. La clientèle touchée reste moins abondante, l'Éthiopie n'est pas un marché dominant.

Situation 3 au choix : Géographie des langues dans le monde.

1. Il existe trois communautés linguistiques officielles en Belgique : les Flamands (néerlandophones, majoritaires), les Wallons (francophones) et les Germanistes. La « marche de l'unité » est une manifestation organisée régulièrement en Belgique par les partis politiques et les associations de Belges attachés au maintien d'une Belgique unie, par opposition aux mouvements indépendantistes. Ces derniers souhaiteraient la séparation des communautés dans des États différents. Les manifestants défendent ici l'unité du pays au-delà des différences culturelles, qu'ils considèrent comme une richesse.

2. Le discours du roi s'efforce d'apaiser les tensions entre les communautés ; son rôle est de maintenir l'unité tout en préservant la richesse linguistique et culturelle de la Belgique. C'est pourquoi la cérémonie est réalisée dans les trois langues, pour que chacun ait le sentiment de se trouver inclus dans l'union nationale. Le serment de Philippe est un écho au slogan de la marche de l'unité de 2010, trois langues mais une seule âme et une seule Belgique, slogan renforcé par son expression dans les trois langues. Le roi souligne que la diversité est une richesse, et doit être une source d'échanges et de respect mutuel, non une cause de conflits.

3. La diversité linguistique est une source de richesse, d'échanges mutuels, d'inspiration mutuelle ; elle initie à la tolérance et au respect mutuel, aussi est-elle souvent présente dans les constitutions des États démocratiques. Elle est une force car elle atteste d'une histoire commune, d'une originalité culturelle et d'un patrimoine à transmettre. Mais elle peut aussi être source de conflits entre communautés et de replis identitaires lorsque certaines se sentent exclus, mis à l'écart ou insuffisamment considéré par l'État en place (cas de mouvements séparatistes flamands comme le Vlaams Belang). La diversité linguistique peut aussi alourdir les démarches administratives et engendrer des difficultés de traduction. Les Européens restent attachés à leurs langues régionales, part importante de leur identité.

9 La personne et l'État de droit

Un État de droit est un système institutionnel fondé sur la « primauté du droit ». Il garantit la démocratie, la citoyenneté et le bon déroulement de la vie en société.

1 L'État de droit, un système institutionnel au service du citoyen

A L'État et ses institutions obéissent à la hiérarchie des lois

■ L'État édicte le droit, mais doit agir dans le respect des normes juridiques qu'il contribue à établir. L'État de droit est la base des régimes démocratiques : le pouvoir appartient aux citoyens qui l'exercent par le vote direct (référendum), ou par l'élection de leurs représentants chargés de voter des lois qui sont le reflet de leurs aspirations. Il s'oppose aux régimes de dictature, où l'arbitraire domine, où toute opposition est sanctionnée.

■ La puissance de l'État est limitée par une hiérarchie des normes juridiques. En France, la Constitution, qui définit l'organisation et l'étendue des pouvoirs ainsi que les relations entre l'État et les citoyens, est la loi fondamentale, supérieure à toutes les autres. Viennent ensuite les traités et conventions internationales (ex. : les règlements européens, les traités d'alliances...), les principes généraux du droit (ex. : code civil, code pénal...), les lois votées à l'échelle nationale... Cette hiérarchie se termine par les législations territoriales (arrêtés préfectoraux, arrêtés municipaux, décrets...) qui s'inclinent devant les lois précédentes, et enfin par les règlements privés (actes juridiques entre particuliers, règlements intérieurs...). Chaque texte législatif tire sa légitimité de son respect des lois qui lui sont supérieures.

B L'État de droit et ses institutions reposent sur la séparation des pouvoirs

■ Initié au siècle des Lumières par le philosophe Montesquieu (*L'Esprit des Lois*, 1748), ce principe de la séparation des pouvoirs est nécessaire pour éviter toute dictature. Chaque pouvoir doit être indépendant pour un fonctionnement équitable de l'État.

■ La justice, en particulier, doit être indépendante ; ceux qui font les lois (pouvoir législatif) doivent être libres de leurs débats et de leurs votes, sans subir la pression de ceux qui les appliquent (pouvoir exécutif).

C L'État de droit est responsable de ses actes devant les citoyens

■ Les institutions et les gouvernants sont responsables de leurs actes et de leur politique, et doivent, en démocratie, rendre des comptes devant la nation qui les a amenés au pouvoir par le vote. Tous les citoyens sont égaux devant les règles de droit, et doivent leur obéir.

■ Mais les citoyens sont aussi légitimes pour contester les actions de l'État et faire appel aux tribunaux administratifs pour que leurs droits soient respectés (*Situation 1).* L'État de droit accepte de se remettre en question, d'être critiqué, de débattre sur son autorité et ses limites ; il s'efforce d'évoluer avec les besoins de la société qu'il encadre.

■ Le tribunal administratif gère les litiges entre administrations, entre les citoyens et l'État. Le Conseil constitutionnel vérifie que les lois votées ne s'opposent pas aux lois existantes, et que les élections se déroulent démocratiquement.

2 L'État de droit et la protection du citoyen

A L'État définit les libertés du citoyen

■ En France, l'État de droit garantit les libertés de tous par la Déclaration des droits de l'homme et du citoyen de 1789, par la Déclaration universelle des droits de l'homme de 1948 et par la Constitution de la Ve République.

■ Les grandes libertés sont la liberté individuelle (respect du droit à la vie privée, refus des arrestations arbitraires), la liberté de circulation et les libertés de pensée (opinion, expression, réunion, association). Ces libertés sont limitées par celles des autres citoyens.

B La justice garantit les droits et les libertés

■ Les lois essaient de concilier les libertés individuelles avec l'intérêt général en édictant des règles précises destinées à préserver les droits du citoyen. Les citoyens ne pourraient exercer leurs droits sans respecter ceux des autres. La justice, égale pour tous et indépendante, tranche les conflits entre citoyens, sanctionne les comportements interdits en appliquant la loi pour que tous puissent exercer leur citoyenneté en toute sécurité.

■ Les tribunaux doivent rester impartiaux et dénués de préjugés. Toute personne peut entreprendre une action en justice civile (en cas de conflit avec un particulier), pénale (en cas d'infraction, de délit, de crime...), administrative (en cas de différend avec un service public, afin de protéger le citoyen contre des abus de pouvoir éventuels). *(Situation 2)*

■ Les procès sont équitables et respectent les droits d'expression des deux parties qui présentent leurs arguments à tour de rôle (débat contradictoire). Toute personne est présumée innocente tant qu'elle n'a pas été reconnue coupable. Les tribunaux sont faillibles : tout citoyen peut faire appel et obtenir un second jugement par une cour différente.

C Les droits et obligations des lycéens et de la communauté éducative

■ L'enseignement public, gratuit et laïc est un devoir de l'État (lois Jules Ferry, 1881-1882). La communauté éducative rassemble tous les acteurs de la réussite de l'enseignement : les élèves, les enseignants, les personnels administratifs, les parents d'élèves et les collectivités territoriales. Chacun des membres a des droits et des devoirs.

■ La représentation active de la communauté éducative contribue à l'apprentissage des règles de la vie en société et de la démocratie, par le vote (ex : élections des délégués de classe). Les conseils de vie lycéenne débattent des conditions de vie dans l'établissement (orientation, règlement, soutien, santé...) et favorisent l'engagement des élèves.

■ Les membres de la communauté possèdent des droits individuels (droit à l'enseignement, liberté d'opinion et d'expression, respect de l'intégrité physique et morale) et des droits collectifs (liberté de réunion, d'association et de publication).

■ La communauté doit respecter des devoirs, sous peine de sanctions définies par le règlement intérieur. Les libertés de pensée doivent s'appliquer dans les limites du respect des autres et de la loi. L'élève doit être responsable (assiduité, respect des consignes de sécurité, exécution du travail demandé) et conscient de ses devoirs (tolérance, refus de la violence physique ou morale, respect des autres et du lieu de travail).

EXERCICES – Sujets au choix

Situation 1 : Rapports entre individus et État de droit

Un CRS marseillais qui avait dressé trois contraventions imaginaires au nouveau compagnon de son ex-épouse a été condamné mardi à six mois de prison avec sursis et 2 000 euros d'amende. Jugé le 25 novembre pour détournement à caractère personnel de la finalité de fichiers informatisés, faux et usage en écriture publique, ce sous-brigadier âgé de 41 ans avait reconnu la consultation, avec ses propres codes d'accès, du Système de traitement des infractions constatées (Stic) et du registre des immatriculations de véhicules dans le but de « se venger bêtement » de son rival. Le président du tribunal a indiqué qu'il appartenait à l'autorité administrative « d'apprécier si ces agissements devaient être sanctionnés administrativement ». Le magistrat a souligné la gravité des faits qui « portent atteinte à l'état de droit : accéder à des données protégées et abuser de sa fonction, c'est aussi jeter l'opprobre sur l'ensemble des fonctionnaires de police ». [...] L'enquête avait débuté par un signalement à la plateforme internet de l'Inspection Générale de la Police Nationale [IGPN] fait par l'ex-compagne du policier. Le sous-brigadier avait demandé à un adjoint de sécurité, en patrouille avec lui le jour des fausses verbalisations, de mentir aux enquêteurs de l'IGPN. « N'en faites pas un paria », avait plaidé son avocate, évoquant la « douleur » de son client.

« Un CRS condamné pour des PV imaginaires dressés à un rival amoureux »,
Le Point, 6 janvier 2015, Source AFP, www.lepoint.fr

1. Relevez les reproches formulés au fonctionnaire de police.

2. Devant quel tribunal est-il jugé ? Qui peut saisir ce tribunal ? Pourquoi ?

3. Le fonctionnaire peut-il être reconnu coupable ? Dispose-t-il de droits reconnus par le tribunal ? Justifiez votre réponse.

Situation 2 : Le conseil de prud'hommes, un exemple d'action judiciaire

Doc 1. Le fonctionnement du conseil de prud'hommes

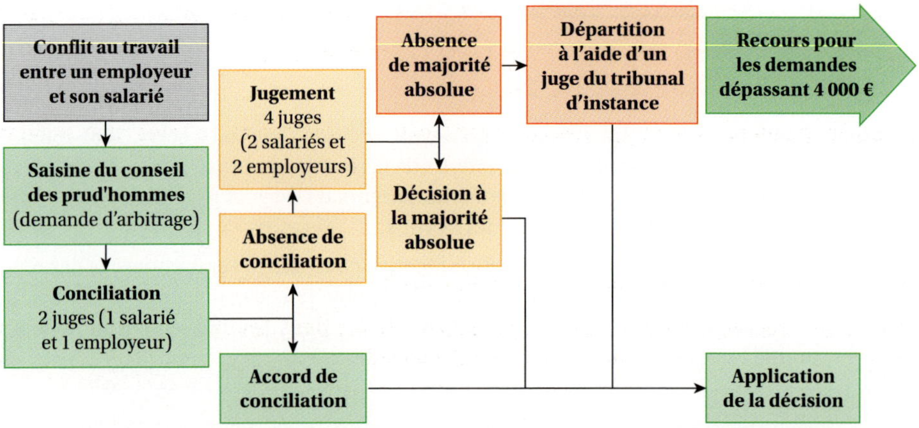

Doc 2. Le rôle du conseil de prud'hommes

Article 511-1 : Les conseils des prud'hommes, juridictions électives et paritaires, règlent par voie de conciliation les différends qui peuvent s'élever à l'occasion de tout contrat de travail soumis aux dispositions du présent code entre les employeurs, ou leurs représentants, et les salariés qu'ils emploient. Ils jugent les différends à l'égard desquels la conciliation n'a pas abouti. [...] Les litiges relatifs aux licenciements ainsi qu'aux ruptures de contrat de travail [...] relèvent de la compétence des conseils de prud'hommes.

Code du travail.

1. (Docs 1 et 2) Expliquez quelles affaires gère le conseil de prud'hommes. Montrez que le conseil de prud'hommes est une illustration du rôle d'un État de droit.
2. (Docs 1 et 2) À l'aide du schéma, présentez les différentes étapes de la procédure.
3. (Doc 1) Qui siège au tribunal des prud'hommes ? Pourquoi ?

Situation 3 : Un engagement lycéen dans l'établissement

a) Flash-mob de l'UNICEF au lycée Georges Duby de Luynes (Bouches-du-Rhône) le 7 avril 2012

b) Une action humanitaire au lycée de l'Étoile à Gardanne

Pour fêter l'anniversaire de la création de l'UNICEF (1945), les élèves du lycée de l'Étoile ont réalisé une flash-mob devant le parvis de la mairie de Gardanne, ville amie des enfants. Cette action de communication a nécessité une chorégraphie réalisée avec l'aide de leurs professeurs. Le projet est porté par la classe de CAP Petite Enfance, soutenu par le proviseur et les services municipaux. [...] Les élèves souhaitent aider les enfants du monde, en particulier actuellement ceux touchés lors de la catastrophe au Népal.

D'après Mathilde Roig, Flash-mob des élèves « jeunes ambassadeurs de l'UNICEF » du lycée de l'Étoile, 17 mai 2015, http://www.lyc-etoile.ac-aix-marseille.fr/

1. Décrivez l'engagement des lycéens. Quels soutiens ont-ils obtenu ?
2. Rappelez à quels droits et devoirs correspond un tel engagement lycéen.
3. Expliquez deux autres engagements réalisables par des élèves de lycée professionnel.

CORRIGÉ

Situation 1 : Rapports entre individus et État de droit.

1. Le tribunal reproche au fonctionnaire de police d'avoir abusé de sa fonction pour se venger du compagnon de son ex-femme. Il a dressé des procès-verbaux injustifiés pour « se venger

bêtement » selon son propre aveu. Il a enfreint la loi, et porté atteinte à la dignité de la fonction publique. Or, tout fonctionnaire doit obéir à la loi et ne pas en abuser pour son profit personnel.

2. Le policier est jugé devant le tribunal administratif, pour abus dans le cadre de l'exercice de ses fonctions. Le tribunal administratif est compétent pour juger des litiges entre le citoyen et l'État ou ses représentants. Le tribunal peut être saisi par tout citoyen, en l'occurrence la victime du policier, le compagnon de l'ex-femme de celui-ci. Cette situation est possible car la France est un État de droit dans lequel les fonctionnaires doivent obéir aux lois et sont sanctionnés en cas d'abus de pouvoir. Le citoyen peut demander des comptes à l'État et obtenir réparation en cas de traitement injuste.

3. Le fonctionnaire est reconnu coupable car il a commis une faute professionnelle grave (accès à des données privées d'un citoyen, en l'occurrence l'immatriculation de son véhicule, et abus de pouvoir, faux et usage de faux). Dans un État de droit, le fonctionnaire fautif est condamné par l'État car il est un citoyen avant tout. C'est à ce titre qu'il dispose également de droits, reconnus par le tribunal : le droit à un procès équitable, le droit à un débat contradictoire (le policier a pu témoigner et donner sa version des faits), le droit à une assistance juridique (le policier a un avocat) ; il peut éventuellement faire appel s'il estime que son cas n'a pas été jugé équitablement. La justice protège donc les citoyens, même contre l'action de ses représentants si celle-ci est moralement et juridiquement indéfendable.

Situation 2 : Le conseil de prud'hommes, un exemple d'action judiciaire.

1. Le conseil de prud'hommes est une juridiction spécialisée qui résout les conflits individuels survenus dans le monde du travail. Il règle les contestations entre salariés et employeurs autour des conditions de travail définies par le contrat de travail : horaires, salaires, licenciements abusifs, responsabilités dans le cadre du travail… Leur fonction majeure est d'arriver à une conciliation (un accord entre les parties). L'État de droit protège le salarié ou l'employeur lorsque l'un se trouve en faute par rapport à l'autre. Il arbitre et punit le responsable et rend justice en protégeant les droits du citoyen.

2. Une conciliation entre l'entreprise et l'employé est d'abord proposée. Si cette conciliation n'aboutit pas, l'affaire passe devant le bureau de jugement, qui décide en se fondant sur le code de procédure civile et le droit du travail. Si le désaccord persiste et que des arguments valables sont présentés, chacune des parties peut faire appel devant une cour supérieure.

3. Le conseil de prud'hommes est paritaire : il se compose à part égale de magistrats représentant les salariés et de magistrats représentant les employeurs, au nom de l'égalité de traitement. Tous ont une bonne connaissance des droits du travail.

Situation 3 : Un engagement lycéen dans l'établissement.

1. Les lycéens ont choisi d'agir pour défendre la cause des enfants du monde. Les objectifs de l'UNICEF sont de favoriser l'éducation, la santé, la lutte contre la malnutrition dans de nombreux PED. Les lycéens de Gardanne choisissent de porter secours aux enfants du Népal touchés par le séisme de 2015. Ils organisent une « flash-mob », une mobilisation pour attirer l'attention des citoyens et pouvoirs publics et lancer un appel aux dons. Ils ont le soutien pour cela de leurs professeurs, du proviseur et des autorités municipales.

2. L'action lycéenne se déroule dans un cadre légal. Elle correspond à l'usage de la liberté d'expression, de la liberté de réunion et répond à un engagement moral en faveur d'une action humanitaire en lien avec les notions de solidarité et de fraternité. Il s'agit d'un engagement citoyen, d'un acte de générosité et de civilité (les lycéens font appel à la générosité des citoyens pour défendre une cause respectueuse des droits de l'homme).

3. Des lycéens peuvent s'exprimer à travers un journal scolaire et adhérer à un syndicat lycéen (comme la fédération indépendante et démocratique lycéenne, FIDL).

10 Égalité, différences, discriminations

L'égalité est un droit de l'homme et une valeur républicaine. Comment agir pour lutter contre les discriminations et les inégalités, et faire respecter les différences ?

1 La notion d'égalité : une valeur républicaine et démocratique

A L'égalité, une notion complexe

■ Le principe d'égalité est que tous les citoyens ont les mêmes droits et les mêmes devoirs, garantis par la loi qui punit et qui protège les citoyens sans distinction.

■ L'État garantit aux citoyens l'égalité des chances depuis 2005 : chaque citoyen obtient le même enseignement initial et les mêmes chances de faire des études adaptées à ses capacités ; chacun peut accéder à l'emploi qu'il souhaite pourvu qu'il en ait les compétences.

B Une lente conquête historique, qui se poursuit toujours

■ Depuis la nuit du 4 août 1789, la société de privilèges n'existe plus, tous les citoyens sont égaux en France. « Tous les hommes naissent et demeurent libres et égaux en droit » (Déclaration des droits de l'homme et du citoyen du 26 août 1789, art. 1). L'égalité juridique devient ensuite une valeur démocratique et républicaine fondamentale. La conquête de l'égalité est toujours en cours, et continue à faire l'objet de débats démocratiques.

■ L'égalité des droits civils et politiques est progressivement acquise avec l'abolition de l'esclavage (1848), la laïcité de l'État (la loi de 1905 de séparation de l'Église et de l'État affirme la neutralité et la tolérance de la République envers toutes les religions) et l'extension du droit de vote (suffrage universel masculin en 1848 et féminin en 1944, vote à 18 ans en 1974, vote aux élections européennes en 1992).

■ L'égalité des droits économiques et sociaux est peu à peu acquise avec le droit de grève (1864), l'école pour tous (lois Ferry, 1881-1882 fondant l'école publique, obligatoire, gratuite et laïque), les congés payés (1936), l'accès à la santé (Sécurité sociale, 1945 puis couverture maladie universelle en 1999), l'égalité des droits et des chances (2005)...

2 Les inégalités et les discriminations de la vie quotidienne

A Les discriminations sont une atteinte grave aux droits des personnes

■ Les citoyens sont égaux en droits, mais des différences ou inégalités subsistent entre eux : la taille, l'âge, le sexe, la couleur de la peau, les origines... Ces différences contribuent à bâtir l'identité de l'individu et doivent être respectées et acceptées. L'égalité entre les élèves est un principe retenu dans tous les règlements intérieurs.

■ Le refus de tolérer les différences, qui aboutit à léser l'autre, à ne pas lui rendre des services (refus d'embauche, de louer un logement, d'apporter des soins…) ou à l'humilier, est de la discrimination. Il s'agit d'une atteinte à la dignité de la personne et à l'égalité. Les discriminations, aussi nombreuses que les différences, ont souvent abouti à des politiques vexatoires (politique raciste du Nazisme, traite des esclaves aux XVIe-XIXe siècles…). Le racisme, l'antisémitisme (discrimination contre les Juifs), le sexisme, l'homophobie ou la discrimination au handicap sont des facteurs d'exclusion condamnés par l'État républicain.

B L'État lutte contre les inégalités et condamne les discriminations

■ À l'égalité en droit à la naissance s'oppose l'égalité dans les faits, qui n'est pas toujours respectée. L'État incite les citoyens à se respecter et à accepter leurs différences.

■ Le code pénal définit les différentes formes de discrimination ; la loi Pleven (1er juillet 1972) fait du racisme un délit ; une loi de 2001 condamne les discriminations en général. Une loi de 2006 favorise l'égalité salariale entre hommes et femmes et condamne le sexisme. En complément de l'État et de la HALDE (Haute Autorité de lutte contre la discrimination et pour l'égalité) devenue le Défenseur des droits en 2011, des associations (ONG comme la LICRA) aident aussi les victimes, peuvent les soutenir dans une démarche juridique.

■ L'État crée des lois démocratiques pour réduire les inégalités (sociales, culturelles, économiques…), telles que les aides pour les élèves handicapés, les aides sociales à la famille et à l'enfance, l'aide juridictionnelle pour aider les personnes démunies à se faire entendre devant la justice… L'impôt sur le revenu est progressif : ceux qui ont de hauts revenus paient plus d'impôts pour permettre à ceux qui ont moins de revenus et plus de charges familiales de payer moins d'impôts. La discrimination positive est l'ensemble des mesures qui permettent de faciliter la vie des minorités discriminées (ex. : places réservées aux handicapés, aux personnes enceintes, aux personnes âgées…).

EXERCICES – Sujets au choix

Situation 1 : Les liens entre la démocratie et la conquête de l'égalité

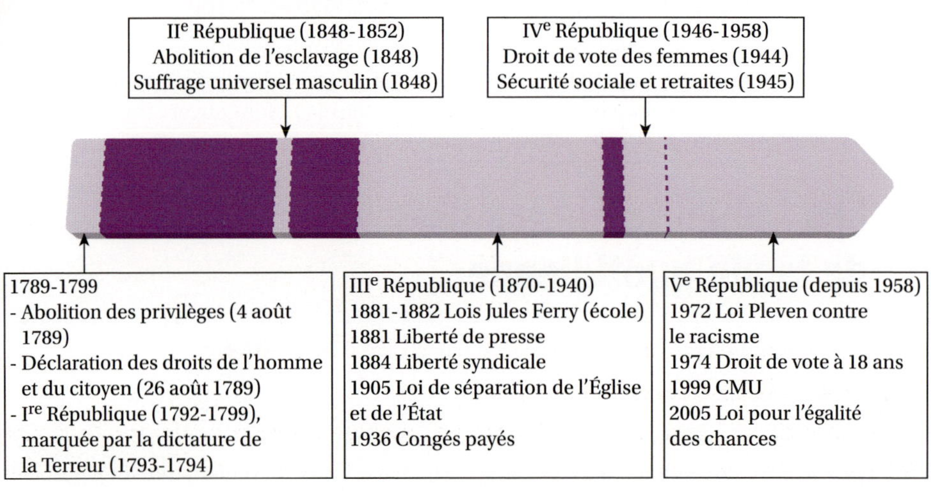

1. Pourquoi les régimes politiques en violet foncé sur la frise n'affichent-ils pas de lois en faveur de l'égalité ?

2. Quel point commun pouvez-vous établir entre les régimes qui font avancer l'égalité ?

3. Relevez les lois qui font progresser l'égalité des droits et classez-les en deux catégories.

Situation 2 : Un cas de discrimination et son jugement

« Tu travailles pour les blancs sale nègre », « T'es qu'un fils de… », « Je te bute comme un chien ». En prononçant ces mots contre un contrôleur de la RATP le 15 mai 2014 à 9 h 43 sur une ligne de métro, Pierre M. ne pensait pas qu'il finirait au tribunal. Sous le choc après ces insultes dont certaines proférées à l'encontre de sa mère décédée, le contrôleur, qui ne faisait que demander son titre de transport à cet individu qui n'en avait pas, a décidé de porter plainte. Mercredi 28 janvier, Pierre M. a comparu devant le tribunal correctionnel de Paris, pour « injures envers une personne ou un groupe de personnes à raison de leur origine ou de leur appartenance ou de leur non-appartenance à une ethnie, une nation, une race ou une religion déterminée et outrages adressés à un agent d'un exploitant de réseau de transport public de personnes ». […] « Mon client reconnaît les injures outrageantes mais nie celles à caractère racial ». Pour le procureur pourtant, « le délit d'injure à caractère racial est constitué ». Une peine d'amende de 600 euros à l'encontre de Pierre M. et un stage de lutte contre le racisme ont été requis.

D'après l'article « Agression raciste d'un contrôleur RATP », *Metronews*, 21 janvier 2015.

1. Résumez la situation de discrimination présentée. Relevez les expressions discriminatoires et les raisons pour lesquelles la justice s'est occupée de l'affaire.

2. Comment le contrôleur de la RATP réagit-il face à cette situation ? Pourquoi ?

3. Expliquez le jugement rendu : est-il conforme à la loi du 1er juillet 1972 ?

Situation 3 : Lutte contre la discrimination dans les lycées

Affiche de la FIDL et SOSRacisme, 2015

1. Décrivez cette affiche et son message.

2. Comment qualifier une telle action ?

3. Imaginez deux autres actions qui, dans un lycée, peuvent combattre les discriminations.

CORRIGÉ

Situation 1 : Les liens entre la démocratie et la conquête de l'égalité.

1. Les régimes non mentionnés sur la frise sont des régimes monarchiques aux apparences démocratiques (Consulat et Premier Empire de 1799 à 1815 puis Second Empire de 1852 à 1870), des régimes monarchiques (monarchie constitutionnelle de 1815 à 1848) ainsi que l'Occupation et la France de Vichy (1940-1944). Il s'agit de régimes non démocratiques, peu attachés aux progrès de l'égalité entre les citoyens.

2. Les régimes politiques qui font progresser l'égalité en droit sont des régimes révolutionnaires (1789-1799), puis républicains et démocratiques (1848-1852, 1870-1940 et depuis 1946). La conquête de l'égalité passe par l'affirmation de la démocratie.

3. L'égalité politique progresse avec l'affirmation de l'égalité entre citoyens (4 août 1789, Déclaration des droits de l'homme et du citoyen du 26 août 1789, abolition de l'esclavage en 1848, l'égalité des chances en 2005) et par l'extension du droit de vote (suffrage universel masculin en 1848, féminin en 1944, vote à 18 ans en 1974). L'égalité économique et sociale progresse au fil de l'égalité pour tous devant l'école (lois Ferry 1881-1882, égalité des chances), devant l'emploi et les conditions de travail (liberté syndicale, congés payés, égalité des chances), devant la santé (Sécurité sociale, CMU), devant la religion et les libertés de pensée (Déclaration des droits de l'homme et du citoyen, loi de 1905).

Situation 2 : Un cas de discrimination et son jugement.

1. Un contrôleur de la RATP vérifie le titre de transport d'un passager : il se fait violemment insulter par un usager. Les insultes sont à caractère raciste (« Tu travailles pour les blancs sale nègre »). D'autres portent sur sa mère décédée. La violence de la situation relève du délit, qui est de la compétence du tribunal correctionnel. Ce même tribunal cite, à l'issue de l'énoncé des faits, le code pénal qui établit la nature raciste des paroles prononcées et la loi Pleven du 1er juillet 1972 qui condamne le racisme.

2. Le contrôleur porte plainte et saisit le tribunal correctionnel. Choqué, il préfère avoir recours à la justice pour défendre ses droits face à la violence verbale de l'agresseur.

3. Le jugement rendu est conforme à l'esprit de la loi du 1er juillet 1972 qui prévoit des amendes en cas d'insulte à caractère raciste et une sensibilisation pour l'agresseur, qui doit faire un stage de lutte contre le racisme, afin de lui faire prendre conscience de la gravité des faits et des paroles prononcées.

Situation 3 : Lutte contre la discrimination dans les lycées.

1. L'affiche de 2015 reprend le figuré de ceux qui ont condamné l'attentat contre *Charlie Hebdo* en janvier 2015 : le message « Je suis Charlie » est remplacé par des termes discriminants, pour marquer le refus de ceux-ci.

2. Cette affiche incite les lycéens à lutter contre la discrimination avec des images fortes, en soulignant l'importance des droits de l'homme et de l'engagement individuel et collectif. Il s'agit d'une opération de sensibilisation vis-à-vis des lycéens, qui vise à leur faire prendre un rôle actif.

3. La discrimination ne doit pas être combattue par la violence ou par des actes illégaux. De nombreux lycées agissent également en formant des cellules d'écoute et de médiation, en incitant au dialogue et au débat, par des conférences, des pièces de théâtre…

11 Exercer sa citoyenneté dans la République et dans l'Union européenne

Tout citoyen français a des droits et des devoirs envers la République et l'Union européenne. Il peut agir de différentes façons pour faire vivre la démocratie : voter, s'engager politiquement, socialement, professionnellement ou militairement…

1 La citoyenneté dans la République française et dans l'Union européenne

A Citoyenneté française, citoyenneté européenne

■ Le citoyen partage les valeurs et principes républicains. Il a des **droits** et des **devoirs** garantis par l'État dans des textes fondamentaux : la Déclaration des droits de l'homme et du citoyen (1789), la Déclaration universelle des droits de l'homme (1948), la Convention européenne de sauvegarde des droits de l'homme (1950), la Constitution de la Vᵉ République (1958).

- **Citoyenneté : le fait pour un individu d'être membre actif d'une démocratie, d'avoir des droits et des devoirs.**
- **Conscription : service militaire obligatoire.**
- **Militantisme : soutien actif et engagé à une cause, un idéal, une association…**
- **Nationalité : lien juridique qui lie un individu à un État, fait d'appartenir à une nation.**
- **Pluralisme des opinions : toutes les idées politiques sont permises et exprimées.**

■ Pour exercer pleinement sa citoyenneté, il doit avoir la **nationalité** française, être inscrit sur les listes électorales (**recensement** à 16 ans), avoir accompli la **Journée Défense et Citoyenneté** (JDC à 17 ans) qui remplace le service militaire, avoir la **majorité** (18 ans) et ne pas avoir été condamné à la perte de ses droits civiques.

■ La **citoyenneté européenne** s'ajoute à la citoyenneté nationale par le **traité de Maastricht**, fondateur de l'Union européenne (1992). Les citoyens d'un État membre de l'Union européenne sont citoyens européens, afin de renforcer l'identité européenne.

B Les droits du citoyen français et européen

■ Les citoyens ont des **droits politiques** : ils ont le droit de voter, pour élire leurs représentants, et d'être élus (droit d'éligibilité). Le citoyen, par le vote, détient une part de la souveraineté nationale. Il participe aux décisions concernant l'intérêt général. Le vote est libre, universel et secret, pour qu'aucune pression extérieure n'influence le citoyen. Il s'exerce dans le pluralisme des opinions. Le vote est toujours sujet de débats : faut-il étendre le droit de vote aux étrangers non ressortissants de l'Union européenne ? En France, seuls les étrangers issus de l'Union européenne et résidant en France peuvent voter, et seulement aux élections municipales et européennes. Faut-il sanctionner ceux qui s'abstiennent et faire du vote un devoir (comme en Belgique) ? Faut-il changer l'âge d'obtention du droit de vote ?...

■ Les **droits civils**, fondés sur la liberté, protègent la vie privée du citoyen, lui permettent de circuler, d'exprimer ses pensées. Le citoyen a droit à un procès équitable devant un tribunal compétent, indépendant et impartial.

■ Les **droits économiques, sociaux et culturels**, fondés sur la solidarité, reconnaissent le droit de tous à l'instruction, à la culture, à la santé (Sécurité sociale, CMU), à un revenu minimal (RSA). Ils garantissent des conditions de vie décentes aux citoyens.

■ **La citoyenneté européenne ajoute de nouveaux droits :** droits de vote et d'éligibilité aux élections du Parlement européen et aux élections municipales de la commune de résidence ; droit de travailler et d'étudier dans tous les États membres ; droit de saisir la Cour de justice européenne, droit de pétition devant le Parlement européen, liberté de circulation dans le territoire de l'Union européenne, protection diplomatique et consulaire...

C Les devoirs du citoyen français et européen

■ Les droits ont une limite : respecter les droits des autres. **Envers l'État**, le citoyen doit respecter la loi, afin de vivre ensemble dans une société organisée. Il doit participer à l'effort commun : payer l'impôt et les cotisations sociales, faire son service militaire (JDC), etc. **Le vote est aussi un devoir moral, un devoir civique**, bien qu'aucune loi n'oblige le citoyen à aller voter. Voter revient à exprimer son soutien au régime démocratique ; il est possible de voter blanc si aucun candidat ne convient à l'électeur. L'abstention est dangereuse, car elle tend à remettre en question la légitimité de la démocratie ; de plus les élus n'ont une légitimité que s'ils représentent une majorité d'électeurs, et non le simple nombre de voix le plus important. Tout citoyen doit faire preuve de **civisme** : il doit accomplir ses devoirs envers l'État et les autres citoyens dans l'intérêt général.

■ **Envers les autres citoyens**, il doit respecter leur liberté, témoigner, porter assistance... S'il commet des infractions graves, il peut perdre ses droits civiques. Tout citoyen doit faire preuve de **civilité** (= politesse, respect envers les droits des autres).

■ De nouveaux devoirs européens s'ajoutent depuis 1992, en particulier respecter les lois européennes et les lois des États européens dans lesquels le citoyen réside.

2 Exercer sa citoyenneté : différentes formes d'engagement

A L'engagement politique

■ Les **partis** débattent pour faire vivre la République et contribuent à entretenir l'intérêt autour des débats de société. Le citoyen participe par le **vote** à la vie démocratique pour défendre une cause ou protester. Le citoyen peut aussi intervenir dans des **débats publics**, des **manifestations** ou des **conseils de quartier** (qui influencent les décisions municipales). D'autres encore utilisent Internet et les réseaux sociaux **(« e-démocratie »)**.

■ Le citoyen peut aussi s'engager dans différentes responsabilités politiques, en étant **sympathisant** (il vote régulièrement pour le même parti), **adhérent** (soutien financier par cotisation) ou **militant** (participer à des débats, réfléchir à des idées nouvelles, organiser des réunions...).

Il peut aussi présenter sa **candidature** et ainsi se trouver en position de défendre ses idées face à ses adversaires politiques. L'engagement peut être ponctuel (participation à une élection spécifique, vote...) ou de longue durée (militantisme, mandat...).

B L'engagement social

■ Le citoyen peut adhérer à des **syndicats** (loi Waldeck-Rousseau, 1884), organisations structurées et démocratiques qui luttent pour la protection des droits économiques et sociaux des travailleurs et pour la défense des intérêts professionnels de leurs adhérents, de l'échelle locale à l'échelle européenne (horaires, salaires, hygiène et sécurité, stabilité de l'emploi, retraite, lutte contre les discriminations et le harcèlement...).

■ Il peut aussi se présenter à des **élections professionnelles (délégués du personnel, membres des comités d'entreprise...)** pour représenter les salariés dans son entreprise, informer ses collègues des évolutions du droit du travail, saisir la justice en cas d'abus. Il peut devenir **conseiller prud'homal** afin d'arbitrer les litiges entre salariés et employeurs.

■ Il peut créer une **association** à but non lucratif (loi de 1901), afin de défendre des causes et renforcer la solidarité entre citoyens. Il peut y agir comme salarié, bénévole ou donateur. Les associations de quartier mènent des actions de proximité, d'autres agissent dans le social et l'humanitaire (ex. : Restos du cœur), d'autres encore favorisent les loisirs (associations sportives), la culture (université populaire du savoir) ou la protection de l'environnement (WWF). Il peut aussi s'engager dans un **lobby (groupe de pression)** qui défend des intérêts particuliers et s'efforce de faire pression sur les décideurs politiques (ex. : les « faucheurs volontaires » détruisent du colza génétiquement modifié près d'Angers en avril 2015 pour ramener le débat sur les OGM dans l'actualité).

C L'engagement dans la Défense nationale

■ La Défense a pour objectif d'assurer la sécurité du territoire et des populations contre toutes formes d'agression. Elle assure aussi des missions de sécurité civile, en cas de catastrophes naturelles ou technologiques. Elle contribue à la sécurité européenne et internationale. Elle défend la démocratie et les droits de l'homme et contribue au respect des accords internationaux. Elle doit anticiper les dangers qui menacent la population, prévenir les citoyens (exercices d'alerte), dissuader les adversaires potentiels, protéger (Vigipirate) et intervenir (ex. : secourir les populations opprimées par les Islamistes au Mali depuis janvier 2013, en réponse à la demande de l'État malien, allié de la France).

■ Chaque citoyen peut s'engager personnellement dans la Défense en rejoignant les **forces armées** (terre, mer, air, gendarmerie), la **sécurité civile** (pompiers, police, services d'urgence) ou la **réserve militaire ou citoyenne** (citoyens volontaires et formés venant renforcer les rangs de la Défense professionnelle).

■ Les citoyens doivent participer à la Défense et à la cohésion de la nation. La conscription est suspendue depuis 1997, mais peut être réactivée en cas de nécessité. Afin de maintenir un lien entre la Défense et la société civile, elle est remplacée par un parcours de citoyenneté en trois étapes, obligatoire pour les filles comme pour les garçons : l'enseignement de la Défense au collège et au lycée (missions de la Défense, menaces et risques actuels...), le recensement et la Journée défense et citoyenneté (JDC) pendant laquelle les citoyens sont informés sur le rôle et le fonctionnement de la Défense, sont testés pour l'illettrisme, sont initiés aux premiers secours, visitent des installations militaires, sont sensibilisés aux métiers de la Défense, au service civique volontaire...

EXERCICES – Sujets au choix

Situation 1 : Voter ou ne pas voter ? Telle est la question…

Doc : Une affiche de 2012, par Les agences de communication contre l'abstention.

1. Décrivez l'affiche. Expliquez le message qu'elle suggère.
2. Quel est le ton employé ? Comment appelle-t-on une telle affiche ?
3. Voter est-il un droit ou un devoir ? Justifiez votre réponse en vous aidant de l'affiche.

Situation 2 : Pourquoi payer l'impôt est-il un devoir civique ?

Document 1 : Pourquoi payer des impôts ?

Instinctivement, je n'ai pas envie de payer mes impôts. Le problème est que, si tout le monde s'arrangeait pour ne pas payer d'impôts, il n'y aurait plus de gendarmes, ni de lycées, ni d'hôpitaux, ni d'éboueurs, ni d'éclairage public, parce qu'il faut de l'argent à l'État et à la ville pour entretenir tous ces services. Le citoyen est celui pour qui ses envies n'ont pas le dernier mot et qui, au lieu de se demander s'il aime ou non payer ses impôts, se demande s'il est juste en soi de s'en acquitter.

Régis Debray, *La République expliquée à ma fille*, Le Seuil, 1998.

Document 2 : Portraits de contribuables

L'impôt varie selon le nombre de parts, c'est-à-dire de personnes dans le foyer fiscal.

Nombre de personnes dans le foyer fiscal	Situation	Montant annuel de l'impôt
Philippe (45 ans), célibataire	Cadre dans un laboratoire pharmaceutique, 60 000 euros de revenus annuels. 1 part.	11 248 euros
Xavier (35 ans) et Héloïse (33 ans), mariés, deux enfants	Xavier est restaurateur, Héloïse est infirmière. 60 000 euros de revenus annuels. 3 parts.	3 154 euros
Michel (65 ans) et Hélène (67 ans), retraités	28 000 euros de revenus annuels. 2 parts.	390 euros
Pierre (55 ans), chômeur	Aucun revenu. 1 part. Il touche le RSA (revenu de solidarité active), soit environ 450 euros mensuels.	0 euros

1. (Docs 1 et 2) Expliquez à quoi servent les impôts.
2. (Doc 2) Relevez les critères à partir desquels les impôts sont calculés.
3. (Docs 1 et 2) Expliquez pourquoi payer l'impôt est un devoir civique.

Situation 3 : Un exemple d'engagement

Document : Le lycée polyvalent Marcel Rudloff de Strasbourg organise chaque année une course contre la faim, avec l'association ACF (Action contre la Faim)

Chaque année, Action contre la Faim organise une course avec plus de huit cents établissements scolaires en France et à l'étranger qui se mobilisent pour venir en aide aux populations les plus démunies. [...] Des élèves de secondes générales, technologiques et professionnelles participent à cette course, en parcourant de 5 à 15 km environ. Avant la course, chaque élève se fait parrainer pour chaque kilomètre par des personnes de son entourage (parents, amis, voisins...) qui décident eux-mêmes de la somme attribuée par kilomètre. Le jour de la course, l'élève fait de son mieux ! La Course contre la Faim n'est pas une compétition, c'est vraiment l'esprit de solidarité et d'entraide qui prédomine. Les petites sommes gagnées au fil des kilomètres, additionnées les unes aux autres, permettront à l'association de mener des actions de grande envergure. [...] Pour expliquer aux élèves le problème de la faim dans le monde, des séances de sensibilisation sont organisées au sein des établissements par les bénévoles, les salariés ou des volontaires de l'association, et sont l'occasion de débats avec les élèves.

D'après http://www.lyc-rudloff-strasbourg.ac-strasbourg.fr/, mars 2015.

1. Décrivez l'engagement présenté dans le document. Par qui est-il effectué ?
2. Expliquez les motivations des citoyens qui s'engagent dans une telle action.

Situation 4 : Le citoyen et les missions de la Défense

L'enseigne de vaisseau de 2e classe SUSSMAN, après un an de volontariat dans la Marine nationale, désirait continuer à servir une institution pour laquelle il s'était engagé avec conviction. [...] Ces 8 h « d'appel sous les drapeaux » ne sont-elles pas une opportunité unique de dialogue et d'échange avec les citoyens ? En réalisant 10 JDC par an, ce lieutenant peut espérer promouvoir les valeurs des armées et de la République auprès de 400 appelés... [...] Il évoque le défi de rendre ces animations dynamiques et engageantes [la Défense et l'Europe, devoir de mémoire envers les Français morts pour défendre les libertés, visite du site, initiation aux gestes de premiers secours [...]. Il participe, humblement, à la genèse d'un sentiment collectif que les Anciens nommaient « amour de la Patrie ».

D'après l'enseigne de vaisseau de 1re classe E. Baggio,
Témoignage d'un animateur réserviste en JDC, www.defense.gouv.fr, 6 février 2014.

1. Décrivez la nature de l'engagement présenté par ce document.
2. Expliquez l'importance de la Journée défense et citoyenneté (JDC) dans le parcours du citoyen.

CORRIGÉ

Situation 1 : Voter ou ne pas voter ? Telle est la question...

1. L'affiche montre deux verres d'eau en équilibre sur une balance ; une goutte tombe dans le verre de gauche et va faire pencher la balance de son côté. Le message suggéré est qu'une voix peut changer la donne, qu'une voix est indispensable, et qu'il faut aller voter pour contribuer à faire évoluer la société.
2. Le ton est persuasif, il appelle à la réflexion. Cette affiche fait partie d'un programme de sensibilisation, destiné à inciter les électeurs à aller voter, à refuser l'abstention.

3. Voter est un droit politique du citoyen et un devoir moral. Même si le citoyen n'est pas obligé légalement d'aller voter, il a un devoir civique de le faire. S'il n'est pas d'accord avec les programmes proposés, le citoyen peut voter blanc, mais au moins manifester son attachement à la démocratie. Chaque abstention marque un désintérêt pour le système démocratique et le met en danger. Une société qui ne vote pas s'expose au danger d'un changement brutal de régime, lié au manque de légitimité des élus : coup d'état, établissement d'un régime autoritaire qui s'impose à la population...

Situation 2 : Pourquoi payer l'impôt est-il un devoir civique ?

1. Les impôts servent à financer les services publics qui sont nécessaires au fonctionnement d'une société démocratique. Ils garantissent l'accès aux services de proximité, à la santé, à l'éducation, à la sécurité... et financent les aides sociales que perçoivent les plus démunis.

2. L'impôt est progressif. Il dépend du montant des revenus et aussi des charges familiales : plus les revenus sont élevés, plus l'impôt augmente ; plus la charge familiale est forte, plus l'impôt diminue. L'impôt répond à la valeur républicaine de la fraternité, à la solidarité : les mieux lotis aident ceux qui ont moins. Au nom de l'égalité, chacun contribue à l'impôt à la mesure de ses moyens et de ses contraintes. C'est pourquoi, à revenus égaux, un célibataire paie plus qu'une famille nombreuse.

3. Payer l'impôt est un devoir civique, car il permet à l'État de financer les services publics qui garantissent aux citoyens l'exercice de leurs droits. Il s'agit d'un acte de civisme, qui place l'intérêt général avant son intérêt particulier. Il permet d'être solidaire des plus modestes et d'intégrer les citoyens dans la société en finançant les aides sociales.

Situation 3 : Un exemple d'engagement

1. L'engagement est initié par l'association Action contre la Faim : une course est organisée ; à chaque kilomètre parcouru, des fonds sont récoltés pour réaliser un don qui permettra de lutter contre la faim dans le monde. L'association reçoit l'appui d'un lycée polyvalent, de son administration, de ses professeurs et des élèves qui s'impliquent chaque année dans le projet.

2. Les citoyens qui s'investissent dans cette action ne sont pas motivés par une perspective de gain personnel, mais par un esprit de civilité, de solidarité avec les populations démunies touchées par la malnutrition. Sensibilisés à la question de la faim dans le monde, les élèves s'efforcent, à la mesure de leurs moyens, de consacrer un peu de leur temps et de leurs finances pour se consacrer à une grande cause humanitaire. Par les séances de sensibilisation, les bénévoles, volontaires, salariés et professeurs font réfléchir les élèves sur un engagement associatif responsable et la défense d'une grande cause. L'exemple montre que l'on peut s'investir dans une cause humanitaire, quels que soient son âge et ses moyens.

Situation 4 : Le citoyen et les missions de la Défense

1. L'officier présenté a effectué un service militaire volontaire et a souhaité partager son enthousiasme en s'engageant dans la réserve militaire. Il s'agit de l'engagement d'un citoyen, attaché à préserver le lien entre la nation et l'armée, chargée d'assurer la protection de celle-ci. Cet engagement, désintéressé, est motivé par un sentiment républicain, celui de faire partager les valeurs qui lui tiennent à cœur à de nombreux jeunes qui effectuent leur Journée défense et citoyenneté.

2. La JDC est un moment important de la formation du citoyen. La journée rappelle à tous qu'il y a un devoir de défense, dans l'intérêt collectif et que, malgré la suspension du service national, chaque citoyen doit consacrer un peu de son temps, même symboliquement, à s'intéresser aux missions de défense déployées pour assurer sa sécurité. Cette journée est l'occasion de croiser d'autres jeunes citoyens, avec d'autres parcours, d'échanger et de dialoguer sur la géopolitique mondiale, la position de la France à l'international, de s'initier aux premiers secours et de réfléchir aux carrières variées proposées par la Défense.

12 Pluralisme des croyances et laïcité

La laïcité est un principe républicain qui garantit à tous la liberté de conscience. La République respecte la diversité des croyances, politiques, philosophiques et religieuses, dans la limite de la liberté et de l'intégrité des citoyens.

1 La lente conquête de la laïcité en France

A La période révolutionnaire et napoléonienne

■ Jusqu'à la Révolution française, la France est une monarchie de droit divin, la religion catholique dominante soutient le régime (cérémonie du sacre). Aucune laïcité n'existe : l'Église rythme largement la vie des contemporains (baptêmes, mariages, enterrements).

■ En 1789, l'Assemblée nationale constituante concrétise une **liberté d'opinion, en particulier religieuse et de culte** dans la Déclaration des droits de l'homme et du citoyen et dans la Constitution de 1791. En 1792, l'état civil est confié aux mairies, le mariage civil et le divorce sont institués.

■ Avec le **Concordat de 1801**, l'État napoléonien **tolère le pluralisme des cultes**. L'État reconnaît, protège et subventionne alors les religions ; il salarie les prêtres, les pasteurs et les rabbins, et les soumet à son autorité. La Restauration rend sa puissance politique à l'Église catholique.

B Au XIXe siècle : la laïcité comme une arme contre l'Église

■ Tout au long du XIXe siècle s'opposent les tenants d'une France catholique (inculquer les valeurs chrétiennes) à ceux qui veulent s'en tenir à l'héritage révolutionnaire de 1789 (former des citoyens, affirmer la liberté d'opinion religieuse, enseigner la science).

■ L'état civil et le mariage civil sont affirmés comme des **moyens d'affaiblir la puissance de l'Église**. Le culte républicain, civil, alimenté par les symboles (drapeau, hymne, devise), les cérémonies (14 juillet) et le nationalisme, s'installe à côté des religions. La laïcité apparaît alors comme une opposition à la puissance de l'Église catholique, une contestation du poids qu'elle représente dans la société et de son rôle politique.

C Après 1880 : volonté d'unification républicaine

■ La Troisième République renouvelle le principe de laïcité dans un but **d'unification républicaine. Les lois Jules Ferry (1881-1882)** créent l'école publique, obligatoire et laïque ; les signes religieux quittent l'école, le jeudi est chômé pour autoriser un enseignement religieux privé, au libre choix des familles.

■ Par la **loi de séparation de l'Église et de l'État du 9 décembre 1905**, la République assure la liberté de conscience à tous les citoyens ; elle accorde la liberté d'exercice à tous les cultes et tolère l'athéisme. La République autorise toutes les religions, mais ne finance et ne reconnaît aucun culte. L'Église n'a plus de rôle politique, l'État n'intervient plus dans les affaires religieuses. Une pacification progressive s'installe entre les Français.

■ La laïcité est ensuite inscrite dans les **constitutions de 1946 et 1958**. L'État reste neutre envers les religions, mais il assure l'égalité devant la loi de tous les citoyens sans distinction de religion. Il respecte toutes les croyances. La laïcité est inscrite dans la Constitution comme un principe républicain ; elle est devenue non plus un conflit entre la République et les religions, mais la garante de la pratique de toutes les religions et croyances.

2 La laïcité au cœur des débats actuels

A La laïcité aujourd'hui : des définitions à différents niveaux

■ **Politiquement**, la laïcité est un système qui exclut les religions de l'exercice du pouvoir politique. L'Église n'a pas de pouvoir politique, l'État n'a plus de pouvoir religieux. Toutes les opinions sont acceptées par la République, tant que les droits des citoyens sont respectés.

■ **Juridiquement**, la laïcité repose sur la Déclaration des droits de l'homme et du citoyen de 1789, la loi de 1905 et la Constitution de 1958. Elle est fondée sur le respect de la liberté de conscience et de culte, l'égalité des religions et des convictions : tout citoyen a le libre choix de croire ou de ne pas croire. Elle protège l'égalité de droits de tous les citoyens, quelles que soient leurs convictions, et la fraternité entre les communautés. L'état civil laïc enregistre les naissances, mariages, divorces et décès de tous les citoyens, quelle que soit leur religion. L'école publique, laïque et obligatoire, accueille tous les élèves et entend leur apprendre à défendre et exercer leurs libertés, en particulier la liberté d'opinion.

■ **En termes scolaires**, l'enseignement laïc du fait religieux se déroule dans le respect et l'égalité de toutes les croyances. Il s'efforce de donner à l'élève les moyens de comprendre le fonctionnement du monde en expliquant la richesse et le pluralisme des croyances, en définissant les bases des grandes religions : l'élève doit ainsi pouvoir refuser les préjugés et la discrimination. L'enseignement reste neutre, ne porte aucun jugement. La loi du 15 mars 2004 interdit les signes religieux ostensibles à l'école pour défendre la liberté de conscience de tous les citoyens. La charte de la laïcité rappelle depuis 2013 dans toutes les écoles publiques les fondements du principe républicain.

B L'État laïc est sensible au pluralisme des croyances

■ **La laïcité prend en compte la nature multiculturelle de la société française.** Les 40 millions de catholiques, les 5 millions de musulmans, le million de protestants et les 600 000 juifs, sans compter les autres religions plus minoritaires et les athées, ont tous le droit de s'exprimer et de construire des lieux de culte. L'État laïc, neutre, accepte toutes les croyances sur un pied d'égalité et doit permettre à chacune de s'exprimer.

■ L'État laïc respecte les principales fêtes religieuses (plusieurs jours fériés, comme Noël, ont une origine sacrée) ainsi que les interdits ou prescriptions élémentaires : l'autorisation de l'abattage rituel délivrée par les préfets, le respect des interdits alimentaires dans les cantines scolaires, l'autorisation de construire des lieux de culte (vus par l'État comme un patrimoine culturel diversifié), l'organisation de carrés juifs, musulmans ou bouddhistes dans les cimetières communaux, l'autorisation de processions ou de pèlerinages...

■ L'État laïc est devenu le garant du respect de l'espace public, qui se doit d'être neutre. Il se place au-dessus des différences pour promouvoir aujourd'hui le dialogue œcuménique, la compréhension mutuelle et l'égalité républicaine entre les croyances. Il s'efforce d'intégrer tous les croyants et non-croyants comme citoyens égaux dans la République.

C L'État laïc face à l'intégrisme et aux dérives sectaires

■ Les **dérives sectaires** désignent la mise en œuvre, par un groupe ou un individu, de pressions ayant pour but de créer un état de soumission psychologique chez un individu. **L'intégrisme** se définit comme une application intransigeante d'une religion qui interdit toute évolution et toute remise en question. L'intégrisme rejette tout mode de vie et de pensée différent du sien.

■ Les mouvements sectaires ou intégristes peuvent tenir un discours antidémocratique et générer des troubles à l'ordre public (exemple : les suicides collectifs ordonnés par l'ordre du Temple solaire en 1994-1997). Ils perturbent l'équilibre psychologique et social des familles. Ils entravent la liberté de l'individu et l'isolent de toute vie sociale extérieure à eux.

■ La laïcité s'efforce de protéger l'espace public contre les dérives sectaires et les intégrismes. La loi du 12 juin 2001 punit ceux qui profitent de l'état de faiblesse d'une personne en état de soumission psychologique résultant de pressions répétées. Plusieurs organismes agissent en faisant de la prévention, de l'information et de l'aide aux victimes. La Miviludes (Mission interministérielle de vigilance et de lutte contre les dérives sectaires, 2002), l'UNADFI (Union nationale des associations de défense des familles et de l'individu victime de sectes), le CCMM (le Centre contre les manipulations mentales) et des associations comme SOS racisme secondent les actions de l'État en multipliant les campagnes de sensibilisation et actions juridiques.

EXERCICES – Sujets au choix

Situation 1 : Plusieurs conceptions européennes des relations entre État et religions.

Doc 1. La législation en France

- Loi de séparation des Églises et de l'État de 1905 :

Article 1. La République assure la liberté de conscience. Elle garantit le libre exercice des cultes sous les seules restrictions édictées ci-après dans l'intérêt de l'ordre public.

Article 2. La République ne reconnaît, ne salarie ni ne subventionne aucun culte.

- Constitution du 4 octobre 1958 :

Article 2. « La France est une République indivisible, laïque, démocratique et sociale. Elle assure l'égalité devant la loi de tous les citoyens sans distinction d'origine, de race ou de religion. Elle respecte toutes les croyances. »

Doc 2. Quelle laïcité pour l'Europe et les États candidats ?

Il y a des laïcités. Celle qui prône la séparation stricte ou celle qui recherche la coopération des Églises et de l'État comme en Allemagne. Depuis juin 2013, l'Union européenne discute de ces différents modèles et teste leur possible convergence. Une forme de laïcité européenne est potentiellement en construction. [...] En 1831, pionnière sur le continent européen, la Belgique innove en séparant État et Église. Mais il ne s'agit pas d'une laïcité à la française, et le système repose sur deux piliers. Les traitements et pensions des ministres du culte sont à la charge de l'État. Cela concerne les cultes catholique, protestant, anglican, orthodoxe, juif et musulman. "Le courant humaniste appelé laïcité organisée" est aussi reconnu de la même façon. Mais ce modèle est compensé par « la place prépondérante de l'école confessionnelle, considérée comme un service public fonctionnel ».

D'après M. Stricot et F. Leone, « Quelle laïcité pour l'Europe ? », www.lemondedesreligions.fr, 15 avril 2014.

1. (Doc 1) Décrivez la laïcité en France à partir des documents.
2. (Docs 1 et 2) Les relations entre l'État et la pluralité des convictions religieuses sont-elles partout en Europe similaires à celles pratiquées en France ? Justifiez votre réponse.

Situation 2 : La tolérance et ses implications morales.

Le 16 novembre 1995, les États membres de l'UNESCO ont adopté une charte. Ils y affirment notamment que la tolérance n'est ni complaisance ni indifférence. C'est le respect et l'appréciation de la richesse et de la diversité des cultures de notre monde, de nos modes d'expression et de nos manières d'exprimer notre qualité d'êtres humains. La tolérance est la reconnaissance des droits universels de la personne humaine et des libertés fondamentales d'autrui. Les peuples se caractérisent naturellement par leur diversité ; seule la tolérance peut assurer la survie de communautés mixtes dans chaque région du globe. [...] Dans nos sociétés de plus en plus diversifiées, l'UNESCO accomplit chaque jour sa mission humaniste qui est d'accompagner les peuples en vue de mieux se comprendre et d'œuvrer ensemble pour aboutir à une paix durable. [...] Aujourd'hui, alors que les menaces et les défis nouveaux se multiplient au niveau mondial et nuisent à la cohésion de l'humanité, telles les nouvelles formes d'inégalités, d'exclusion, de violence et de fondamentalisme, apprendre à vivre ensemble entre tous les membres de la communauté mondiale représente un enjeu d'actualité. Les compétences interculturelles ne sont pas innées. Elles s'acquièrent par l'éducation et l'expérience vécue.

D'après I. Bokova, Directrice générale de l'UNESCO, Vienne, 31 mai 2012, www.unesco.org

1. Décrivez la notion de tolérance et son importance pratique dans la société.
2. Relevez dans le document les causes de diffusion d'intolérance à travers le monde.
3. Les lois sur la laïcité en France s'inscrivent-elles dans la démarche de l'UNESCO ?

CORRIGÉ

Situation 1 : Plusieurs conceptions européennes des relations entre État et religions.

1. La laïcité est un principe républicain qui garantit la liberté d'opinion religieuse et d'exercice à tous les citoyens français. Elle est un facteur d'unité républicaine. L'État est neutre envers les religions, les respecte toutes mais n'en subventionne aucune et n'a pas de religion officielle. L'État autorise le fait de croire ou de ne pas croire.

2. Les relations entre l'État et les religions varient selon les États européens et leur histoire. Certains, comme l'Allemagne, continuent à faire coopérer l'État et les religions, dans le respect du pluralisme des croyances et de la tolérance. D'autres, comme la Belgique, séparent l'État et l'Église, les affaires politiques et les affaires religieuses, mais l'État, contrairement à la France, continue à subventionner les religieux au nom du maintien de l'école confessionnelle, considérée comme un service public rendu à la population par les différentes religions. L'Union européenne réfléchit à une législation sur la laïcité européenne.

Situation 2 : La tolérance et ses implications morales.

1. La tolérance désigne le respect dû à toutes les opinions, quelles que soient leurs différences. Elle favorise le dialogue, l'acceptation de l'autre et le respect des citoyens dans leur diversité culturelle. Elle soutient la fraternité et les libertés entre citoyens.

2. L'intolérance se diffuse à travers le monde par le manque de dialogue, de débats et d'éducation. L'intolérance se développe dans les situations de crise ou de misère qui favorisent la montée de régimes dictatoriaux, intégristes, qui refusent toute opposition.

3. Les lois sur la laïcité en France s'inscrivent pleinement dans la démarche de l'UNESCO : elles favorisent le dialogue intercommunautaire, défendent les libertés de chacun et la tolérance, reconnaissent la différence religieuse comme une richesse à préserver. La laïcité est vue comme une garantie des droits de l'homme et en particulier de la liberté d'opinion.

MATHÉMATIQUES

1. Le calcul numérique 152
2. Le repérage 163
3. La proportionnalité 171
4. La situation du premier degré 179
5. La statistique descriptive – notion de chance ou de probabilité 182
6. La géométrie plane 191
7. La géométrie dans l'espace 206
8. La propriété de géométrie plane 209
9. Les relations trigonométriques dans le triangle rectangle 215
10. Les calculs commerciaux 218

	Groupement A	Groupement B	Groupement C
	Productique Maintenance Bâtiment Travaux publics Électricité Électronique Audiovisuel Industries graphiques	Hygiène Santé Chimie et procédés	Tertiaires Services Hôtellerie Alimentation Restauration
1 – Calcul numérique	X	X	X
2 – Repérage	X	X	X
3 – Proportionnalité	X	X	X
4 – Situations du premier degré		X	X
5 – Statistique descriptive – Notions de chance ou de probabilité	X	X	X
6 – Géométrie plane	X	X	
7 – Géométrie dans l'espace	X		
8 – Propriétés de géométrie plane	X	X	
9 – Relations trigonométriques dans le triangle rectangle	X		
10 – Calculs commerciaux			X
11 – Intérêts			X

1 Le calcul numérique

Prise en main d'une calculatrice Casio fx-92

MODE permet de :

1) COMP, calculer
2) STAT, calculer la moyenne d'une série de valeurs
3) SYST, résoudre un système d'équations
4) TABLE, créer un tableau de valeurs
5) VERIF, vérifier une égalité ou une inégalité
6) PROP, calculer un terme d'une proportion

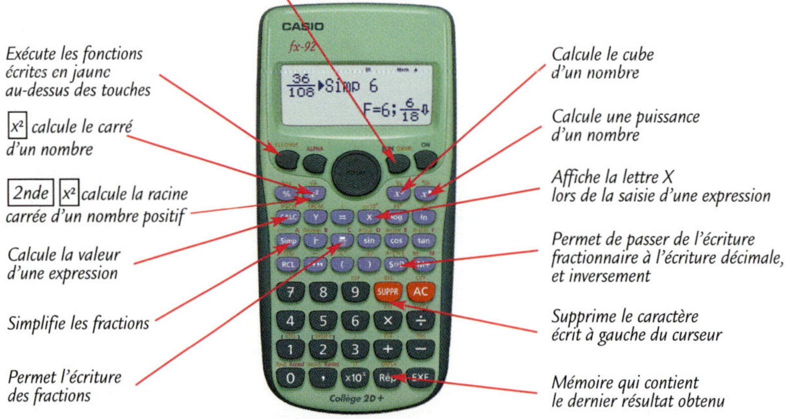

Prise en main d'une calculatrice TI-Collège

MODE permet de :

1) DEG RAD GRAD, choisir l'unité d'angle
2) NORM SCI ING, choisir entre affichage normal, scientifique ou ingénieur
3) FLOTT 0 1 2 3 4 5 6 7 8 9, choisir le nombre de chiffres à afficher après la virgule
4) SIMPMAN SIMPAUTO, choisir entre simplification étape par étape et simplification automatique
5) AFFNATUREL AFFLIGNE, choisir entre l'affichage sous forme mathématique exacte et l'affichage sous forme décimale

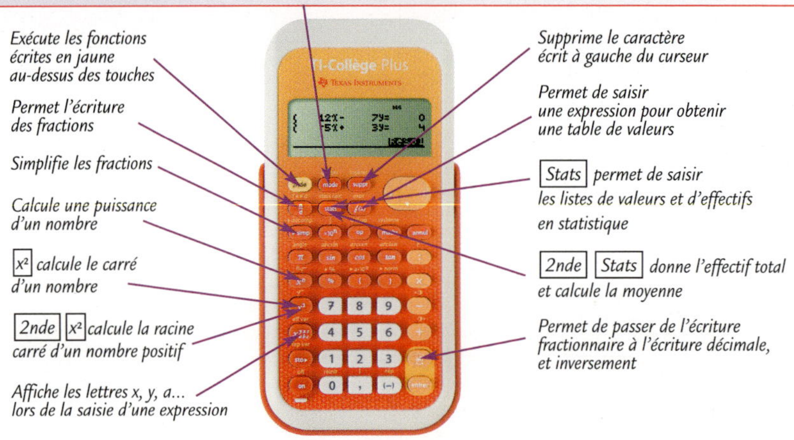

1 Rappel : écriture d'un nombre

EXEMPLE : 1 235 890 , 467

Millions	Centaines de mille	Dizaines de mille	Milliers	Centaines	Dizaines	Unités	Dixièmes	Centièmes	Millièmes
1	2	3	5	8	9	0	4	6	7

La partie **entière** est celle située à **gauche** de la virgule : **1 235 890** , 467.
La partie **décimale** est celle située à **droite** de la virgule : 1 235 890 , **467**.

2 Conversion et ordre de grandeur

A Comment convertir un nombre décimal en heures, minutes, secondes et inversement ?

Rappel : 1 min = 60 s
1 h = 60 min = 3 600 s

Quand on fait un calcul, on peut obtenir une durée en heure décimale.

EXEMPLE : 2,25 h.

Pour obtenir en minutes la partie décimale (dans l'exemple : 0,25), il faut **multiplier cette partie décimale par 60** (dans l'exemple : 0,25 × 60 = 15 minutes).
Même méthode pour passer des minutes décimales aux secondes (3,5 min = 3 min 30 s car 0,5 × 60 = 30).

Inversement, pour passer des heures, minutes, secondes aux heures décimales, il faut :
- diviser le nombre de secondes par 60 ;
- ajouter le résultat aux minutes pour obtenir des minutes décimales ;
- diviser le nombre de minutes par 60 pour obtenir des heures décimales.

EXEMPLE

1 h 23 min 42 s
42 s = 42 / 60 min = 0,7 min
23 + 0,7 = 23,7 min
23,7 / 60 = 0,395 h
1 + 0,395 = 1,395 h

Donc 1 h 23 min 42 s = 1,395 h

Exercices

Exercice 1
Convertir en heures, minutes, secondes 3,31 heures.

Exercice 2
Un plombier travaille 2 h 45 min chez un client, calculer la durée en heures décimales qu'il doit indiquer sur la facture.

MATHÉMATIQUES

B Comment déterminer rapidement un ordre de grandeur ?

Pour cela, on arrondit les nombres du calcul à la puissance de 10 la plus proche.

EXEMPLE

Ordre de grandeur de $79 \times 2\,357$

$79 \approx 100$; $2\,357 \approx 1\,000$

$79 \times 2\,357 \approx 100 \times 1\,000 = 100\,000$

L'ordre de grandeur de $79 \times 2\,357$ est 100 000

Exercices

Exercice 3

On achète 1,1 kg de farine pour faire de la pâte à sel, qui coûte 0,80 € le kilo. Donner l'ordre de grandeur du prix à payer.

Exercice 4

Donner l'ordre de grandeur de :

$a = 130 \times 8\,960$

$b = 0{,}03 \times 761$

$c = 347 \times 0{,}008$

3 Comparaison de nombres en écriture décimale

> Le nombre le plus petit se trouve du côté le plus petit du signe : le côté « pointu ».

Rappel :

$a < b$: ***a*** est plus petit que ***b***

$a = b$: ***a*** égale ***b***

$a > b$: ***a*** est plus grand que ***b***

Comment comparer une liste de nombre en écriture décimale ?

On commence par classer les nombres en ne regardant que les parties entières.

> Si un nombre n'a plus de chiffre après la virgule, on peut rajouter un ou plusieurs zéros.

Si deux nombres ont la même partie entière, alors il faut regarder leur partie décimale : on classe suivant le premier chiffre après la virgule ; si c'est le même, on regarde le deuxième, et ainsi de suite.

EXEMPLE

Classer du plus petit au plus grand les nombres décimaux suivants : – 123 ; 43,85 ; 43,7 ; 43,821 ; 24.

$-123 < 24 < 43$

$43{,}7 < 43{,}8$

$43{,}82 < 43{,}85$

Donc : $-123 < 24 < 43{,}7 < 43{,}821 < 43{,}85$

Exercice

Exercice 5

Classe les nombres décimaux suivants du plus petit au plus grand

54,7 ; 32,56 ; – 678 ; 32,8 ; 32,142 ; 54,19

4 Les puissances d'exposant entier relatif

A Comment calculer le carré d'un nombre en écriture décimale ?

Le **carré** d'un nombre est la **multiplication de ce nombre par lui-même.**

À la calculatrice, on utilise la touche x^2 (voir fiche en début de chapitre).

EXEMPLE

$5^2 = 5 \times 5 = 25$

À noter : quand on calcule le carré d'un nombre négatif à la calculatrice, il faut mettre des parenthèses autour de ce nombre.

EXEMPLE

$(-3)^2$

Attention !
$3^2 = 3 \times 3 = 9$
$3 \times 2 = 6$

Exercice

Exercice 6
Calculer 11^2 et -12^2.

B Comment calculer le cube d'un nombre en écriture décimale ?

Le **cube** d'un nombre est la **multiplication de ce nombre par lui-même, et encore par lui-même**.

À la calculatrice, on utilise la touche x^3 ou x^n **puis 3** (voir fiche en début de chapitre) ou encore (pour d'autres modèles de calculatrice) : ^ puis **3**.

EXEMPLE

$6^3 = 6 \times 6 \times 6 = 216$

Attention !
$4^3 = 64$
$4 \times 3 = 12$

Exercices

Exercice 7
Calculer 7^3 et -9^3.

Exercice 8
Un peintre veut peindre un mur carré de côté 8,32 m. Calculer l'aire de la surface à peindre.

Exercice 9
Calculer le carré du nombre – 56,21.

Exercice 10
On souhaite installer un chauffage dans une pièce cubique de côté 2,50 m. Calculer le volume de la pièce.

5 La notation scientifique d'un nombre en écriture décimale

Comment passer, pour le résultat d'un calcul, de l'affichage de l'écran de la calculatrice en mode scientifique à la notation scientifique, puis à l'écriture du nombre décimal correspondant ?

Il arrive que, lors d'un calcul, la calculatrice affiche un résultat du genre : 1,23E^{-6} ou bien $1{,}23 \times 10^{-6}$

Ce résultat signifie $1{,}23 \times 10^{-6}$ = **0,00000**123

Écriture scientifique : $1{,}23 \times 10^{-6}$

$\times 10^{-6}$: donc le chiffre des unités du nombre du début se trouve en **6**^{e} position après le zéro : on décale la virgule de **6** chiffres vers **la gauche** pour avoir l'écriture décimale.

Écriture décimale : 0,00000123

EXEMPLE

La calculatrice affiche $6{,}347 \times 10^{-3}$.

– Écriture scientifique $6{,}347 \times 10^{-3}$

– Écriture décimale : 0,006347

10^{-3} : donc le chiffre des unités du nombre du début se trouve en 3e position après le zéro.

Autre cas possible :

1,23E^{6} ou bien $1{,}23 \times 10^{6}$

Dans ce cas, cela revient à multiplier 1,23 par 10^{6}, c'est-à-dire 1 000 000

6 zéros

Ce nombre est $1{,}23 \times 10^{6}$ = 1 230 000

Écriture scientifique : $1{,}23 \times 10^{6}$ — Écriture décimale : 1 230 000

$\times 10^{6}$: donc on décale la virgule de **6** chiffres vers la **droite** en ajoutant des zéros quand il n'y avait plus de chiffres pour avoir l'écriture décimale.

Exercice

Exercice 11

Pour chaque affichage de la calculatrice, **donner les écritures scientifique puis décimale**.

Affichage calculatrice	$4{,}16 \times 10^{3}$	$3{,}5 \times 10^{-3}$	$8{,}935 \times 10^{5}$	$7{,}416 \times 10^{-4}$
Écriture scientifique				
Écriture décimale				

6 L'ordre de grandeur d'un résultat

Comment utiliser la notation scientifique pour obtenir un ordre de grandeur ?

L'ordre de grandeur d'un résultat en écriture scientifique est la puissance de 10 la plus proche :

EXEMPLE

L'ordre de grandeur de $2{,}356 \times 10^{-3}$ est $\approx 1 \times 10^{-3} = 10^{-3} = 0{,}01$

L'ordre de grandeur de $4{,}18 \times 10^{6}$ est $\approx 1 \times 10^{6} = 10^{6} = 1\,000\,000$

L'ordre de grandeur de $6{,}3 \times 10^{7}$ est $\approx 10 \times 10^{7} = 10^{8} = 100\,000\,000$

Exercice

Exercice 12

Donner les ordres de grandeur des nombres suivants :
- taille d'une puce : 2×10^{-3} m
- taille d'un Airbus A320 : $3{,}757 \times 10^{1}$ m
- largeur d'un porte container MCS Oscar : $5{,}9 \times 10^{1}$ m

7 La valeur arrondie

Comment déterminer la valeur arrondie à 10^{n} d'un nombre en écriture décimale ?

C'est prendre le nombre le plus proche du nombre donné avec la précision demandée :
- arrondir à 10^{3} près, c'est arrondir au millier le plus proche car $10^{3} = 1\,000$;
- arrondir à 10^{-2} près, c'est arrondir au centième le plus proche car $10^{-2} = 0{,}01$.

• Si le chiffre qui suit celui auquel on doit arrondir est **0** ou **1** ou **2** ou **3** ou **4**, on enlève juste les nombres qui suivent (si on est après la virgule) ou on les remplace par des zéros (si on est avant la virgule).

EXEMPLE 1

Arrondir 23,59823 à 10^{-3}

$10^{-3} = 0{,}001$ donc on arrondit à 0,001 près (3 chiffres après la virgule)

Le 3e chiffre après la virgule est un 8, celui d'après est un **2** donc on enlève juste les chiffres qui sont après le 8.

23,59823 ≈ 23,598

• Si le chiffre qui suit est **5** ou **6** ou **7** ou **8** ou **9**, on augmente de 1 le chiffre auquel on doit arrondir puis on enlève les nombres qui suivent (si on est après la virgule) ou on les remplace par des zéros (si on est avant la virgule).

EXEMPLE 2

Arrondir 2 382 à 10^{2} près.

$10^{2} = 100$ donc on arrondit à la centaine près :
- le chiffre des centaines est le 3,
- celui qui le suit est un **8** donc on remplace le 3 par $3 + 1 = 4$,
- on met des zéros à la place des chiffres à droite.

2 382 ≈ 2 400

Exercice

Exercice 13
Arrondir :
a) 235 à 10^1 près
b) 569 348 à 10^3 près
c) 0,5488 à 10^{-2} près
d) 0,24185 à 10^{-3} près

8 La racine carrée, la notation $\sqrt{a}$

■ **Comment déterminer, en écriture décimale, la valeur exacte ou une valeur arrondie de la racine carrée d'un nombre positif ?**
Pour cela on a besoin de la calculatrice.

Par exemple, pour calculer la racine carrée de 36, qui se note $\sqrt{36}$.

On tape les touches seconde puis x^2 puis 3 6 et enfin exe (ou enter).

On trouve $\sqrt{36} = 6$.

Exercice

Exercice 14
À l'aide de la calculatrice, **calculer** les racines carrées suivantes :
a) $\sqrt{81}$
b) $\sqrt{121}$
c) $\sqrt{77}$

9 Les nombres en écriture fractionnaire

■ **Comment déterminer, en écriture décimale, la valeur exacte ou une valeur arrondie du nombre $\frac{a}{b}$?**

a est le numérateur
b est le dénominateur

$\frac{a}{b}$ est en fait une autre écriture de a / *b*, donc pour obtenir une écriture décimale de ce nombre, il suffit de faire la division.

EXEMPLE

$\frac{3}{2} = 1,5$. On a calculé 3 « divisé par 2 ».

Comment calculer un produit de la forme $c \times \frac{a}{b}$?

Pour cela, on multiplie le nombre « c » par le nombre « a » du haut de la fraction.

EXEMPLE

$5 \times \frac{2}{3} = \frac{5 \times 2}{3} = \frac{10}{3}$

> Attention ! On ne multiplie QUE le nombre du haut.

Comment utiliser l'égalité $\frac{c \times a}{c \times b} = \frac{a}{b}$?

Cette égalité sert principalement à simplifier une fraction, c'est-à-dire à l'écrire sous sa forme irréductible. Elle peut aussi servir à mettre une fraction au même dénominateur qu'une autre (voir ci-après).

EXEMPLE

$\frac{20}{30} = \frac{2 \times 10}{3 \times 10} = \frac{2}{3}$

> Le signe multiplié « × » est parfois noté « . »

Utiliser l'équivalence $\frac{a}{c} = \frac{b}{d}$ équivaut à $a \times d = b \times c$

Parfois, il peut être plus pratique d'avoir une égalité sous forme de multiplications que sous forme de divisions, en particulier pour un calcul « de tête ».

EXEMPLE

$\frac{d}{3} = \frac{15{,}234}{5}$ équivaut à $d \times 5 = 3 \times 15{,}234$.

Comment mettre deux fractions au même dénominateur (c'est-à-dire qu'elles soient écrites avec le même nombre « en bas ») ?

On commence par choisir un dénominateur commun. Si ce n'est pas évident, on prend comme dénominateur commun la multiplication des 2 dénominateurs.

Puis on utilise l'égalité $\frac{a}{b} = \frac{c \times a}{c \times b}$ pour mettre chaque fraction au nouveau dénominateur.

EXEMPLE 1

Mettre au même dénominateur $\frac{1}{2}$ et $\frac{5}{8}$.

On choisit 8 comme dénominateur commun.

On ne change donc rien à $\frac{5}{8}$.

Pour passer du dénominateur de $\frac{1}{2}$ qui est « 2 », au nouveau dénominateur qui est 8, il faut multiplier par 4 donc :

$\frac{1}{2} = \frac{1 \times 4}{2 \times 4} = \frac{4}{8}$

EXEMPLE 2

Mettre au même dénominateur $\frac{5}{3}$ et $\frac{7}{2}$.

On choisit $3 \times 2 = 6$ comme dénominateur commun :

$\frac{5}{3} = \frac{5 \times 2}{3 \times 2} = \frac{10}{6}$

$\frac{7}{2} = \frac{7 \times 3}{2 \times 3} = \frac{21}{6}$

Comment comparer des nombres en écriture fractionnaire dans des situations simples ?

Pour cela, il faut commencer par mettre toutes les fractions au même dénominateur.

Ensuite, celle des deux fractions qui a le plus grand numérateur (c'est-à-dire le nombre « du haut ») est la plus grande.

EXEMPLE

Comparer $\frac{5}{3}$ et $\frac{7}{2}$

On a vu dans l'exemple précédent que :

$\frac{5}{3}=\frac{10}{6}$

$\frac{7}{2}=\frac{21}{6}$

Le plus grand numérateur (« nombre du haut ») dans les fractions transformées est le 21 donc la plus grande fraction est $\frac{21}{6}=\frac{7}{2}$.

Donc : $\frac{5}{3}<\frac{7}{2}$

Comment additionner, soustraire des nombres en écriture fractionnaire dans des situations simples ?

Pour cela, il faut commencer par mettre toutes les fractions au même dénominateur (c'est-à-dire avec le même nombre « en bas »).

Puis on additionne (ou soustrait) les numérateurs (les nombres « du haut ») **sans rien changer au dénominateur** (le nombre « du bas »).

EXEMPLE

Calculer : $\frac{5}{3}+\frac{7}{2}$

On a vu dans les exemples précédents que : $\frac{5}{3}=\frac{10}{6}$ et $\frac{7}{2}=\frac{21}{6}$

Donc : $\frac{5}{3}+\frac{7}{2}=\frac{10}{6}+\frac{21}{6}=\frac{10+21}{6}=\frac{31}{6}$ ← On ne change rien au dénominateur.

Comment multiplier des nombres en écriture fractionnaire dans des situations simples ?

Pour cela, on multiplie simplement les numérateurs entre eux et les dénominateurs entre eux.

EXEMPLE

Calculer $\frac{5}{3}\times\frac{7}{2}$

$\frac{5}{3}\times\frac{7}{2}=\frac{5\times7}{3\times2}=\frac{35}{6}$

Comment diviser des nombres en écriture fractionnaire dans des situations simples ?

Pour cela, on multiplie par l'inverse de la fraction par laquelle on veut diviser.

> Ce n'est pas la peine de mettre les fractions au même dénominateur pour les multiplier.

EXEMPLE

Calculer : $\frac{5}{3}\div\frac{7}{2}$

$\frac{5}{3}\div\frac{7}{2}=\frac{5}{3}\times\frac{2}{7}=\frac{5\times2}{3\times7}=\frac{10}{21}$

On a inversé le 7 et le 2.

Exercices

Exercice 15

a) **Mettre** au même dénominateur $\frac{5}{7}$ et $\frac{1}{14}$.

b) **Mettre** au même dénominateur $\frac{1}{5}$ et $\frac{2}{3}$.

Exercice 16

1. Calculer : $12{,}8 \times \frac{5}{13}$.

2. Donner une écriture équivalente à $\frac{x}{7} = \frac{45}{1}$.

3. Comparer $\frac{2}{3}$ et $\frac{5}{7}$

4. Calculer à la main

a) $\frac{2}{3} + \frac{5}{6}$ b) $\frac{1}{2} - \frac{3}{7}$ c) $\frac{8}{3} \times \frac{5}{4}$ d) $\frac{2}{7} / \frac{6}{5}$

10 La valeur numérique d'une expression littérale

Comment calculer la valeur numérique exacte ou une valeur arrondie d'une expression littérale en donnant aux lettres des valeurs numériques ?
Cela consiste à remplacer les lettres données dans une formule par leur valeur donnée dans l'énoncé.

EXEMPLE
Calculer l'intensité I traversant une résistance $R = 20\ \Omega$ alimentée sous une tension $U = 12$ V

Formule $I = \frac{U}{R}$

$I = \frac{U}{R} = \frac{12}{20} = 0{,}6$ A

Exercice

Exercice 17
Calculer l'énergie E consommée par une lampe de puissance $P = 20$ W pendant $t = 50$ s
Formule $E = P.t$

Corrigés des exercices

Exercice 1
3,31 h = 3 h + 0,31 h
0,31 h = 31 × 60 min = 18,6 min
18,6 min = 18 min + 0,6 min
0,6 min = 0,6 × 60 s = 36 sec
Donc : 3,31 h = 3 h 18 min 36 sec

Exercice 2
2 h 45 min
45 min = 45/60 h =0,75 h
Donc : 2 h 45 min = 2,75 h

Exercice 3
1,10 ≈ 1 et 0,80 ≈ 1
1 × 1 = 1 €

Exercice 4
130 ≈ 100 ; 8 960 ≈ 10 000 ;
a ≈ 100 × 10 000 = 1 000 000
0,03 ≈ 0,01 ; 761 ≈ 1 000 ;
b ≈ 0,01 × 1 000 ≈ 10
347 ≈ 100 ; 0,008 ≈ 0,01 ; c ≈ 100 × 0,01 ≈ 1

Exercice 5
– 678 < 32,142 < 32,56 < 32,8 < 54,19 < 54,7

MATHÉMATIQUES

Exercice 6

$11^2 = 121$

$(-12)^2 = 144$

Exercice 7

$7^3 = 343$

$-9^3 = -729$

Exercice 8

$8{,}32^2 = 69{,}2224\ m^2$

Exercice 9

$(-56{,}21)^2 = 3\ 159{,}5641$

Exercice 10

$2{,}50^3 = 15{,}625\ m^3$

Exercice 11

Affichage calculatrice	$4{,}16 \times 10^3$	$3{,}5 \times 10^{-3}$	$8{,}935 \times 10^5$	$7{,}416 \times 10^{-4}$
Écriture scientifique	$4{,}16 \times 10^3$	$3{,}5 \times 10^{-3}$	$8{,}935 \times 10^5$	$7{,}416 \times 10^{-4}$
Écriture décimale	4 160	0,0035	893 500	0,0007416

Exercice 12

– taille d'une puce :

$2 \times 10^{-3}\ m \approx 1 \times 10^{-3}\ m = 10^{-3} = 0{,}001\ m$

$= 1\ mm$

– taille d'un Airbus A320 :

$3{,}757 \times 10^1\ m \approx 1 \times 10^1 = 10\ m$

– largeur d'un porte container MCS Oscar :

$5{,}9 \times 10^1 \approx 10 \times 10^1 = 10^2 = 100$

Exercice 13

a) $235 \approx 240$

b) $569\ 348 \approx 569\ 000$

c) $0{,}5488 \approx 0{,}55$

d) $0{,}24185 \approx 0{,}242$

Exercice 14

a) $\sqrt{81} = 9$

b) $\sqrt{121} = 11$

c) $\sqrt{77} \approx 8{,}7749644$

Exercice 15

a) On prend 14 comme dénominateur commun.

$\frac{5}{7} = \frac{5 \times 2}{7 \times 2} = \frac{10}{14}$

$\frac{1}{14}$ ne change pas.

b) On prend $5 \times 3 = 15$ comme dénominateur commun.

$\frac{1}{5} = \frac{1 \times 3}{5 \times 3} = \frac{3}{15}$

$\frac{2}{3} = \frac{2 \times 5}{3 \times 5} = \frac{10}{15}$

Exercice 16

1. $12{,}8 \times \frac{5}{13} = \frac{12{,}8 \times 5}{13} = \frac{64}{13}$

2. $\frac{x}{7} = \frac{45}{1}$ est équivalent à $x \times 1 = 7 \times 45$, c'est-à-dire $x = 315$.

3. On prend comme dénominateur commun $3 \times 7 = 21$.

$\frac{2}{3} = \frac{2 \times 7}{3 \times 7} = \frac{14}{21}$

$\frac{5}{7} = \frac{5 \times 3}{7 \times 3} = \frac{15}{21}$

$15 > 14$

donc $\frac{15}{21} > \frac{14}{21}$

donc $\frac{5}{7} > \frac{2}{3}$

4. a) $\frac{2}{3} + \frac{5}{6}$, on prend 6 comme dénominateur commun.

$= \frac{2 \times 2}{3 \times 2} + \frac{5}{6} = \frac{4}{6} + \frac{5}{6} = \frac{9}{6}\ (= \frac{3 \times 3}{3 \times 2} = \frac{3}{2})$

b) $\frac{1}{2} - \frac{3}{7}$, on prend 14 comme dénominateur commun.

$= \frac{1 \times 7}{2 \times 7} - \frac{3 \times 2}{7 \times 2} = \frac{7}{14} - \frac{6}{14} = \frac{1}{14}$

c) $\frac{8}{3} \times \frac{5}{4} = \frac{8 \times 5}{3 \times 4} = \frac{40}{12} = \frac{4 \times 10}{4 \times 3} = \frac{10}{3}$

d) $\frac{2}{7} / \frac{6}{5} = \frac{2}{7} \times \frac{5}{6} = \frac{2 \times 5}{7 \times 6} = \frac{10}{42} = \frac{5 \times 2}{21 \times 2} = \frac{5}{21}$

Exercice 17

$E = P.t = 20 \times 50 = 1\ 000\ J$

2 Le repérage

1 Les tableaux numériques

Comment lire un tableau numérique simple ?
Il faut commencer par repérer dans le tableau la caractéristique qui nous intéresse puis lire la valeur donnée dans l'autre ligne (ou l'autre colonne si c'est un tableau vertical).

EXEMPLE
À l'aide du tableau, donner la température à Nantes.

Ville	Lille	Bordeaux	Rennes	Marseille	Nantes	Grenoble
Température en °C	14	18	16	20	16	25

À Nantes, la température est de 16 °C.

Comment lire un tableau numérique à double entrée ?
Il faut commencer par repérer dans le tableau **les deux** caractéristiques (une dans une colonne, l'autre dans une ligne) qui nous intéressent puis lire la valeur donnée à l'intersection de la ligne et de la colonne correspondantes.

EXEMPLE
À l'aide du tableau, donner le prix d'un sandwich grec avec des frites et sans boisson.

	Panini	Grec	Hamburger	Croque-monsieur
Sandwich seul	4,50 €	4 €	3 €	3,50 €
Sandwich avec frites	5,50 €	5 €	4,50 €	4,50 €
Sandwich avec frites et boisson	6,50 €	6 €	5,50 €	5,50 €

Le sandwich grec avec frites et sans boisson coûte 5 €.

Exercices

Exercice 1
À l'aide du tableau, **donner** le prix d'une clé USB 16 GB.

Capacité de la clé en GB	4	8	16	32	64
Prix en €	6,64	5,90	10,66	16,50	40,50

Exercice 2
À l'aide du tableau, **donner** le nombre de voitures rouges de marque DACIA.

Marque / Couleur	RENAULT	CITRÖEN	DACIA	PEUGEOT
Blanche	87	23	48	37
Jaune	7	12	0	21
Rouge	34	2	31	9
Noire	51	17	12	17
Verte	12	3	1	4

2 Le repérage sur un axe

Comment utiliser une graduation sur un axe pour repérer des points ?

> **Sur un axe, il y a toutes les valeurs dans l'ordre, comme sur un thermomètre.**

EXEMPLE 1

Placer sur le repère le point d'abscisse 3.

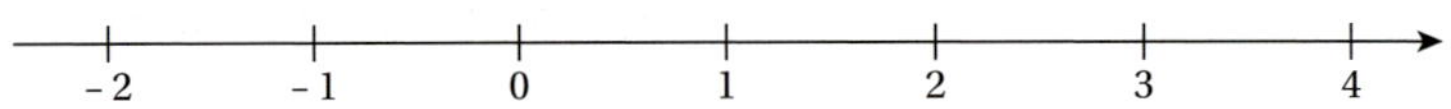

Cela donne :

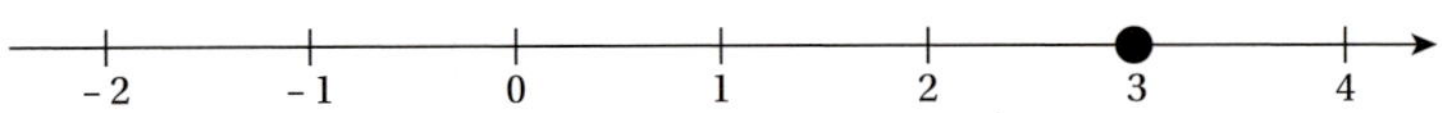

EXEMPLE 2

Donner l'abscisse du point A.

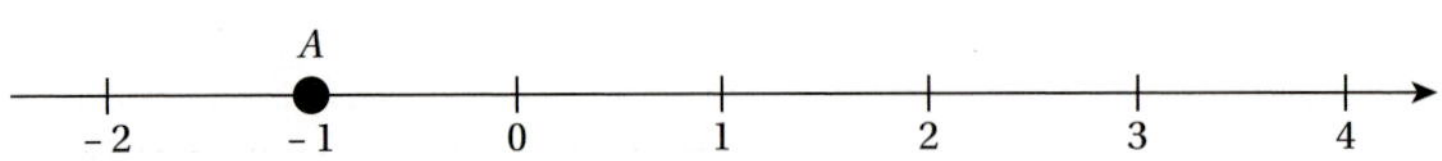

L'abscisse du point A est -1.

Exercices

Exercice 3
Placer sur ce repère le point d'abscisse 1.

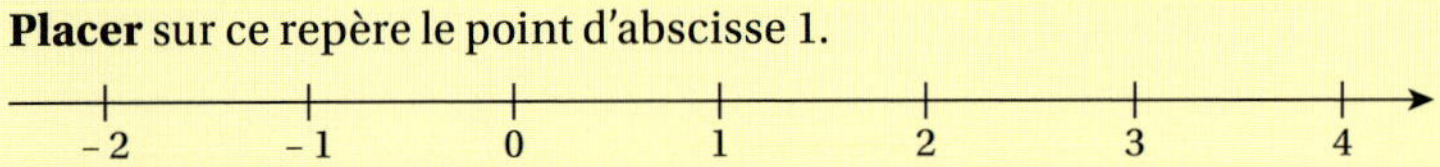

Exercice 4
Donner l'abscisse du point H.

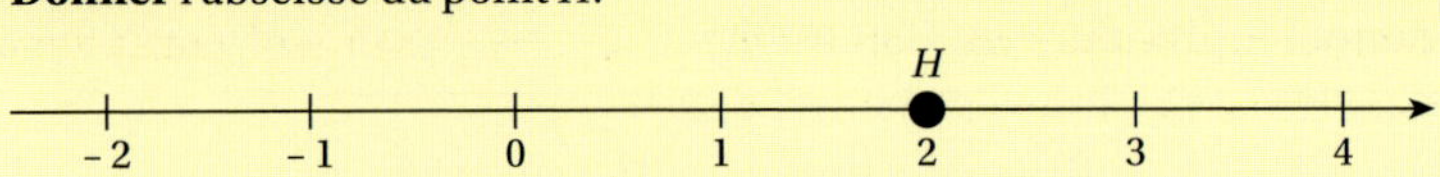

3 Le repérage dans un plan

■ **Dans un plan (2 dimensions) on peut repérer un point avec deux coordonnées** (comme pour la bataille navale).

> Retenez : l'axe des Ordonnées est celui qui va vers le haut.

Ces coordonnées sont :
- l'abscisse : la coordonnée sur l'axe horizontal ;
- l'ordonnée : la coordonnée sur l'axe vertical.

Si le point A a pour coordonnées $\boldsymbol{x}$ en abscisses et $\boldsymbol{y}$ en ordonnées, on note : $A\ (x\ ;\ y)$.

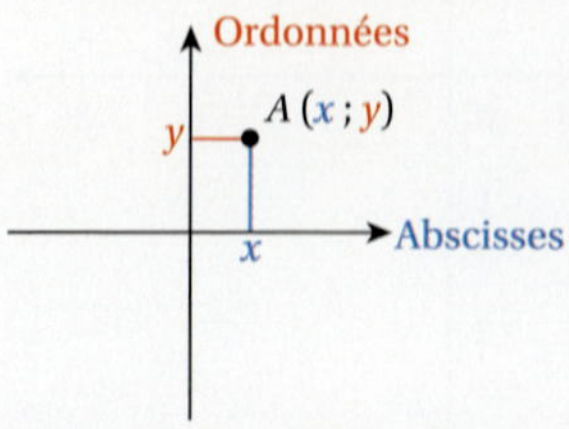

■ **Dans un plan muni d'un repère orthogonal, donner les coordonnées d'un point du plan.**
L'abscisse est la première coordonnée, l'ordonnée la deuxième.

EXEMPLE

Donner les coordonnées du point C.

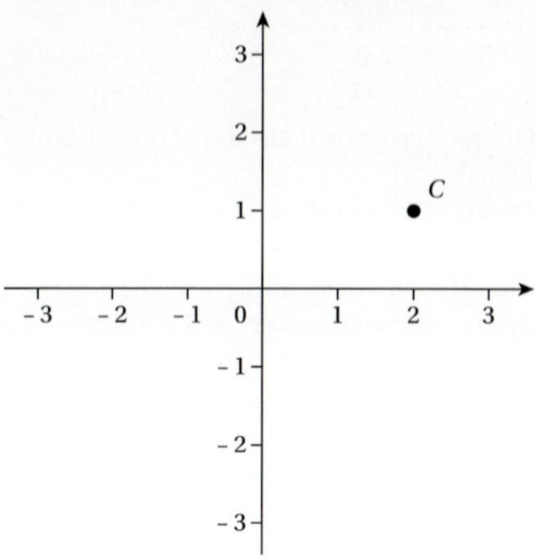

On commence par tracer (en pointillés bleus) la droite correspondant à l'abscisse du point.
Puis on trace (en pointillés rouges) la droite correspondant à l'ordonnée du point.

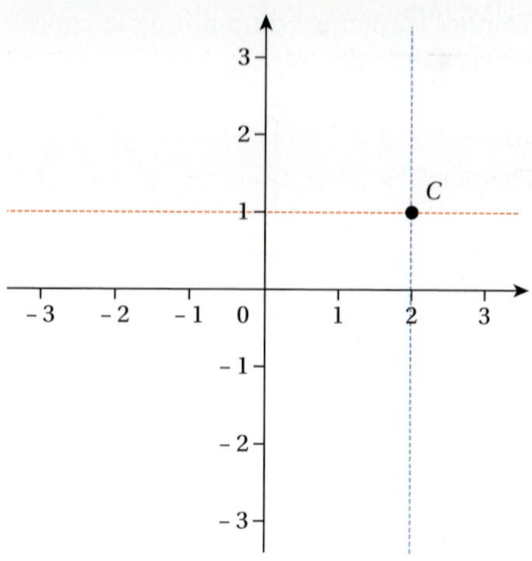

On trouve $\boldsymbol{C}\ (2\ ;\ 1)$

■ **Dans un plan muni d'un repère orthogonal, placer un point dont on connaît les coordonnées.**
On commence par tracer en pointillés la droite correspondant à l'abscisse, puis on fait de même pour l'ordonnée. Le point cherché est à l'intersection des deux.

EXEMPLE

Placer dans le repère le point A de coordonnées (– 1 ; 2).

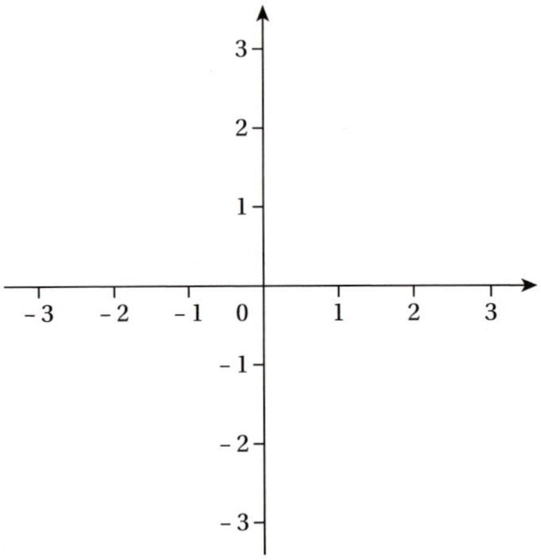

On trace (en pointillés bleus) la droite correspondant à l'abscisse – 1.

On trace (en pointillés rouges) la droite correspondant à l'ordonnée 2.

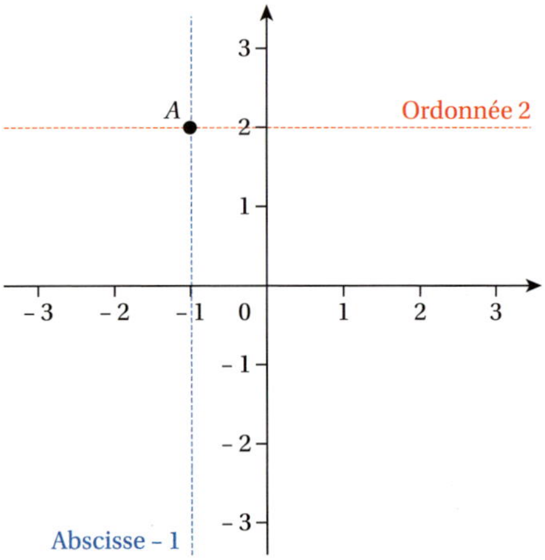

Dans un plan muni d'un repère orthogonal, déterminer graphiquement l'ordonnée d'un point d'une courbe pour une abscisse donnée.

On commence par tracer la droite correspondant à l'abscisse donnée.

Puis on repère l'endroit où la courbe coupe cette droite.

Enfin, on détermine l'ordonnée de ce point.

EXEMPLE

Donner l'ordonnée du point de la courbe d'abscisse 2.

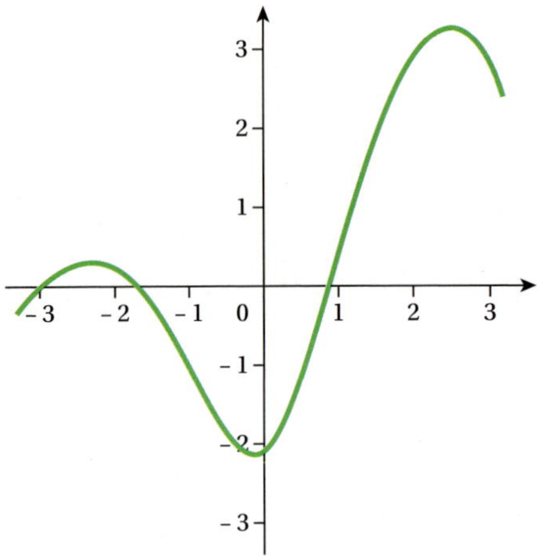

On trace la droite d'abscisse 2 (en pointillés bleus).

On marque le point où cette droite coupe la courbe.

Ensuite, on trace (en pointillés rouges) la droite correspondant à l'ordonnée du point.

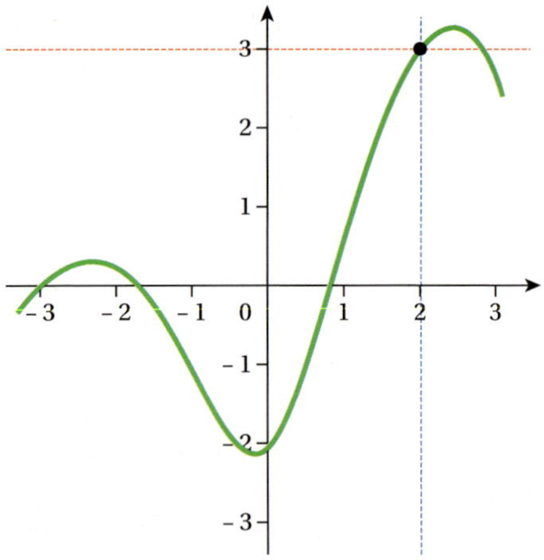

Le point de la courbe d'abscisse **2** a donc pour ordonnée **3**.

Dans un plan muni d'un repère orthogonal déterminer graphiquement l'abscisse d'un point d'une courbe pour une ordonnée donnée.

On procède de la même manière qu'avant mais en partant de l'ordonnée :

On commence par tracer la droite correspondant à l'ordonnée donnée.

Puis on repère l'endroit (ou les endroits car il peut y en avoir plusieurs) où la courbe coupe cette droite.

Enfin on détermine la (ou les) abscisse(s) de ce (ou ces) point(s).

EXEMPLE

Donner l'abcisse du ou des point(s) de la courbe d'ordonnée – 1.

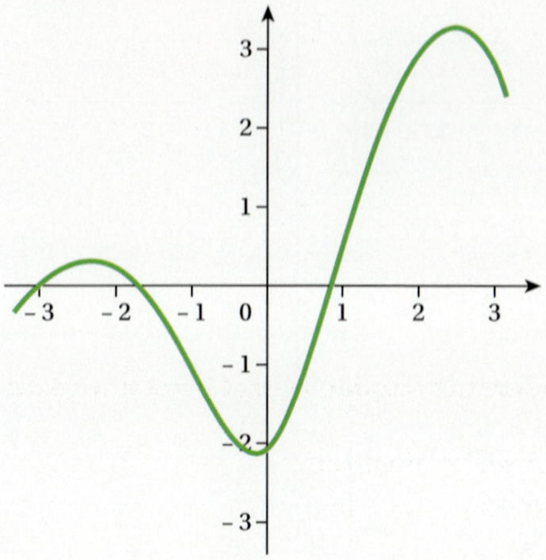

On trace la droite d'ordonnée – 1 (en pointillés rouges).

On marque les points où cette droite coupe la courbe : on appelle ces points : A et B.

Puis on trace (en pointillés bleus) les droites correspondant à l'ordonnée de ces points.

Les points de la courbe d'ordonnée **– 1** ont donc pour abscisse **– 1** pour le 1er (A) et **0,5** pour le 2e (B).

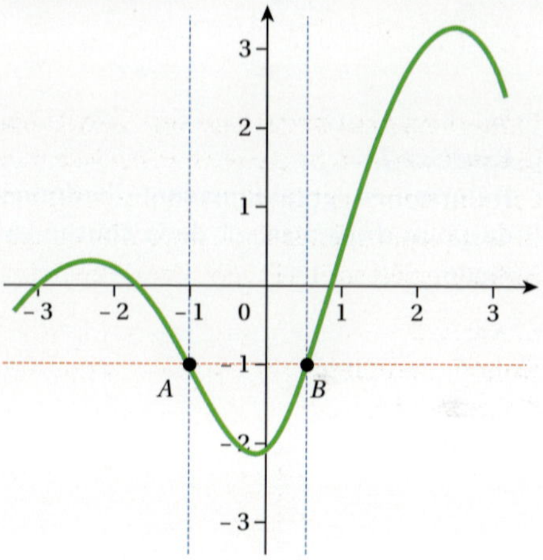

Exercices

Exercice 5

Donner les coordonnées des points *A*, *B* et *C*.

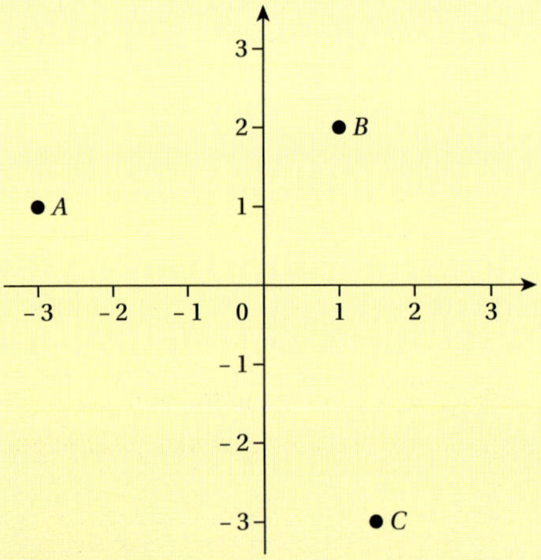

Exercice 6

Placer sur le repère les points : *D* (2 ; 3) *E* (– 3 ; -1) *F* (– 2 ; 1).

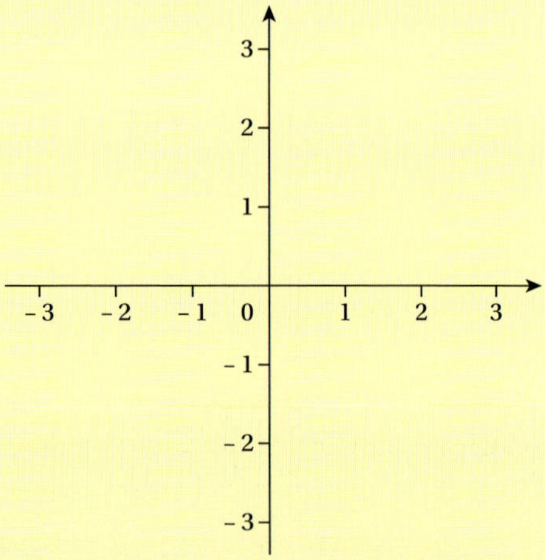

Exercice 7

Déterminer graphiquement l'ordonnée du point d'abscisse – 1 de la courbe suivante.

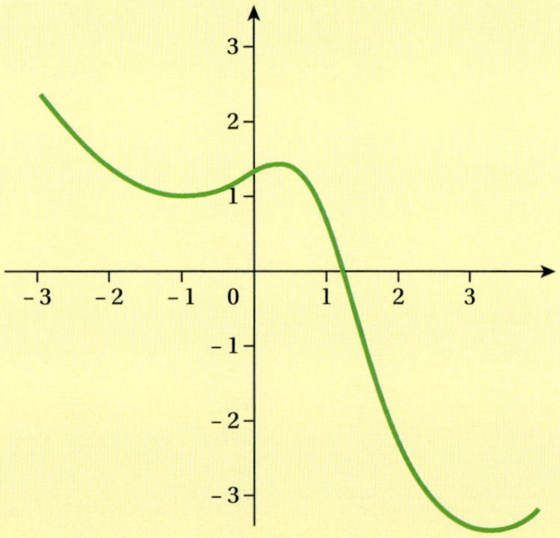

Exercice 8

Déterminer graphiquement l'abscisse du point d'ordonnée 2 de la courbe suivante.

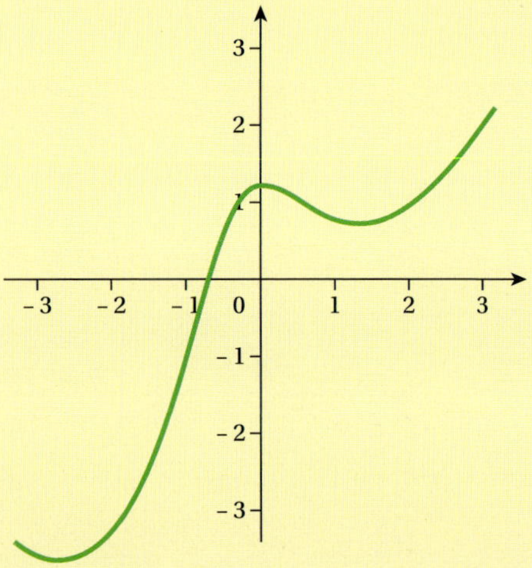

4 Les représentations graphiques

Quand on veut tracer une courbe, on le fait en commençant par donner des coordonnées sous forme de tableau.

■ **Placer, dans un plan rapporté à un repère orthogonal, des points dont les coordonnées sont des couples de nombres en écriture décimale représentés dans un tableau.**

On ne relie les points à la règle que s'ils sont tous parfaitement alignés.

EXEMPLE DE TABLEAU

x	– 2	– 1	0	1	2
y	3	2	0,5	1	2

Chaque point a ses coordonnées données en **colonne** : le premier point a donc pour coordonnées (– 2 ; 3), le deuxième (– 1 ; 2), etc.

Il suffit ensuite de placer les points comme expliqué dans le paragraphe précédent.

Si ce tableau est un tableau de valeurs de fonction ayant pour but de tracer une courbe, alors on relie **dans l'ordre** (des x croissants) les points **à main levée**.

Exercice 9

Placer dans le repère les points dont les coordonnées sont données dans le tableau suivant.

x	– 3	– 2	– 1	0	1	2	3
y	3	1	0	1	– 2	– 3	– 1

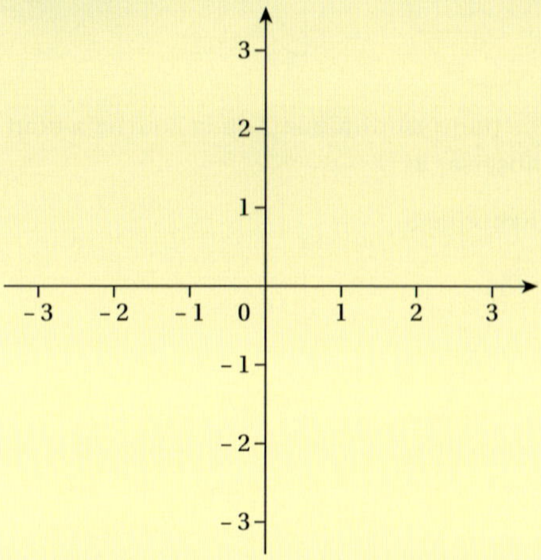

Corrigés des exercices

Exercice 1

Capacité de la clé en GB	4	8	16	32	64
Prix en €	6,64	5,90	10,66	16,50	40,50

Une clé USB 16 GB coûte 10,66 €.

MATHÉMATIQUES

Exercice 2

Couleur \ Marque	Renault	Citroën	Dacia	Peugeot
Blanche	87	23	48	37
Jaune	7	12	0	21
Rouge	34	2	31	9
Noire	51	17	12	17
Verte	12	3	1	4

Exercice 3

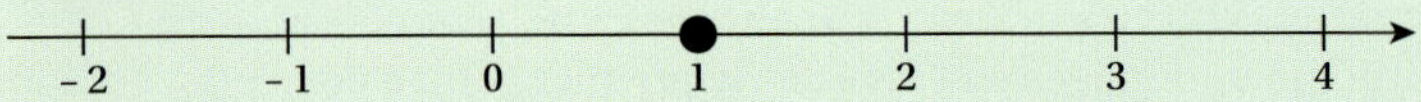

Exercice 4

L'abscisse du point H est 2.

Exercice 5

$A(-3\,;1)$ $B(1\,;2)$ $C(1{,}5\,;-3)$

Exercice 6

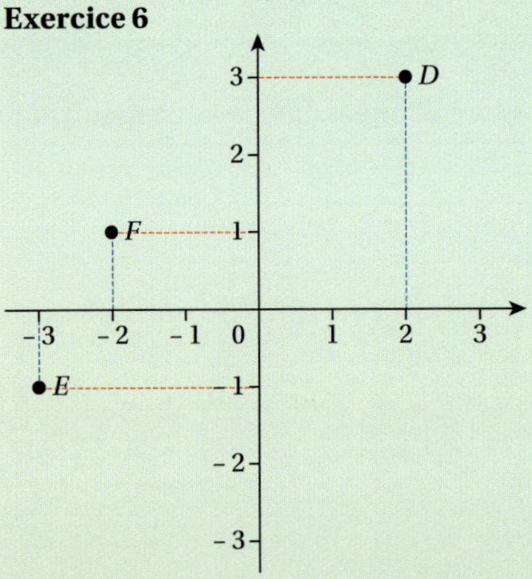

Exercice 7

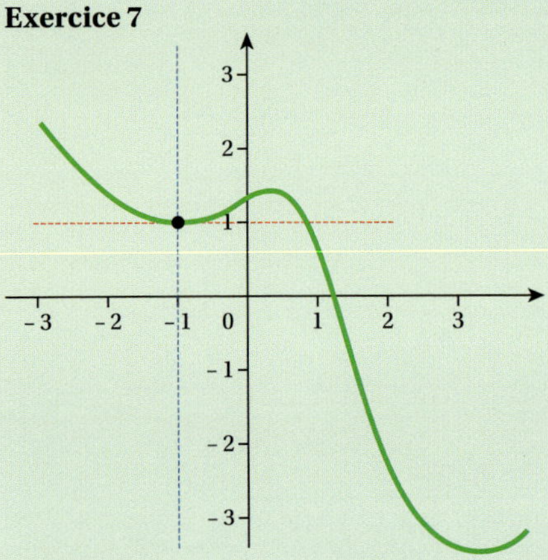

Le point de la courbe d'abscisse – 1 a pour ordonnée **1**.

Exercice 8

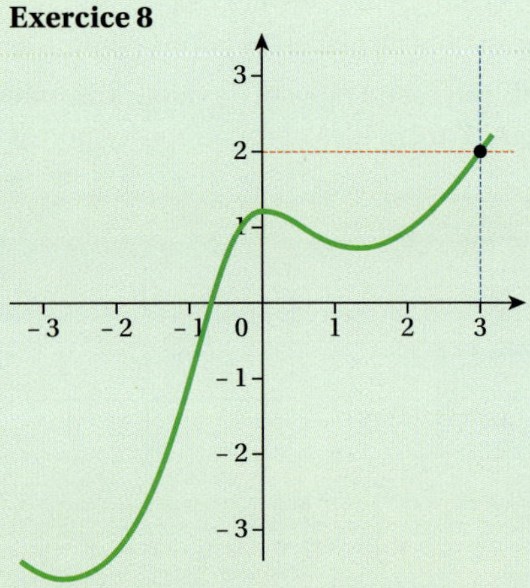

Le point d'ordonnée 2 de la courbe a pour abscisse **3**.

Exercice 9

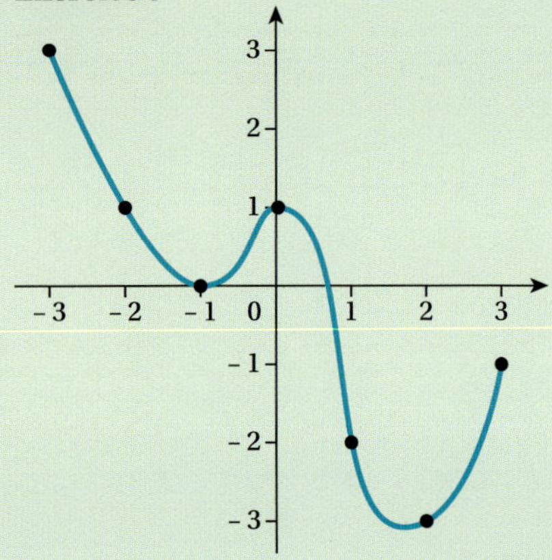

3 La proportionnalité

1 Les suites de nombres proportionnelles

On dit qu'un tableau de deux lignes est constitué de deux suites proportionnelles si pour passer de la première ligne à la deuxième, on multiplie toujours par le même nombre.

EXEMPLE

×1,30

Volume de diesel (en L)	5	12	80
Prix (en €)	6,50	15,60	104

A Comment traiter des problèmes relatifs à deux nombres de suites proportionnelles

EXEMPLE

Masse de fraises (en kg)	0,500		1,500
Prix (en €)	4	8	

■ **Comment trouver le coefficient de proportionnalité ?**

Cela consiste à trouver le nombre par lequel il faut multiplier pour passer d'une ligne à l'autre.

EXEMPLE

Dans l'exemple, pour passer de la première ligne à la deuxième, il faut multiplier par $\frac{4}{0{,}500} = 8$.

Il faut donc diviser par 8 pour passer de la deuxième ligne à la première.

×8 ; ÷8

Masse de fraises (en kg)	0,500		1,500
Prix (en €)	4	8	

On peut donc ensuite compléter le tableau.

×8 ; ÷8

Masse de fraises (en kg)	0,500	**1**	1,500
Prix (en €)	4	8	**12**

■ **Comment utiliser le produit en croix ?**

On peut aussi trouver une valeur proportionnelle avec le « produit en croix ».

EXEMPLE

En reprenant l'exemple :

Masse de fraises (en kg)	0,500	m
Prix (en €)	4	8

$m = 8 \times 0{,}500/4 = 1$

Cette méthode est souvent la plus simple à utiliser pour éviter de se tromper.

B Comment traiter des problèmes de pourcentages de la vie courante et de la vie professionnelle

Comment calculer le pourcentage d'une valeur ?

Il faut prendre la valeur, la multiplier par le pourcentage et diviser par 100.

EXEMPLE

Une pomme comporte 4,6 mg de vitamine C. Si on la garde trop longtemps, elle n'a plus que 85 % de ce qu'elle avait au départ.

Calculer la masse de vitamine C dans une pomme gardée trop longtemps.

$\text{masse}_{\text{vitamineC}} = 4{,}6 \times 85/100 = 3{,}91$ mg

Comment calculer le pourcentage que représente une valeur par rapport à une autre ?

On prend la valeur qui nous intéresse, on la divise par l'autre et on multiplie par 100.

EXEMPLE

Il y a une masse d'eau de 213,9 g dans 250 g de pomme crue non pelée.

Calculer le pourcentage d'eau dans la pomme.

$p = 213{,}9/250 \times 100 = 85{,}56$ %

Comment retrouver la valeur de départ quand on connaît le pourcentage et la valeur finale ?

Pour cela, on multiplie la valeur par 100 et on divise par le pourcentage.

EXEMPLE

Une orange contient une masse de 53 mg de vitamine C, qui représente 48 % des apports journaliers recommandés (AJR) par l'Anses.

Calculer l'apport journalier recommandé de vitamine C. Arrondir à l'unité.

$m = 53 \times 100/48 \approx 110$ mg

Exercices

Exercice 1

Le tableau suivant donne le prix payé par plusieurs voitures pour un achat d'essence sans plomb 98 à une pompe. Ce prix est proportionnel au volume de carburant.

Calculer le coefficient de proportionnalité (le prix d'un litre).

Volume d'essence (en L)	32	54	83
Prix (en €)	47,68	80,46	123,67

Exercice 2

On souhaite adapter une recette d'empanada espagnole à un nombre de personnes plus important.

Compléter le tableau de proportionnalité suivant (arrondir à l'unité).

Ingrédient	farine	sel	huile d'olive	poivron	thon	tomate	ail	eau	oignon	paprika
Masse recette (en g)	600	7	30	150	100	20	10	15		11
Masse utilisée (en g)					450				675	

Exercice 3
Sur un plat préparé, il est écrit qu'il comporte 24 % de lipides (graisses). La masse totale du plat est 350 g.

Calculer la masse de lipides contenue dans ce plat.

Exercice 4
Un pot de peinture de 3 kg contient une masse de 0,36 kg de solvant.

Calculer le pourcentage de solvant dans la peinture.

Exercice 5
On veut obtenir un volume de 250 mL de sauce réduite (que l'on fait chauffer pour l'épaissir en réduisant la quantité d'eau par évaporation) qui occupe 65 % du volume de départ.

Calculer le volume de la sauce au départ. Arrondir à l'unité.

Exercice 6
Dans un magasin, un jean est annoncé avec une réduction de 20 % sur son prix de départ de 60 €.

Calculer le prix du jean. Arrondir au centime.

Exercice 7
Une paire de baskets coûte 45 € avec 30 % de réduction.

Calculer son prix de départ. Arrondir au centime près.

2 La fonction linéaire

Les fonctions linéaires permettent de représenter mathématiquement les situations de proportionnalité.

Comment vérifier qu'une situation est du type linéaire en calculant le coefficient de proportionnalité ?

Pour qu'un tableau représente une situation de proportionnalité, c'est-à-dire de type linaire, il faut que dans **TOUTES** les colonnes, quand on divise le nombre de la deuxième ligne par le nombre de la première ligne, on trouve **TOUJOURS** le même nombre.

EXEMPLE 1

Volume de diesel (en L)	5	12	80
Prix (en €)	6,50	15,60	104

6,50/5 = 1,3
15,60/12 = 1,3
104/80 = 1,3

Donc ce tableau représente bien une situation de type linéaire.

> Il suffit qu'une seule de toutes les valeurs calculées soit différente pour que cela ne représente pas une situation de type linéaire.

EXEMPLE 2

Taille (en cm)	60	74,5
Âge (en mois)	3	12

3/60 = 0,05
12/74,5 ≈ 0,16 ≠ 0,05

Donc ce tableau **NE** représente **PAS** une situation de type linéaire car on trouve deux valeurs différentes.

■ **Comment vérifier qu'une situation est du type linéaire en trouvant une expression algébrique ?**

<u>Si</u>, dans un problème, on trouve que deux grandeurs y et x (elles peuvent aussi être notées autrement) sont reliées par une formule du type $\boldsymbol{y = a \times x}$ (avec a un nombre fixe), <u>alors</u> la situation est de type linéaire.

EXEMPLE

$\boldsymbol{y} = 0{,}0001 \times \boldsymbol{x}$, avec $\boldsymbol{y}$ la distance sur une carte et $\boldsymbol{x}$ la distance réelle.

La distance sur la carte et la distance réelle forment une situation de type linéaire.

■ **Comment vérifier qu'une situation est du type linéaire en réalisant une représentation graphique ?**

Rappel. Origine : point O de coordonnées (0;0).

Si on trace la représentation graphique d'une variable en fonction d'une autre et que cette représentation graphique est une **droite passant par l'origine**, le point O de coordonnées (0;0), alors la situation est de type linéaire.

EXEMPLE

Un tableau de valeurs donne la valeur de la tension $\boldsymbol{U}$ en fonction de l'intensité $\boldsymbol{I}$ qui traverse une résistance $\boldsymbol{R}$.

U	– 3	– 2	– 1	0	1	2	3
I	– 1,5	– 1	– 0,5	0	0,5	1	1,5

Expliquer si cette situation est de type linéaire à l'aide d'un graphique.

On trace la représentation graphique (voir chapitre 2. Repérage). On obtient :

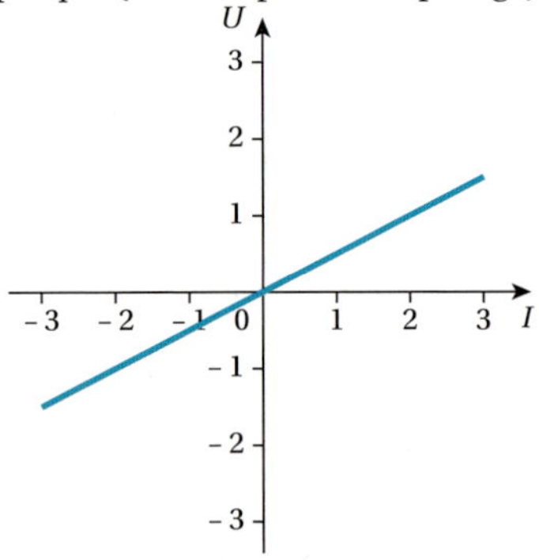

Cette situation est bien de type linéaire car on obtient **une droite** qui **passe par l'origine**.

■ **Une situation de type linéaire étant proposée par l'une des formes suivantes :**

- tableau numérique ;
- expression algébrique du type $y = a \times x$;
- représentation graphique,

Comment passer d'un mode de représentation à chacun des deux autres ?

On vient de voir comment passer d'une forme algébrique à un tableau puis à la représentation graphique.

■ Pour passer du tableau à l'expression algébrique, il faut d'abord trouver le **coefficient** de proportionnalité qui permet de passer de la première ligne à la deuxième. L'expression algébrique est alors : **2e ligne = coefficient × 1re ligne**

EXEMPLE

× 1,30	***V* Volume de diesel (en L)**	5	12	80
	***P* Prix (en €)**	6,50	15,60	104

■ Pour passer de la représentation graphique à la forme algébrique, il suffit de prendre **un point sur la droite** dont les coordonnées tombent si possible juste, puis de diviser son ordonnée par son abscisse (on obtient ainsi un nombre ***a***).

La forme algébrique est $y = \boldsymbol{a} \times x$. Pour passer de la représentation graphique au tableau, il suffit de prendre plusieurs points sur la droite et de mettre leurs coordonnées dans un tableau (voir chapitre 2. Repérage).

Exercices

Exercice 8

Dans chacun des cas suivants, **expliquer** si la situation est de type linéaire ou non.

a) Prix à payer pour acheter des tomates

Masse	1	3	7
Prix	3	9	21

b) Calcul de la force « Poids » en fonction de la masse d'un objet

poids = masse × 9,81

c) Prix à payer pour un achat sur Internet de clés USB

Nombre	2	4	6
Prix	30	40	60

d) Forfait de téléphone

p : prix à payer

x : nombre de minutes hors forfait

$p = x \times 0{,}30 + 25$

e)

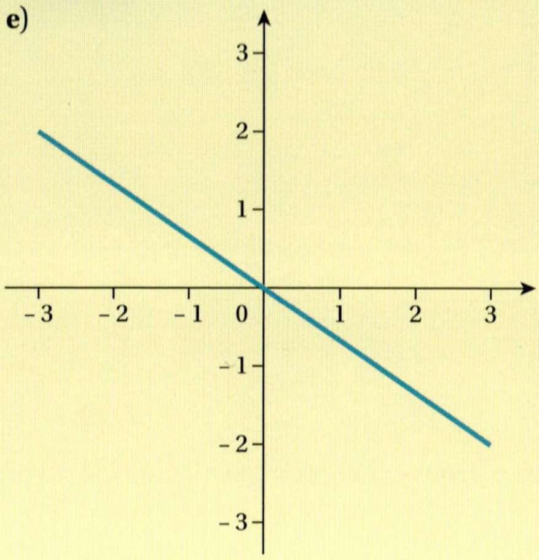

f)

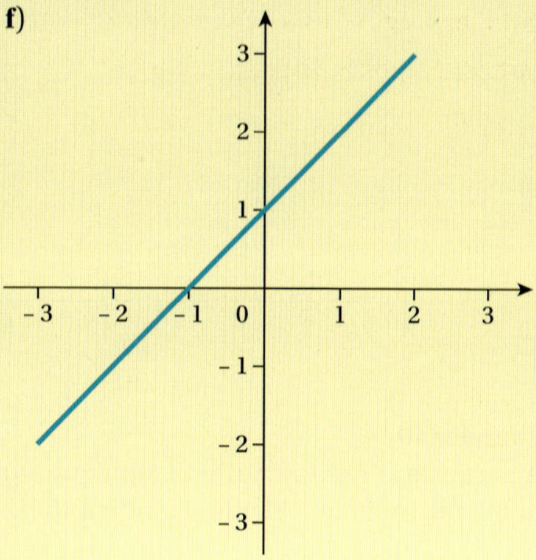

g)

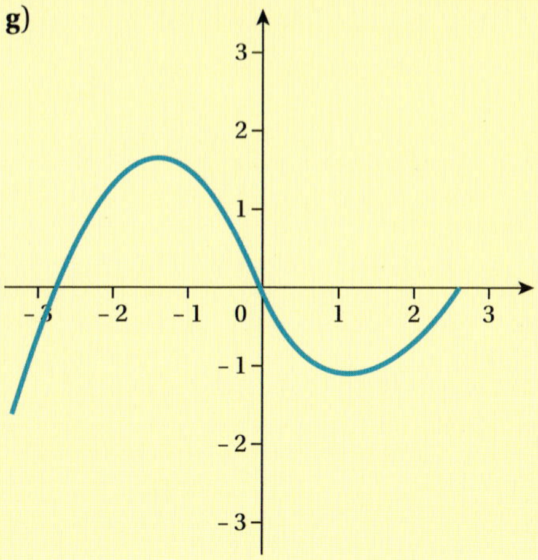

Exercice 9

À partir de la formule du poids $P = m \times 10$.

1. Compléter le tableau de valeurs suivant :

Masse	0	1	2	3	4	5
Poids						

2. Tracer la représentation graphique.

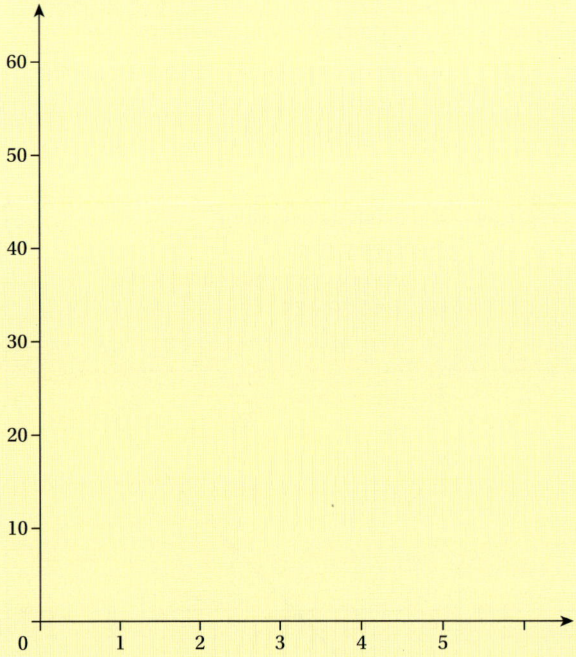

Exercice 10

À partir de la représentation graphique suivante, **trouver** l'expression algébrique correspondante (pour les calculs arrondir à 10^{-2}).

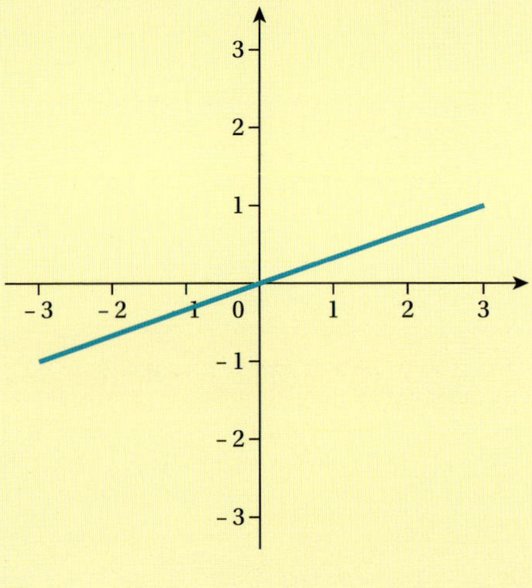

Corrigés des exercices

Exercice 1
Le coefficient est 47,68/32 = 1,49

× 1,49

Volume d'essence (en L)	32	54	83
Prix (en €)	47,68	80,46	123,67

Exercice 2
Pour passer de la première à la deuxième ligne, il faut trouver le coefficient de proportionnalité à l'aide d'un ingrédient pour lequel on connaît les 2 masses : c'est le thon.

Ce coefficient de proportionnalité est 450/100 = 4,5.

× 4,5 ; ÷ 4,5

Ingrédient	farine	sel	huile d'olive	poivron	thon	tomate	ail	eau	oignon	paprika
Masse recette (en g)	600	7	30	150	100	20	10	15	**150**	11
Masse utilisée (en g)	**2 700**	**31,5**	**135**	**675**	450	**90**	**45**	**67,5**	675	**49,5**

Exercice 3
$M = 350 \times 24/100 = 84$ g

Exercice 4
$p = 0{,}36/3 \times 100 = 12$ %

Exercice 5
$v = 250 \times 100/65 \approx 385$ mL

Exercice 6
Méthode 1 :
Avoir une réduction de 20 % revient à payer 80 % du prix normal (car 80 % + 20 % = 100 %).
Donc $p = 60 \times 80/100 = 48$ €.

Méthode 2 :
Le montant (en €) de la réduction est $r = 60 \times 20/100 = 12$ €
Donc on paye le prix de départ moins la réduction : $p = 60 - 12 = 48$ €

Exercice 7
Avoir 30 % de réduction c'est payer 70 % du prix (car 70 % + 30 % = 100 %).
Donc $p = 45 \times 100/70 = 64{,}29$ €.

Exercice 8

a)

Masse	1	3	7
Prix	3	9	21

3/1 = 3 9/3 = 3 21/7 = 3
C'est donc bien une situation de type linéaire.

b) poids = masse × 9,81
C'est une situation de type linéaire car la formule est du type $y = a \times x$
avec y = poids, x = masse et $a = 9{,}81$
(inverser les facteurs d'une multiplication ne change rien).

c)

Nombre	2	4	6
Prix	30	40	60

30/2 = 15 40/4 = 10 Or $10 \neq 15$
Donc ce **n'**est **pas** une situation de type linéaire.

d) Forfait de téléphone
$p = 25 + x \times 0{,}30$
Ce **n'**est **pas** une situation de type linéaire à cause du + 25

MATHÉMATIQUES

e) C'est bien une situation de type linéaire car la courbe est une droite qui passe par l'origine.	**f**) Ce **n'**est **pas** une situation de type linéaire car même si c'est bien une droite, elle ne passe **pas** par l'origine.
g) Ce **n'**est **pas** une situation de type linéaire car ce **n'**est **pas** une droite.	

Exercice 9

Masse	0	1	2	3	4	5
Poids	0	10	20	30	40	50

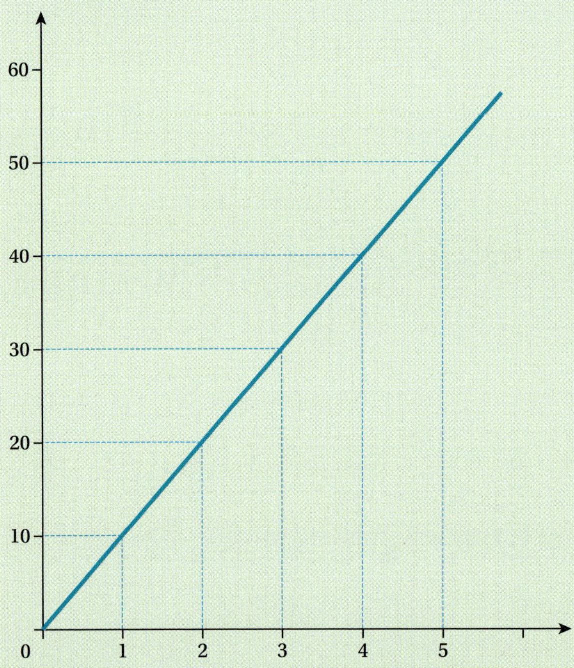

Exercice 10

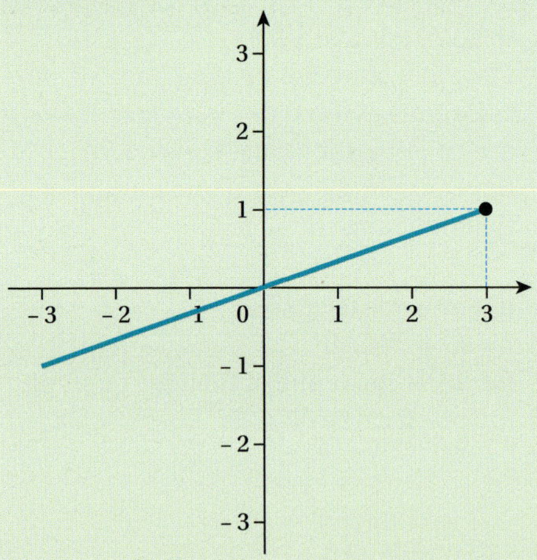

×a

x	3	car $a \times x = y$
y	1	

donc $a = 1/3 \approx 0{,}33$

L'expression algébrique est donc :

$y = \dfrac{1}{3} \times x$

4 La situation du premier degré

1 Les équations du premier degré à une inconnue

Comment résoudre algébriquement une équation du type $a \times x + b = c$ où x est l'inconnue ?
Résoudre une équation, c'est **trouver toutes les valeurs de l'inconnue x** qui rendent l'égalité vraie.

Pour une équation du type $a \times x + b = c$, il y en a le plus souvent une seule.

EXEMPLE

Résoudre $2x + 3 = -5$

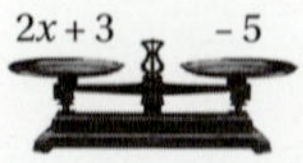

Étape 1 :
On s'arrange pour avoir les x d'un côté et les nombres « tout seuls » de l'autre côté.

Principe : on ne change pas les solutions d'une équation si on ajoute ou on enlève la même chose de chaque côté ; comme une balance qui reste en équilibre si on ajoute ou on enlève la même chose de chaque côté.

$2x + 3 = -5$

$2x \cancel{+3} \cancel{-3} = -5 - 3$

$\mathbf{2x = -8}$

> Ici, le + 3 à gauche nous embête ; on le neutralise donc avec un - 3 à gauche (comme ça, il reste $2x + 0$ c'est-à-dire $2x$), mais pour ne pas changer les solutions de l'équation, on ajoute donc aussi - 3 à droite.

Étape 2 :
On se débarrasse du nombre qui multiplie x pour avoir x tout seul.

Principe : on ne change pas les solutions d'une équation si on multiplie ou on divise de chaque côté par une même valeur différente de 0 (comme sur une balance qui reste en équilibre si on multiplie ou on divise ce qu'il y a de chaque côté par une même valeur).

$2x = -8$

$\frac{\cancel{2}x}{\cancel{2}} = \frac{-8}{2}$

$x = \frac{-8}{2}$

$x = -4$

> Ici, le 2 multiplicateur à gauche nous embête ; on le neutralise donc en le **divisant par 2** (comme ça, il reste $\frac{2}{2} \times x = 1 \times x = x$, mais **pour ne pas changer les solutions** de l'équation, on **divise aussi par 2 à droite**.

Exercice

Exercice 1
Résoudre les équations suivantes

a) $x - 7 = 2$

b) $x + 3 = 1$

c) $2x + 1 = 6$

d) $3x - 1 = 5$

e) $3 + 4x = 5$

f) $0{,}5x + 3 = 0{,}75$

2 Les problèmes

Comment résoudre un problème dont la formalisation conduit à une équation du type $a \times x + b = c$?

Méthode :
- **Lire** et **comprendre** le texte.
- **Choisir** l'inconnue, en général la grandeur demandée.
- **Traduire** le texte par une égalité mathématique (sans les unités).
- **Résoudre** l'équation obtenue.
- **Vérifier** que le résultat est vraisemblable.
- **Répondre** à la question posée et donner la valeur trouvée avec son unité.

Exercices

Exercice 2
Ève pense à un nombre x ; elle le multiplie par 3 et y ajoute 5. Elle obtient 38.

À quel nombre a-t-elle pensé ?

Exercice 3
Le prix de base d'un forfait de téléphone portable est 30 €.

Le prix d'une minute hors-forfait est de 0,35 €.

La facture du mois dernier était de 35,95 €.

Si le surplus est dû uniquement au hors-forfait, **calculer** le nombre de minutes hors-forfait.

Corrigés des exercices

Exercice 1

a) $x - 7 = 2$

$x - 7 + 7 = 2 + 7$

$x = 2 + 7$

$\mathbf{x = 9}$

b) $x + 3 = 1$

$x + 3 - 3 = 1 - 3$

$x = 1 - 3$

$\mathbf{x = -2}$

c) $2x + 1 = 6$

$2x + 1 - 1 = 6 - 1$

$2x = 6 - 1$

$2x = 5$

$\frac{2x}{2} = \frac{5}{2}$

$x = \frac{5}{2}$

$\mathbf{x = 2{,}5}$

d) $3x - 1 = 5$

$3x - 1 + 1 = 5 + 1$

$3x = 5 + 1$

$3x = 6$

$\frac{3x}{3} = \frac{6}{3}$

$x = \frac{6}{3}$

$\mathbf{x = 2}$

e) $3 + 4x = 5$

$4x + 3 = 5$

$4x + 3 - 3 = 5 - 3$

$4x = 5 - 3$

$4x = 2$

$\frac{4x}{4} = \frac{2}{4}$

$x = \frac{2}{4}$

$\mathbf{x = 0{,}5}$

f) $0{,}5x + 3 = 0{,}75$

$0{,}5x + 3 - 3 = 0{,}75 - 3$

$0{,}5x = 0{,}75 - 3$

$0{,}5x = -2{,}25$

$\frac{0{,}5x}{0{,}5} = \frac{-2{,}25}{0{,}5}$

$x = \frac{-2{,}25}{0{,}5}$

$\mathbf{x = -4{,}5}$

Exercice 2

L'énoncé se traduit par : $3x + 5 = 38$.

On résout :

$3x + 5 = 38$

$3x + 5 - 5 = 38 - 5$

$3x = 33$

$\frac{3x}{3} = \frac{33}{3}$

$x = \frac{33}{3}$

$\mathbf{x = 11}$

Exercice 3

x est le nombre de minutes hors-forfait.

La somme à payer (35,95 €) est égale au prix du forfait (30 €) plus le prix du hors-forfait (prix de la minute hors forfait × nombre de minutes hors forfait = $0{,}35x$).

$30 + 0{,}35x = 35{,}95$

$0{,}35x + 30 = 35{,}95$

$0{,}35x + 30 - 30 = 35{,}95 - 30$

$0{,}35x = 35{,}95 - 30$

$0{,}35x = 5{,}95$

$\frac{0{,}35x}{0{,}35} = \frac{5{,}95}{0{,}35}$

$x = \frac{5{,}95}{0{,}35}$

$\mathbf{x = 17}$

MATHÉMATIQUES

5 La statistique descriptive, les notions de chance ou de probabilité

1 La statistique à un caractère (ou à une variable)

Comment identifier, dans une situation simple, le caractère étudié et sa nature : quantitatif ou qualitatif ?

Astuce
quantitatif → quantité → nombre

En statistique, on étudie un ensemble de choses, de gens... Pour chaque élément de cet ensemble, on regarde quelque chose en particulier : c'est le **caractère**.

Un caractère peut être :
- **quantitatif** si sa valeur est un nombre ;
- **qualitatif** dans tous les autres cas.

EXEMPLE

On peut étudier la taille des joueurs d'une équipe de foot. Dans ce cas, le caractère est la « taille ».

Attention ! On regarde le caractère et pas l'effectif.

Si dans cette même équipe, on étudie la couleur des cheveux, alors le caractère est la « couleur des cheveux ».

Le caractère « taille » est **quantitatif**.

Le caractère « couleur des cheveux » est **qualitatif**.

Comment lire les données d'une série statistique présentées dans un tableau ou représentées graphiquement ?

Il faut commencer par repérer dans le tableau l'élément qui nous intéresse puis lire la valeur donnée dans l'autre ligne (ou l'autre colonne si c'est un tableau vertical).

EXEMPLE

On étudie le caractère quantitatif « note à un devoir » dans une classe.

À l'aide du tableau, donner le nombre d'élèves ayant eu la note 10.

Notes	Effectif
7	1
8	3
9	2
10	4
11	5
12	5
14	2
16	1

4 élèves ont eu la note 10.

Dans certains cas, quand il y a trop de valeurs différentes, on regroupe les valeurs dans des intervalles nommés « classes » :

Taille (en m)	Effectifs
[1,60 ; 1,70[	2
[1,70 ; 1,80[	3
[1,80 ; 1,90[	5
[1,90 ; 2,00[	1

La ligne se lit : 5 personnes mesurent entre 1,80 m et 1,90 m (1,80 m ou plus et strictement moins de 1,90 m).

■ **Comment déterminer le maximum, le minimum d'une série numérique ?**

On regarde l'ensemble des valeurs du **caractère** que l'on trouve dans le tableau :
- la plus petite est le **minimum** ;
- la plus grande est le **maximum**.

EXEMPLE

Dans l'exemple ci-dessus, le minimum est 7 et le maximum est 16.

Attention ! Il faut regarder les valeurs du caractère et pas celles des effectifs.

Notes	Effectif
7	1
8	3
9	2
10	4
11	5
12	5
14	2
16	1

■ **Comment calculer des fréquences ?**

La **fréquence** d'une valeur est l'effectif de cette valeur divisée par l'effectif total.

$$f_{\text{valeur}} = \frac{\text{effectif valeur}}{\text{effectif total}}$$

Il faut donc commencer par **calculer l'effectif total** (c'est-à-dire la somme de tous effectifs du tableau) s'il n'est pas déjà donné.

EXEMPLE

Calculer les fréquences de la série statistique précédente (arrondir au centième).

L'effectif total est $1 + 3 + 2 + 4 + 5 + 5 + 2 + 1 = 23$

$$\text{fréquence du 7} = \frac{\text{effectif du 7}}{\text{effectif total}} = \frac{1}{23} \approx 0{,}04$$

$$\text{fréquence du 8} = \frac{\text{effectif du 8}}{\text{effectif total}} = \frac{3}{23} \approx 0{,}13$$

etc.

Notes	Effectif	Fréquence
7	1	0,04
8	3	0,13
9	2	0,09
10	4	0,17
11	5	0,22
12	5	0,22
14	2	0,09
16	1	0,04
Total	**23**	**1**

La valeur d'une fréquence est toujours comprise entre 0 et 1.

Pour vérifier, on peut faire la somme de toutes les fréquences. On doit trouver 1 environ (parfois pas tout à fait à cause des arrondis).

MATHÉMATIQUES

Comment représenter par un diagramme en bâtons une série donnant les valeurs d'un caractère qualitatif ?

Pour cela on place :

- sur l'**axe des abscisses** (horizontal) : **valeur du caractère** ;
- sur l'**axe des ordonnées** (vertical) : **valeurs des effectifs** ou des fréquences.

Principe : les hauteurs des différents bâtons sont proportionnelles aux effectifs correspondants.

EXEMPLE

On étudie le nombre d'enfants par femme dans un immeuble.

Nombre d'enfants de la femme	0	1	2	3	4	5
Effectif	**8**	**23**	**36**	**27**	**15**	**6**

Tracer le diagramme en bâtons de cette série statistique.

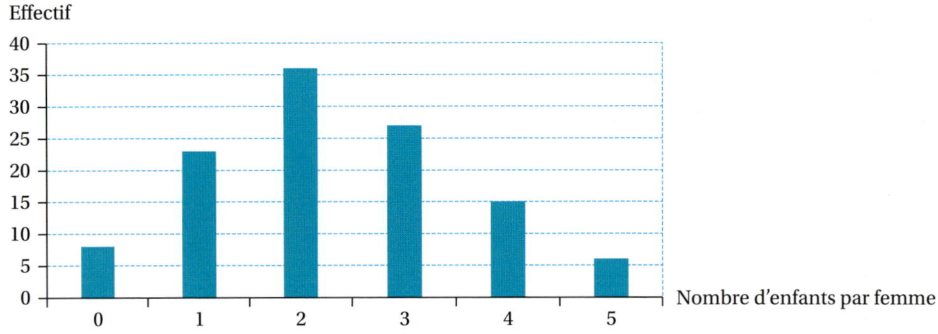

Comment représenter par un diagramme en secteurs circulaires une série donnant les valeurs d'un caractère qualitatif ?

Principe : chaque secteur a un angle au centre de mesure proportionnelle à la fréquence ou à l'effectif.

Pour calculer l'angle, on commence par calculer les fréquences. Puis on multiplie chaque fréquence par 360.

EXEMPLE

Tracer le diagramme en secteurs circulaires de cette série statistique.

Sport	Effectif
Rugby	2
Football	11
Athlétisme	4
Boxe	5
Autre	3

Sport	Effectif	Fréquence	Angle
Rugby	2	0,08	28,8°
Football	11	0,44	158,4°
Athlétisme	4	0,16	57,6°
Boxe	5	0,20	72°
Autre	3	0,12	43,2°
Total	**25**	**1**	**360**

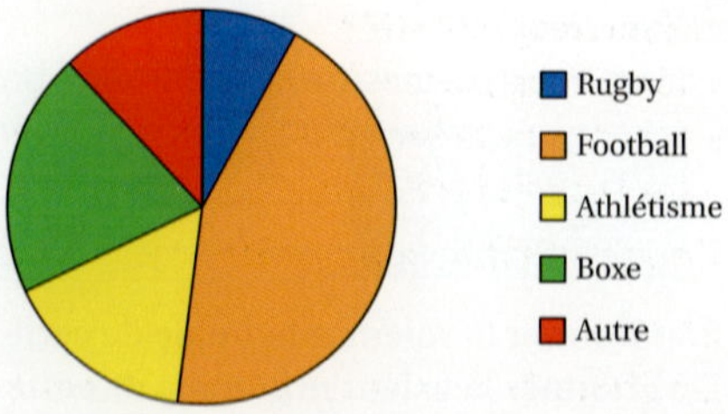

Comment calculer la moyenne d'une série statistique à partir de la somme des données et du nombre d'éléments dans la série ?

La **moyenne** est une mesure statistique qui exprime la grandeur qu'aurait chacun des éléments de l'ensemble s'ils étaient tous identiques.

Pour la calculer on commence par **compter le nombre de valeurs.**

Puis on **additionne toutes les valeurs.**

Enfin **on divise le résultat par le nombre de valeurs** trouvé avant.

EXEMPLE

Calculer la moyenne de maths de Kévina, qui a obtenu les notes suivantes :

07 10 13 09 16 11

Kévina a eu 6 notes.

On additionne les notes : 07 + 10 + 13 + 09 + 16 + 11 = 66

On divise par le nombre de notes : 66/6 = 11

La moyenne de maths de Kévina est donc de 11 sur 20.

Exercices

Exercice 1

Dans un supermarché, le relevé des montants de chèques au cours d'une journée est donné par le tableau suivant.

Montant (en €)	Effectif
[10 ; 15[	13
[15 ; 20[	57
[20 ; 30[	70
[30 ; 50[	88
[50 ; 70[	152
[70 ; 100[	81
[100 ; 150[	60
[150 ; 200[	12

a) **Donner** le caractère étudié.
b) **Dire et expliquer** s'il est qualitatif ou quantitatif.
c) **Dire** combien de chèques ont un montant compris entre 50 et 70 € ?

Exercice 2

Un fabriquant mesure au millimètre près la dimension des pièces d'une série de fabrication.

Taille	230	231	233	234	235
Effectif	17	16	18	25	11

a) **Donner** la valeur maximale de cette série.
b) **Donner** la valeur minimale de cette série.
c) **Calculer** la fréquence des effectifs (arrondir à 10^{-3} près).
d) **Tracer** le diagramme en bâtons de cette série.

Exercice 3

On étudie le type d'utilisation d'Internet dans un cybercafé.

Type d'utilisation	**Nombre de personnes**
Jeu	11
Réseaux sociaux	8
Navigation	17
Mail	5

a) **Donner** le caractère étudié.
b) **Dire et expliquer** s'il est qualitatif ou quantitatif.
c) **Donner** le nombre de personnes utilisant Internet pour les jeux.
d) **Calculer** l'effectif total.
e) **Calculer** les fréquences. Arrondir à 10^{-2} près.
f) **Tracer** le diagramme à secteurs circulaires de cette série (arrondir les angles à l'unité).

2 Le croisement de deux caractères qualitatifs

Comment lire les entrées d'un tableau à double entrée en donnant des effectifs ?

Il faut commencer par repérer dans le tableau **les deux** caractères (un dans une colonne, l'autre dans une ligne) qui nous intéressent puis lire l'effectif donné à l'intersection de la ligne et de la colonne correspondantes.

EXEMPLE

À l'aide du tableau, donner le nombre d'utilitaires Ford blanc.

Marque de l'utilitaire / **Couleur**	**Renault**	**Mercedes**	**Ford**	**Fiat**
Blanc	25	12	8	14
Orange	5	1	0	3

Comment calculer et interpréter les sommes par ligne ou par colonne d'un tableau d'effectifs ?

Cela correspond au nombre d'objets/personnes ayant la valeur du caractère donné dans la ligne (ou dans la colonne).

EXEMPLE

À l'aide du même exemple qu'au-dessus, calculer la somme de la colonne Renault et expliquer à quoi cela correspond.

On obtient : 25 + 5 = 30

Cela signifie que sur l'ensemble des utilitaires, il y en a 30 de marque Renault, toutes couleurs confondues.

Comment calculer des fréquences ?

On peut calculer les fréquences par ligne, par colonne, ou par case selon ce qui nous intéresse :
- pour **calculer par case**, la méthode de calcul de fréquence est identique à la partie précédente ;
- pour **calculer par ligne**, on commence par les sommes d'effectifs par ligne, puis on calcule les fréquences à l'aide de ces valeurs en les divisant par l'effectif total (de **TOUT** le tableau) ;
- pour **calculer par colonne**, on commence par les sommes d'effectifs par colonne, puis on calcule les fréquences à l'aide de ces valeurs en les divisant par l'effectif total (de **TOUT** le tableau).

EXEMPLE

Calculer les fréquences par colonnes du tableau suivant (arrondir à 10^{-2} près) :

Couleur \ Marque de l'utilitaire	Renault	Mercedes	Ford	Fiat
Blanc	25	12	8	14
Orange	5	1	0	3

On obtient : Effectif total = (25 + 5) + (12 + 1) + (8 + 0) + (14 + 3) = 68.

Couleur \ Marque de l'utilitaire	Renault	Mercedes	Ford	Fiat
Blanc	25	12	8	14
Orange	5	1	0	3
Sommes d'effectifs par colonne	30	13	8	17
Fréquences par colonne	0,44	0,19	0,12	0,25

Exercice

Exercice 4

On s'intéresse à la langue choisie pour le CAP et au sexe des candidats.

	Fille	Garçon
Anglais	10	54
Arabe	2	12
Espagnol	4	3
Portugais	3	15

a) **Donner** le nombre de filles ayant choisi l'espagnol.

b) **Calculer** les sommes par ligne et expliquer à quoi elles correspondent.

c) **Calculer** les fréquences par ligne. Arrondir à 10^{-2} près.

MATHÉMATIQUES

3 La notion de chance ou de probabilité

Comment construire des tableaux de répartition de fréquences après expérimentations ?
Pour cela, on regroupe les résultats des expérimentations en comptant le nombre de chaque valeur de caractère obtenue.

Puis, à partir de ce tableau, on calcule les fréquences comme vu dans la partie Statistiques.

EXEMPLE
On lance une pièce 20 fois.

face	face	pile	face	face
pile	pile	face	face	pile
pile	face	pile	pile	face
pile	pile	face	face	face

On compte le nombre de fois où elle est tombée sur pile et le nombre de fois où elle est tombée sur face et on met ces résultats dans un tableau ; puis on calcule les fréquences.

Effectif total = 20

Résultat	Effectif	Fréquences
Pile	9	0,45
Face	11	0,55

Comment utiliser des tableaux de répartition de fréquences après expérimentations ?
Le but est de pouvoir interpréter les informations du tableau pour répondre à une problématique.

EXEMPLE
Sur quelle somme parier quand on parie sur la somme des résultats de 2 dés lancés en même temps ?

On réalise une simulation d'un grand nombre de lancers avec un tableur qui donne les fréquences suivantes :

Résultat	2	3	4	5	6	7	8	9	10	11	12
Fréquences	0,02	0,05	0,09	0,11	0,14	0,19	0,12	0,10	0,09	0,04	0,04

À l'aide de ce tableau, on peut penser qu'on a intérêt à parier sur la somme 7 car c'est le résultat qui a la fréquence la plus élevée.

Comment utiliser des notions élémentaires des probabilités dans des contextes familiers d'expérimentation ?
Dans les cas simples, on peut calculer une probabilité de la façon suivante :

$$p = \frac{\text{nombre de cas favorables}}{\text{nombre de cas possibles}}$$

EXEMPLE
Calculer la probabilité d'obtenir un nombre pair en lançant un dé.

Il y a 3 faces paires : le 2, le 4 et le 6.

Il y a 6 faces en tout.

$$p = \frac{3}{6} = 0,5$$

Exercices

Exercice 5
Dans une classe, on demande à chaque élève de dire le type de musique qu'il préfère écouter. On obtient les résultats suivants :

Hip hop	Hip hop	Métal	Variété française
Métal	Hip hop	Électro	Hip hop
Métal	Électro	Hip hop	Hip hop

Construire le tableau de répartition des fréquences (arrondir à 10^{-2} près).

Exercice 6
En réalisant un très grand nombre de lancers avec une pièce qui semble bizarrement équilibrée, on obtient le tableau de répartition des fréquences suivant.

	Fréquence
Pile	0,33
Face	0,66

Expliquer s'il est logique de penser que la pièce est déséquilibrée.

Exercice 7
Calculer la probabilité de tirer un roi en choisissant une carte au hasard dans un jeu de 54 cartes. Arrondir à 10^{-3} près.

Corrigés des exercices

Exercice 1
a) Le caractère étudié est le montant des chèques.
b) Ce caractère est quantitatif car ses valeurs sont des nombres.
c) 152 chèques ont un montant compris entre 50 et 70 €.

Exercice 2
a) La valeur maximale de cette série est 235.
b) La valeur minimale de cette série est 230.
c) Effectif total = 17 + 16 + 18 + 25 + 11 = 87.

Taille	230	231	233	234	235
Effectif	17	16	18	25	11
Fréquences	0,195	0,184	0,207	0,287	0,126

d)
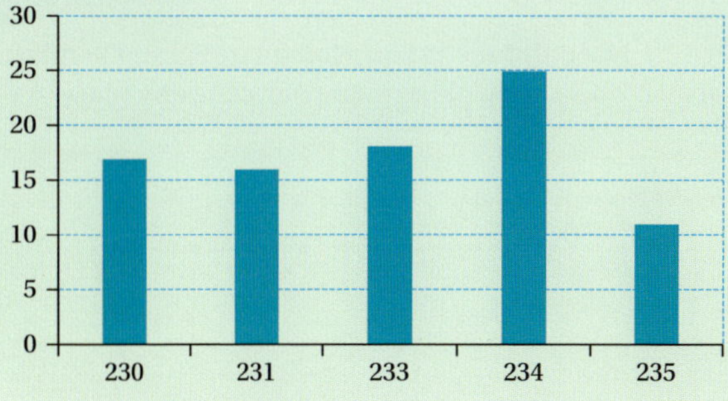

MATHÉMATIQUES

Exercice 3

a) Le caractère étudié est le type d'utilisation d'Internet.

b) Ce caractère est qualitatif car ses valeurs ne sont pas des nombres.

c) 11 personnes utilisent Internet pour les jeux.

d) L'effectif total est 11 + 8 + 17 + 5 = 41

Type d'utilisation	Nombre de personnes	Fréquences	Angles
Jeu	11	0,27	97°
Réseaux sociaux	8	0,20	72°
Navigation	17	0,41	148°
Mail	5	0,12	43°

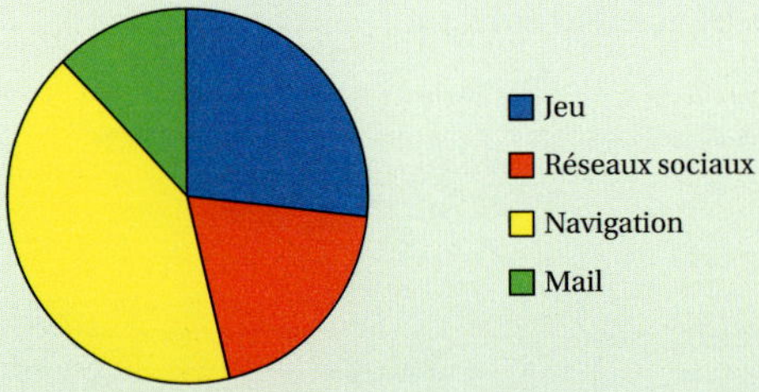

Exercice 4

Le nombre de filles ayant choisi l'espagnol est 4.

Effectif total = 10 + 2 + 4 + 3 + 54 + 12 + 3 + 15 = 103.

	Fille	Garçon	Sommes par ligne	Fréquences par ligne
Anglais	10	54	64	0,62
Arabe	2	12	14	0,14
Espagnol	4	3	7	0,07
Portugais	3	15	18	0,17

Les sommes par ligne correspondent au nombre d'élèves ayant choisi chaque langue.

Exercice 5

L'effectif total est 12.

	Hip hop	Électro	Métal	Variété française
Effectif	6	2	3	1
Fréquence	0,5	0,17	0,25	0,08

Exercice 6

Il est logique de penser que la pièce est déséquilibrée car on a fait un très grand nombre de lancers et que la fréquence de « face » est beaucoup plus grande que celle de « pile ».

Exercice 7

Il y a 4 rois parmi les 54 cartes possibles.

$p = \frac{4}{54} \approx 0{,}074$

6 La géométrie plane

1 Le segment

■ **Comment construire un segment de même longueur qu'un segment donné ?**

Méthode 1 :
On prend un compas dont on règle l'écartement sur la longueur du segment (fig. 1), puis on reporte cette longueur sur la droite où l'on veut tracer le segment et en partant du point voulu (fig. 2). Enfin, on trace le segment sur la nouvelle droite (fig. 3).

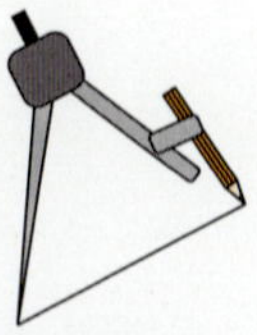
Fig. 1

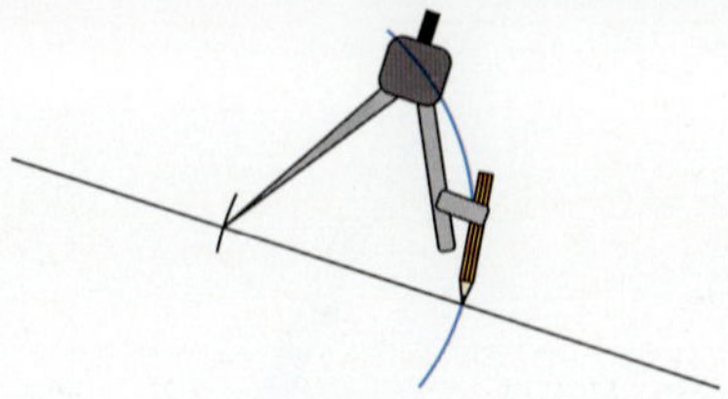
Fig. 2

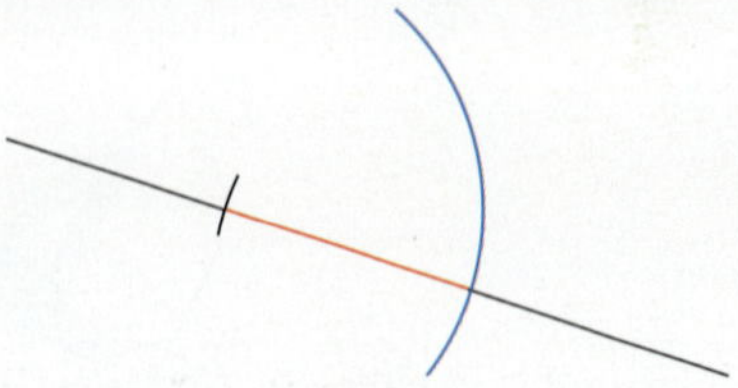
Fig. 3

Méthode 2 :
On mesure la longueur du segment avec une règle puis on reporte cette longueur sur la droite où l'on veut tracer le segment.

2 L'orthogonalité

■ **Comment tracer la perpendiculaire à une droite donnée passant par un point donné ?**
Pour cela, on a besoin d'une règle et d'une équerre :
- on commence par placer la règle le long de la droite donnée ;
- puis on fait glisser l'équerre dessus jusqu'à ce que le côté de l'équerre perpendiculaire à la droite passe par le point donné ;
- enfin, on trace la droite en suivant l'équerre.

EXEMPLE

3 Le parallélisme

Comment tracer la parallèle à une droite donnée passant par un point donné ?
Pour cela, on commence par tracer la perpendiculaire à cette droite passant par le point.

Puis, on trace la perpendiculaire à cette nouvelle droite passant aussi par ce point.

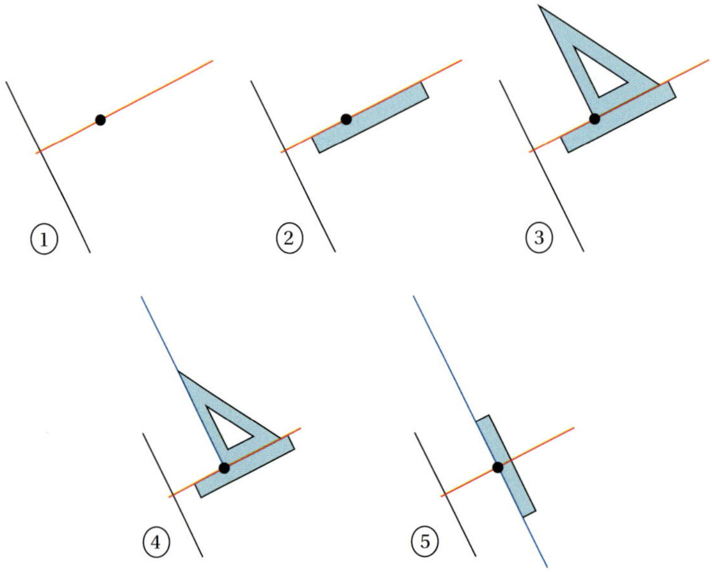

4 L'angle

Comment déterminer une mesure d'un angle donné ?

Pour cela, on utilise un rapporteur. 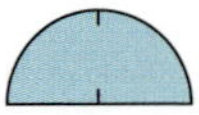

On place le centre du rapporteur à l'intersection des 2 demi-droites qui forment l'angle, puis on aligne le centre et le 0° du rapporteur sur la première demi-droite.

Enfin on lit la valeur au niveau de l'endroit où passe la deuxième demi-droite.

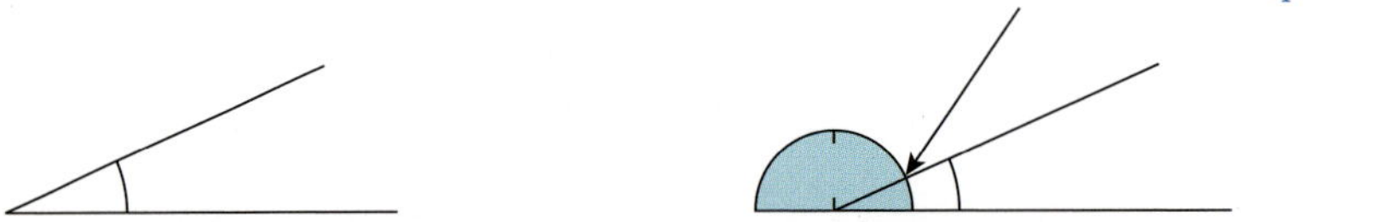

Comment tracer un angle de mesure donnée, le sommet et le côté étant donnés ?
On place le centre du rapporteur sur le côté donné.

Puis on aligne le centre et le 0° du rapporteur sur le sommet.

Ensuite, on repère la mesure voulue sur le rapporteur et on la marque à l'aide d'un crayon.

Enfin, on relie ce point qu'on vient de marquer et le sommet.

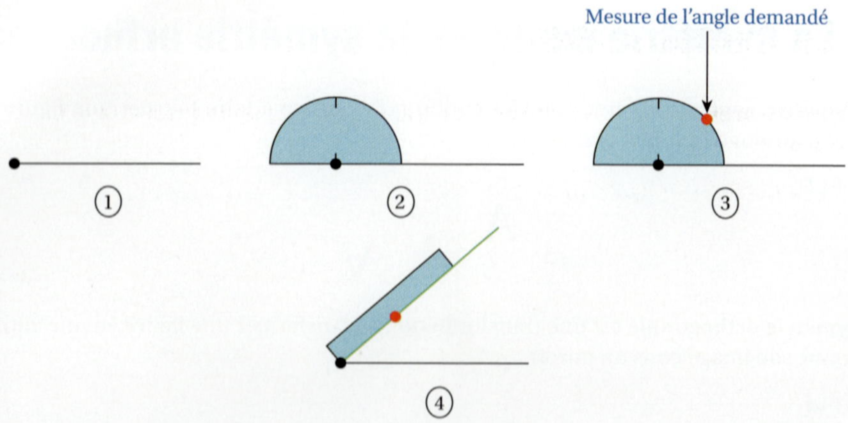

5 La médiatrice d'un segment

■ Comment construire à la règle et au compas la médiatrice d'un segment donné ?
On a besoin d'un compas et d'une règle.

On commence par prendre un écartement de compas plus grand que la moitié du segment.

On place la pointe du compas sur un bout du segment.

On trace un grand arc de cercle de chaque côté du segment (fig. 2).

On refait la même chose depuis l'autre bout du segment (fig. 3).

On relie entre eux les 2 points qui sont à l'intersection des arcs de cercles (fig. 4).

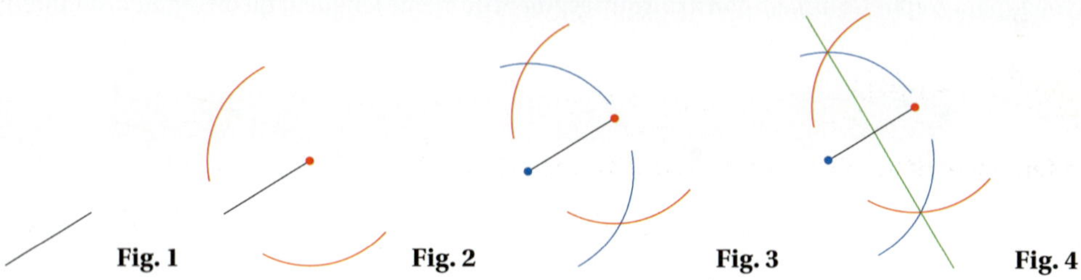

Fig. 1 **Fig. 2** **Fig. 3** **Fig. 4**

6 La bissectrice d'un angle

■ Comment construire à la règle et au compas la bissectrice d'un angle donné ?
On commence par ouvrir le compas au hasard (fig. 1) puis on place sa pointe sur le sommet de l'angle.

On marque un arc de cercle coupant chaque côté de l'angle (fig. 2) puis on replace le compas sur chacun de ces points et on trace un arc de cercle entre les 2 côtés (fig. 3). Enfin, on relie le sommet de l'angle et le point obtenu (fig. 4).

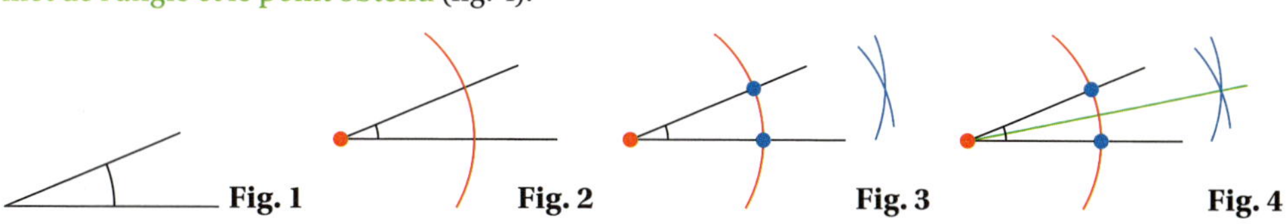

Fig. 1 **Fig. 2** **Fig. 3** **Fig. 4**

7 La symétrie centrale, la symétrie orthogonale

Une **symétrie centrale** est une transformation qui consiste à faire tourner une figure d'un demi-tour autour d'un point donné.

EXEMPLE

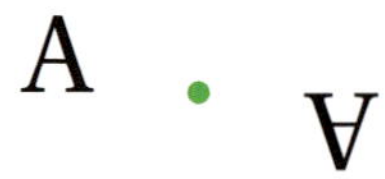

Une **symétrie orthogonale** est une transformation à transformer une figure en une autre qui est comme son image dans un miroir

EXEMPLE

Comment construire l'image d'une figure simple par :

• Symétrie centrale

Pour tracer l'image d'une figure par une symétrie centrale, on commence par tracer les images de chacun de ses points par cette symétrie centrale, puis on relie ces points comme sur la figure de départ.

EXEMPLE

Pour tracer l'image d'un point ***P*** par une symétrie centrale de centre ***I***, on commence par relier les 2 points ***P*** et ***I***.

Puis on trace un 3e point *P'* de l'autre côté du point ***I*** à la même distance que *P* avec un compas (voir le paragraphe Comment construire un segment de même longueur qu'un segment donné ?).

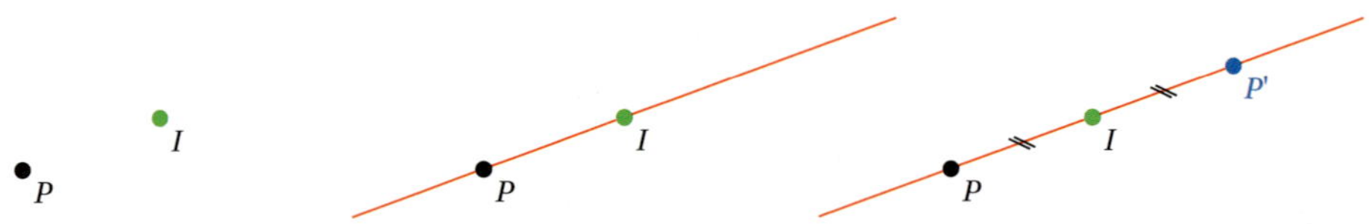

• Symétrie orthogonale par rapport à une droite

Pour tracer l'image d'une figure par une symétrie orthogonale par rapport à une droite, on commence par tracer les images de chacun de ces points par cette symétrie orthogonale, puis on relie ces points comme sur la figure de départ.

EXEMPLE

Pour tracer l'image d'un point ***P*** par une symétrie orthogonale par rapport à une droite :

On commence par tracer la perpendiculaire à la droite passant par le point donné (voir le paragraphe Comment tracer la perpendiculaire à une droite donnée passant par un point donné ?), on note ***H*** le point où elles se coupent

Enfin on trace le point *P'* sur la perpendiculaire de façon à ce que *PH* = *HP'* (voir le paragraphe Comment construire un segment de même longueur qu'un segment donné ?).

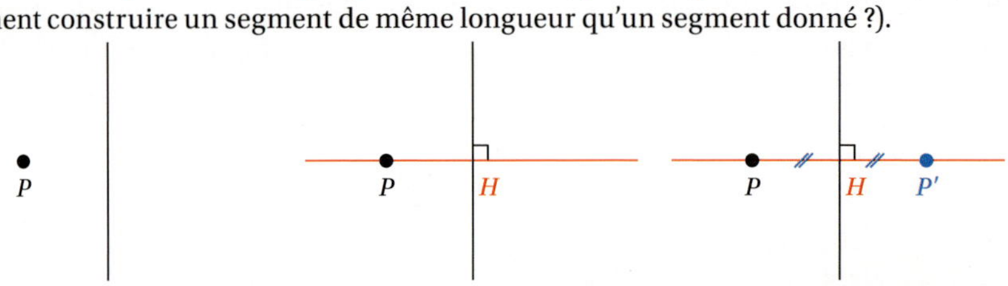

Comment identifier dans une figure donnée :

• La perpendicularité de 2 droites

Pour montrer que deux droites sont perpendiculaires, on peut le noter avec une équerre :

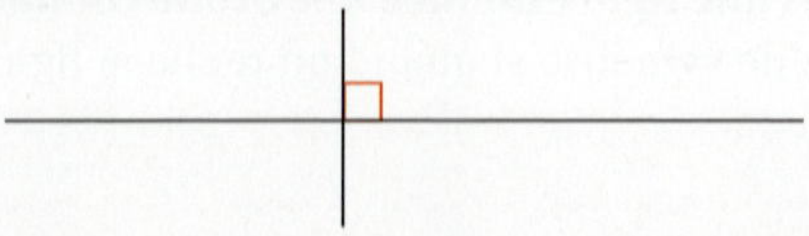

• Le parallélisme de 2 droites

Si 2 droites sont toutes les deux perpendiculaires à une troisième droite, **alors** elles sont parallèles entre elles.

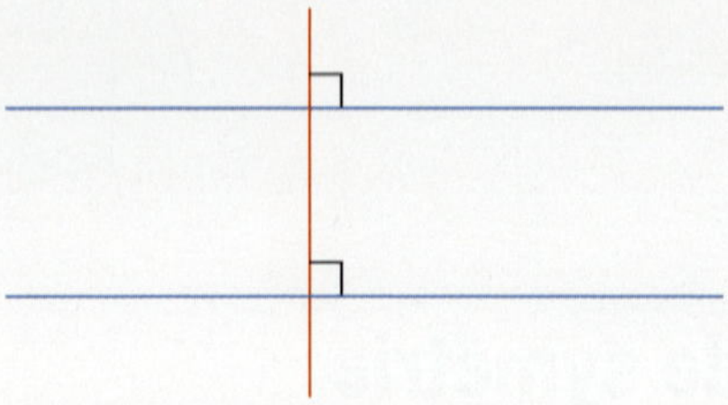

Exercices

Exercice 1

Tracer l'image de cette figure par la symétrie centrale de centre *I*.

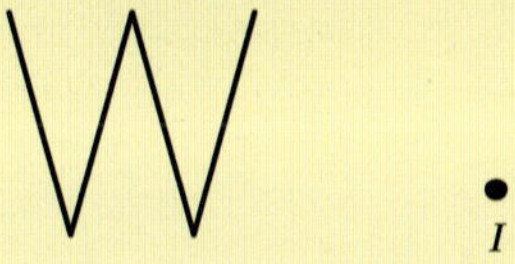

Exercice 2

Tracer l'image de cette figure par la symétrie orthogonale de droite (*d*).

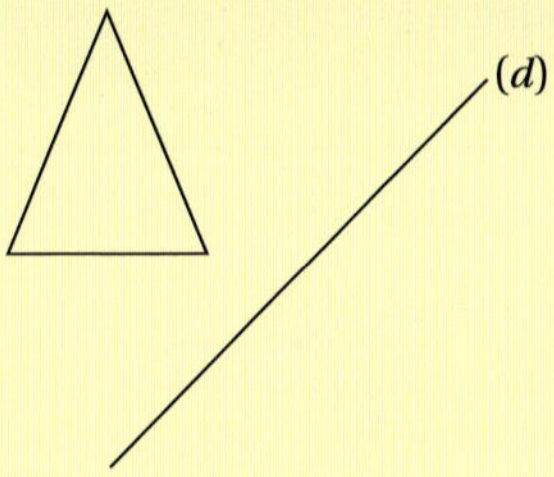

Exercice 3

Tracer l'image de cette figure par la symétrie centrale de centre *I*.

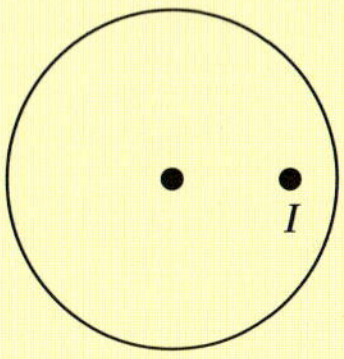

8 L'axe de symétrie

■ Comment identifier dans une figure donnée une droite comme axe de symétrie ?
Une figure présente un axe de symétrie si quand on replie la figure le long de l'axe, les deux parties se superposent.

EXEMPLE

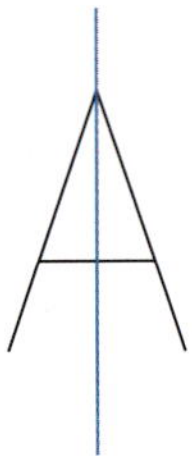

La droite bleue est un axe de symétrie, car quand on replie le long de la droite bleue on obtient :

9 Le centre de symétrie

■ Comment identifier dans une figure donnée un point comme centre de symétrie ?
Une figure possède un centre de symétrie si quand on lui fait faire un demi-tour autour de ce centre, la figure obtenue se superpose avec la figure de départ.

EXEMPLE

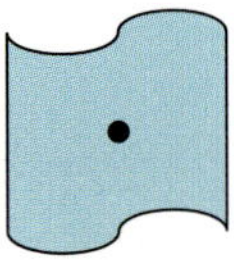

Exercice

Exercice 4
Pour chaque figure ci-dessous, **dire** si la droite rouge est un axe de symétrie et si le point noir est un centre de symétrie.

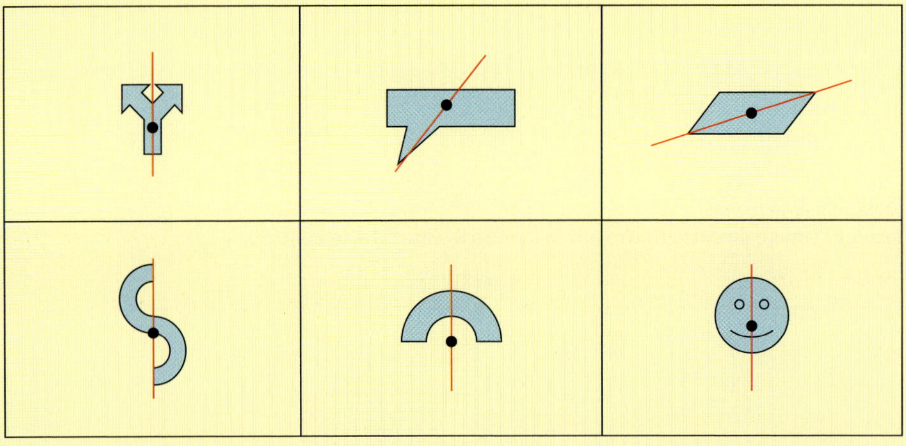

10 Les polygones usuels

Comment identifier dans une figure donnée ?

• Un triangle isocèle

Un triangle isocèle est un triangle ayant **2 côtés de la même longueur** (ou **2 angles de même mesure**).

Un triangle isocèle possède un axe de symétrie.

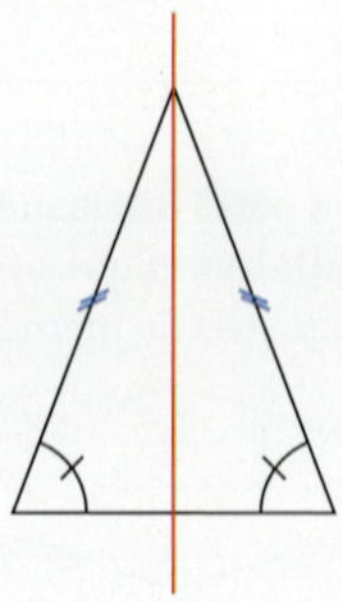

• Un triangle équilatéral

Un triangle équilatéral est un triangle ayant ses **3 côtés de la même longueur** (ou ses **3 angles de même mesure : 60°**).

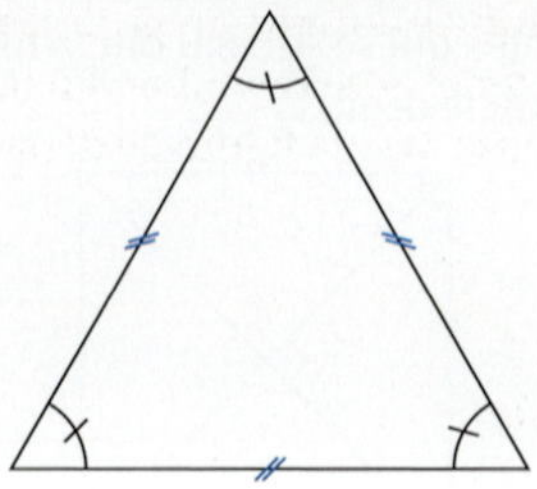

• Un triangle rectangle

Un triangle rectangle est un triangle dont un des angles est un angle droit (90°).

Un triangle rectangle est inscrit dans un cercle, et son hypoténuse (le plus grand de ses côtés) en est un diamètre.

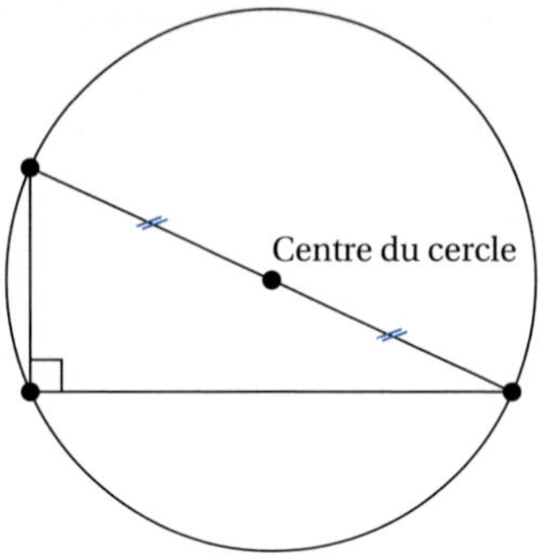

• Un parallélogramme

Un parallélogramme est un quadrilatère (une figure à 4 côtés) dont les côtés sont sur des droites parallèles 2 à 2.

Un parallélogramme est un quadrilatère dont les diagonales se coupent en leur milieu.

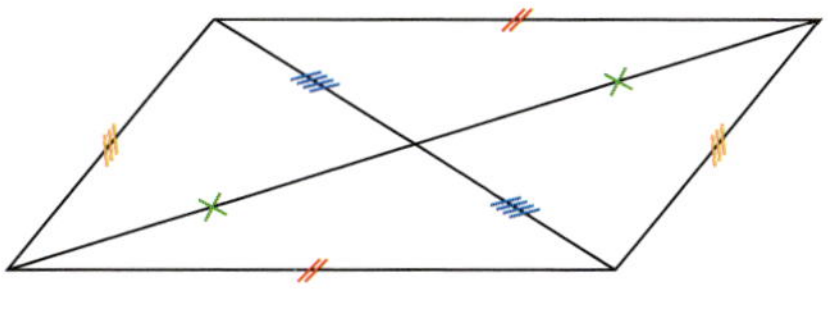

• Un rectangle

Un rectangle est un quadrilatère (une figure à 4 côtés) ayant 3 angles droits (donc forcément 4). Un rectangle a des diagonales de même longueur et qui se coupent en leur milieu. Un rectangle est aussi un parallélogramme avec un angle droit.

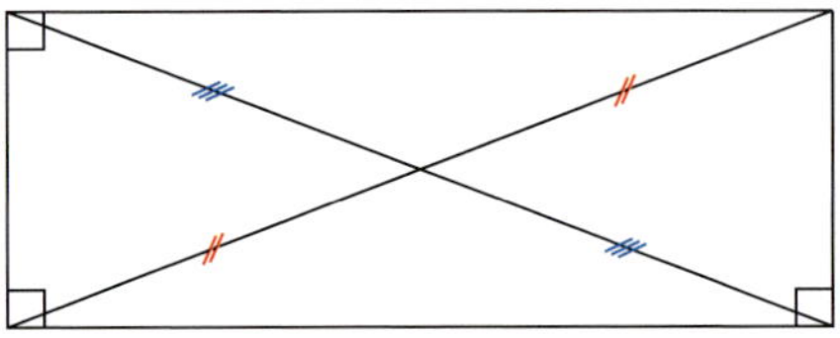

• Un losange

Un losange est un quadrilatère dont les 4 côtés ont la même longueur.
Un losange a des diagonales perpendiculaires et qui se coupent en leur milieu. Un losange est un parallélogramme ayant 2 côtés consécutifs de même longueur.

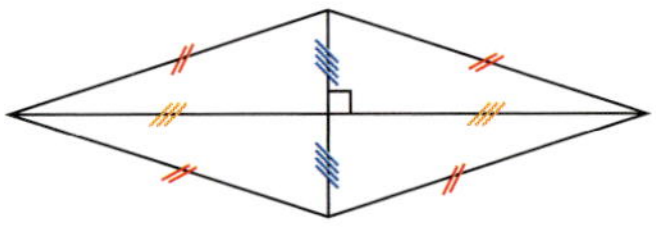

• Un carré

Un carré est un parallélogramme dont les diagonales sont perpendiculaires et de même longueur.
Un carré est un rectangle dont 2 côtés qui se suivent ont la même longueur.
Un carré est un losange ayant un angle droit.

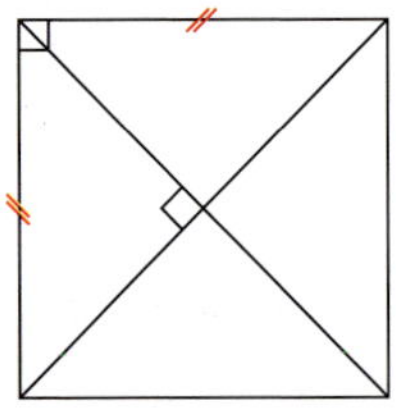

Comment tracer :

• Un triangle en connaissant les longueurs des 3 côtés

Pour cela, on commence par choisir un point de départ sur la feuille.

À partir de ce point, **on trace un segment** de la longueur correspondant à une des longueurs données (la plus grande de préférence) (longueur 1).

Ensuite, **on mesure un écartement de compas d'une des autres longueurs** (voir le paragraphe Comment tracer un cercle de rayon donné et de centre donné ?).

On place la pointe du compas sur une extrémité du segment puis on trace un arc de cercle.

On refait la même chose avec l'autre longueur en plaçant le point du compas sur **l'autre** extrémité du segment.

L'intersection des 2 arcs de cercle est le troisième point du triangle : on relie donc ce point aux 2 extrémités du segment du début.

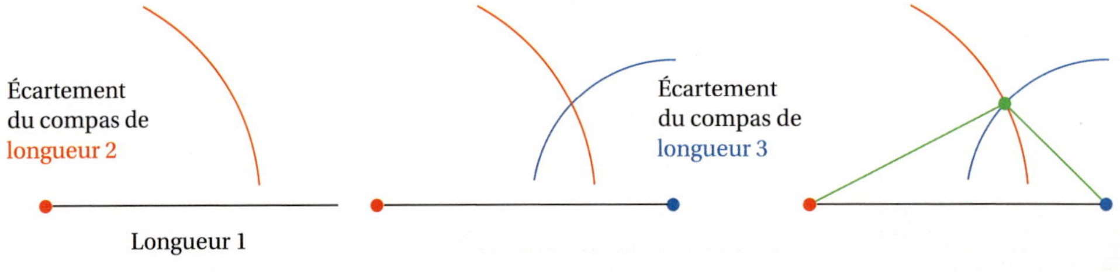

• Un carré en connaissant la longueur d'un côté

Pour cela, on commence par choisir un point de départ sur la feuille.

À partir de ce point, on trace un segment de la longueur correspondant à la longueur du côté du carré.

Puis, à l'aide d'une équerre, on trace **à chaque extrémité** une droite perpendiculaire à la droite qui porte le segment.

Sur chaque droite, on trace un segment ayant pour longueur la longueur de côté demandée (tous les 2 du même côté).

Enfin, on relie ensemble les 2 nouvelles extrémités de segment obtenues.

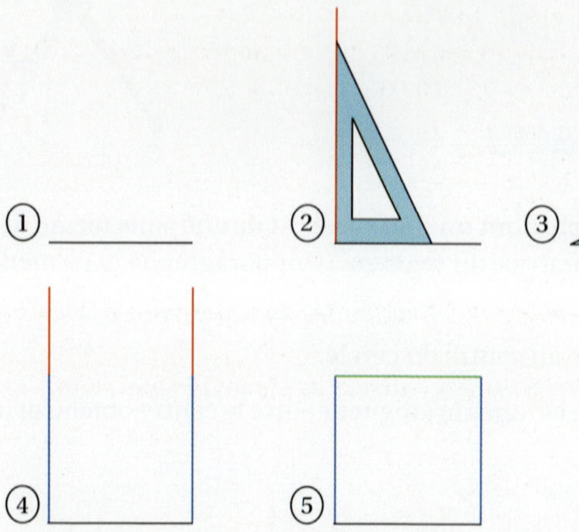

• Un rectangle connaissant sa longueur et sa largeur

Pour cela, on commence par choisir un point de départ sur la feuille.

À partir de ce point, on trace un segment de la longueur correspondant à la longueur du rectangle.

Puis à l'aide d'une équerre, on trace **à chaque extrémité** une droite perpendiculaire à la droite qui porte le segment.

Sur chaque droite, on trace un segment ayant pour longueur la largeur du rectangle de côté demandée (tous les 2 du même côté).

Enfin, on relie ensemble les 2 nouvelles extrémités de segment obtenues.

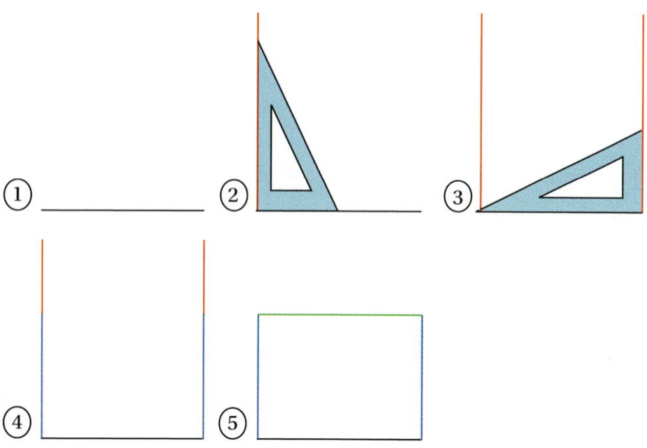

11 Le cercle

Comment tracer un cercle de rayon donné et de centre donné ?

Pour cela, on a besoin d'un compas et d'une règle graduée.

On prend comme écartement du compas le rayon demandé (en mesurant sur une règle).

On place la pointe du compas sur *C* le centre donné.

On trace le cercle.

Comment construire un cercle dont un diamètre est donné sous forme de segment ?

On commence par tracer la médiatrice du segment (voir paragraphe ⑤ La médiatrice d'un segment).

La médiatrice coupe le diamètre au centre du cercle.

On prend comme écartement de compas la longueur entre le centre obtenu et une extrémité du segment.

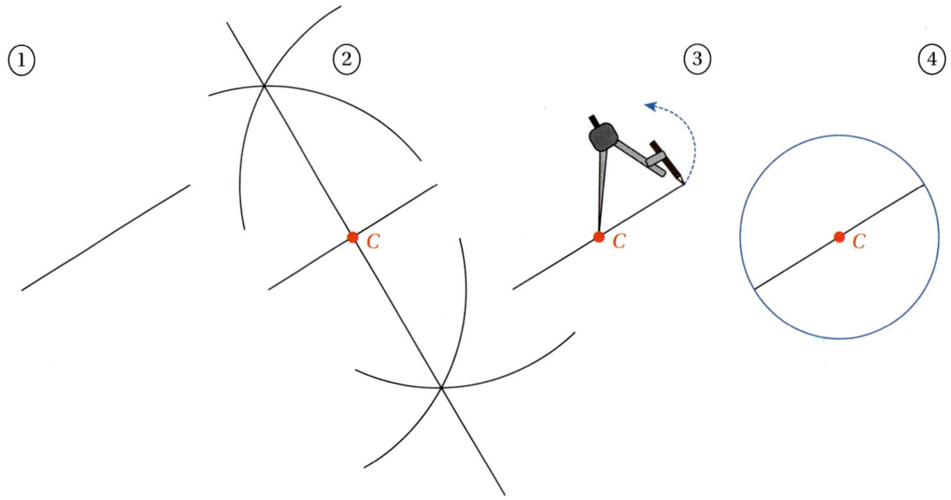

12 Les unités de longueur et les unités d'aire

Comment convertir des longueurs ?

Pour cela on utilise le tableau suivant :

Le chiffre des unités est le chiffre de droite si le nombre n'a pas de virgule. C'est celui de gauche dans l'autre cas.

km	hm	dam	m	dm	cm	mm
0	0	0	2	5	3	
		4	7	1	0	0

Pour convertir un nombre dans une autre unité de longueur, on place le chiffre des unités de ce nombre dans la colonne de l'unité de départ, puis les autres chiffres à droite et à gauche comme dans l'écriture du nombre.

Éventuellement, on ajoute des zéros dans les colonnes à droite ou à gauche jusqu'à atteindre la colonne de l'unité demandée.

Pour lire dans la nouvelle unité, le chiffre des unités du nombre converti se trouve dans la colonne de la nouvelle unité.

EXEMPLE 1

Convertir 25,3 dm en km.

Le chiffre des unités est le 5, donc on le place dans la colonne des dm.

On place les autres chiffres.

On ajoute des zéros jusqu'à la colonne km.

Le chiffre des unités du nombre converti en km se trouve dans la colonne km, la virgule se trouve donc à droite de ce chiffre.

On a donc 25,3 dm =0,00253 km.

EXEMPLE 2

Convertir 47,1 m en mm
47,1 m = 47 100 mm

Exercice

Exercice 5
Faire les conversions suivantes :
a) 31 km en m
b) 186 cm en m
c) 225 mm en m
d) 2,35 m en cm
e) 53,7 m en km

Comment convertir des aires ?

Pour cela on utilise le tableau suivant :

km^2		hm^2		dam^2		m^2		dm^2		cm^2		mm^2	
							0	0	0	3	4	7	
	0	0	0	8	5	6	7	1					

Pour convertir un nombre dans une autre unité d'aire, on place le chiffre des unités de ce nombre dans la colonne **de droite** de l'unité de départ, puis les autres chiffres à droite et à gauche comme dans l'écriture du nombre.

Astuce : 2 dimensions, m^2 → 2 colonnes par unité.

Éventuellement, on ajoute des zéros dans les colonnes à droite ou à gauche jusqu'à atteindre la colonne **de droite** de l'unité demandée.

Pour lire dans la nouvelle unité, le chiffre des unités du nombre converti se trouve dans la colonne **de droite** de la nouvelle unité.

EXEMPLE 1

Convertir 34,7 cm^2 en m^2

Le chiffre des unités est le 4, donc on le place dans la colonne de droite des cm^2.

On place les autres chiffres.

On ajoute des zéros jusqu'à la colonne de droite de m^2.

Le chiffre des unités du nombre converti en m^2 se trouve dans la colonne de droite des m^2, la virgule se trouve donc à droite de ce chiffre.

On a donc 34,7 cm^2 = 0,00347 m^2

EXEMPLE 2

Convertir 8 567,1 m^2 en km^2

8 567,1 m^2 = 0,0085671 km^2

Exercice

Exercice 6

Faire les conversions suivantes :

a) 831 dm^2 en m^2

b) 55 cm^2 en mm^2

c) 23,7 km^2 en m^2

d) 589,2 cm^2 en m^2

Comment déterminer la longueur d'un segment en utilisant une règle graduée ?

Pour cela, on place le zéro de la règle sur la gauche du segment, puis on lit sur la règle la valeur à laquelle le segment s'arrête.

Chaque sous-graduation représente 0,1 en plus.

EXEMPLE

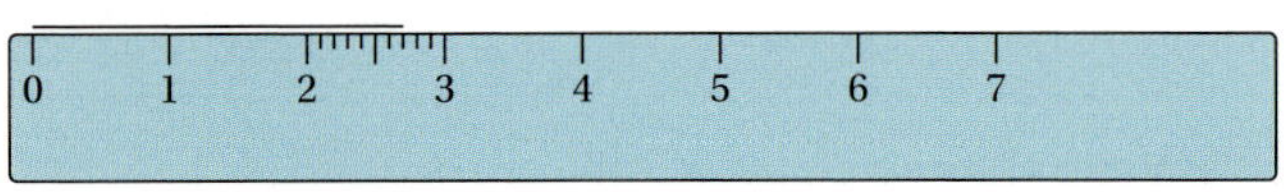

2 cm et 7 petites graduations → 2,7 cm

Formules pour calculer les périmètres des figures suivantes :

Cercle	Rectangle
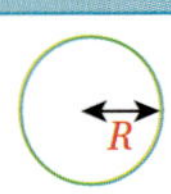 Cercle de rayon R	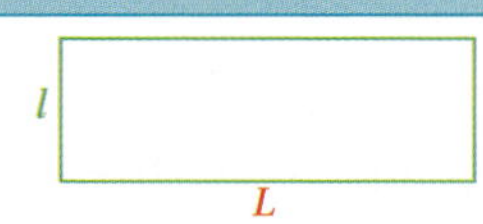 Rectangle de longueur L et de largeur l
$p = 2\pi R$	$p = 2(L + l)$

Formules pour calculer les périmètres des figures suivantes :

Rappel $\pi \approx 3,14$.

Triangle	Rectangle	Parallélogramme	Trapèze	Disque
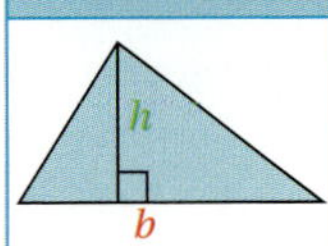	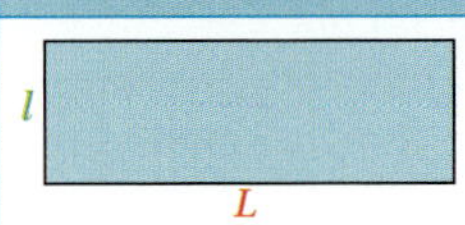	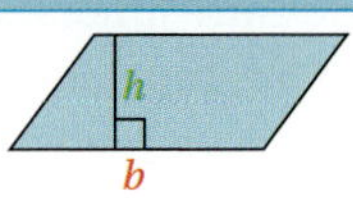	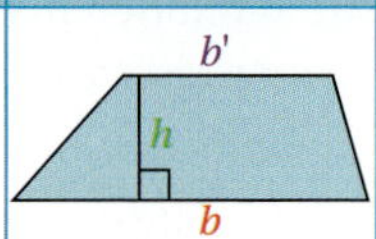	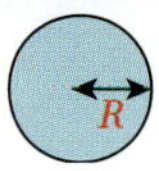
h = hauteur b = base	L = longueur l = largeur	h = hauteur b = base	h = hauteur b = grande base b' = petite base	R = rayon
$A = \frac{1}{2} b \times h$	$A = L \times l$	$A = b \times h$	$A = \frac{1}{2}(b + b')h$	$A = \pi R^2$

Pour faire ces calculs, il faut remplacer dans la formule les lettres par les valeurs données sur la figure ou dans l'énoncé de l'exercice.

EXEMPLE
Calculer le périmètre d'un rectangle de longueur 4 cm et de largeur 3 cm.
$p = 2(L + l) = 2 \times (4 + 3) = 12$ cm

Attention ! Dans une formule, toutes les lettres doivent être remplacées par des valeurs dans la même unité.

Exercices

Exercice 7
Calculer les périmètres des figures suivantes :
a) rectangle de longueur 7,21 cm et de largeur 3 cm
b) cercle de rayon 5 mm

Exercice 8
Calculer les aires des figures suivantes :
a) rectangle de longueur 7,21 cm et de largeur 3 cm
b) disque de rayon 5 cm
c) parallélogramme de base 5,3 cm et de hauteur 3 cm
d) triangle de base 6 mm et de hauteur 4,2 mm
e) trapèze de petite base 2 m, de grande base 7,8 m et de hauteur 5 m

13 La distance d'un point à une droite

Comment mesurer la distance d'un point à une droite ?
Pour cela, on commence par tracer la perpendiculaire à cette droite passant par ce point (voir le paragraphe Comment tracer la perpendiculaire à une droite donnée passant par un point donné ?).

Puis on mesure la longueur du segment (voir le paragraphe Comment déterminer la longueur d'un segment en utilisant une règle graduée ?) entre le point donné et le point d'intersection.

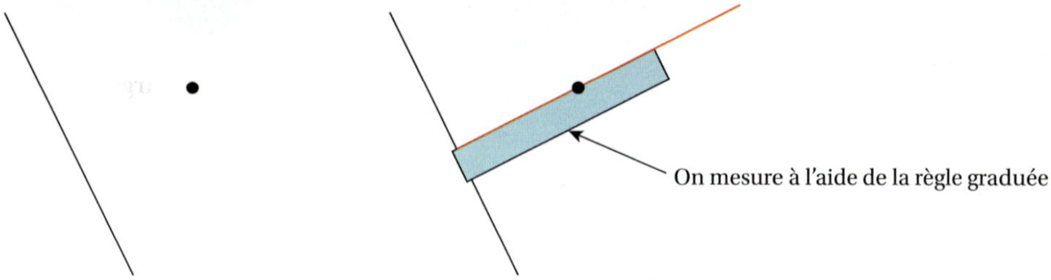

Corrigés des exercices

Exercice 1

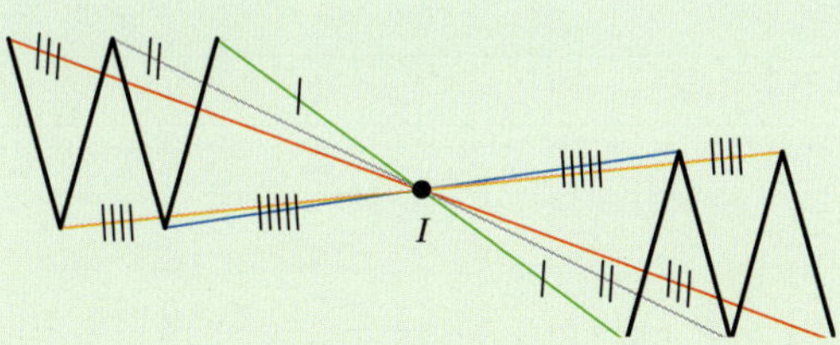

Exercice 2

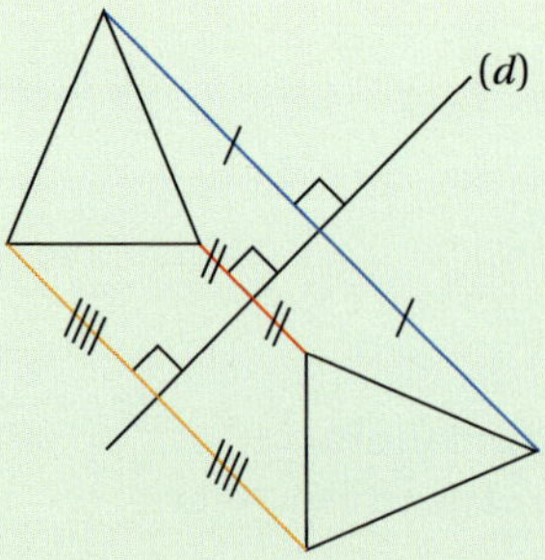

Exercice 3

On commence par tracer le symétrique du centre du cercle, puis on trace le nouveau cercle (du même rayon que le premier) à partir du point obtenu.

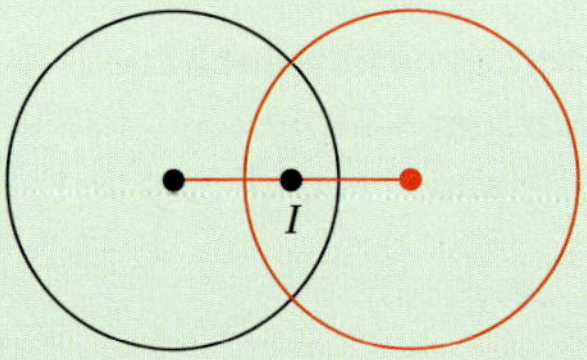

Exercice 4

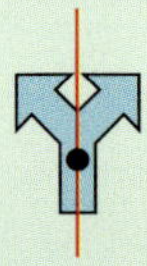 La droite rouge est un axe de symétrie	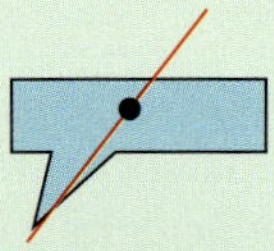 Rien	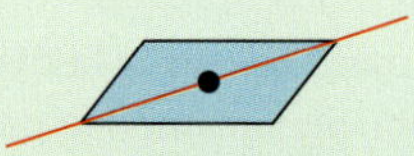 Le point noir est un centre de symétrie
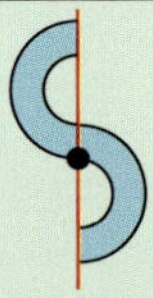 Le point noir est centre de symétrie	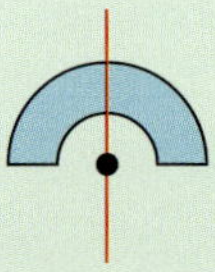 La droite rouge est un axe de symétrie	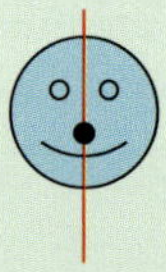 La droite rouge est un axe de symétrie

Exercice 5

	km	hm	dam	m	dm	cm	mm
3	1	0	0	0			
				1	8	6	
				0	2	2	5
				2	3	5	
	0	0	5	3	7		

a) 31 km = 31 000 m

b) 186 cm = 1,86 m

c) 225 mm = 0,225 m

d) 2,35 m = 235 cm

e) 53,7 m = 0,0537 km

Exercice 6

km²		hm²		dam²		m²		dm²		cm²		mm²	
							8	3	1				
										5	5	0	0
2	3	7	0	0	0	0	0						
							0	0	5	8	9	2	

a) 831 dm² = 8,31 m²
b) 55 cm² = 5 500 mm²
c) 23,7 km² = 23 700 000 m²
d) 589,2 cm² = 0,05892 m²

Exercice 7
a) $p = 2\,(3 + 7{,}21) = 20{,}42$ cm
b) $p = 2 \times 3{,}14 \times 5 = 31{,}4$ mm

Exercice 8
a) $A = 7{,}21 \times 3 = 21{,}63$ cm²
b) $A \approx 3{,}14 \times 52 = 78{,}5$ cm²
c) $A = 5{,}3 \times 3 = 15{,}9$ cm²
d) $A = \frac{1}{2} \times 6 \times 4{,}2 = 12{,}6$ mm²
e) $A = \frac{1}{2}(2 + 7{,}8) \times 5 = 24{,}5$ m²

7 La géométrie dans l'espace

1 Les solides usuels

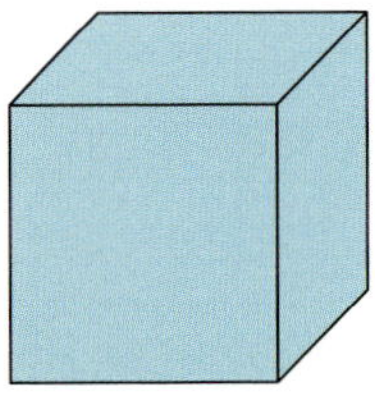

un cube

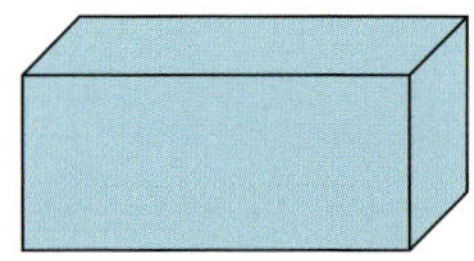

un parallélépipède rectangle

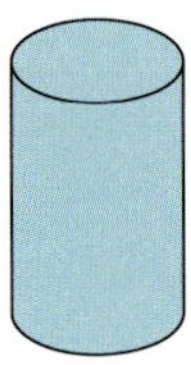

un cylindre de révolution

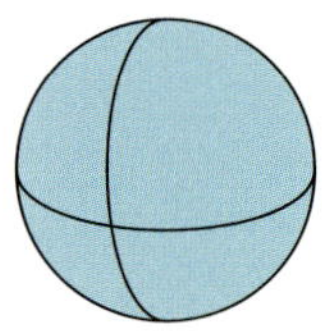

une sphère

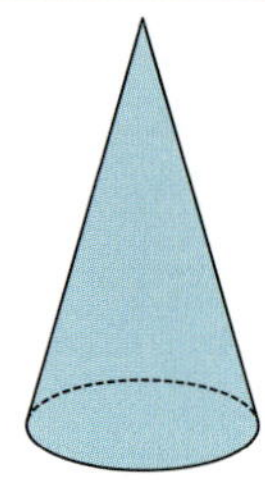

un cône de révolution

Exercice

Exercice 1
Identifier les différents solides usuels dans ce solide.

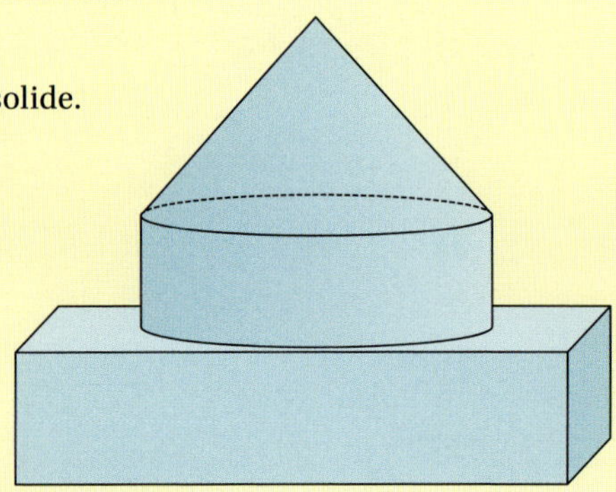

2 Les unités d'aire et de volume

Comment convertir des aires ?
Les unités sont les multiples du **m^2**, donc chaque unité comporte 2 colonnes.
(Voir chapitre 6 **Les unités de longueur et les unités d'aires**)

Comment convertir des volumes ?
Les unités sont les multiples du **m^3**, donc chaque unité comporte 3 colonnes.

> **Volume :**
> 3 dimensions, m^3,
> 3 colonnes par unité

Pour cela on utilise le tableau suivant :

km³			hm³			dam³			m³			dm³			cm³			mm³		
											0	0	2	8	6	9				
									6	8	7	1	0	0	0	0	0			

Pour convertir un nombre dans une autre unité de volume, on place le chiffre des unités de ce nombre dans la colonne **de droite** de l'unité de départ, puis les autres chiffres à droite et à gauche comme dans l'écriture du nombre.

Éventuellement, on ajoute des zéros dans les colonnes à droite ou à gauche jusqu'à atteindre la colonne **de droite** de l'unité demandée.

Pour lire dans la nouvelle unité, le chiffre des unités du nombre converti se trouve dans la colonne **de droite** de la nouvelle unité.

EXEMPLE 1

Convertir 28,69 dm³ en m³.

Le chiffre des unités est le 8, donc on le place dans la colonne de droite des dm³.

On place les autres chiffres.

On ajoute des zéros jusqu'à la colonne de droite de m³.

Le chiffre des unités du nombre converti en m³ se trouve dans la colonne de droite des m³, la virgule se trouve donc à droite de ce chiffre.

On a donc 28,69 dm³ = 0,02869 m³

> **Toutes les grandeurs doivent être dans la même unité. Convertir au besoin.**

EXEMPLE 2

Convertir 687,1 m³ en cm³.

687,1 m³ = 687 100 000 cm³

Comment calculer l'aire d'un cube, d'un parallélépipède rectangle et d'un cylindre de révolution ?

Cube	Parallélépipède rectangle	Cylindre de révolution
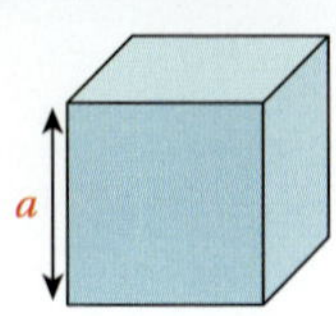 de côté ***a***	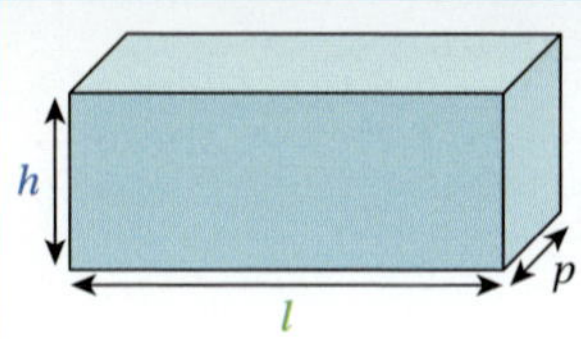 de dimensions l, p et h	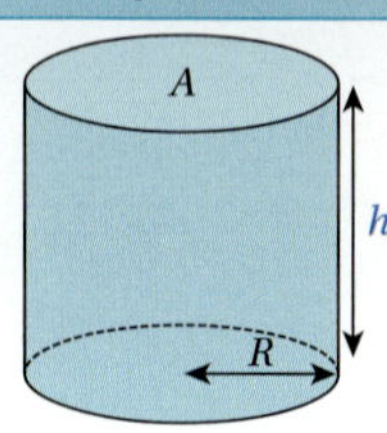 où S est l'aire de la base et h la hauteur
Aire = $6 \times a^2$ (car il y a 6 faces carrées, chacune d'aire a^2)	Aire = $2(lh + ph + lp)$	$A = 2 \times \pi R^2 + 2\pi R h$

Comment calculer le volume d'un cube, d'un parallélépipède rectangle et d'un cylindre de révolution ?

Cube	Parallélépipède rectangle	Cylindre de révolution
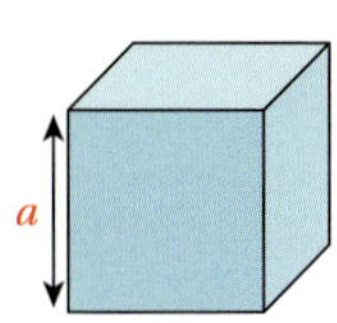 de côté ***a***	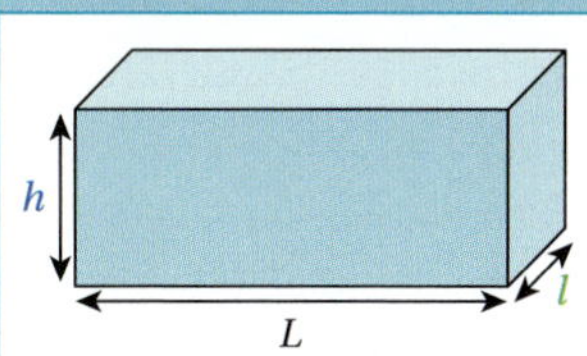 de dimensions L, l et h	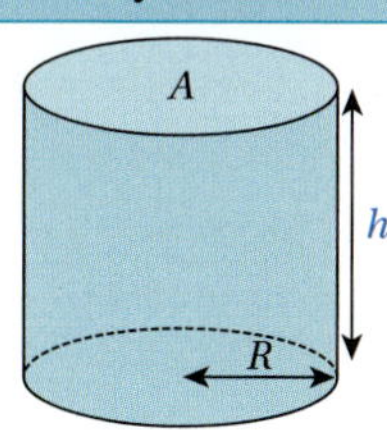 où A est l'aire de la base et h la hauteur
$V = a^3$	$V = L \times l \times h$	$V = \pi R^2 \times h$

MATHÉMATIQUES

Exercices

Exercice 2

Faire les conversions suivantes :

a) 650 cm^3 en mm^3

b) 650 cm^3 en m^3

c) 259,31 m^3 en mm^3

d) 56,891 dm^3 en m^3

Exercice 3

Calculer les aires des solides suivants :

a) Cube de côté 20 cm

b) parallélépipède rectangle de dimensions 2 m ; 1,5 m et 0,80 m

c) cylindre de révolution de rayon 3 mm et de hauteur 70 mm

Exercice 4

Calculer les volumes des solides suivants :

a) Cube de côté 20 cm

b) parallélépipède rectangle de dimensions 2 m ; 1,5 m et 0,80 m

c) cylindre de révolution de rayon 3 mm et de hauteur 70 mm

Corrigés des exercices

Exercice 1

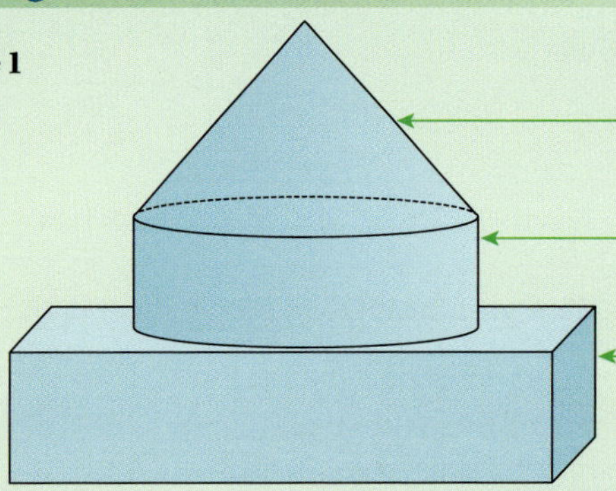

Exercice 2

km^3			hm^3			dam^3			m^3			dm^3			cm^3			mm^3		
															6	5	0	0	0	0
											0	0	0	0	6	5	0			
									2	5	9	3	1	0	0	0	0	0	0	0
											0	0	5	6	8	9	1			

a) 650 cm^3 = 650 000 mm^3

b) 650 cm^3 = 0,000 650 m^3

c) 259,31 m^3 =259 310 000 000 mm^3

d) 56,891 dm^3 = 0,056 891 m^3

Exercice 3

a) Aire $= 6 \times 20^2 = 2\,400$ cm^2

b) Aire $= 2 \times (2 \times 1{,}5 + 1{,}5 \times 0{,}80 + 2 \times 0{,}80) = 11{,}6$ m^2

c) Aire $= 2 \times (3{,}14 \times 3^2) + 2 \times 3{,}14 \times 3 \times 70 = 1\,375{,}32$ mm^2

La base est un cercle donc d'aire $A = \pi . R^2$

Exercice 4

a) $V = 20^3 = 8\,000$ cm^3

b) $V = 2 \times 1{,}5 \times 0{,}80 = 2{,}4$ m^3

c) $V = (3{,}14 \times 3^2) \times 70 = 1\,978{,}2$ mm^3

8 Les propriétés de géométrie plane

1 La somme des angles d'un triangle

Comment déterminer la valeur d'un angle d'un triangle connaissant celle des 2 autres angles ?
La somme des angles d'un triangle est toujours égale à 180°.

Donc pour calculer la valeur de l'angle manquant on fait :

180 – (mesure du 1er angle) – (mesure du 2e angle)

EXEMPLE
Calculer la valeur de l'angle **a** de ce triangle.

$a = 180 - 35 - 48 = 97°$

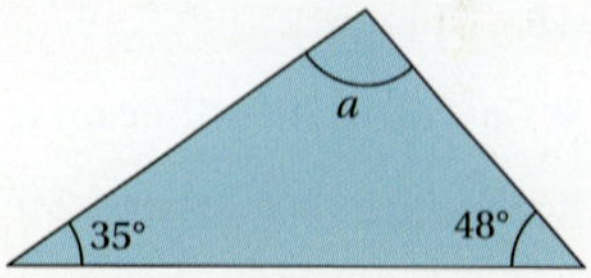

Exercice

Exercice 1
Calculer la valeur de l'angle manquant **b.**

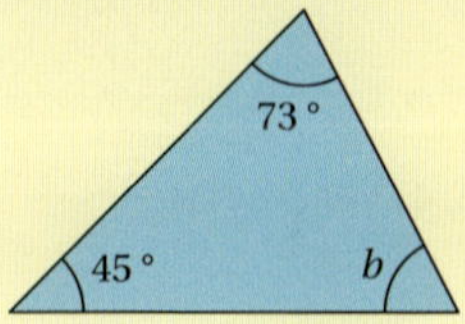

2 La propriété de Pythagore et la réciproque

Comment calculer la longueur d'un côté d'un triangle rectangle ?
Propriété de Pythagore : dans un triangle rectangle, la somme des carrés des longueurs des 2 petits côtés est égale au carré de la longueur du plus grand côté. Pour un triangle rectangle en A, on a :

Le plus grand côté est appelé hypoténuse.

$BC^2 = AB^2 + AC^2$

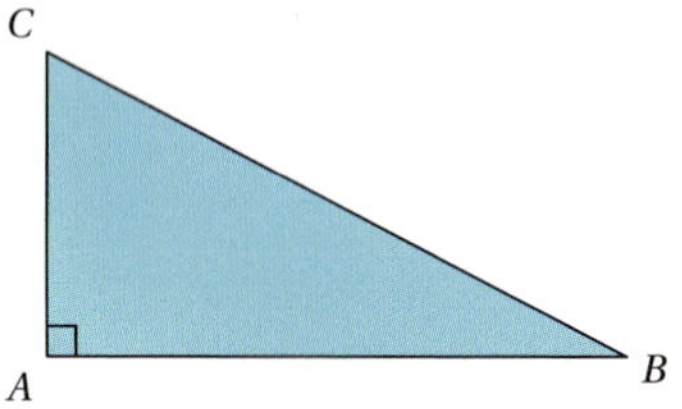

EXEMPLE 1

Attention : $AB^2 + AC^2 \neq (AB + AC)^2$
On **NE** peut donc **PAS** calculer $(4 + 3)^2$ pour avoir le résultat.

On cherche le plus grand côté : BC

Calculer BC sachant que $AB = 4$ et $AC = 3$

$BC^2 = 4^2 + 3^2$
$BC^2 = 16 + 9$
$BC^2 = 25$
$BC = \sqrt{25} = 5$

EXEMPLE 2

Car si $BC^2 = AB^2 + AC^2$
Alors $AB^2 = BC^2 - AC^2$

On cherche un des petits côtés.

Calculer AB sachant que $BC = 15$ et $AC = 9$

$AB^2 = 15^2 - 9^2$ (15 : grand côté ; 9 : petit côté)
$AB^2 = 225 - 81$
$AB^2 = 144$
$AB = \sqrt{144} = 12$

Comment identifier un triangle rectangle ?

Réciproque : **si** dans un triangle ABC, on a $BC^2 = AB^2 + AC^2$

Alors le triangle est rectangle en A

Méthode :
- On calcule d'abord le carré de la longueur du côté le plus grand.
- On calcule ensuite la somme des carrés des petits côtés.
- On compare les résultats :
- **s**'ils sont égaux, **alors** le triangle est rectangle ;
- **sinon** le triangle n'est pas rectangle.

EXEMPLE 1

Expliquer si le triangle ayant des côtés avec les longueurs suivantes : 2, 4, 3 est rectangle.

Le grand côté est 4.

$4^2 = 16$

$2^2 + 3^2 = 4 + 9 = 13$

$16 \neq 13$ donc le triangle **n'**est **pas** rectangle.

EXEMPLE 2

Expliquer si le triangle ayant des côtés avec les longueurs suivantes : 20, 12, 16 est rectangle.

Le grand côté est 20.

$20^2 = 400$

$12^2 + 16^2 = 144 + 256 = 400$

On obtient le même résultat aux 2 calculs, donc le triangle est bien rectangle.

Exercices

Exercice 2

Calculer la longueur inconnue de ce triangle rectangle. **Arrondir** à 10^{-2}.

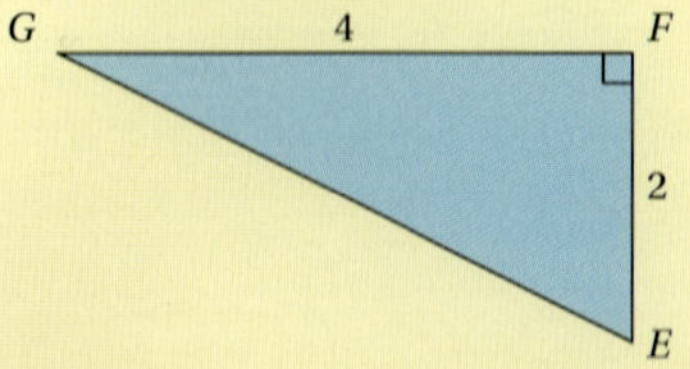

Exercice 3

Calculer la longueur inconnue de ce triangle rectangle. **Arrondir** le résultat final à l'unité.

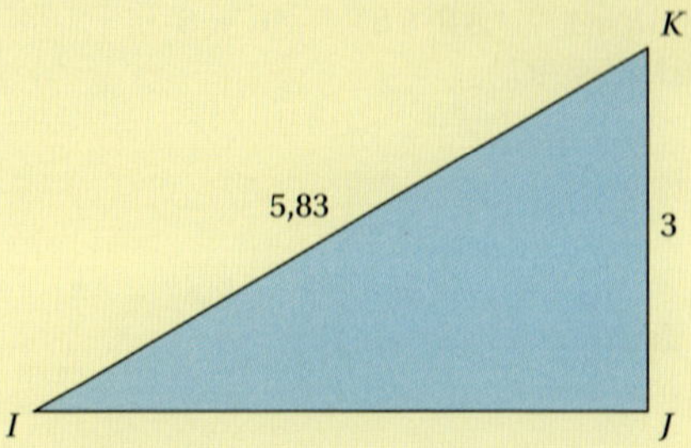

Exercice 4

Expliquer si le triangle ayant des côtés avec les longueurs suivantes : 5, 3, 4 est rectangle.

Exercice 5

Expliquer si le triangle ayant des côtés avec les longueurs suivantes : 9, 11, 7 est rectangle.

3 La propriété de Thalès relative au triangle

Comment calculer la longueur d'un segment ?

Si (d_1) est parallèle à (d_2), **alors** $\frac{AB}{AC} = \frac{AB'}{AC'} = \frac{BB'}{CC'}$.

Quand on cherche une longueur inconnue parmi celles de la formule, on utilise une des 3 égalités :

$\frac{AB}{AC} = \frac{AB'}{AC'}$ ou $\frac{AB'}{AC'} = \frac{BB'}{CC'}$ ou $\frac{AB}{AC} = \frac{BB'}{CC'}$

Puis on procède à un produit en croix.

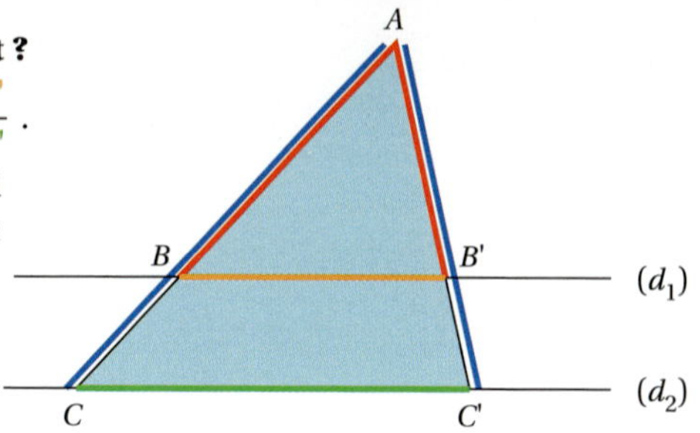

EXEMPLE 1

$AB = 3$ $AC = 9$ $AC' = 12$

Calculer AB'.

On utilise $\frac{AB}{AC} = \frac{AB'}{AC'}$

donc $\frac{3}{9} = \frac{AB'}{12}$

donc $AB' = \frac{3}{9} \times 12 = 4$

EXEMPLE 2

$AB' = 2$ $AC' = 8$ $BB' = 1$

Calculer CC'.

On obtient $\dfrac{AB'}{AC'} = \dfrac{BB'}{CC'}$

donc $\dfrac{2}{8} = \dfrac{1}{CC'}$, donc en passant à l'inverse $\dfrac{8}{2} = \dfrac{CC'}{1}$

donc $CC' = 1 \times \dfrac{8}{2}$

Exercices

Exercice 6

a) $AB = 5$ $AC = 20$ $AC' = 30$
Calculer AB'.

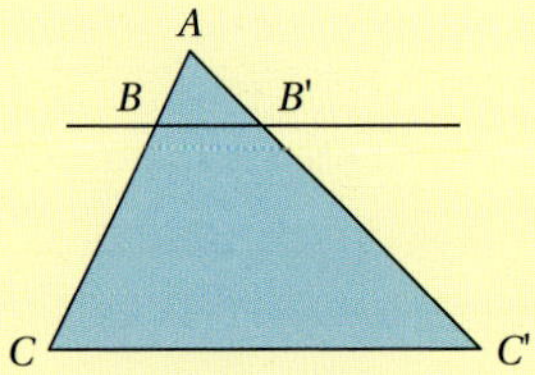

b) $AB = 4$ $AB' = 5$ $AC' = 6$
Calculer AC.

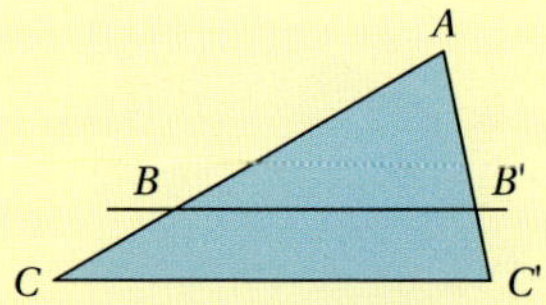

c) $AB' = 12$ $CC' = 20$ $AC' = 24$
Calculer BB'.

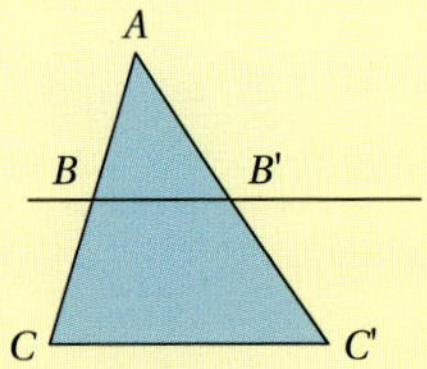

d) $FH = 24$ $FI = 36$ $HG = 30$
Calculer IJ.

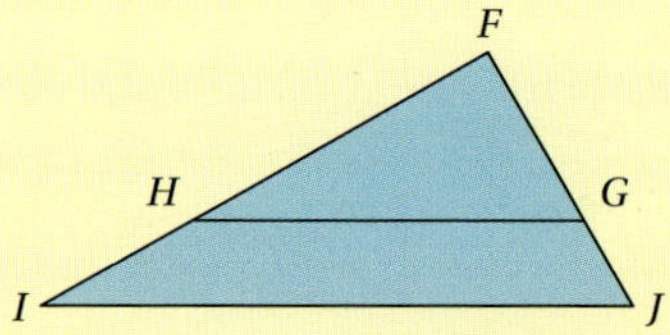

Exercice 7

$NR = 1$ $MN = 5$ $MQ = 8$ $NP = 7$

a) Calculer la longueur de RQ.

b) Calculer la longueur de PQ (arrondir à 10^{-2}).

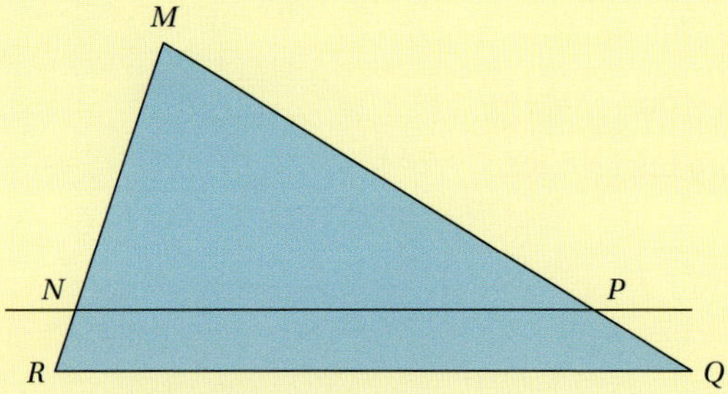

Corrigés des exercices

Exercice 1

$b = 180 - 45 - 73 = 62$

Exercice 2

On cherche le plus grand côté :

$EG^2 = GF^2 + EF^2$

$EG^2 = 4^2 + 2^2$

$EG^2 = 16 + 4$

$EG^2 = 20$

$EG = \sqrt{20} \approx 4{,}47$

Exercice 3

On cherche un des petits côtés

$IJ^2 = IK2 - KJ2$

$IJ^2 = 5{,}832 - 32$

$IJ^2 = 33{,}9889 - 9$

$IJ^2 = 24{,}9889$

$IJ = \sqrt{24{,}9889} \approx 5$

Exercice 4

Le grand côté est 5.

$52 = 25$

$42 + 32 = 16 + 9 = 25$

On obtient le même résultat pour les 2 calculs. Le triangle est donc rectangle.

Exercice 5

Le grand côté est 11.

$112 = 121$

$92 + 72 = 81 + 49 = 130$

$121 \neq 130$ donc le triangle n'est pas rectangle.

Exercice 6

a)

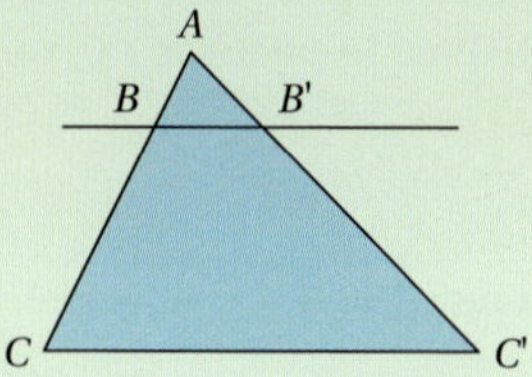

$\frac{AB}{AC} = \frac{AB'}{AC'}$

donc $\frac{5}{20} = \frac{AB'}{30}$

donc $AB' = \frac{5 \times 30}{20} = 7{,}5$

b)

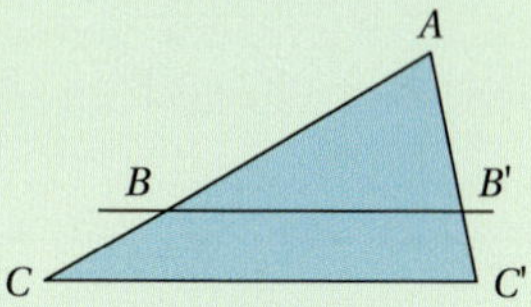

$\frac{AB}{AC} = \frac{AB'}{AC'}$

donc $\frac{4}{AC} = \frac{5}{6}$

donc $AC = \frac{6 \times 4}{5} = 4{,}8$

c)

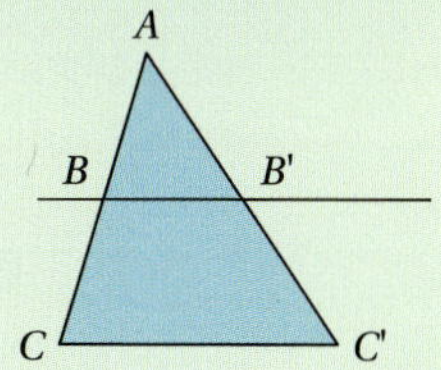

$\frac{AB'}{AC'} = \frac{BB'}{CC'}$

donc $\frac{12}{24} = \frac{BB'}{20}$

donc $BB' = \frac{12 \times 20}{24} = 10$

d)

$\dfrac{FH}{FI}=\dfrac{FG}{FJ}=\dfrac{HG}{IJ}$

on utilise $\dfrac{FH}{FI}=\dfrac{HG}{IJ}$

donc $\dfrac{24}{36}=\dfrac{30}{IJ}$

donc $IJ=\dfrac{36\times 30}{24}=45$

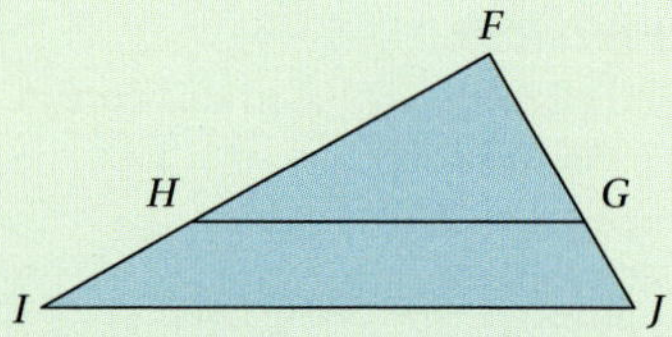

Exercice 7

Pour utiliser la propriété de Thalès, on doit connaître *MR*.

$MR = MN + NR = 5 + 1 = 6$

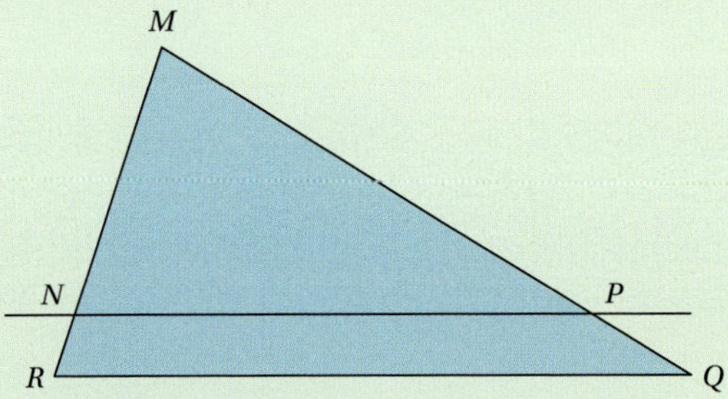

On a : $\dfrac{MN}{MR}=\dfrac{MP}{MQ}=\dfrac{NP}{RQ}$

a) Pour le calcul de *RQ*, on utilise $\dfrac{MN}{MR}=\dfrac{NP}{RQ}$

donc $\dfrac{5}{6}=\dfrac{7}{RQ}$

donc $RQ=\dfrac{6\times 7}{5}=8{,}4$

b) Pour le calcul de *PQ*, on doit d'abord calculer *MP*.

on utilise $\dfrac{MN}{MR}=\dfrac{MP}{MQ}$

donc $\dfrac{5}{6}=\dfrac{MP}{8}$

$MP=\dfrac{8\times 5}{6}\approx 6{,}67$

donc $PQ = MQ - MP = 8 - 6{,}67 \approx 1{,}33$

9 Les relations trigonométriques dans le triangle rectangle

1 Les relations trigonométriques dans le triangle rectangle

■ **Rappel :**

$\sin \widehat{B} = \dfrac{AC}{BC} = \dfrac{\text{côté opposé à } \widehat{B}}{\text{hypoténuse}}$

$\cos \widehat{B} = \dfrac{AB}{BC} = \dfrac{\text{côté adjacent à } \widehat{B}}{\text{hypoténuse}}$

$\tan \widehat{B} = \dfrac{AC}{AB} = \dfrac{\text{côté opposé à } \widehat{B}}{\text{hypoténuse}}$

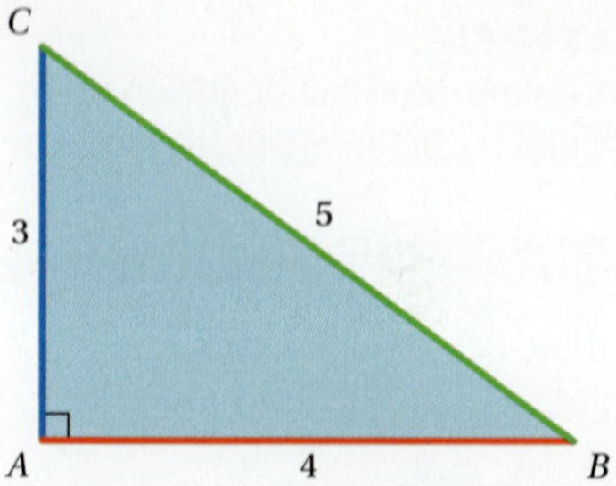

EXEMPLE

Pour $AC = 3$ $AB = 4$ $BC = 5$

$\sin \widehat{B} = \dfrac{3}{5} = 0{,}6$

$\cos \widehat{B} = \dfrac{4}{5} = 0{,}8$

$\tan \widehat{B} = \dfrac{3}{4} = 0{,}75$

> Les valeurs de sin et cos sont toujours comprises entre – 1 et 1.

■ **Comment donner la valeur exacte ou une valeur arrondie du cosinus, du sinus ou de la tangente d'un angle de mesure donnée ?**

Pour cela, on utilise les touches **cos**, **sin** et **tan** de la calculatrice (voir chapitre 1 : **Le calcul numérique**).

Éventuellement, on arrondit la valeur donnée par la calculatrice (voir chapitre 1 : **Le calcul numérique**).

> Attention : bien vérifier que la calculatrice est en mode degrés *(deg)*.
> Touche **seconde** **mode** (config) sur la CASIO
> Touche **mode** sur la TI

■ **Comment donner, à partir du cosinus, du sinus ou de la tangente d'un angle une mesure exacte ou arrondie de cet angle ?**

Pour cela, on utilise les touches **Acos**, **Asin** et **Atan** de la calculatrice (ou **Arccos**, **Arcsin** **Arctan**) (voir chapitre 1 **Le calcul numérique**).

Pour cela, on presse la touche **seconde** puis la touche **cos, sin** ou **tan**.

EXEMPLE

Pour calculer une mesure d'un angle ***a*** tel que cos(***a***) = 0,5, on tape **seconde** puis **cos** puis **0,5**

On trouve ***a*** = 60°

■ **Comment déterminer dans un triangle rectangle une mesure d'un angle ?**

Pour cela, on commence par déterminer la valeur d'un cosinus, d'un sinus ou d'une tangente à l'aide des longueurs des côtés (voir paragraphe **Rappel**).

Puis on applique la méthode vue dans le paragraphe précédent (***Donner, à partir du cosinus, du sinus ou de la tangente d'un angle une mesure exacte ou arrondie de cet angle***) pour trouver la mesure de l'angle correspondante.

EXEMPLE

On reprend l'exemple du rappel : calculer une mesure de l'angle $\widehat{B}$. Arrondir à 10^{-2}.

$\sin \widehat{B} = \dfrac{3}{5} = 0{,}6$

donc $\widehat{B} = \text{Asin}\,(0{,}6) = 36{,}87°$

Comment déterminer dans un triangle rectangle la longueur d'un côté ?

On utilise d'abord la valeur du cosinus, du sinus ou tangente de l'angle donné en fonction des longueurs des côtés : on choisit l'un ou l'autre de façon à ce qu'il y ait dans la formule **le côté recherché** et **un côté de longueur connue**.

Puis on résout l'équation trouvée (dont l'inconnue est la longueur du côté recherché).

EXEMPLE 1

L'inconnue est au dénominateur.
Calculer BC en arrondissant à 10^{-2}.

On obtient : $\sin 24 = \dfrac{2}{BC}$

donc $BC = \dfrac{2}{\sin 24} \approx 4{,}92$

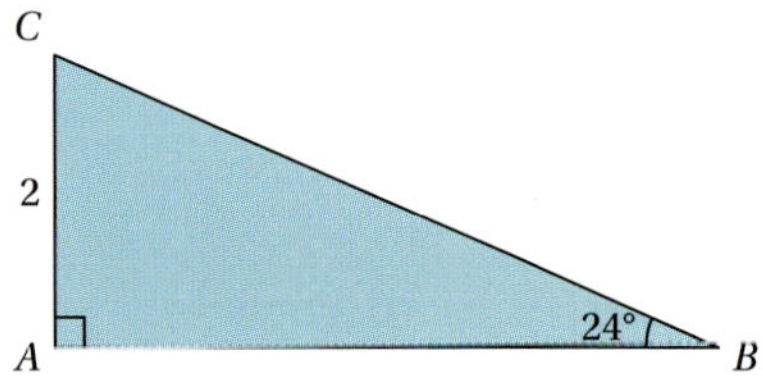

EXEMPLE 2

L'inconnue est au numérateur.
Calculer AB en arrondissant à 10^{-2}.

On obtient : $\cos 24 = \dfrac{AB}{4{,}92}$

donc $AB = 4{,}917 \times \cos(24) \approx 4{,}49$

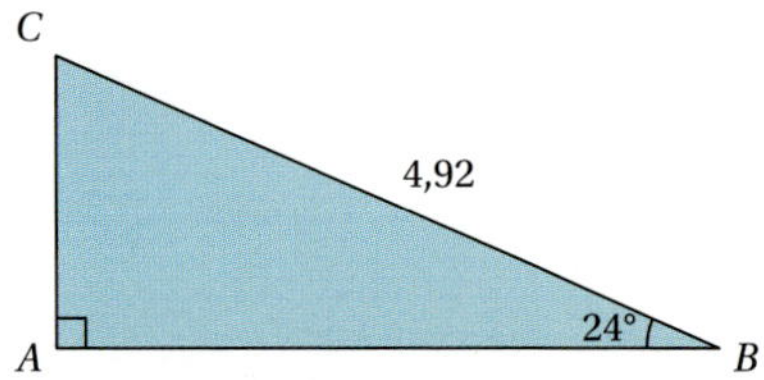

Exercices

Exercice 1

Calculer en arrondissant à 10^{-3}.

a) cos (32)
b) sin (54)
c) tan (67)

Exercice 2

Calculer (et arrondir à 10^{-2}) la mesure d'un angle α tel que :

a) $\cos(\alpha) = 0{,}5$
b) $\sin(\alpha) = 0{,}25$
c) $\tan(\alpha) = 2{,}3$

Exercice 3

Calculer les mesures des angles $\widehat{H}$ et $\widehat{F}$ (arrondir à 10^{-2}).

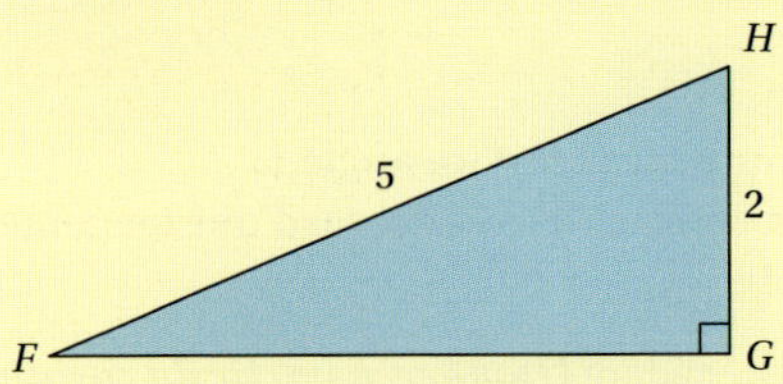

Exercice 4
Calculer les longueurs manquantes à l'aide de la trigonométrie. Arrondir à 10^{-2}.

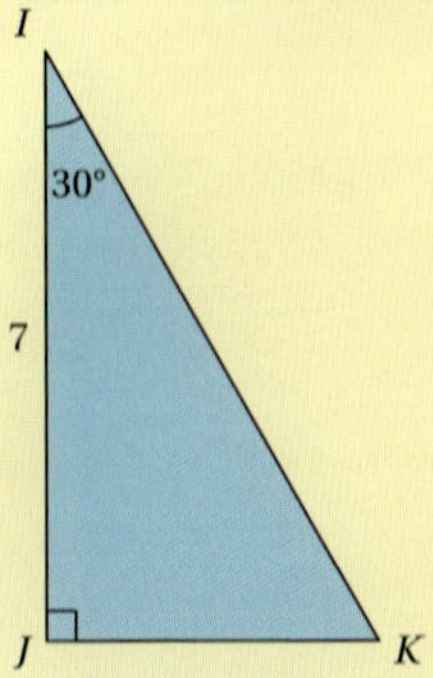

Corrigés des exercices

Exercice 1
a) cos(32) ≈ 0,848 b) sin (54) ≈ 0,809 c) tan (67) ≈ 2,356

Exercice 2
a) $\alpha = \text{Acos}(0,5) = 60°$ b) $\alpha = \text{Asin}(0,25) \approx 14,48°$ c) $\alpha = \text{Atan}(2,3) \approx 66,50°$

Exercice 3

$\cos\widehat{H} = \dfrac{HG}{HF}$

$\cos\widehat{H} = \dfrac{2}{5}$

$\widehat{H} = \text{Acos}(\dfrac{2}{5}) \approx 66,42$

$\sin\widehat{F} = \dfrac{HG}{HF}$

$\sin\widehat{F} = \dfrac{2}{5}$

$\widehat{F} = \text{Asin}(\dfrac{2}{5}) \approx 23,58$

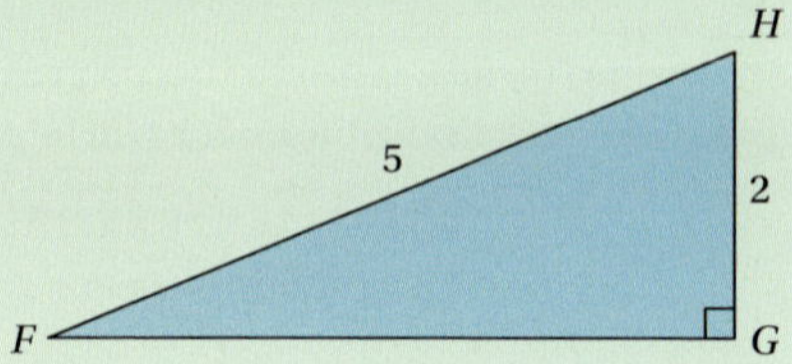

Exercice 4
Calcul de IK :

$\cos\widehat{I} = \dfrac{IJ}{IK}$

$\cos 30 = \dfrac{7}{IK}$

$IK = \dfrac{7}{\cos(30)} \approx 8,08$

Calcul de JK :

$\tan\widehat{I} = \dfrac{JK}{IJ}$

$\tan 30 = \dfrac{JK}{7}$

$JK = 7 \times \tan(30) \approx 4,04$

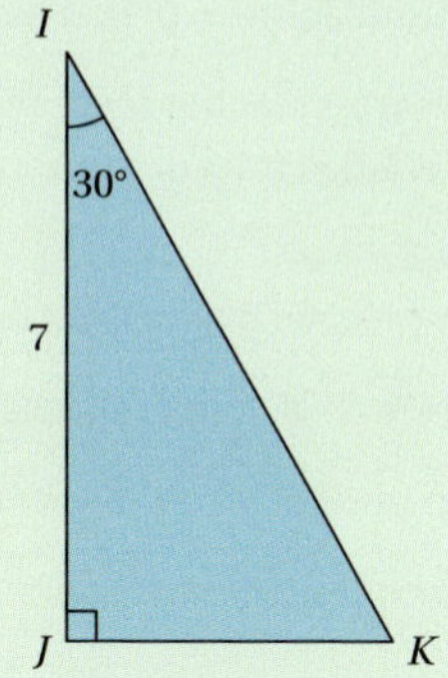

10 Les calculs commerciaux

1 La formation des prix

Comment déterminer une remise ?

Une remise représente généralement un pourcentage d'un prix.

EXEMPLE

Une remise de 15 % sur un jean à 60 € sera de :
remise = 60 × 15/100 = 9 €

On « économise » donc 9 €.

Comment déterminer un prix d'achat net hors taxe ?

prix d'achat net hors taxe = prix d'achat brut hors taxe – remise

EXEMPLE

Le prix d'achat brut hors taxe de 50 tablettes est 10 000 €.

Le vendeur offre une remise de 5 %.

Remise = 10 000 × 5/100 = 500 €

Le prix d'achat net hors taxe est donc 10 000 – 500 = 9 500 €

Il arrive que l'on ait 2 remises successives, dans ce cas **on calcule le montant de la 2e sur le prix d'achat net hors taxe obtenu lors de la première**.

Dans ce cas, on NE peut PAS additionner les pourcentages.

SUITE DE L'EXEMPLE

Le vendeur offre ensuite une seconde remise de 2 %.

$remise_2$ = 9 500 × 2/100 = 190 €

Le prix d'achat net hors taxe final est donc de 9 500 – 190 = 9 310 €

Comment déterminer un coût d'achat ?

coût d'achat = prix d'achat net hors taxe + frais d'achat

Les frais d'achat représentent un pourcentage du prix net d'achat. Ils peuvent, par exemple, être dûs à des frais de transport.

EXEMPLE

Le prix net d'achat net hors taxe d'une tablette est 186,2 €.

Les frais d'achat représentent 10 % du prix net d'achat.

On obtient : frais d'achat = 186,2 × 10/100 = 18,62 €

Le coût d'achat est donc 186,2 + 18,62 = 204,82 €

Comment déterminer une marge ?

marge = prix de vente hors taxe – coût d'achat

Le commerçant vend un produit plus cher qu'il ne l'a acheté.

Cette différence de prix est la marge.

SUITE DE L'EXEMPLE

Le commerçant décide de vendre une tablette à 321,52 € hors taxe.

Sa marge est donc de 321,52 - 204,82 = 116,70 €

On peut aussi calculer la marge avec la formule suivante.

$$\text{marge} = \text{prix\_de\_vente\_hors\_taxe} \times \frac{\text{taux\_de\_marque}}{100}$$

taux de marge en %
$$= \frac{\text{marge}}{\text{prix de vente HT}} \times 100$$

Comment déterminer un prix de vente hors taxe ?

Prix de vente hors taxe = coût d'achat + marge

En suivant les exemples précédents, on a bien 321,52 = 204,82 + 116,70

Comment déterminer une taxe ?

On applique généralement les taxes (la TVA en particulier) sur le prix de vente hors taxe.

SUITE DE L'EXEMPLE

Les tablettes sont vendues avec une TVA de 20 %.

La taxe (TVA) est donc de 321,52 × 20/100 = 64,304 €

Comment déterminer un taux ?

Pour calculer un **taux appliqué**, on commence par calculer la différence entre le prix final et le prix initial, et on divise par le prix initial.

Enfin, on multiplie par 100 pour obtenir un pourcentage.

EXEMPLE POUR UNE TVA

$$\text{Taux} = \frac{\text{prix}_{\text{TTC}} - \text{prix}_{\text{HT}}}{\text{prix}_{\text{HT}}} \times 100$$

800 € HT et 844 € TTC

$$\text{Taux de TVA} = \frac{844 - 800}{800} \times 100 = 5{,}5\ \%$$

EXEMPLE DES TABLETTES

$$\text{taux\_de\_marque} = \frac{\text{marge}}{\text{prix\_de\_vente\_hors\_taxe}} \times 100 = \frac{116{,}70}{321{,}52} \times 100 \approx 36{,}30\ \%$$

Comment déterminer un coefficient multiplicateur ?

C'est le nombre k par lequel il faut multiplier un prix pour en obtenir un autre.

Pour le calculer, on pose : $k = \frac{\text{prix}_{\text{final}}}{\text{prix}_{\text{initial}}}$

EXEMPLE DES TABLETTES

Le prix d'achat brut est 200 €, le prix de vente HT est 321,52 €.

Le coefficient multiplicateur k pour passer du prix d'achat brut au prix de vente HT est donc :

$$k = \frac{321{,}52}{200} = 1{,}6076$$

MATHÉMATIQUES

2 Résumé

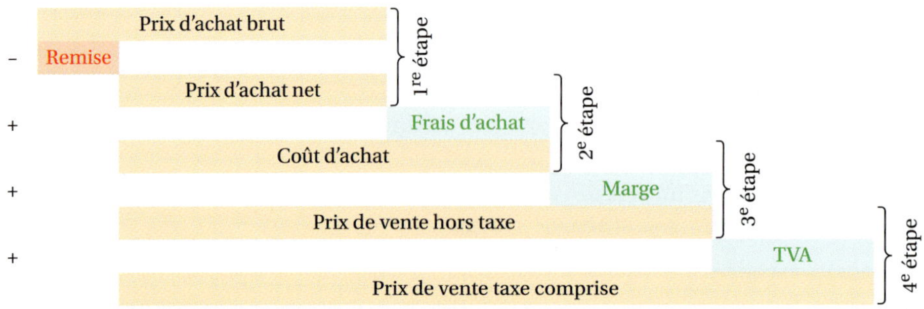

Exercice

Une entreprise fabriquant des sandwiches achète des ingrédients pour la fabrication.
Le prix d'achat brut des ingrédients est de 2 697 €.
Leur fournisseur leur propose une remise de 7 %.

a) **Calculer** le montant de la remise puis **calculer** le prix d'achat net hors taxe.

b) Les frais d'achat divers s'élèvent à 12 %. **Calculer** le montant des frais d'achat puis **calculer** le coût d'achat.

c) L'entreprise souhaite avoir un prix de vente hors taxe de 4 000 €. **Calculer** la marge correspondante.

d) **Calculer** le taux de marque correspondant.

e) La TVA sur les produits de restauration est de 5,5 %. **Calculer** le montant de cette taxe, puis **calculer** le prix de vente TTC.

f) **Calculer** le coefficient multiplicateur pour passer du prix d'achat net hors taxe au prix de vente TTC. Arrondir à 10^{-4}.

Corrigé de l'exercice

a) Remise = 2 697 × 7/100 = 188,79 €.
b) Prix d'achat net hors taxe = 2 697 – 188,79 = 2 508,21
Montant des frais = 2 508,21 × 12/100 = 300,9852 €
Coût d'achat = 2 508,21 + 300,9852 = 2 809,1952 €
c) Marge = 4 000 – 2 809,1952 = 1 190,8048 €
d) Taux de marque = 1 190,8048 / 4 000 × 100 = 29,77012 %
e) Montant TVA = 4 000 × 5,5/100 = 220 €. Prix de vente TTC = 4 000 + 220 = 4 220 €
f) k = 4 220/2 508,21 ≈ 1,6825

SCIENCES PHYSIQUES ET CHIMIQUES

1. Sécurité : la prévention des risques chimiques et électriques .. 222

Sciences chimiques

2. Chimie 1 : la structure et les propriétés de la matière 228
3. Chimie 2 : acidité, basicité, pH, techniques d'analyse et de dosage 236

Sciences physiques

4. Mécanique 1 : la cinématique 240
5. Mécanique 2 : l'équilibre d'un solide soumis à 2 forces 245
6. Acoustique : les ondes sonores 250
7. Électricité : régime continu, régime sinusoïdal monophasé, puissance et énergie 254
8. Thermique : la thermométrie 259

	Groupement A	Groupement B	Groupement C
	Productique Maintenance Bâtiment Travaux publics Électricité Électronique Audiovisuel Industries graphiques	Hygiène Santé Chimie et procédés	Tertiaires Services Hôtellerie Alimentation Restauration
Sécurité	X	X	X
Chimie 1	X	X	X
Chimie 2	X	X	X
Chimie 3		X	
Mécanique 1	X	X	X
Mécanique 2	X	X	
Mécanique 3	X		
Acoustique	X	X	X
Électricité	X	X	X
Thermique	X	X	

SCIENCES PHYSIQUES ET CHIMIQUES

1 Sécurité : la prévention des risques chimiques et électriques

1 Le risque chimique

■ L'étiquette d'un produit chimique comporte des informations :
- les pictogrammes de danger ;
- les risques du produit ;
- les précautions à prendre pour l'utilisation (équipements de sécurité) ;
- des consignes à suivre en cas d'accident.

A Les pictogrammes de danger

Anciens pictogrammes	Nouveaux pictogrammes	
 E-Explosif		Ces produits peuvent exploser au contact d'une flamme, d'une étincelle, d'électricité statique, sous l'effet de la chaleur, d'un choc, de frottements... *Exemple : nitroglycérine.*
 F+-Extrêmement inflammable  F-Facilement inflammable		Ces produits peuvent s'enflammer, suivant le cas : - au contact d'une flamme, d'une étincelle, d'électricité statique... ; - sous l'effet de la chaleur, de frottements... ; - au contact de l'air ; - au contact de l'eau, s'ils dégagent des gaz inflammables (certains gaz s'enflamment spontanément, d'autres au contact d'une source d'énergie : flamme, étincelle...). *Exemples : éther, acétone, éthanol.*
 O-Comburant		Ces produits peuvent provoquer ou aggraver un incendie, ou même provoquer une explosion s'ils sont en présence de produits inflammables. On les appelle des produits comburants. *Exemples : dioxygène, chlorate de soude.*
		Ces produits sont des gaz sous pression contenus dans un récipient. Certains peuvent exploser sous l'effet de la chaleur : il s'agit des gaz comprimés, des gaz liquéfiés et des gaz dissous. Les gaz liquéfiés réfrigérés peuvent, quant à eux, être responsables de brûlures ou de blessures liées au froid appelées brûlures et blessures cryogéniques. *Exemples : azote liquide, dioxygène en bouteille.*

 C-Corrosif		Ces produits sont corrosifs, suivant les cas : – ils attaquent ou détruisent les métaux ; – ils peuvent ronger la peau et/ou les yeux en cas de contact ou de projection. *Exemple : acide sulfurique.*
 T+-Très toxique  T-Toxique  Xn-Nocif		Ces produits rentrent dans une ou plusieurs de ces catégories : – produits cancérogènes : ils peuvent provoquer le cancer ; – produits mutagènes : ils peuvent modifier l'ADN des cellules et alors entraîner des dommages sur la personne exposée ou sur sa descendance (enfants, petits-enfants…) ; – produits toxiques pour la reproduction : ils peuvent avoir des effets néfastes sur la fonction sexuelle, diminuer la fertilité ou provoquer la mort du fœtus ou des malformations chez l'enfant à naître ; – produits qui peuvent modifier le fonctionnement de certains organes comme le foie, le système nerveux… Selon les produits, ces effets toxiques apparaissent si l'on a été exposé une seule fois ou bien à plusieurs reprises ; – produits qui peuvent entraîner de graves effets sur les poumons et qui peuvent être mortels s'ils pénètrent dans les voies respiratoires (après être passés par la bouche ou le nez ou bien lorsqu'on les vomit) ; – produits qui peuvent provoquer des allergies respiratoires (asthme, par exemple). *Exemples : amiante, mercure, trichloréthylène, benzène, plomb, méthanol.*
 T+-Très toxique  T-Toxique		Ces produits empoisonnent rapidement, même à faible dose. Ils peuvent provoquer des effets très variés sur l'organisme : nausées, vomissements, maux de tête, perte de connaissance ou d'autres troubles plus importants entraînant la mort. *Exemples : cyanure de sodium, acide chlorydrique, acétone.*
 Xn-Nocif  Xi-Irritant		Ces produits chimiques ont un ou plusieurs des effets suivants : – ils empoisonnent à forte dose ; – ils sont irritants pour les yeux, la gorge, le nez ou la peau ; – ils peuvent provoquer des allergies cutanées (eczémas) ; – ils peuvent provoquer une somnolence ou des vertiges.
 N-Dangereux pour l'environnement		Ces produits provoquent des effets néfastes sur les organismes du milieu aquatique (poissons, crustacés, algues, autres plantes aquatiques…).

B Les équipements de sécurité

■ Sur l'étiquette d'un produit, il est parfois recommandé d'utiliser certains équipements : blouse en coton, lunettes de sécurité, gants en latex, hottes aspirantes.

D'autres pictogrammes peuvent être donnés (voir exemple ci-après).

■ Il est important de lire et d'exploiter les informations données sur l'étiquette d'un produit chimique de laboratoire ou d'usage domestique.

■ Il est indispensable de mettre en œuvre les procédures et consignes de sécurité établies.

EXEMPLES

• **Je me protège :** en portant des gants, des vêtements de protection et des lunettes de protections.

• **Je protège mon entourage :** en enfermant le produit à clé hors de portée des enfants et en empêchant l'accès aux endroits en cours de traitement.

• **Je protège l'environnement :** en ne réutilisant pas le récipient.

Exercice

Exercice 1

Xn = nocif
Xi = irritant

F – Facilement inflammable

1. Expliquer si le produit est comestible ou non.

2. Expliquer ce qu'il faut faire pour utiliser le produit afin de nettoyer les vitres d'une fenêtre de cuisine.

2 Le risque électrique

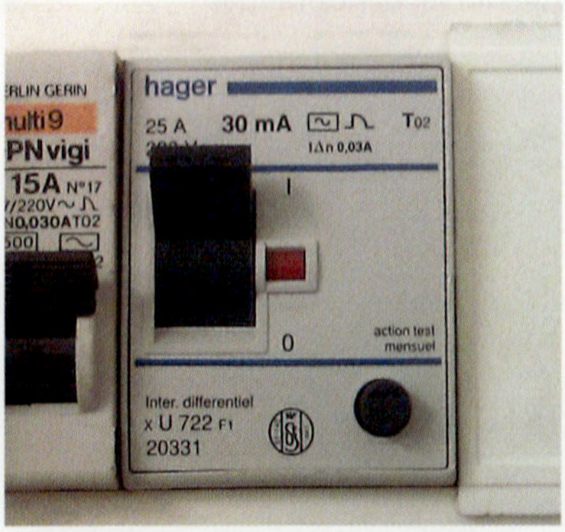

■ Le **corps humain conduit le courant**, on utilise donc des dispositifs pour éviter que cela se produise afin d'éviter les accidents.

■ Un **disjoncteur différentiel** couplé avec un fil de terre correctement installé **protège les personnes contre les fuites de courant**. Ce dispositif coupe le courant lorsqu'une trop grande partie du courant envoyé ne revient pas au disjoncteur : c'est-à-dire quand l'intensité de la fuite dépasse une certaine valeur.

■ On peut aussi utiliser un transformateur qui va isoler le circuit et empêcher que l'intensité soit trop forte dans la partie utilisée.

Symbole : 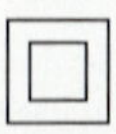 sur un appareil

Les appareils sont prévus pour fonctionner sous une certaine tension et avec une certaine intensité qui les traverse. Il faut donc les protéger aussi.

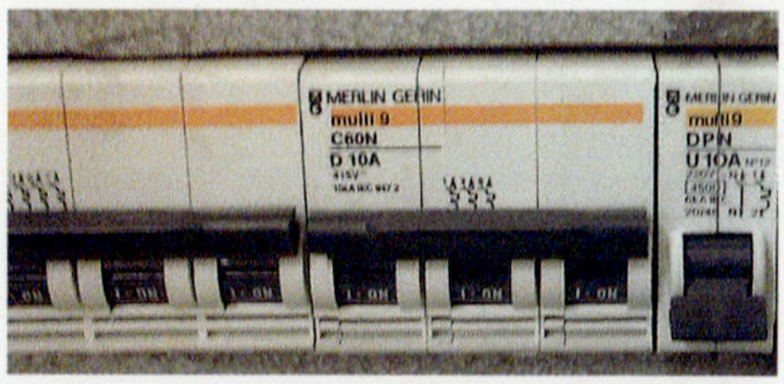

■ Un **disjoncteur magnétothermique**, un coupe circuit à cartouche (= **fusible**) **protègent les installations contre les surintensités** dues à un court-circuit ou à une surcharge du circuit qui pourraient provoquer des surchauffes, voire des incendies. Ce dispositif coupe le courant lorsque l'intensité qui y circule dépasse une certaine valeur.

■ **Comment identifier différents systèmes de sécurité dans un schéma ou un montage :**

Symbole d'un fusible 

Symbole d'un transformateur 

Symbole d'un disjoncteur magnétothermique 

Symbole d'un disjoncteur différentiel 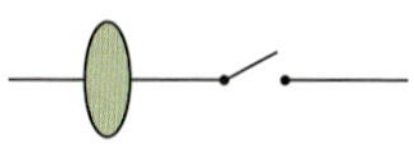

■ **Comment exploiter un document relatif à la sécurité :**

EXEMPLE

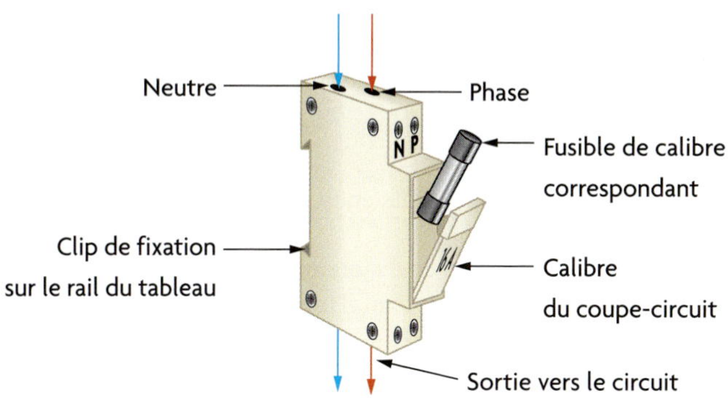

Pour protéger la lumière principale d'une pièce, on peut utiliser un fusible de 10A ou un disjoncteur de 16A.

Comment mettre en œuvre les procédures et consignes de sécurité établies :

En cas d'accident :

1. **COUPER LE COURANT.**
2. Vérifier si la victime respire et si son cœur bat. Sinon, lui faire une respiration artificielle et un massage cardiaque (de préférence par une personne ayant l'AFPS).
3. (Faire) prévenir les secours.

Exercices

Exercice 2

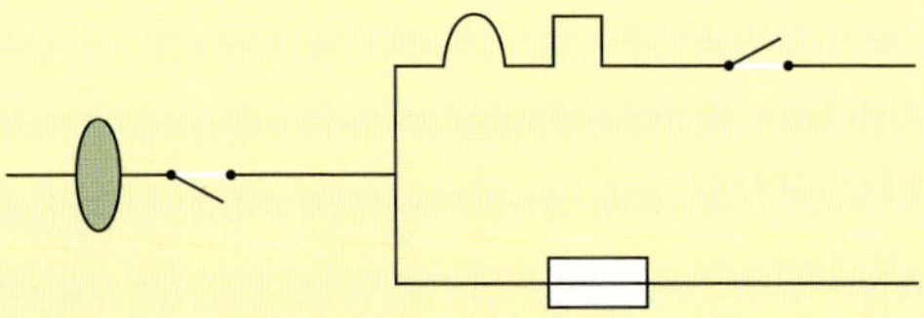

1. Dire quels sont les différents dispositifs de sécurité dans ce montage.
2. Pour chacun d'eux, expliquer ce qu'ils protègent.

Exercice 3

1. À partir du tableau, donner la valeur du fusible nécessaire pour protéger un chauffe-eau.

Type de circuit monophasé	Éclairage fixe		Prise confort		Chauffe-eau		Appareil de cuisson	
Dispositif de protection	Fus.	Disj.	Fus.	Disj.	Fus.	Disj.	Fus.	Disj.
Valeur maximale du courant In que peut supporter le dispositif (en A)	10	16	20	25	20	25	32	38

2. Donner le type de circuit pouvant être protégé par un disjoncteur 25A.

Exercice 4

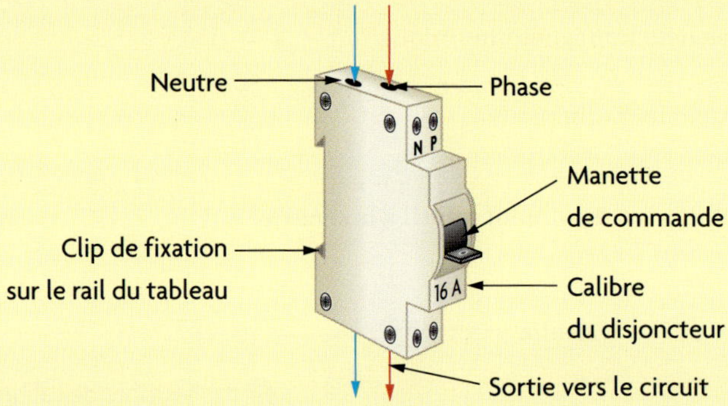

1. Expliquer si on peut protéger avec ce disjoncteur les lumières du salon si l'intensité qui les traverse est de 2A.
2. Expliquer si on peut protéger avec ce disjoncteur une prise de cuisine, sachant qu'un four peut appeler une intensité de 28A lorsqu'il fonctionne à plein régime.

Exercice

Exercice 6

On ajoute quelques gouttes d'oxalate d'ammonium dans un tube à essais contenant une solution inconnue.

On observe la formation d'un solide blanc dans le tube.

À l'aide du tableau, citer un ion probablement contenu dans la solution.

Précipité observé

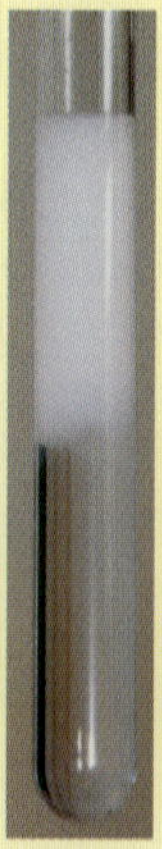

5 La concentration massique et la concentration molaire en solution

A Comment calculer la concentration massique ou molaire d'une solution ?

■ **Le soluté est le produit que l'on dissout dans la solution.**

• La **concentration massique** s'exprime en **g/L** ;

pour un produit de formule A :

$C_A = \frac{m}{V}$ avec : m la masse de soluté, **en g** ;
V le volume total, **en L.**

EXEMPLE

On dissout 0,5 g de sulfate de cuivre dans 2 litres d'eau distillée. La concentration massique de sulfate de cuivre est :

$$C = 0,5/2 = 0,25 \text{ g/L}$$

• La **concentration molaire** s'exprime en **mol/L** ;

pour un produit de formule A :

$[A] = \frac{n}{V}$ avec : n le nombre de moles de soluté, **en mol** ;
V le volume total, **en L.**

EXEMPLE

Une solution contient 0,02 mol d'ions OH^- dans 0,5 litres d'eau distillée

$$[OH^-] = 0,02/0,5 = 0,04 \text{ mol/L}$$

SCIENCES CHIMIQUES

Exercice

Exercice 7

Chaque jour, un adolescent doit absorber $\boldsymbol{m} = 0{,}075$ g de vitamine C (de formule $C_6H_8O_6$) de masse molaire $M_{C_6H_8O_6} = 176$ g/mol.

1. Calculer la concentration massique d'une boisson de volume 0,33 L contenant cette dose. Arrondir à 2 chiffres après la virgule.

2. Calculer le nombre n de moles qui correspond à cette masse m. Arrondir à 5 chiffres après la virgule.

($n = \dfrac{m}{M}$ avec $\boldsymbol{n}$ en mol, $\boldsymbol{m}$ en g et $\boldsymbol{M}$ en g/mol)

3. Calculer la concentration molaire d'une boisson de volume 0,3300 L contenant cette dose (arrondir à 4 chiffres après la virgule).

B Comment préparer une solution de concentration molaire donnée ?

- ***m* la masse de soluté *en g*.**
- **[A] la concentration molaire que l'on veut obtenir *en mol/L*.**
- ***M* la masse molaire moléculaire du soluté *en g/mol*.**
- ***V* le volume de la solution finale *en L*.**

Le protocole suivant (ou un équivalent) doit être donné.

• Déterminer la masse de solide à diluer avec la formule :

$$\mathbf{m = [A] \times M \times V}$$

• Peser ensuite la masse de soluté nécessaire avec une balance :
- allumer la balance avec une coupelle posée dessus ;
- régler la balance sur 0 ;
- peser **précisément** la masse m de soluté calculée à l'étape au-dessus.

• Enfin, on dissout le soluté :
- placer un entonnoir dans le trou de la fiole jaugée ;
- faire couler le contenu de la coupelle avec de **l'eau distillée** dans cet entonnoir (et donc dans la fiole) ;
- en mélangeant régulièrement, ajouter de l'eau distillée dans la fiole **jusqu'au trait de jauge**. Boucher la fiole et mélanger **jusqu'à ce que tout le solide soit dissout**.

EXEMPLE

On souhaite préparer 750 mL de solution de sulfate de cuivre ($M_{CuSO_4} = 159{,}6$ g/mol) de concentration 0,02 mol/L :

$$m = [CuSO_4] \times M_{CuSO_4} \times V = 0{,}02 \times 159{,}6 \times 0{,}750 = 2{,}394 \text{ g}$$

Exercice

Exercice 8

Calculer la masse de soude NaOH (dont la masse molaire est $M_{NaOH} = 40$ g/mol) nécessaire pour préparer 250 mL de solution de concentration molaire 0,1 mol/L.

On peut également préparer une solution de concentration donnée en diluant une solution plus concentrée. Voici le protocole :
- prélever à l'aide d'une pipette jaugée un volume de solution mère ;
- verser le contenu de la pipette dans une fiole jaugée ;
- ajouter de l'eau distillée dans la fiole jusqu'au trait ;
- boucher la fiole et la retourner plusieurs fois pour homogénéiser.

Corrigés des exercices

Exercice 1

Compléter le tableau suivant :

Symbole	H	He	O	Cl	Zn	Fe	Au
Nom	Hydrogène	Hélium	Oxygène	Chlore	Zinc	Fer	Or

Exercice 2

Azote : $M_N = 14{,}0$ g/mol

Chlore : $M_{Cl} = 35{,}5$ g/mol

Carbone : $M_C = 12{,}0$ g/mol

Souffre : $M_S = 32{,}1$ g/mol

Titane : $M_{Ti} = 47{,}9$ g/mol

Calcium : $M_{Ca} = 40{,}1$ g/mol

Exercice 3

1. C_2H_6 → 2 atomes de l'élément carbone, 6 atomes de l'élément hydrogène.

2. $C_{12}H_{22}O_{11}$ → 12 atomes de l'élément carbone, 22 atomes de l'élément hydrogène, 11 atomes de l'élément oxygène.

Exercice 4

1. CH_4

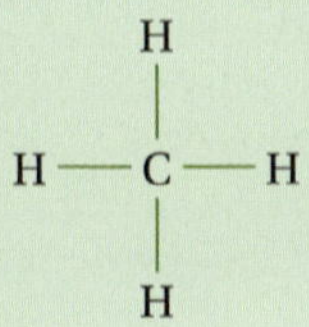

2. H_2O

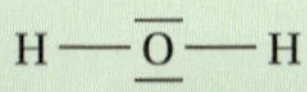

Exercice 5

1. $M_{CH_4} = 1 \times M_C + 4 \times M_H = 1 \times 12{,}0 + 4 \times 1{,}0 = 16{,}0$ g/mol

2. $M_{H_2O} = 2 \times M_H + 1 \times M_O = 2 \times 1{,}0 + 1 \times 16{,}0 = 18{,}0$ g/mol

3. $M_{C_{12}H_{22}O_{11}} = 12 \times M_C + 22 \times M_H + 11 \times M_O = 12 \times 12{,}0 + 22 \times 1{,}0 + 11 \times 16{,}0 = 342$ g/mol

Exercice 6

D'après le tableau, la solution contient probablement des ions calcium Ca^{2+}.

Exercice 7

$m = 0{,}075$ g $M = 176$ g/mol $V = 0{,}33$ L

1. $C = \dfrac{m}{V} = \dfrac{0{,}075}{0{,}33} \approx 0{,}23$ g/L

2. $n = \dfrac{m}{M_{C_6H_8O_6}} = \dfrac{0{,}075}{176} \approx 0{,}00043$ mol

3. $[C_6H_8O_6] = \dfrac{n}{V} = \dfrac{0{,}00043}{0{,}33} \approx 0{,}0013$ mol/L

Exercice 8

$M_{NaOH} = 40$ g/mol $V = 250$ mL $= 0{,}250$ L [NaOH] = 0,1 mol/L.

$m = [NaOH] \times M \times V = 0{,}1 \times 40 \times 0{,}250 = 1$ g

Il faudra donc peser 1 g de soude pour fabriquer cette solution.

3 Chimie 2 : acidité, basicité, pH, techniques d'analyse et de dosage

1 Solution acide, neutre ou basique

■ Les valeurs du pH sont comprises entre 1 et 14.

On dit qu'une solution aqueuse est **acide** si son pH est **plus petit que 7**.
On dit qu'une solution aqueuse est **neutre** si son pH est **environ 7**.
On dit qu'une solution aqueuse est **basique** si son pH est **plus grand que 7**.

■ **Comment reconnaître le caractère acide, neutre ou basique d'une solution ?**
Pour mesurer le pH, on peut utiliser (du plus précis au moins précis) un pHmètre, du papier pH ou des indicateurs colorés.

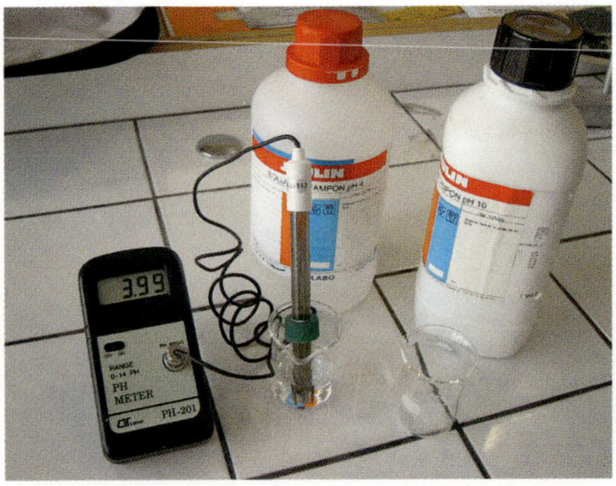

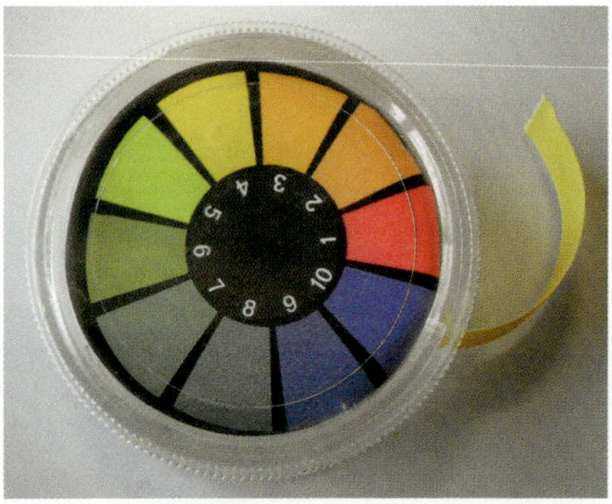

Quand on met quelques gouttes de l'indicateur coloré (un liquide) dans la solution que l'on veut tester, il prend une certaine couleur en fonction du pH.

Indicateurs colorés \ pH		1	2	3	4	5	6	7	8	9	10	11	12	13
hélianthine	Hél	rouge	rouge	orange	orange	jaune	jaune	jaune	jaune	jaune	jaune	jaune	jaune	jaune
bleu de bromothymol	BBT	jaune	jaune	jaune	jaune	jaune	vert	vert	bleu	bleu	bleu	bleu	bleu	bleu
phénolphtaléine	PP	incolore	incolore	incolore	incolore	incolore	incolore	incolore	rose	rose	violet	violet	violet	violet

Après avoir mesuré le pH, on détermine si la solution est acide, neutre ou basique à l'aide des valeurs données en haut de page.

Exercices

Exercice 1
On a mesuré au pHmètre le pH de différents produits.
Pour chacun d'entre eux, dire s'il est acide, neutre ou basique.

Produit	Sang	Lait	Eau de mer	Cola	Savon	Jus d'orange	Salive	Café
pH	7,4	6,5	8	2,52	9,5	3,5	7	5
Acide, neutre ou basique								

Exercice 2
On veut savoir si un seau de nettoyage contient un liquide acide ou basique.
Pour cela, on trempe dans le seau le bout d'une bande de papier pH, elle devient bleue.
À l'aide de l'échelle de couleur du papier pH donnée au-dessus, dire si le seau contient un produit acide ou basique.

2 Les techniques d'analyse

A Comment rechercher et identifier expérimentalement des ions présents dans une solution ?

Voir chapitre 2 paragraphe 4. Ions.

Exercice

Exercice 3
Pour les besoins d'une enquête policière, on a besoin de savoir si le liquide trouvé dans les poumons de la victime provient d'une eau de piscine (contenant des ions Cl^-), d'une bassine contenant un produit de traitement du gazon (avec des ions Cu^{2+}), ou bien de l'eau d'une mare (contenant des ions Ca^{2+}).
Pour cela, on met un peu de ce liquide dans 3 tubes à essais.
On met du nitrate d'argent dans le premier, de la soude dans le deuxième et de l'oxalate d'ammonium dans le troisième.
On obtient les résultats suivants :

Tube	1	2	3
Réactif utilisé	Nitrate d'argent	Soude	Oxalate d'ammonium
Résultat observé dans le tube	**Rien**	**Solide bleu**	**Rien**

1. À l'aide du tableau suivant, dire quel ion est probablement contenu dans le liquide :

Ion	Réactif	Couleur du solide
Chlorure Cl^-	Nitrate d'argent	Blanc
Cuivre Cu^{2+}	Hydroxyde de sodium (soude)	Bleu
Zinc Zn^{2+}	Hydroxyde de sodium (soude)	Blanc
Fer Fe^{2+}	Hydroxyde de sodium (soude)	Verdâtre
Calcium Ca^{2+}	Oxalate d'ammonium	blanc

2. En fonction de la question précédente, dire d'où vient probablement le liquide.

B Comment réaliser une chromatographie sur couche mince (CCM) ?

La chromatographie permet de séparer et d'identifier les constituants d'un produit.
Pour cela, on dépose le produit sur des petites plaques spéciales disposées verticalement et dont une extrémité trempe dans un solvant.
On patiente, puis en fonction de la hauteur atteinte, on peut identifier le constituant.
Par exemple, on peut ainsi identifier la présence de sucre dans un liquide.

EXEMPLE DE PROTOCOLE

On veut prouver qu'une boisson gazeuse n'est pas « light ».

Pour cela, on veut montrer qu'elle contient du sucre.

1. **Mettre gants et lunettes.**
2. **Tracer** une ligne horizontale à 1 cm du bord inférieur sur la plaque CCM.
3. **Tracer** une ligne horizontale à 1 cm du bord supérieur sur la plaque CCM.
4. **Déposer** une goutte avec une pipette à 0,5 cm au-dessus de la ligne.
5. **Placer l'ensemble** sous la hotte aspirante et la **mettre en marche**.
6. **Verser** environ 0,5 cm de solvant au fond de la cuve à migration.
7. **Placer** la plaque CCM verticalement (gouttes de produit en bas) dans la cuve à migration contenant le solvant, puis **mettre** le couvercle.
8. **Attendre** jusqu'à ce que le front de solvant soit à 1 cm du haut de la plaque CCM.
9. **Sortir avec une pince** le haut de la plaque.
10. **Sécher** la plaque au sèche-cheveux.
11. **Vaporiser** du révélateur sur toute la plaque.
12. **Observer** le résultat et **comparer** aux CCM de référence.
13. **Conclure.**

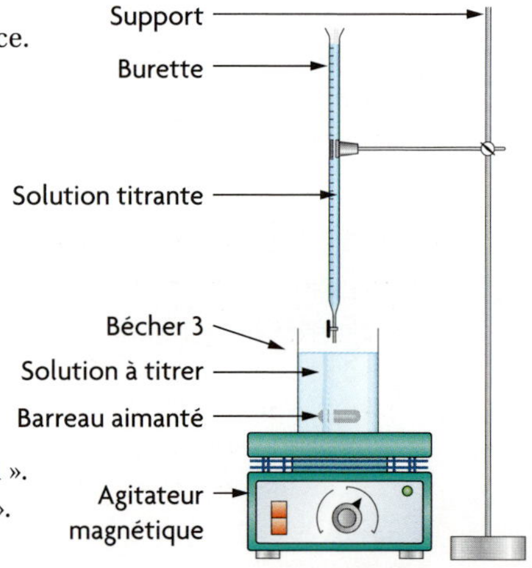

3 Le dosage

■ **Comment réaliser un dosage acide-base ?**

EXEMPLE DE PROTOCOLE

1. **Mettre** le bécher « produits usagés » sous la burette.
2. **Mettre** de la solution titrante dans le « bécher 1 ».
3. **Rincer** la burette avec une partie du bécher « bécher 1 ».
4. **Remplir** la burette toujours avec le bécher « bécher 1 ».
5. **Ajuster** la hauteur de liquide sur le zéro.

6. **Enlever** le bécher « produits usagés » de dessous la burette.
7. **Verser** un peu de la solution à titrer dans le bécher « bécher 2 ».
8. **Prendre** la pipette.
9. **Mettre** la propipette en haut de la pipette.
10. **Placer** la pipette dans le bécher « bécher 2 ».
11. À l'aide de la propipette, **aspirer** la solution jusqu'au trait.
12. **Vider** la pipette dans le bécher « bécher 3 ».
13. **Ajouter** un peu d'eau distillée dans le bécher 3.
14. **Placer** le bécher 3 sous la burette.
15. **Mettre** le barreau aimanté dans le bécher 3.
16. **Plonger** la sonde du pHmètre dans le bécher 3.
17. **Allumer** l'agitateur magnétique (régler sur une vitesse lente).
18. **Verser** 1 mL de liquide de la burette.
19. **Noter** le pH correspondant.
20. **Recommencer** les étapes 17 et 18 jusqu'à la fin de la burette.

Volume versé (mL)	0	1	....
pH	...	...	....

21. **Tracer** la courbe du pH en fonction du volume versé.
22. **Tracer** la droite 1 tangente à la première partie de la courbe obtenue.
23. **Tracer** la droite 2 tangente à la dernière partie de la courbe obtenue.
24. **Tracer** la droite 3 parallèle et à la même distance des droites 1 et 2.
25. **Déterminer** le volume équivalent : le point d'intersection de la droite 3 avec la courbe du pH donne le volume équivalent.

EXEMPLE DE COURBE

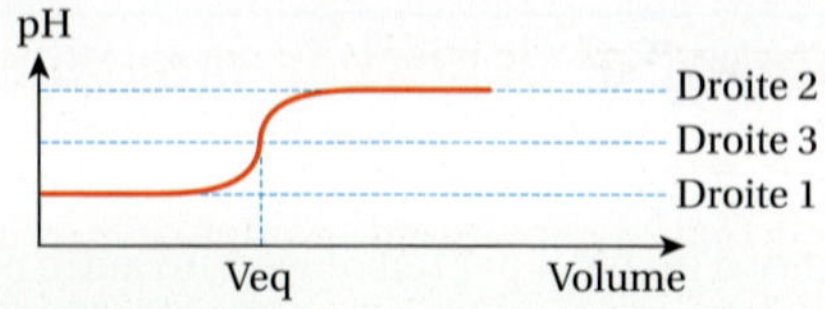

Corrigés des exercices

Exercice 1

Produit	**Sang**	**Lait**	**Eau de mer**	**Cola**	**Savon**	**Jus d'orange**	**Salive**	**Café**
pH	7,4	6,5	8	2,52	9,5	3,5	7	5
Acide, neutre ou basique	basique	acide	basique	acide	basique	acide	neutre	acide

Exercice 2

D'après l'échelle de couleur du papier pH, le bleu correspond aux solutions basiques, le seau contient donc un liquide basique.

Exercice 3

1. Dans le tube 2, on observe un solide bleu alors que l'on n'observe rien dans les autres. D'après le tableau, il n'y a donc ni ions Cl^- ni Ca^{2+} et le solide bleu est probablement dû à la présence d'ions Cu^{2+}.

2. Le liquide provient donc probablement de la bassine contenant un produit de traitement du gazon.

4 Mécanique 1 : la cinématique

1 Le mouvement d'un objet par référence à un autre objet

Quand on étudie un mouvement, il faut toujours bien préciser :
- l'objet qu'on étudie ;
- l'objet par rapport auquel on regarde le mouvement : le référentiel.

A Comment reconnaître un état de mouvement ou de repos d'un objet par rapport à un autre objet ?

Un objet A est en état de mouvement par rapport à un autre objet B si la position de A change par rapport à B. Par exemple, **Kévina** qui se trouve assise dans un train en marche est :
- au repos par rapport à son **sac** qui est posé à côté d'elle dans le train ;
- en mouvement par rapport à son petit ami **Julien** resté sur le quai.

B Comment observer et décrire le mouvement d'un objet par référence à un autre objet ?

On peut décrire le mouvement d'un objet par référence à un autre objet à l'aide de :
- sa trajectoire ;
- le sens du mouvement.

Par exemple, un trousseau de clés lâché depuis une fenêtre suit une **trajectoire rectiligne** de **sens : du haut vers le bas** par rapport à une personne en bas.

Pour serrer, le manche d'un tournevis suit une **trajectoire circulaire**, dans le **sens des aiguilles d'une montre** par rapport à la personne qui s'en sert.

Exercices

Exercice 1

Situation	Enfant sur un manège qui tourne par rapport à sa maman assise devant le manège	Enfant sur un manège qui tourne par rapport à son ami assis devant lui sur le manège	Personne qui saute en parachute par rapport à son parachute	Personne qui saute en parachute par rapport à l'avion
Au repos ou en mouvement ?				

Exercice 2

Situation	Caisse larguée depuis un hélocoptère par rapport à l'hélicoptère en vol stationnaire	Tasse de café dans un micro-ondes par rapport à la personne qui attend	Personne sur un escalator qui monte par rapport à un magasin situé en bas
Trajectoire			
Sens du mouvement			

2 La vitesse moyenne

A Comment déterminer expérimentalement une vitesse moyenne (dans le cas d'un mouvement rectiligne) ?

Pour cela, on doit connaître (ou mesurer) la distance parcourue, et aussi la durée qu'il a fallu pour parcourir cette distance.

EXEMPLE

Julien court un 100 m.
On le chronomètre, il met 11 s pour faire le parcours.

Sa vitesse moyenne est donc $v = \frac{d}{t} = \frac{100}{11} \approx 9$ m/s.

B Comment utiliser la relation d = v.t ?

En général, **d** la distance est en mètres (symbole m), **v** la vitesse est en mètres par seconde (symbole m/s) et **t** le temps est en secondes.

On peut aussi avoir **d** la distance en kilomètres (symbole km), **v** la vitesse en kilomètre par heure (symbole km/h) et **t** le temps en heures.

EXEMPLE

La distance parcourue par un vélo roulant à 5 m/s pendant 50 s est :

$$d = v.t = 5 \times 50 = 250 \text{ m}$$

Exercices

Exercice 3
Calculer en km la distance parcourue en 2 heures par une moto roulant à 90 km/h.
On donne **d = v.t.**

Exercice 4
Calculer en m/s la vitesse moyenne d'une F1 sur le circuit de Monaco qui mesure 3 340 m si elle fait un tour en 1 min 15 s.
Arrondir à l'unité la plus proche. On donne $v = \frac{d}{t}$

SCIENCES PHYSIQUES

3 La fréquence de rotation

A Comment mesurer une fréquence de rotation pour un mouvement circulaire ?

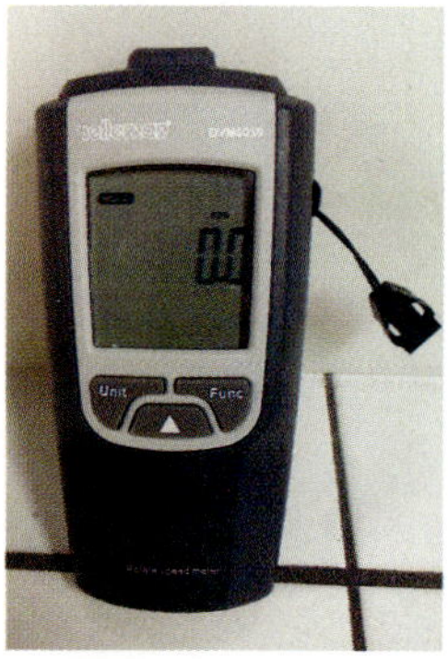

Pour cela, on utilise un appareil appelé tachymètre qui mesure combien l'objet qui tourne fait de tours par seconde.

Pour l'utiliser, on commence par coller une pastille de couleur claire sur une partie de l'objet en rotation, puis on pointe le tachymètre vers la pastille.

B Comment utiliser la relation v = π.D.n ?

Elle sert à calculer, par exemple, la vitesse d'une voiture en fonction de la fréquence de rotation de ses roues :
- **v** est la **vitesse** en <u>mètres par seconde</u> (symbole m/s) ;
- **D** le **diamètre** des roues, en <u>mètres</u> (symbole m) ;
- **n** la **fréquence de rotation**, en <u>tours par seconde</u> (symbole tr/s).

EXEMPLE

Calculer la vitesse en m/s d'une voiture ayant des pneus 195 70 R14 (→ diamètre 35,56 cm) tournant à une vitesse de 12 tours par seconde.
35,56 cm = 0,3556 m.
$v = \pi \times 0{,}3556 \times 12 \approx 13{,}4$ m/s.

Exercices

Exercice 5
Calculer la vitesse d'un VTT dont la roue de diamètre 66,5 cm tourne à une vitesse de 7 tr/s. Arrondir à 0,1 m/s.
On donne **v = π.D.n**.

Exercice 6
Calculer la fréquence de rotation d'un pneu 195/65 R 15 (→ de diamètre 38,1 cm) d'une voiture roulant à 20 m/s. Arrondir à 0,1 tr/s.
On donne $n = \dfrac{v}{\pi.D}$

4 Le mouvement accéléré, uniforme, ralenti

■ **Comment reconnaître un mouvement accéléré, uniforme, ralenti.**
- Un mouvement est **accéléré** si sa vitesse **devient plus grande**.
- Un mouvement est **uniforme** si sa vitesse **ne change pas**.
- Un mouvement est **ralenti** si sa vitesse **devient plus petite**.

EXEMPLE : **Chronophotographie**

Le principe est de superposer des photos prises à intervalles de temps fixes.

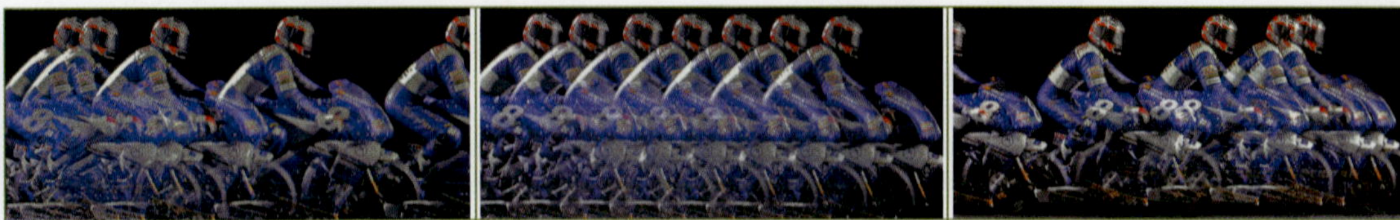

Mouvement accéléré	Mouvement uniforme	Mouvement ralenti

Exercices

Exercice 7

Le graphique suivant donne l'évolution de la vitesse d'un métro en fonction du temps.

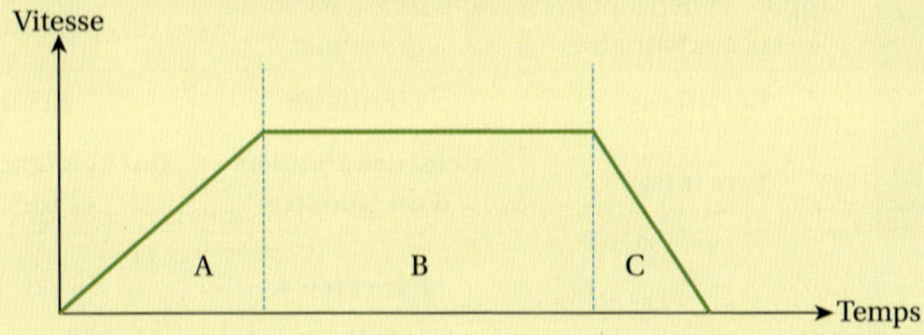

Pour chacune des phases A, B et C, expliquer et justifier si le mouvement est uniforme, ralenti ou accéléré.

Exercice 8

Lors de l'utilisation d'une scie circulaire, il y a différentes phases de fonctionnement. Pour chacune, dire et justifier si le mouvement est uniforme, ralenti ou accéléré :

	Phase de démarrage	Phase d'utilisation	Phase d'arrêt
Mouvement			

Exercice 9

Un scooter roule à 12 m/s sur une route droite et viens de passer à côté d'un panneau indiquant « Espagne ».

1. **Décrire** le mouvement du scooter par rapport au panneau.
2. **Expliquer** si ce mouvement est accéléré, uniforme ou ralenti.
3. **Calculer** en mètres la distance parcourue par le scooter pendant 1 minute.
On donne d = v.t.
4. **Décrire** le mouvement de la roue arrière par rapport au scooter.
5. **Calculer** la fréquence de rotation de la roue si son diamètre est de 10 pouces (25,4 cm).
Arrondir à l'unité. On donne $n = \dfrac{v}{\pi . D}$.
6. Le scooter arrive maintenant à un feu rouge et doit freiner. **Expliquer** si ce mouvement est accéléré, uniforme ou ralenti.

Corrigés des exercices

Exercice 1

Situation	Enfant sur un manège qui tourne par rapport à sa maman assise devant le manège	Enfant sur un manège qui tourne par rapport à son ami assis devant lui sur le manège	Personne qui saute en parachute par rapport à son parachute	Personne qui saute en parachute par rapport à l'avion
Au repos ou en mouvement ?	**En mouvement**	**Au repos**	**Au repos**	**En mouvement**

Exercice 2

Situation	Caisse larguée depuis un hélicoptère par rapport à l'hélicoptère en vol stationnaire	Tasse de café dans un micro-ondes par rapport à la personne qui attend	Personne sur un escalator qui monte par rapport à un magasin situé en bas
Trajectoire	**Rectiligne**	**Circulaire**	**Rectiligne**
Sens du mouvement	**Vers le bas**	**Celui des aiguilles d'une montre**	**Qui s'éloigne du magasin et vers le haut**

Exercice 3

d = v.t = 90 × 2 = 180 km.

Exercice 4

1 min 15 s = 60 + 15 = 75 s

$v = \frac{d}{t} = \frac{3340}{75} \approx 45$ m/s

Exercice 5

D = 66,5 cm = 0,665 m

n = 7 tr/s

v = π × 0,665 × 7 ≈ 14,6 m/s

Exercice 6

D = 38,1 cm = 0,381 m

v = 20 m/s.

$n = \frac{v}{\pi.D}$ = 20/(π × 0,381) = 16,7 tr/s

Exercice 7

Phase A : la vitesse augmente, le mouvement est donc accéléré.

Phase B : la vitesse ne change pas, le mouvement est donc uniforme.

Phase A : la vitesse baisse, le mouvement est donc ralenti.

Exercice 8

	Phase de démarrage	Phase d'utilisation	Phase d'arrêt
Mouvement	Accéléré, car la vitesse augmente de 0 à sa vitesse normale	Uniforme, car le disque tourne à vitesse constante	Ralenti, car la vitesse passe de sa vitesse normale à 0

Exercice 9

1. Le mouvement du scooter par rapport au panneau est rectiligne, dans le sens France vers Espagne.

2. La vitesse est constante (12 m/s) donc le mouvement est uniforme.

3. 1 minute = 60 secondes.

d = v.t = 12 × 60 = 720 m.

4. Le mouvement de la roue arrière par rapport au scooter est circulaire.

5. D = 25,4 cm = 0,254 m.

$n = \frac{v}{\pi.D}$ = 12/(π × 0,254) ≈ 15 tr/s.

6. Ce mouvement est ralenti car sa vitesse passe de 12 m/s à 0 m/s.

5 Mécanique 2 : l'équilibre d'un solide soumis à 2 forces

1 Les actions mécaniques

■ Comment reconnaître les différents types d'actions mécaniques ?

Une action mécanique peut être :
- **une action ponctuelle** : quand l'action s'applique sur point bien précis (comme la pointe d'un stylo sur une feuille) ;
- **une action répartie** : quand l'action s'applique en plusieurs endroits en même temps (action d'un ski sur la neige) ;
- **une action de contact** : quand ce qui exerce l'action touche ce qui la subit (action d'un livre posé sur une table). Les actions de contact peuvent être ponctuelles ou réparties ;
- **une action à distance** : dans le cas contraire (la Terre qui attire un objet vers le sol). Les actions à distance sont réparties.

Exercice

Exercice 1
Pour chacune des actions suivantes, dire si elle est ponctuelle ou répartie et de contact ou à distance.

Action	Action d'un treuil de dépanneuse sur une voiture	Action d'un aimant sur une bille d'acier	Action du vent sur une aile de kitesurf	Action d'une presse sur un morceau de métal
Ponctuelle ou répartie ?				
De contact ou à distance ?				

2 Les forces

■ Une force est une action mécanique capable de déformer ou de faire bouger un objet.

Une force possède **4 caractéristiques** :
- **point d'application** : l'endroit précis où s'applique l'action ;
- **droite d'action**, la droite selon laquelle s'exerce l'action (par exemple : verticale) ;
- **sens** (par exemple : vers le bas) ;
- **valeur** en Newtons (symbole N).

■ Comment mesurer la valeur d'une force ?

On mesure une force avec un appareil appelé **dynamomètre.**

Le poids est une force (et donc s'exprime en Newtons). Le poids et la masse ne sont pas la même chose (une masse s'exprime en grammes ou kilogrammes, etc.).
La masse ne change pas. Par contre, le poids dépend du lieu où on se trouve (terre, lune, etc.)

Exemples de dynamomètres

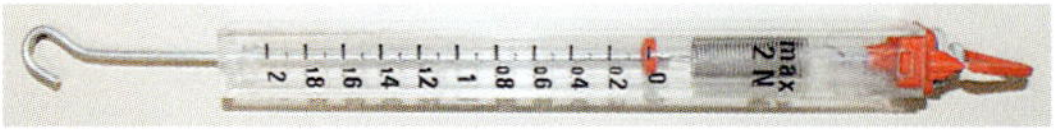

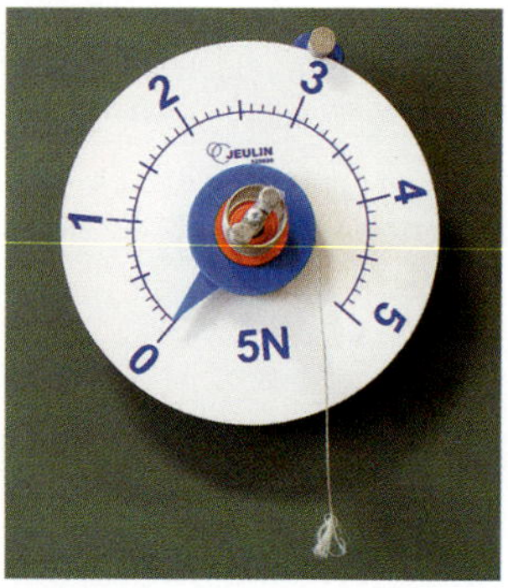

■ Comment mesurer le poids d'un corps ?

On mesure le poids d'un avec un dynamomètre (comme celui de la première photo) auquel on suspend l'objet et dont l'autre extrémité est tenue à la verticale.

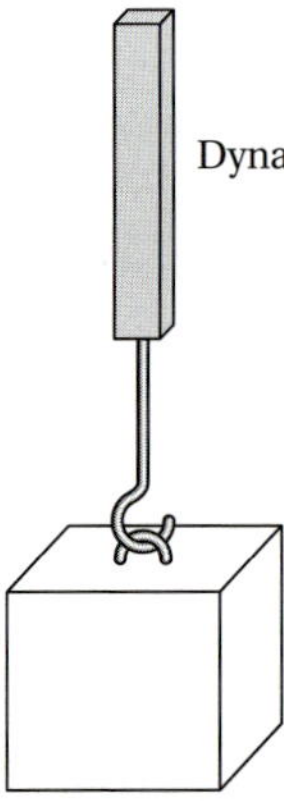

> **Attention, une balance permet de mesurer la masse et non le poids.**

■ Comment utiliser la relation P = m.g ?

- P le poids en Newtons (symbole N)
- m la masse en kilogrammes (symbole kg)
- g l'accélération de la pesanteur, en Newtons par kilogramme (symbole N/kg)

EXEMPLE

Quel est le poids d'une voiture de masse 850 kg (on prendra g = 10 N/kg) ?

$P = m \times g = 850 \times 10 = 8\,500$ N

■ Comment dresser le tableau des caractéristiques d'une force extérieure agissant sur un solide ?

EXEMPLE

Caractéristiques de la force dans l'exemple précédent :

Point d'application	Droite d'action	Sens	Valeur
Le centre de gravité de la voiture	Verticale	Vers le bas	8 500 N

Ou bien :

Point d'application	Droite d'action	Sens	Valeur
G : Le centre de gravité de la voiture	|	↓	8 500 N

■ **Comment représenter graphiquement une force ?**

Pour faire cela, on a besoin de connaître les 4 caractéristiques de la force et d'une échelle.

EXEMPLE

Toujours suivant l'exemple précédent : représenter le poids de la voiture à l'échelle : 1 cm = 2 000 N. Calcul de la longueur sur le dessin :

cm	1	?
N	2 000	8 500

? = 8 500 × 1/2 000 = 4,25 cm

Exercices

Exercice 2

Calculer le poids d'un bébé de 3,450 kg (P = m.g avec g = 9,81 N/kg) (arrondir à un chiffre après la virgule).

Exercice 3

Représenter la force $\vec{F}$ exercée par le câble sur la caisse :
- point d'application A ;
- droite d'action horizontale ;
- sens : vers la droite ;
- valeur : 470 N ;
- échelle : 1 cm ~ 100 N.

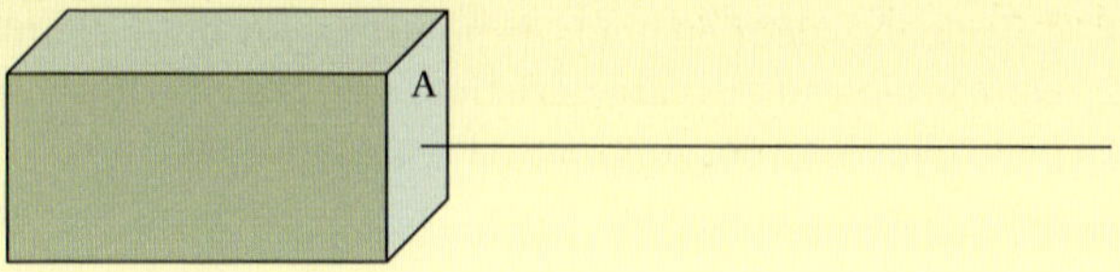

3 Un solide en équilibre soumis à deux forces

■ **Les conditions d'équilibre d'un solide soumis à deux forces sont :**
- une même droite d'action ;
- une même valeur ;
- **mais** sens opposés.

■ **Comment vérifier expérimentalement les conditions d'équilibre d'un solide soumis à deux forces ?**

On peut pour cela accrocher un objet très léger (par exemple en carton) à deux dynamomètres ; on vérifie ainsi que les deux dynamomètres tirent chacun dans un sens opposé, mais ont les fils alignés (donc les deux forces ont la même droite d'action) et indiquent la même valeur.

SCIENCES PHYSIQUES

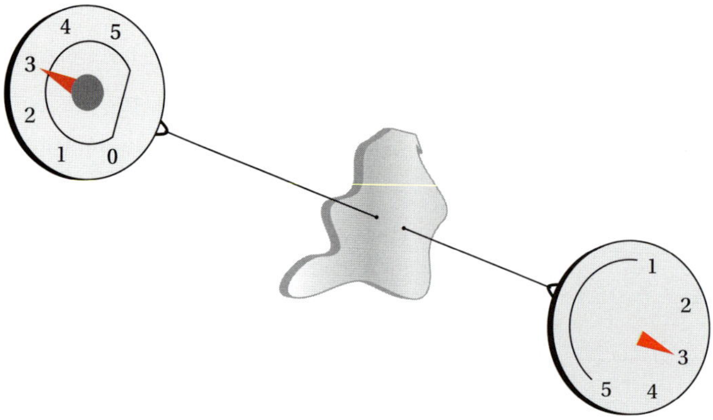

■ Les caractéristiques d'une force étant connues, comment déterminer les caractéristiques de l'autre ?

La droite d'action et la valeur sont les mêmes que l'autre force, mais le sens est opposé.

EXEMPLE

Un parpaing exerce sur le sol une force de 86 N, de droite d'action verticale et de sens vers le bas.

La force exercée par le sol sur le parpaing est donc aussi de 86 N, également de droite d'action verticale **mais** de sens vers le haut.

Exercices

Exercice 4

Lors d'un tir à la corde par équipes, la corde est en équilibre.

La première équipe exerce sur la corde une force de 1 200 N, horizontale, vers la droite.

Donner les caractéristiques de la force exercée par l'autre équipe sur la corde.

Exercice 5

Une poutrelle métallique de masse 89,6 kg est suspendue au câble d'une grue.

1. Calculer la valeur du poids de poutrelle, arrondir à l'unité (g = 9,81 N/kg).

2. Faire le tableau des caractéristiques du poids de la poutrelle.

La poutrelle est en équilibre sous les actions de son poids et du câble.

3. Donner les caractéristiques de la force exercée par le câble sur la poutrelle

Exercice 6

Un objet est soumis aux forces suivantes :

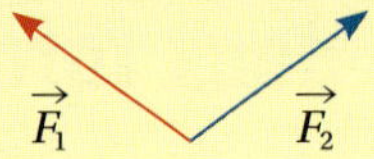

Expliquer si cet objet est en équilibre.

Corrigés des exercices

Exercice 1

Action	Action d'un treuil de dépanneuse sur une voiture	Action d'un aimant sur une bille d'acier	Action du vent sur une aile de kitesurf	Action d'une presse sur un morceau de métal
Ponctuelle ou répartie ?	Ponctuelle	Répartie	Répartie	Répartie
De contact ou à distance ?	De contact	À distance	De contact	De contact

Exercice 2

$P = m.g = 3{,}450 \times 9{,}81 = 33{,}8445 \approx 33{,}8$ N ;

Exercice 3

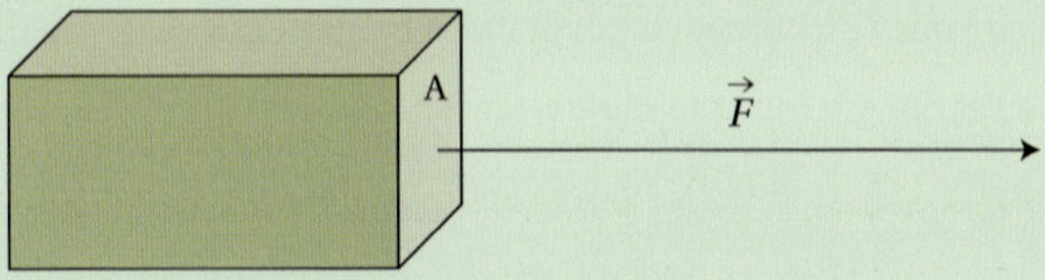

Exercice 4

La force exercée par l'autre équipe sur la corde est :
- de droite d'action horizontale ;
- de valeur 1 200 N ;
- de sens : vers la gauche.

Exercice 5

1. $P = m.g = 89{,}6 \times 9{,}81 = 879$ N

2.

Point d'application	Droite d'action	Sens	Valeur
Le centre de gravité de la poutrelle	verticale	Vers le bas	879 N

3. Droite d'action : verticale
Sens : vers le haut
Valeur : 879 N

Exercice 6

Cet objet **n'**est **pas** en équilibre car les deux forces n'ont pas la même droite d'action.

SCIENCES PHYSIQUES

6 Acoustique : les ondes sonores

1 L'onde sonore

■ Un son est une vibration qui se transmet de proche en proche. Il ne peut pas se propager dans le vide.

■ Un son est caractérisé par sa hauteur (plus ou moins aigu), son niveau d'intensité acoustique (plus ou moins fort), et son timbre (quel nstrument).

■ **Comment identifier expérimentalement un son périodique ?**

Pour « visualiser » un son que l'on entend, on peut brancher un micro à un oscilloscope.

Si sur ce que l'on voit à l'écran, un motif se répète, alors le son est périodique.

EXEMPLE

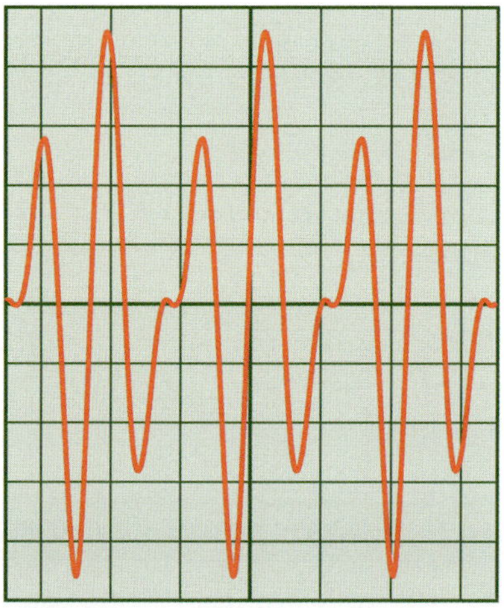

L'axe horizontal correspond au temps qui passe.

■ **Comment mesurer la période T d'un son périodique**

Quand un son est périodique, on peut mesurer sa période **T**, c'est-à-dire la durée (donc sur l'axe horizontal) du plus petit motif.

Si le réglage est le suivant : 0,5 ms/DIV, cela signifie qu'un carreau à l'horizontale représente une durée de 0,5 ms = 0,0005 s.

Sur ce schéma, la période T est environ 2,3 carreaux, donc :

T = (nb de carreaux de T) × (durée d'un carreau)
= 2,3 × 0,0005 = 0,00115 s.

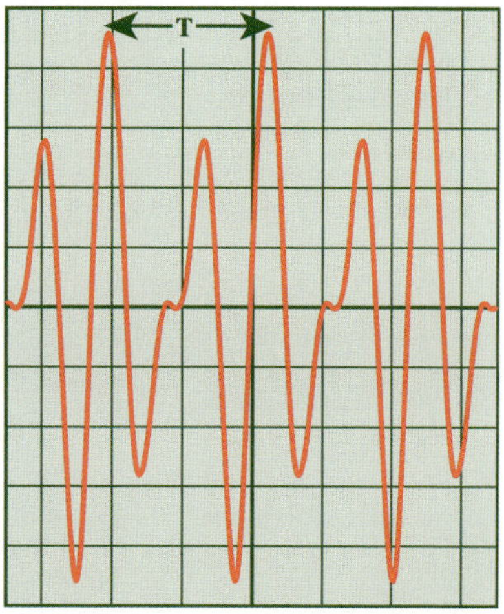

Exercices

Exercice 1

Pour chaque oscillogramme, dire s'il correspond à un son périodique ou non.

Oscillogramme 1

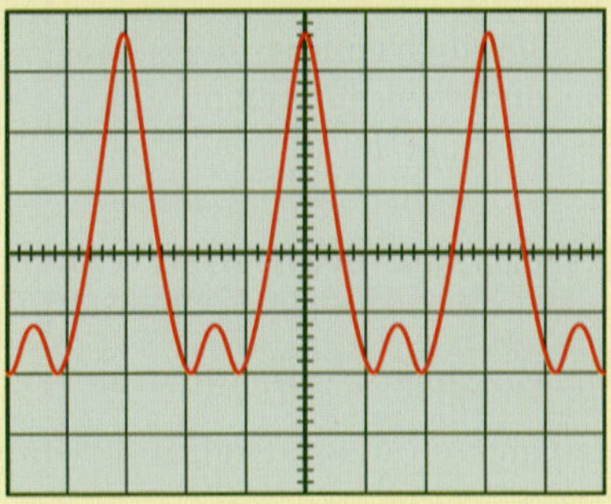

Oscillogramme 2

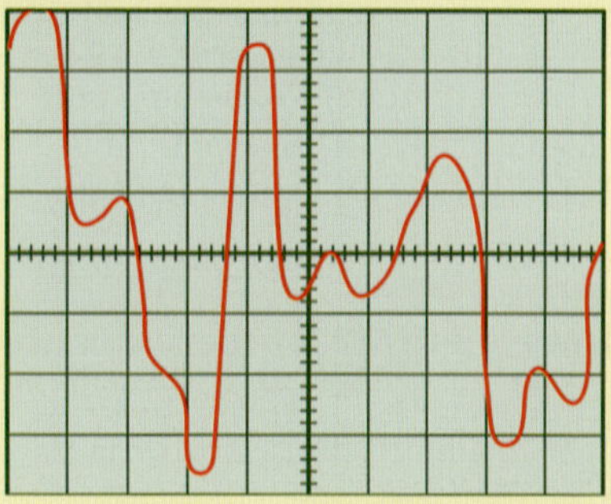

Oscillogramme 3

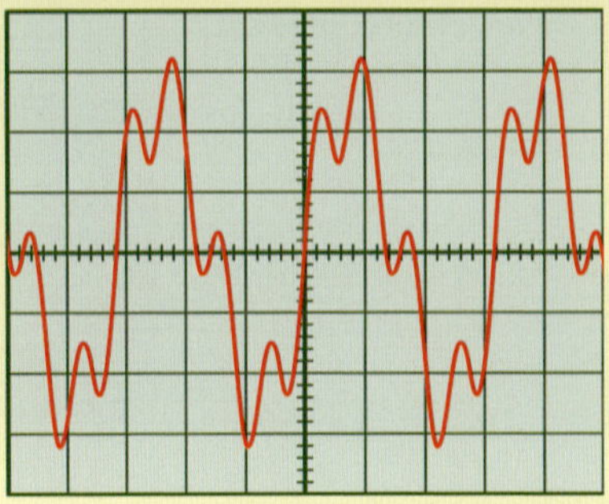

Oscillogramme 4

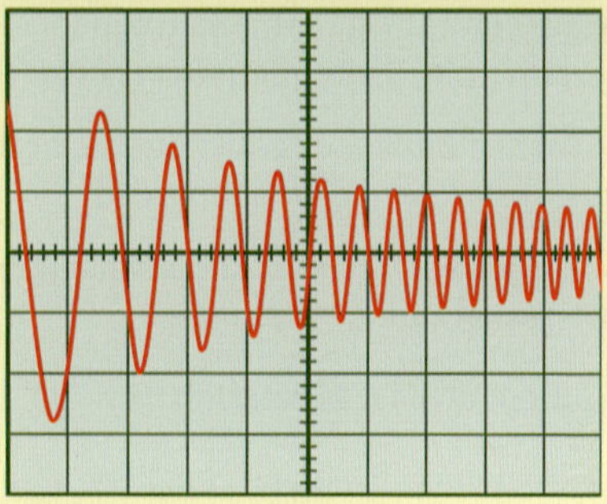

Oscillogramme 5

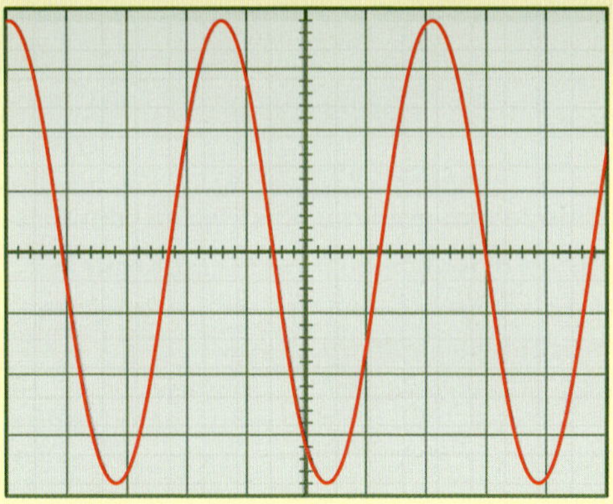

Exercice 2

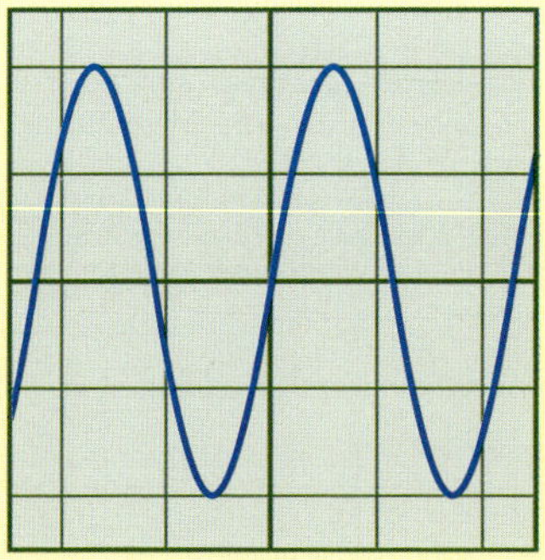

Réglage horizontal : 1 ms/DIV.

Calculer la durée de la période de ce signal.

2 Les caractéristiques d'un son pur

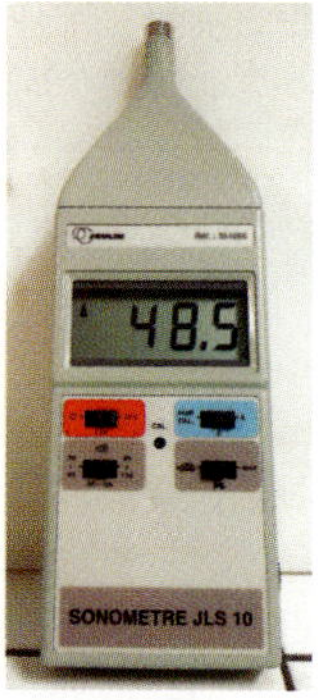

■ Plus un son est aigu, plus sa fréquence est grande (inversement, plus un son est grave plus sa fréquence est petite/basse).

■ Le niveau d'intensité acoustique se mesure avec un **sonomètre**. Son unité est le décibel (symbole dB).

■ Plus un son est fort, plus son niveau d'intensité acoustique (le nombre de décibels) est grand.

■ **Comment utiliser la relation $f = \frac{1}{T}$?**

f est la fréquence du son en Hertz (symbole Hz).

T est la période du son **en secondes** (symbole s).

EXEMPLE

Calculer la fréquence d'un son de période $T = 20$ ms.

$\rightarrow T = 20 \text{ ms} = 0{,}020 \text{ s}$

$$f = \frac{1}{T} = \frac{1}{0{,}020} = 50\text{Hz}$$

■ **Comment classer les sons du plus grave au plus aigu en connaissant les fréquences ?**

Les sons deviennent de plus en plus aigus au fur et à mesure que la fréquence augmente.

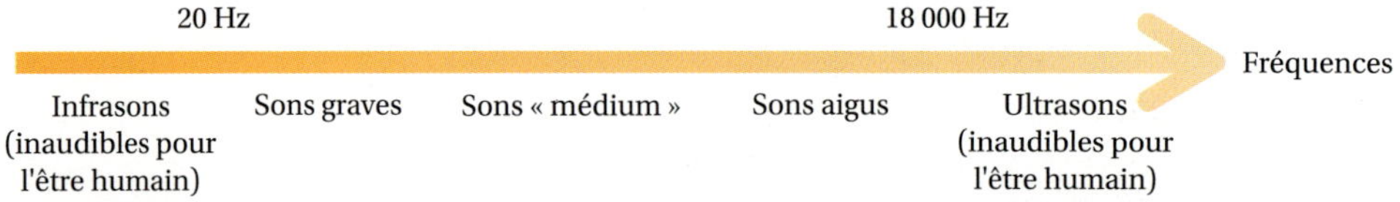

■ **Comment mesurer un niveau d'intensité acoustique avec un sonomètre**

Pour cela :

- on commence par régler le sonomètre comme indiqué dans le mode d'emploi ;
- on se place à la distance indiquée ;
- on **attend qu'il n'y ait pas d'autre bruit que celui que l'on souhaite mesurer** ;
- on relève la valeur (en dB) donnée à l'écran.

Exercices

Exercice 3

Calculer la fréquence d'un son de période T = 5 ms. On donne $f = \frac{1}{T}$.

Exercice 4

Calculer la période d'un son de fréquence f = 8 000 Hz. On donne $T = \frac{1}{f}$.

3 L'absorption des ondes sonores

■ **Comment comparer expérimentalement le pouvoir absorbant de divers matériaux**

Pour cela, on commence par créer une source de bruit constante (par exemple, un GBF — générateur de basses fréquences — relié à un haut-parleur via des fils).

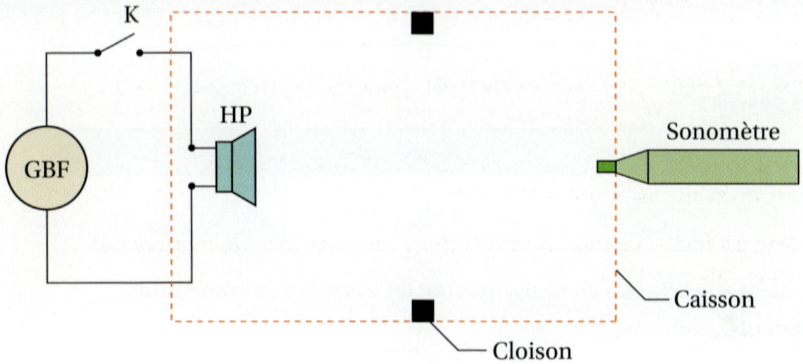

On place au fur et à mesure des cloisons de différents matériaux, et on mesure à chaque fois l'intensité acoustique avec un sonomètre qu'on **laisse toujours au même endroit**.

Plus le nombre de décibels mesuré est faible avec un matériau, **plus** celui-ci est un **bon isolant**.

S'éloigner est aussi un moyen efficace de se protéger d'un bruit trop fort.

Corrigés des exercices

Exercice 1

Oscillogramme 1 : périodique ; Oscillogramme 2 : non périodique ; Oscillogramme 3 : périodique ; Oscillogramme 4 : non périodique (car l'amplitude diminue) ; Oscillogramme 5 : périodique.

Exercice 2

T représente 2,2 carreaux environ.
1 carreau représente une durée de 1 ms = 0,001 s.
T = 2,2 × 0,001 = 0,0022 s.

Exercice 3

T = 0,5 ms = 0,0005 s. $f = \frac{1}{T}$ = 1/0,0005 = 2 000 Hz.

Exercice 4

f = 8 000 Hz $T = \frac{1}{f}$ = 1/8 000 = 0,000125 s.

SCIENCES PHYSIQUES

SCIENCES PHYSIQUES

7 Électricité : régime continu, régime sinusoïdal monophasé, puissance et énergie

1 Le circuit électrique

■ **Symboles du matériel en électricité :**

Générateur de tension continue	Générateur de tension alternative	Interrupteur fermé	Interrupteur ouvert	Fil	Fusible
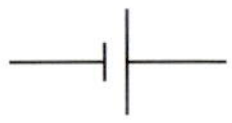	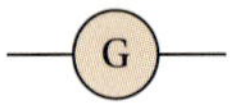				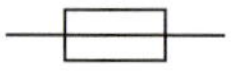

■ **Dipôles passifs :**

Lampe	Résistance	Moteur
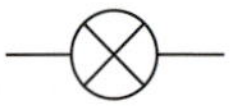	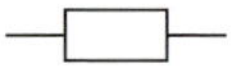	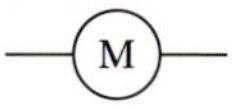

– Branchement en **série** : les composants sont les uns à la suite des autres.

EXEMPLE

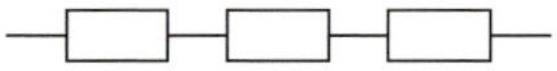

– Branchement en **dérivation** ou en **parallèle**.

EXEMPLE

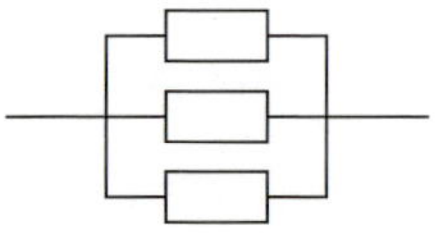

■ **Comment lire ou représenter un schéma électrique comportant générateur, lampes, interrupteur, fils conducteurs ?**

Pour cela, on utilise les tableaux des symboles donnés au-dessus.

■ **Comment réaliser un montage à partir d'un schéma ?**

MÉTHODE

– **Identifier** et **classer** tous les composants nécessaires sur la table.
– **Commencer** en partant d'une des bornes du générateur et relier un par un **dans l'ordre du schéma** les composants jusqu'à revenir à l'autre borne du générateur.

Exercices

Exercice 1

Donner le nom des différents composants de ce circuit :

Exercice 2

Dessiner le schéma d'un circuit série comportant un générateur de tension continue, un interrupteur fermé, un fusible, une lampe et un moteur.

2 L'intensité et la tension électrique

■ Une **intensité** s'exprime en **ampères** (A) et se mesure avec un ampèremètre (symbole —(A)—).

■ Une **tension** s'exprime en **volts** (V) et se mesure avec un voltmètre (symbole —(V)—).

■ Oscillogramme d'une tension **continue** :

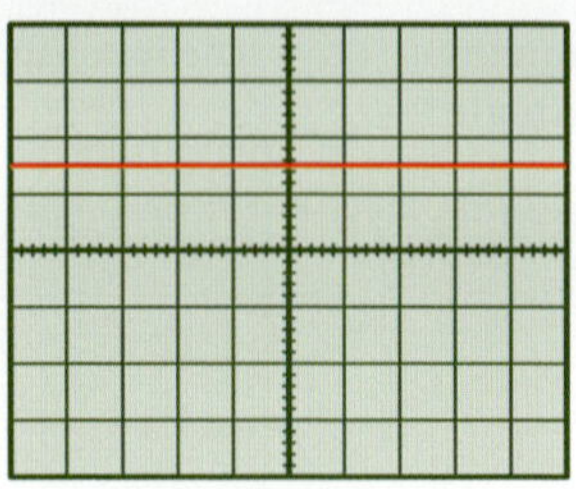

■ Oscillogrammes de tensions **alternatives** :

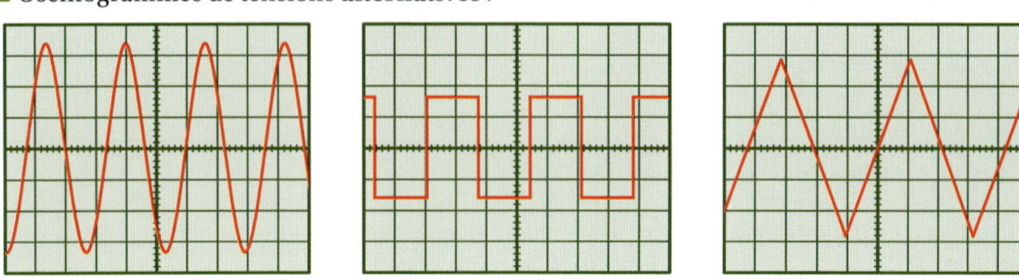

SCIENCES PHYSIQUES

Comment insérer un ampèremètre dans un circuit ?

Un ampèremètre se branche en **série** :

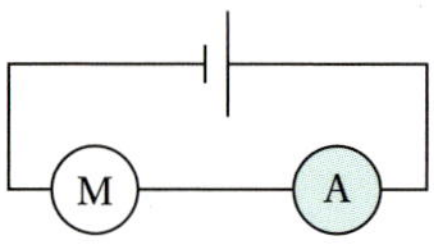

EXEMPLE

Intensité traversant un moteur.

Comment insérer un voltmètre dans un circuit ?

Un voltmètre se branche **en dérivation** :

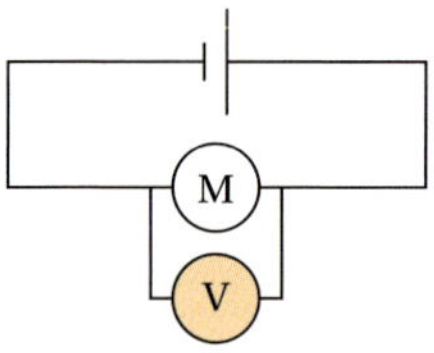

EXEMPLE

Tension aux bornes d'un moteur.

Comment mesurer l'intensité d'un courant ?

Pour mesurer l'intensité d'un courant :
- réaliser le montage ;
- régler l'ampèremètre sur le plus gros calibre ;
- placer l'ampèremètre dans le circuit (bornes A ou A et COM) ;
- allumer le générateur, fermer l'interrupteur ;
- lire la valeur affichée sur l'ampèremètre (éventuellement prendre un calibre plus petit si nécessaire).

Comment mesurer la tension aux bornes d'un dipôle ?

Pour mesurer la tension aux bornes d'un composant :
- réaliser le montage ;
- régler le voltmètre sur le plus gros calibre ;
- placer le voltmètre dans le circuit (bornes V et COM) ;
- allumer le générateur, fermer l'interrupteur ;
- lire la valeur affichée sur le voltmètre (éventuellement prendre un calibre plus petit).

Comment déterminer graphiquement, pour une tension sinusoïdale monophasée ?
- la valeur U_{MAX} de la tension maximale ;
- la **période T**.

Pour cela, on a besoin de connaître les réglages de l'oscilloscope.

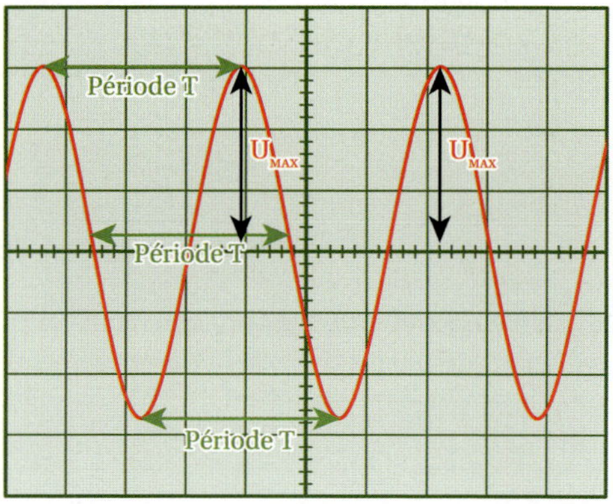

EXEMPLE

Réglage vertical : 2V/DIV

→ 1 carreau représente 2 Volts

Réglage horizontal 0,5 ms/DIV

→ 1 carreau représente 0,5 ms

Sur le schéma, la période est de 34 carreaux, donc T = nb de carreaux × réglage
= 3,4 × 0,5 = 1,7 ms = 0,0017 s.

Sur le schéma, U_{MAX} représente 3 carreaux, donc U_{MAX} = nb de carreaux × réglage = 3 × 2 = 6 V.

Comment utiliser la relation $U = \frac{U_{MAX}}{\sqrt{2}}$ pour calculer la valeur efficace d'une tension sinusoïdale U et U_{MAX} s'expriment en volts (V) ?

EXEMPLE

Pour une tension de valeur $U_{MAX} = 311$ V, la valeur efficace de la tension est $U = \frac{U_{MAX}}{\sqrt{2}} = \frac{311}{\sqrt{2}} \approx 220$ V.

Comment utiliser la relation $T = \frac{1}{f}$ pour calculer la période d'un signal (voir chapitre 6 Acoustique) ?

Exercices

Exercice 3
Rajouter dans ce circuit un ampèremètre permettant de mesurer l'intensité du courant qui passe dans la lampe.

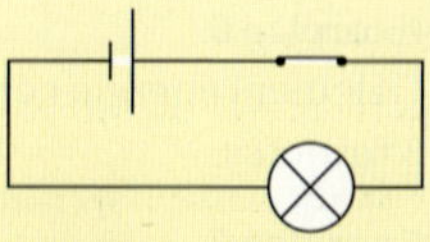

Exercice 4
Rajouter dans ce circuit un voltmètre permettant de mesurer la tension aux bornes de la résistance.

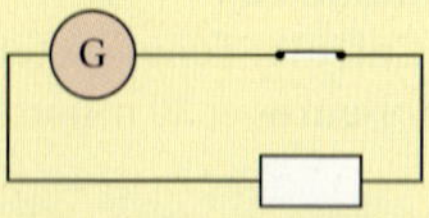

Exercice 5
1. À partir de l'oscillogramme suivant, déterminer la valeur de la tension maximale et la valeur de la période.
2. Calculer la valeur de la tension efficace U. Arrondir à 0,1 près.
(On donne $U = \frac{U_{MAX}}{\sqrt{2}}$)
Réglage vertical : 5 V/DIV
Réglage horizontal : 2 ms/DIV

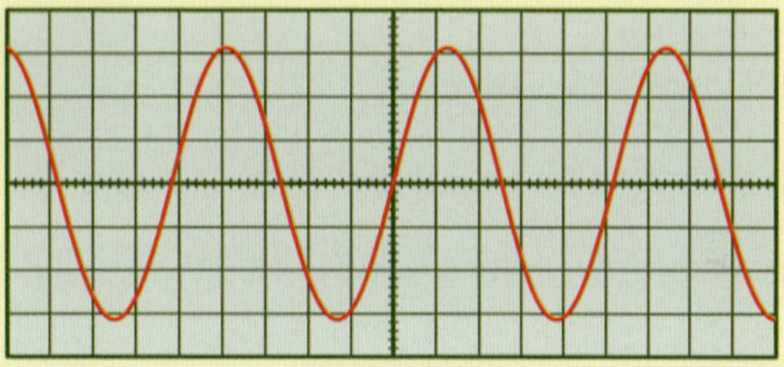

3 La puissance et l'énergie électrique

■ L'énergie se note **E**. Elle s'exprime en **joule** (symbole J).
Il existe aussi une autre unité, utilisée par les fournisseurs d'électricité : le kilowatt-heure (symbole **kWh**).

■ **Pour mesurer une énergie électrique,** on utilise un **compteur d'énergie électrique**.

Il indique « en direct » l'énergie (en kWh) consommée par un appareil que l'on branche dessus.

■ **Comment utiliser la relation E = P.t**
E est l'énergie en joule (J), **P** est la puissance en watt (W), **t** le temps en seconde.

Ou bien : **E** est l'énergie en kilowatt-heure (kWh), **P** est la puissance en kilowatt (kW), **t** le temps en heure.

EXEMPLES

• Calculer l'énergie consommée par une lampe de puissance 20 W pendant 2 minutes :
P = 20 W
t = 2 min = 2 × 60 s = 120 s
E = P.t = 20 × 120 = 2 400 J

• Calculer l'énergie (en kWh) consommée par une bouilloire électrique de puissance 1 500 W pendant 30 minutes : P = 1 500 W = 1,5 kW ; t = 30 min = 0,5 heure ; E = P.t = 1,5 × 0,5 = 0,75 kWh

SCIENCES PHYSIQUES

Exercices

Exercice 6

Calculer l'énergie consommée par un stérilisateur à biberons de puissance 350 W pendant 8 minutes.

Exercice 7

Calculer l'énergie (en kWh) consommée par un PC de jeu de puissance 650 W pendant 2 heures et 30 minutes.

Corrigés des exercices

Exercice 1

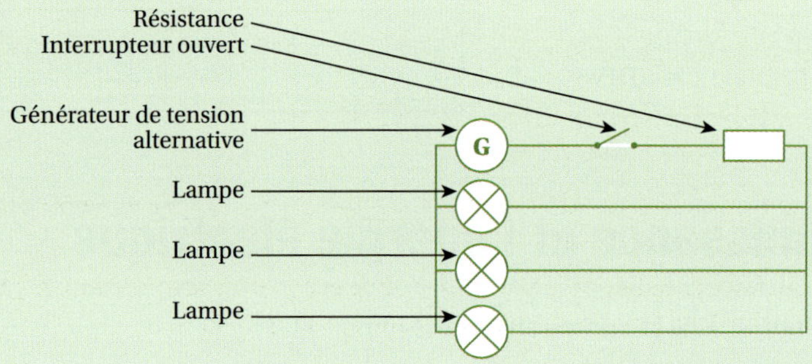

> **En général, l'interrupteur est dessiné fermé.**

Exercice 2

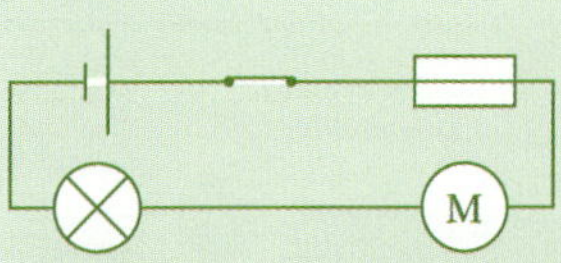

Exercice 3

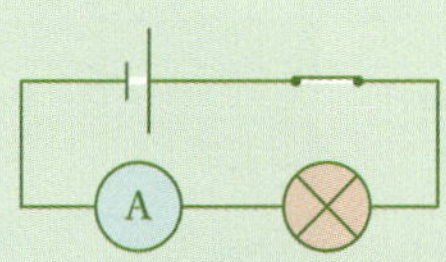

Exercice 4

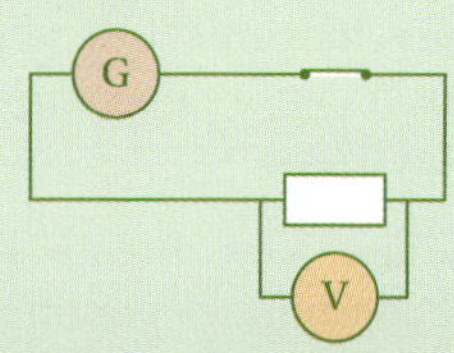

Exercice 5

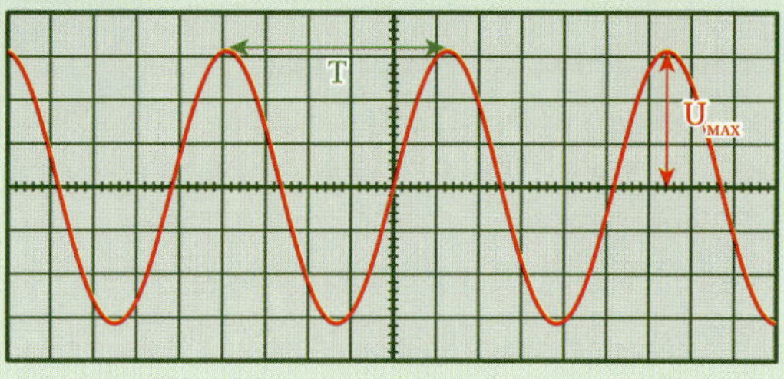

1. Réglage vertical : 5V/DIV

→ 1 carreau représente 5 Volts.

Réglage horizontal 2 ms/DIV

→ 1 carreau représente 2 ms

Sur le schéma, la période T est de 5 carreaux, donc T = nb de carreaux × réglage = 5,2 × 2 = 10,4 ms = 0,014 s.

Sur le schéma, U_{MAX} représente 3,2 carreaux, donc U_{MAX} = nb de carreaux × réglage = 3,2 × 5 = 16 V.

2. $U = \frac{U_{MAX}}{\sqrt{2}} = \frac{16}{\sqrt{2}} \approx 11{,}3 \text{ V}$

Exercice 6

P = 350 W ; t = 8 min = 8 × 60 s = 480 s ; E = P.t = 350 × 480 = 168 000 J

Exercice 7

P = 650 W = 0,650 kW ; t = 2 h 30 min = 2,5 h ; E = P.t = 0,650 × 2.5 = 1,625 kWh

8 Thermique : la thermométrie

1 La température

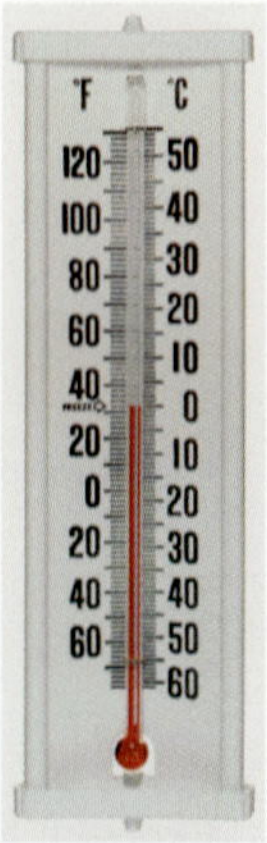

Il existe plusieurs échelles de température (degrés Celsius, degrés Fahrenheit, Kelvin, etc.). **Pour mesurer une température :**
- on utilise un **thermomètre** (électronique ou à alcool) ;
- puis, on place la sonde ou le bout à l'endroit dont on veut connaître la température ;
- enfin, on attend que la valeur indiquée ne change plus.

2 Les changements d'état

Comment étudier expérimentalement l'évolution de la température au cours de différents types de changements d'état ?

• **Fusion** : on peut faire chauffer de la paraffine solide et mesurer sa température régulièrement, puis tracer la courbe de la température en fonction du temps écoulé.

On utilise un chronomètre et, à chaque mesure de température, on note aussi le temps écoulé.

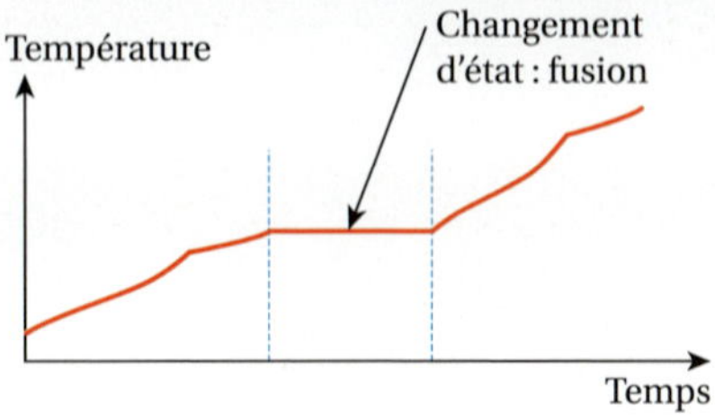

On observe que la température augmente jusqu'à ce que la paraffine commence à fondre, puis reste stable jusqu'à ce qu'elle soit toute fondue, et enfin augmente à nouveau.

• **Solidification** : on peut utiliser un microcongélateur (appareil permettant de transformer rapidement en glace une petite quantité d'eau).

On mesure la température régulièrement en notant le temps écoulé (toujours mesuré avec un chronomètre), puis on trace la courbe de la température en fonction du temps écoulé.

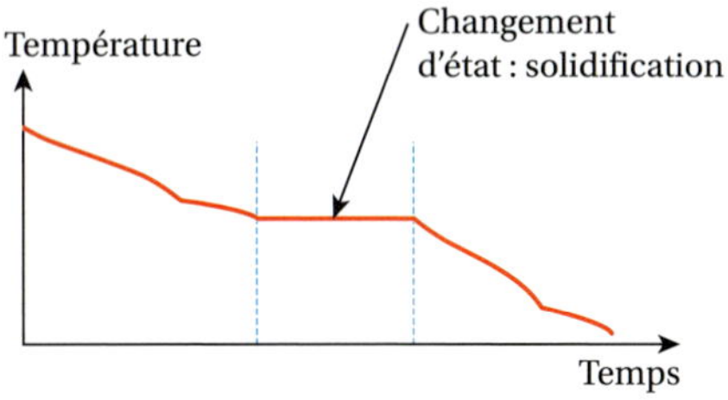

On observe que la température diminue jusqu'à ce que de la glace apparaisse, puis reste stable jusqu'à ce toute l'eau soit transformée en glace, enfin diminue à nouveau.

Exercice

Exercice 1

Un jour très chaud d'été, on place un morceau de graisse de palme (solide) au soleil sur une table.

Voici l'évolution de sa température :

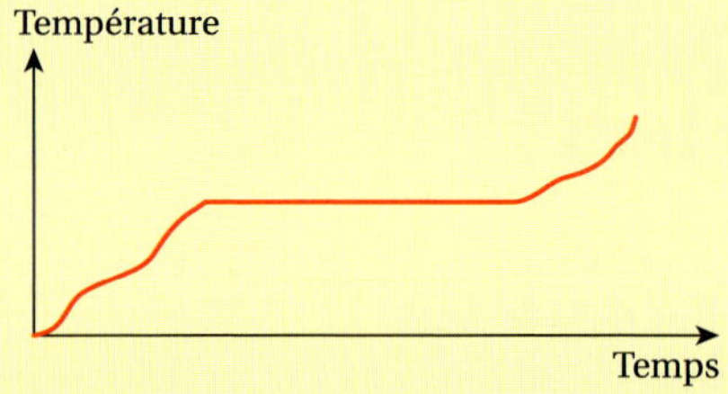

Expliquer le phénomène qui s'est produit.

Corrigés des exercices

Exercice 1

On observe que durant un moment, la température arrête d'augmenter.

→ Il y a eu un changement d'état : de solide, la graisse de palme est devenue liquide : elle a fondu.

PSE

PRÉVENTION, SANTÉ, ENVIRONNEMENT

Module 1 : L'individu et sa santé

Fiche 1. Les rythmes biologiques et le sommeil 262
Fiche 2. L'alimentation adaptée à son activité 265
Fiche 3. L'activité physique et ses effets sur la santé 268
Fiche 4. Les conduites addictives 270
Fiche 5. Les infections sexuellement transmissibles 272
Fiche 6. La contraception 274

Module 2 : L'individu dans ses actes de consommation

Fiche 7. Le budget et l'épargne 277
Fiche 8. Le crédit et le surendettement 280
Fiche 9. Les achats 283
Fiche 10. Les contrats et les assurances 287
Fiche 11. L'information et la protection du consommateur 289
Fiche 12. La sécurité sanitaire du consommateur 291

Module 3 : L'individu dans son parcours professionnel

Fiche 13. La formation initiale 294
Fiche 14. La formation continue et la validation des acquis de l'expérience 296
Fiche 15. La recherche d'emploi 299

Module 4 : L'individu dans son environnement professionnel

Fiche 16. La législation du travail 302
Fiche 17. Les contrats de travail et les rémunérations 303
Fiche 18. Les représentants du personnel 308
Fiche 19. Les structures de défense, de protection et de contrôle 310
Fiche 20. La surveillance de la santé du salarié 312
Fiche 21. Les risques professionnels 314
Fiche 22. Les accidents du travail et les maladies professionnelles 316
Fiche 23. Les risques liés à l'activité physique 319
Fiche 24. Les troubles musculo-squelettiques 322
Fiche 25. Le risque lié au bruit 325
Fiche 26. Le risque lié aux poussières 328
Fiche 27. Le risque chimique 330
Fiche 28. Le risque mécanique 333
Fiche 29. Le risque électrique 335
Fiche 30. Le risque lié à l'éclairage 339
Fiche 31. Le risque incendie 341
Fiche 32. Le risque lié à la charge mentale 343
Fiche 33. Les déchets 345

1 Les rythmes biologiques et le sommeil

1 Les rythmes biologiques

■ Les rythmes biologiques sont des phénomènes biologiques naturels, totalement indépendants de la volonté, qui se répètent à intervalles réguliers dans le temps :
- cycle circadien : toutes les 24 h (alternance « sommeil-veille ») ;
- cycle lunaire : tous les mois (cycle menstruel) ;
- cycle solaire : tous les ans (cas des saisons) ;
- …

■ Une **horloge interne** située dans le cerveau (hypothalamus) synchronise ces rythmes.

2 Le déroulement d'une nuit de sommeil

Le sommeil est caractérisé par la perte de la conscience du monde extérieur et un ralentissement des fonctions de l'organisme. Il se divise en 4 ou 5 cycles qui se succèdent au cours de la nuit, chaque cycle passant du sommeil lent au sommeil paradoxal.

■ **Un cycle de sommeil**

■ **Le déroulement d'une nuit de sommeil**

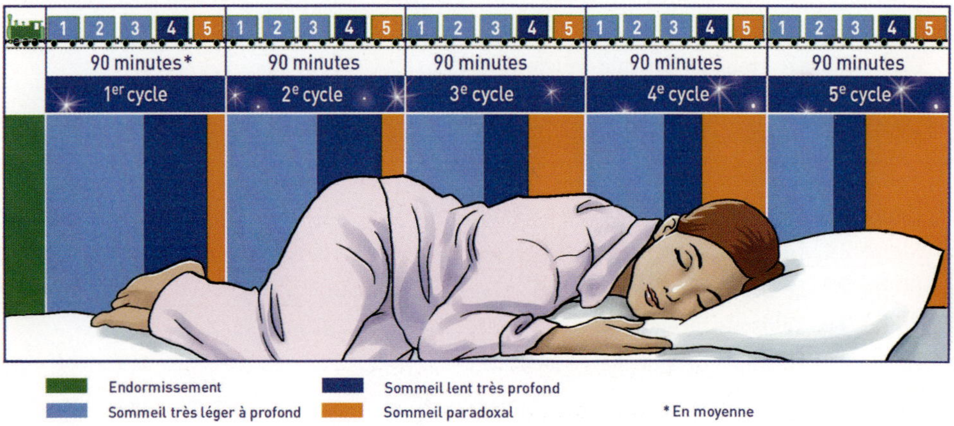

Le rôle du sommeil

- **Le sommeil lent** correspond à la récupération de la fatigue physique. L'organisme fabrique des anticorps (protéines de défense contre les micro-organismes) et l'hormone de la croissance.
- **Le sommeil paradoxal** correspond à la récupération de la fatigue nerveuse. Il permet de mémoriser, d'éliminer le stress accumulé au cours de la journée. C'est la période des rêves.

3 Le rythme imposé par le travail

Pour des raisons économiques et techniques, certaines entreprises bénéficient d'un accord pour faire fonctionner des équipements coûteux en continu. Ainsi, plusieurs équipes se succèdent sur les mêmes postes de travail et le repos hebdomadaire est donné à chacune d'elles par roulement. Ces horaires atypiques ne sont pas sans répercussions sur l'organisme. En effet, ils entraînent une désynchronisation des rythmes. La désynchronisation est le décalage entre les rythmes biologiques et ceux imposés par la vie quotidienne (exemples : horaires de travail, voyage avec décalage horaire).

Un exemple le travail posté en 3 × 8

Équipe du matin	Équipe de l'après midi	Équipe de nuit	

L'horaire de travail en équipe de nuit (21 h - 5 h) désynchronise le plus l'horloge biologique car le salarié travaille lorsque sa vigilance est au niveau le plus bas.

4 Les effets des perturbations du sommeil

Sur la santé	Insomnies Dette de sommeil Hypersensibilité au bruit Perturbation de la mémoire Ulcères à l'estomac Hypertension Maladies cardio-vasculaires Fatigue Diminution de la résistance à l'infection Risque d'obésité (grignotage, casse-croûte...)
Sur le travail	Accidents du travail Diminution du rendement Absentéisme Baisse de qualité des produits finis
Sur la vie familiale et sociale	Absence de communication Impossibilité de participer à la vie sociale Désintérêt des problèmes familiaux

5 Les mesures individuelles pour favoriser le sommeil

Se coucher à des heures régulières.

Se détendre avant de se coucher.

Dormir dans une chambre à 17 °C dans l'obscurité, pendant 8 heures.

Écouter les signaux du sommeil (bâillements, yeux qui clignotent...)

Éviter les repas trop copieux avant de se coucher.

Éviter la consommation d'excitants avant de se coucher.

Pratiquer une activité régulière dans la journée.

Dormir dans un endroit calme.

2 Une alimentation adaptée à son activité

1 Les besoins de l'organisme

Les aliments que nous consommons répondent aux 3 besoins de l'organisme.

■ **Constructeur** :
- construction de nouvelles cellules (croissance) ;
- entretien des cellules usées ;
- réparation des cellules détruites accidentellement.

■ **Énergétique** :
- maintien de la température du corps (37 °C) ;
- travail musculaire (activité physique, maintien de la vie).

■ **Fonctionnel** :
- bonne utilisation des aliments pour un fonctionnement harmonieux de l'organisme.

Ces besoins varient en fonction de :
- l'âge ;
- le sexe ;
- l'activité physique ;
- l'état physiologique (ex : personne malade, femme enceinte...) ;
- le climat.

Ces besoins sont satisfaits par la consommation d'aliments classés en sept groupes.

Groupe d'aliments	Apports principaux	Rôle
Produits laitiers	Calcium, protides	Constructeur
Viandes, poissons, œufs	Protides	Constructeur
Fruits et légumes crus et cuits*	Éléments minéraux, vitamines, fibres	Fonctionnel
Céréales et féculents	Glucides	Énergétique
Corps gras	Lipides	Énergétique
Produits sucrés	Glucides	Énergétique
Boissons	Eau, éléments minéraux	Fonctionnel

* Moins de vitamines et de sels minéraux.

2 L'équilibre alimentaire

Pour équilibrer son alimentation, il faut :
- adapter la ration alimentaire (quantité d'aliments que doit consommer un individu en 24 heures pour être en bonne santé) à ses besoins. Elle est exprimée en kilojoules (kJ) ;

PSE

– respecter les apports entre les différents constituants alimentaires énergétiques ;

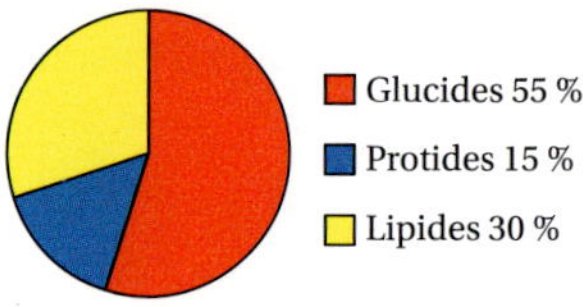

– répartir les besoins énergétiques au cours des différents repas de la journée ;

– consommer des aliments des 7 groupes, selon la répartition suivante :

L'équilibre nutritionnel ne se fait pas sur un seul repas mais sur plusieurs repas, voire sur plusieurs jours.

3 Les modifications du comportement alimentaire liées aux contraintes de travail

Certaines contraintes liées au travail (éloignement du domicile, horaires, temps de pause, aménagement des locaux...) modifient le comportement alimentaire.

EXEMPLES

– les horaires de travail posté modifient la répartition des repas ;
– le temps de pause déjeuner limité (30 minutes) obligent à déjeuner rapidement.

4 Les erreurs alimentaires et leurs conséquences

Les principales erreurs alimentaires

– les excès de matières grasses (charcuteries, frites...) et de produits sucrés (boissons sucrées, friandises...) ;
– les grignotages salés et sucrés ;
– la consommation insuffisante de fruits et de légumes.

Les conséquences

Hypertension, diabète, maladies cardio-vasculaires, risque de cancer, arthrose, surcharge pondérale...

L'indice de masse corporelle (IMC)

Indice de Masse Corporelle	Classification
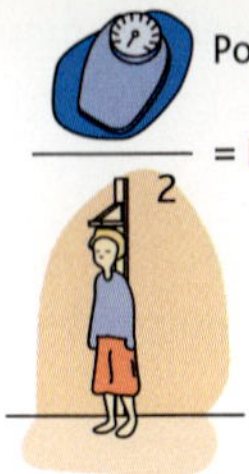 $\frac{\text{Poids en kg}}{\text{Taille en m}^2}$ = IMC (kg/m^2)	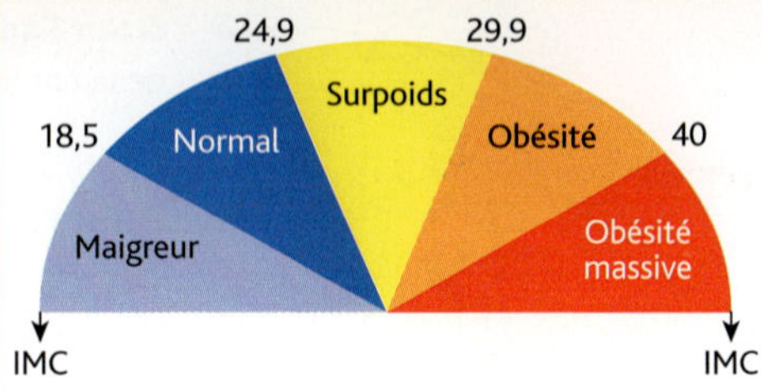

5 Quelques attitudes pour une bonne hygiène alimentaire

- Adapter son alimentation à ses besoins.
- Avoir une alimentation variée et équilibrée.
- Prendre ses repas à des heures régulières.
- Éviter les grignotages entre les repas.
- Éviter les boissons sucrées et alcoolisées.
- Manger 5 fruits et légumes chaque jour...

3 L'activité physique et ses effets sur la santé

1 La relation entre organes et appareils lors du travail musculaire

Lorsque le travail musculaire augmente, le muscle prélève davantage de glucose et de dioxygène dans le sang. L'augmentation de la fréquence des battements du cœur et de celles des mouvements respiratoires au cours d'une activité physique contribue à satisfaire les besoins accrus des muscles.

2 Les effets positifs de l'activité physique sur la santé et leurs limites

Les effets positifs

Organisme	Effets positifs
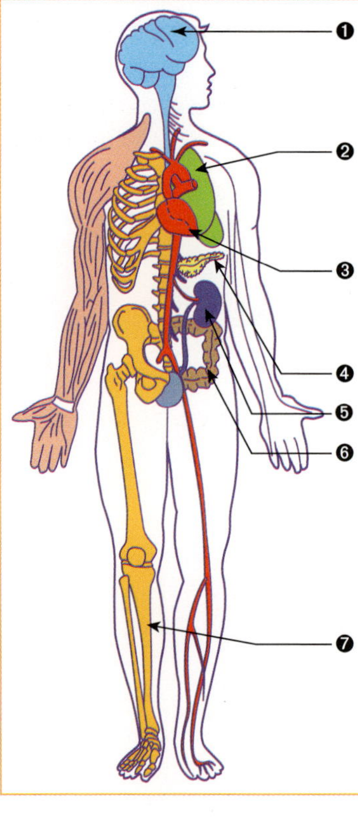	❶ **Sur le système nerveux** : moins de stress et d'anxiété ❷ **Sur l'appareil respiratoire** : développement de la capacité respiratoire ❸ **Sur l'appareil cardio-vasculaire** : diminution du rythme du cœur, de l'hypertension et des maladies cardio-vasculaires ; ❹ **Sur le pancréas** : moins de diabète ❺ **Sur les reins** : moins de problèmes rénaux ❻ **Sur l'appareil digestif** : meilleur transit intestinal et diminution du risque de cancer ❼ **Sur l'appareil locomoteur** : – souplesse, équilibre, force musculaire ; – coordination des mouvements ; – modelage du corps, baisse du surpoids ; – tonus postural.

Les limites

Les bénéfices de l'activité physique ne doivent pas faire oublier les limites. En effet, le surentraînement et l'addiction au sport peuvent provoquer des blessures et amener certains sportifs à recourir au dopage.

3 Les effets du dopage

Le dopage est la pratique consistant à absorber des substances ou à utiliser des actes médicaux afin d'augmenter artificiellement ses capacités physiques ou mentales.

Produits dopants	Effets principaux	Effets secondaires (dangers)
Amphétamines	Fatigue et sommeil diminués, confiance en soi accrue	Insomnies, dépendance, risques cardio-vasculaires
Hormones EPO (érythropoïétine)	Masse musculaire augmentée Nombre de globules rouges multipliés	Diabète, hypertension, thromboses
Bêtabloquants	Relaxation, fréquence cardiaque ralentie, meilleure coordination des mouvements	Chutes de tension, vertiges, troubles du rythme cardiaque

4 Une activité physique régulière et raisonnée

Il suffit de saisir toutes les occasions pour bouger, et ainsi, provoquer une dépense énergétique régulière et supérieure à celle du repos : monter les escaliers, jardiner… **Il est recommandé de pratiquer 30 minutes de marche rapide par jour.**

PRÉVENTION, SANTÉ, ENVIRONNEMENT

4 Les conduites addictives

1 Quelques définitions

Une conduite addictive ou addiction

C'est l'asservissement d'une personne à une substance psycho-active ou à une activité (addiction comportementale), malgré les tentatives pour contrôler ou abandonner le comportement.

Une substance psycho-active

C'est une substance naturelle ou synthétique qui agit sur le psychisme, modifie le comportement et procure des sensations que recherche l'individu jusqu'à un état d'accoutumance et de dépendance.

2 Les effets et les risques de quelques substances psychoactives

Produits	Principaux effets indésirables et/ou nocifs	Dépendance
Tabac 	Toxicité pulmonaire et cardiaque, cancers.	psychique (+++) physique (++)
Alcool 	Ivresse, perte du contrôle de soi et de la vigilance, perception visuelle et réflexes modifiés, toxicité hépatique, digestive, coma éthylique, accident de sevrage (*delirium tremens*).	psychique (+++) physique (+++)
Cannabis 	Toxicité pulmonaire et troubles de la mémoire, déconcentration, perte de la vigilance, perception visuelle et réflexes modifiés, risque de schizophrénie multiplié par 6.	psychique (++) physique (+)
Cocaïne 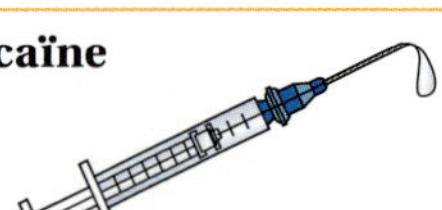	Insomnie, instabilité d'humeur, agressivité et violence, perte de mémoire, hallucinations.	psychique (+++) physique (+)

3 Des conséquences de la consommation de substances psycho-actives

Accident de la route

Isolement

Difficultés financières

- Absentéisme
- Baisse de la productivité
- Baisse de la qualité du travail
- Sanctions

Dette de sommeil

Accident du travail

4 Les mesures de prévention et de répression mises en place sur le lieu de travail

■ Les **mesures de prévention** les plus souvent mises en place sont :
- information sur les risques par le médecin du travail, l'assistante sociale ;
- mise à disposition d'une documentation ;
- mise à disposition de fontaines d'eau et de distributeurs de boissons non alcoolisées ;
- mise en place d'une cellule d'écoute et de dialogue ;
- affichage des noms et adresses des structures d'aide aux toxicomanes (exemples : point d'accueil écoute jeune (PAEJ), consultations cannabis…) ;

■ Les **mesures répressives** sont signifiées dans le règlement intérieur :
- sanctions disciplinaires (exemples : blâme, licenciement, rétrogradation…);
- dépistages (exemples : alcootest, analyse d'urine…) de la présence de substances psycho-actives dans des conditions particulières (exemples : conducteurs de bus, de train…).

5 Les structures d'accueil d'aide et de soutien

Numéros verts et sites Internet d'information sur les addictions	
Tabac Info service	0 825 30 93 10
www.tabac-info-service.fr	
Écoute alcool	0 811 91 30 30
Écoute cannabis	0 811 91 20 20
Drogues info service	0 800 23 13 13
Site Drogues et dépendances (MILDECA)	
www.drogues-dependances.fr	
Associations nationales de prévention en alcoologie et addictologie (ANPAA)	
www.anpaa.asso.fr	

PSE

5 Les infections sexuellement transmissibles

1 Les principales IST

	Nom de l'infection et du micro-organisme responsable	Symptômes		Conséquences possibles
		♀ Femme	♂ Homme	
IST d'origine bactérienne	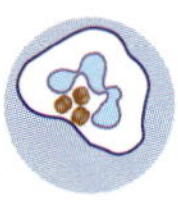 **Blennorragie ou gonoccocie** le gonoccoque	En général, aucun symptôme.	Écoulement purulent à l'extrémité de la verge. Brûlures en urinant. Parfois aucun symptôme.	Risque de stérilité chez l'homme et la femme. Atteinte du nouveau-né si mère infectée.
IST d'origine bactérienne	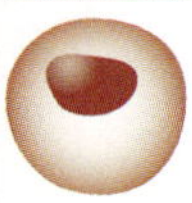 **Chlamydiose** le chlamydia	Dans les trois quarts des cas, aucun symptôme. Douleurs abdominales. Fièvre, pertes banales.	Brûlures en urinant.	Risque de stérilité chez l'homme et la femme. Atteinte du nouveau-né si mère infectée.
IST d'origine bactérienne	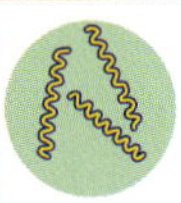 **Syphilis** le tréponème pâle	Au début : chancre ou plaie indolore sur le sexe, gonflement des ganglions lymphatiques. 2 mois plus tard : éruption de boutons sur tout le corps (roséole).		Problèmes neurologiques, cardiovasculaires... Atteinte du nouveau-né si mère infectée.
IST d'origine virale	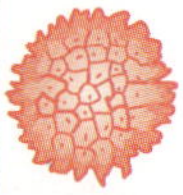 **Condylomes ou papillomavirus** le papillomavirus	Petites verrues sur les organes génitaux, parfois invisibles à l'œil nu.		Cancer du col de l'utérus. Atteinte du nouveau-né si mère infectée.
IST d'origine virale	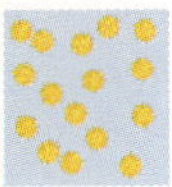 **Hépatite B** le virus de l'hépatite B	Souvent aucun symptôme. Jaunisse. Grande fatigue. Fièvre.		À long terme, cirrhose (destruction des cellules du foie), cancer du foie. Atteinte du nouveau-né si mère infectée.
IST d'origine virale	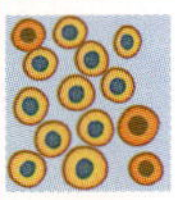 **Herpès génital** le virus de l'herpès	Petits boutons douloureux en forme de bulles sur les organes génitaux.		Atteinte du nouveau-né si mère infectée.
IST d'origine virale	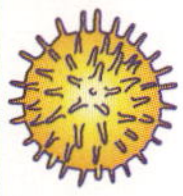 **Sida** (syndrome d'immuno-déficience humaine) le virus d'immuno-déficience humaine (VIH)	**Le stade séropositif VIH :** absence de signes particuliers.		Atteinte du nouveau-né si mère infectée.
IST d'origine virale		**Le stade sida :** apparition de maladies graves suite à l'affaiblissement des défenses immunitaires car le corps ne peut plus faire face aux micro-organismes pathogènes présents dans son environnement.		Infections dites « opportunistes » (bronchite, pneumonie, tuberculose...). Cancer. Mort. Atteinte du nouveau-né si mère infectée.

2 Les modes de contaminations

La principale voie de contamination est la voie génitale. La syphilis et le sida peuvent également se transmettre par la voie sanguine et la voie fœto-maternelle.

3 La conduite à tenir face à un risque d'IST ou à une contamination

• **En cas de prise de risque** ou de contamination, la conduite à tenir est de :
- se rendre dans un centre de dépistage ou chez le médecin au plus vite ;
- suivre le traitement prescrit jusqu'au bout ;
- prévenir son ou ses partenaire(s) ;
- se protéger en cas de relation sexuelle.

• **En cas de prise de risque au VIH**, il faut se rendre aux urgences de l'hôpital le plus proche moins de 48 heures après la prise de risque.

4 Les mesures de prévention

• **Le préservatif** : il évite le contact direct de la personne infectée avec son ou sa partenaire.
• **La vaccination** : elle n'existe actuellement que pour l'hépatite B et les condylomes (papillomavirus).

5 Les structures d'accueil, d'aide et de soutien

Dans la plupart des villes, il existe :
- un **centre de dépistage anonyme et gratuit** (CDAG) ;
- un **centre de dépistage et de diagnostic des infections sexuellement transmissibles** (CIDDIST).

6 La contraception

1 La contraception

C'est l'ensemble des moyens qui permettent d'avoir des relations sexuelles sans risque de grossesse. Pour les mineures et les non-assurées sociales, en France, la contraception est **libre et délivrée de manière anonyme et gratuite** dans les centres de planification et d'éducation familiale.

2 Les méthodes contraceptives et leurs modes d'action

① **Pilule** 	• Bloquer l'ovulation • Empêcher l'épaississement de la muqueuse de l'utérus (endomètre) • Rendre la glaire cervicale imperméable aux spermatozoïdes	⑤ **Préservatif** 	• Empêcher le sperme d'aller dans le vagin
② **Implant** 		⑥ **Stérilet au cuivre** 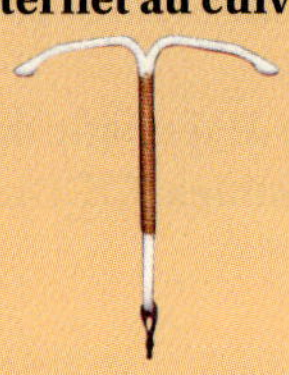	• Empêcher l'œuf fécondé de s'implanter en provoquant une réaction inflammatoire de l'endomètre • Empêcher la migration des spermatozoïdes dans les trompes
③ **Patch** 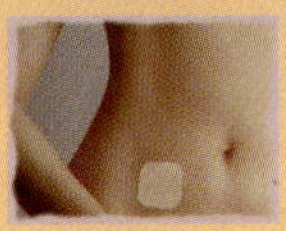			
④ **Stérilet à la progestérone** 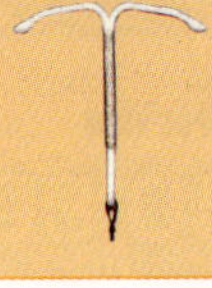			

Coupe vue de face des organes génitaux féminins

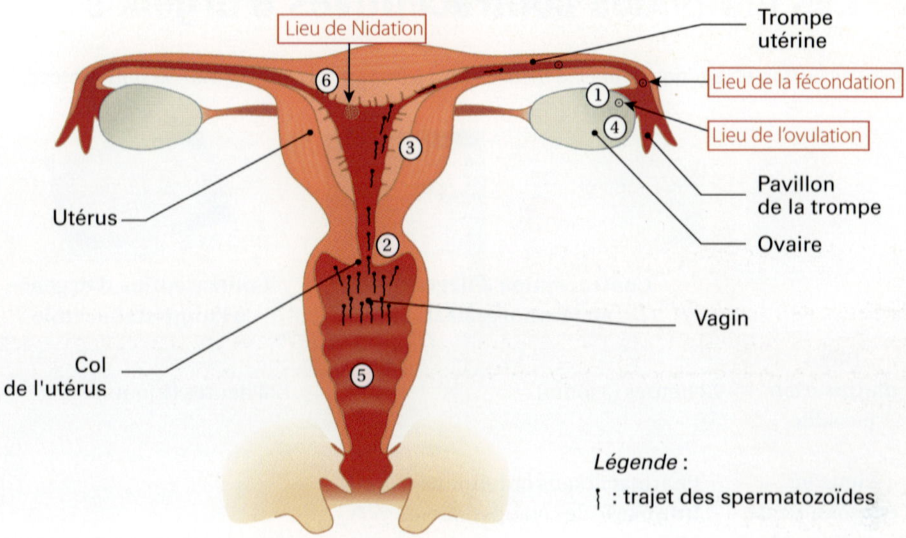

3 Les limites de fiabilité des moyens de contraception

La fiabilité d'une méthode de contraception est évaluée en fonction du taux d'échec.

Fiabilité de la méthode	Taux d'échec	Limite de fiabilité
Excellente		
Implant	0,05 à 0,1	Prise de certains traitements
Stérilet à la progestérone	0,1	Grossesse sur stérilet – expulsion du stérilet
Pilule	0,3 à 6	Prise irrégulière ou oubli
Patch	0,3 à 8	Risque de décollement
Stérilet au cuivre	0,6 à 0,8	Prise d'anti-inflammatoires
Le préservatif homme	3 à 14	Déchirure
Le préservatif femme	5 à 21	Déchirure
Faible		

La fiabilité d'une méthode de contraception est évaluée en fonction du taux d'échec.

Exemple : si 100 couples utilisent pendant un an des préservatifs comme méthode de contraception et qu'on observe pendant cette période la survenue de 4 grossesses, le préservatif aura un taux d'échec de 4. Ce chiffre englobe non seulement les échecs dus à une défaillance directe de la méthode, mais également ceux qui proviennent d'une utilisation inappropriée.

Source : http://contraception.comprendrechoisir.com

PSE

4 Les méthodes contraceptives d'urgence

La contraception d'urgence peut être utilisée après un rapport sexuel mal ou non protégé.

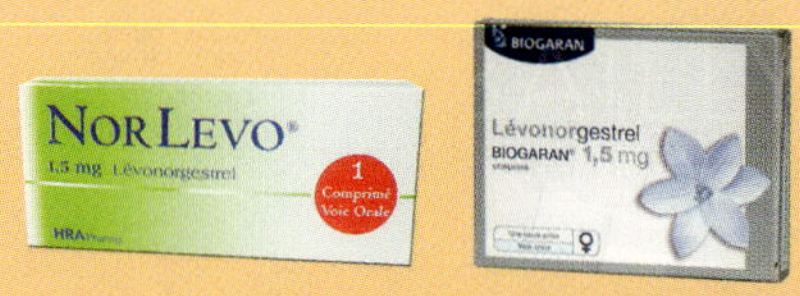

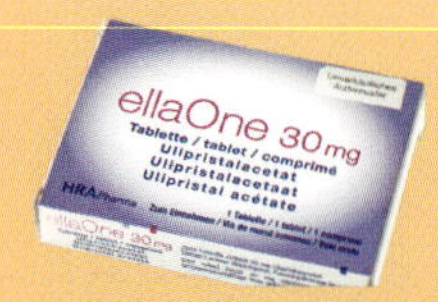

	Contraception d'urgence au lévonorgestrel	**Contraception d'urgence à l'ulipristal-acétate**
Délai d'utilisation possible	72 heures (3 jours).	120 heures (5 jours).
Lieux où il est possible de se procurer la contraception d'urgence	- Pharmacie sans ordonnance. - Infirmerie des établissements scolaires. - Centre de planification ou d'éducation familiale (CPEF).	Pharmacie sans ordonnance.

5 Les structures d'accueil, d'aide et de soutien

Différentes structures existent pour se renseigner sur la contraception, obtenir gratuitement un moyen de contraception pour les mineures et les non-assurées sociales et/ou réaliser des tests de grossesse :
- les centres de planification et d'éducation familiale (CPEF) ;
- les consultations de dépistage anonyme et gratuit (CDAG) ;
- les centres de planification familiale des hôpitaux ;
- l'infirmerie de l'établissement scolaire ;
- les pharmacies.

7 Le budget et l'épargne

1 Les éléments du budget

A Les recettes

Parmi les recettes d'un ménage figurent :
- le salaire ;
- les prestations familiales ou sociales ;
- la retraite ;
- la pension ;
- les revenus mobiliers ou immobiliers...

B Les dépenses

Elles sont regroupées par poste.

Les charges fixes (obligatoires et incompressibles)	**Les dépenses courantes** (obligatoires mais partiellement compressibles)	**Les dépenses d'équipement et de renouvellement** (suppression momentanée)
Impôts - Sur le revenu - Locaux - Redevance audiovisuelle	**Alimentation** **Boisson**	**Équipement vestimentaire** - Vêtements - Chaussures
	Entretien - Maison - Vêtements, chaussures	**Équipement de la maison** - Mobilier, linge de maison - Électroménager - Bricolage, jardinage
Assurance - Responsabilité civile - Multirisques habitation - Mutuelle	**Hygiène** **Santé**	**Sport** **Culture**
Logement - Loyer ou remboursement d'emprunts - Charges (eau, gaz, électricité) - Chauffage - Téléphone	**Transports en commun** **Argent de poche. Loisirs** - Presse, son, vidéo - Tabac, cigarettes - Restaurant, spectacles	**Cadeaux** **Étrennes** **Vacances**

Les charges fixes (obligatoires et incompressibles)	**Les dépenses courantes** (obligatoires mais partiellement compressibles)	**Les dépenses d'équipement et de renouvellement** (suppression momentanée)
Frais de garde et d'éducation		
Crédit à la consommation		
Véhicule – Assurance	**Véhicule** – Carburant – Entretien	**Véhicule** – Réparations – Amortissement

2 La gestion du budget

• **Évaluer les recettes** : additionner l'ensemble des recettes perçues régulièrement sur l'année et diviser cette somme par les douze mois pour obtenir une moyenne mensuelle.

• **Évaluer les charges fixes** : additionner l'ensemble des charges fixes annuelles et diviser cette somme par les douze mois pour obtenir la moyenne mensuelle et ainsi mettre l'équivalent de cette somme de côté chaque mois.

• **Évaluer les dépenses courantes** : inscrire toutes les dépenses courantes pendant au moins 3 mois puis diviser cette somme par trois pour avoir une estimation des dépenses courantes mensuelles.

• **Évaluer les dépenses d'équipement et de renouvellement** : estimer mensuellement leur montant en fonction des besoins.

• **Évaluer l'état du budget** : soustraire le montant total des dépenses à celui des recettes.

Le budget peut être équilibré, déficitaire ou excédentaire.

Budget excédentaire

Budget équilibré

Budget déficitaire

3 L'épargne

L'épargne est la part du revenu restant disponible après déduction des dépenses.

Les produits d'épargne sont très variés et dépendent des objectifs que s'est fixé le consommateur :
- disponibilité des sommes placées ;
- rentabilité ;
- sécurité du placement.

Les intérêts produits par l'argent placé correspondent à un pourcentage de cette somme et viennent l'augmenter.

Des produits d'épargne

Épargne		Montant des dépôts		Taux d'intérêt	Conditions d'ouverture	Disponibilité de l'épargne
		Minimum	Maximum			
1	Livret A	10 € (1,50 € pour un livret ouvert à la Banque postale)	22 950 € hors intérêts	0,75 %	Toute personne mineure ou majeure	Argent disponible à tout moment
2	Livret jeune	10 €	1 600 € hors intérêts	Dépend de la banque (au moins 0,75 %)	Tous les jeunes de 12 à 25 ans	Argent disponible à tout moment
3	Plan épargne logement	Versement initial minimum : 225 € Versement annuel minimum : 540 €	61 200 € hors intérêts	2 % + prime d'État	Toute personne mineure ou majeure	Montant bloqué pour 4 ans
4	Livret de développement durable	15 €	12 000 € hors intérêts	0,75 %	Toute personne majeure	Argent disponible à tout moment
5	Livret épargne populaire	30 €	7 700 € hors intérêts	1,25 %	Toute personne majeure qui ne paie pas plus de 769 € d'impôts par an	Argent disponible à tout moment

* Taux au 01/08/2015

PSE

8 Le crédit et le surendettement

1 La définition du crédit

Le crédit est l'opération permettant à un consommateur d'obtenir d'un établissement de crédit (banque ou organisme financier) le versement de sommes d'argent en vue de financer l'acquisition d'un bien ou d'un service. Le consommateur doit rembourser le prêteur, de manière échelonnée dans le temps, des sommes empruntées auxquelles s'ajoutent des intérêts, les frais de dossier et les frais d'assurances.

2 Les différentes formes de crédit à la consommation

Le crédit affecté	Il finance l'achat d'un bien défini (cadeau, voiture, voyage). Si le contrat de vente ne se réalise pas, l'annulation du crédit est automatique.
Le crédit non affecté	Il n'est pas conditionné à l'achat d'un bien particulier, mais si celui-ci n'arrive jamais ou est endommagé, le consommateur est obligé de poursuivre le paiement de ses mensualités. C'est le cas des **prêts personnels** et des **crédits renouvelables** dont le taux d'intérêt est très élevé.

3 La réglementation du crédit à la consommation

Des délais légaux obligent le consommateur à réfléchir sur l'engagement qu'il prend et prévoient des mesures d'annulation.

A Les règles du crédit à la consommation

L'organisme de prêt sollicité remet au consommateur une fiche d'information[1].

L'organisme de prêt évalue la solvabilité du consommateur en consultant le FICP[2].

Le prêt est refusé.

Le prêt est accepté.

L'organisme remet au consommateur une offre de contrat de crédit, valable 15 jours, qui comprend aussi un bordereau de rétractation.

Le consommateur signe le contrat de crédit. Il a un délai de 14 jours pour se rétracter.

Le consommateur se rétracte en envoyant le bordereau de rétractation par lettre recommandée avec accusé de réception.

La vente est annulée.

Le consommateur ne se rétracte pas.

Le contrat de crédit devient définitif.

1. Elle précise toutes les informations utiles pour comparer différentes offres de crédit.
2. Le FICP (Fichier national des incidents de remboursement des crédits aux particuliers) recense les informations sur les incidents de paiement caractérisés, liés aux découverts et aux crédits accordés à des personnes physiques, pour des besoins non professionnels, ainsi que les informations relatives aux situations de surendettement.

B Le bordereau de rétractation

C'est un document à remplir et à renvoyer à l'organisme de crédit en cas d'annulation du contrat de crédit.

Bordereau de rétractation

CONDITIONS :

- compléter et signer ce formulaire ;
- l'envoyer par lettre recommandée avec accusé de réception ;
- l'expédier au plus tard le septième jour à partir du jour de la commande ou, si ce délai expire normalement un samedi, un dimanche ou un jour férié ou chômé, le premier jour ouvrable suivant.

Je soussigné, déclare annuler la commande ci-après :

- nature de la marchandise ou du service commandé : ....
- date de la commande : ....
- nom du client : ....
- adresse du client : ....

DATE ET SIGNATURE DU CLIENT :

PSE

4 L'endettement et le surendettement

A Quelques définitions

■ **L'endettement** est la situation d'une personne qui a une dette ou plusieurs dettes qu'elle rembourse régulièrement.

■ **Le surendettement** est la situation d'une personne qui a une ou plusieurs dettes et qui est dans l'impossibilité de la (ou les) rembourser, ses charges étant plus importantes que ses revenus.

On distingue :

– le **surendettement actif**, qui est la situation de surendettement consécutive à un usage immodéré du crédit (trop de crédit, mauvaise gestion du budget, logement trop onéreux...) ;

– le **surendettement passif**, qui est la situation de surendettement consécutive à des accidents de la vie (licenciement, chômage, décès, divorce...).

B La procédure de traitement du surendettement

• Pour éviter le surendettement, la capacité mensuelle de remboursement ne doit pas dépasser 33 % des revenus.

• En cas de surendettement, et pour des dettes non professionnelles (prêt, arriérés de loyers...), le débiteur doit faire appel à la **Commission de surendettement**, située dans une agence de la banque de France, pour trouver des solutions au règlement des créances.

• **La procédure pour faire face au surendettement** tout emprunt établit une dette d'une personne appelée **débiteur**, envers son créancier, le **prêteur**. Si le débiteur, de bonne foi, se trouve dans une situation de surendettement, pour des dettes non professionnelles (arriérés de loyers, prêts...), il peut se faire aider.

Vous ne pouvez plus payer vos crédits, vos factures, vos loyers ?

ÉTAPE 1

Vous déposez un dossier auprès de la commission de surendettement
- Demandez le formulaire de déclaration auprès de la Banque de France, ou téléchargez-le sur le site de la Banque de France (www.banque-france.fr).
- Complétez-le, au besoin avec l'aide d'un travailleur social ou d'une association.
- Joignez tous les documents demandés.
- Déposez le dossier ou envoyez-le à la Banque de France de votre département.

ÉTAPE 2

La commission dispose de trois mois pour se prononcer sur la **recevabilité** du dossier.

(1) Le dossier est déclaré **recevable** : la commission propose la solution la plus adaptée à votre situation.

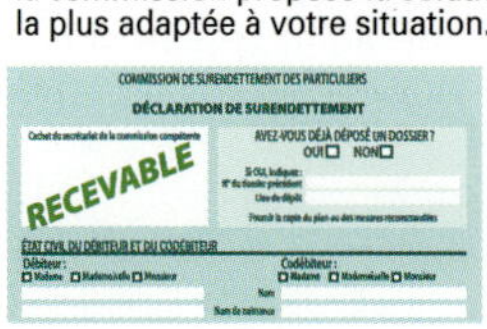

(2) Le dossier est déclaré **irrecevable** : vous pouvez faire appel auprès du tribunal d'instance.

9 Les achats

1 Les circuits de distribution

• Le circuit de distribution est le chemin commercial parcouru par un produit. Il est constitué de l'enchaînement des différents canaux empruntés par les produits pour parvenir aux consommateurs.

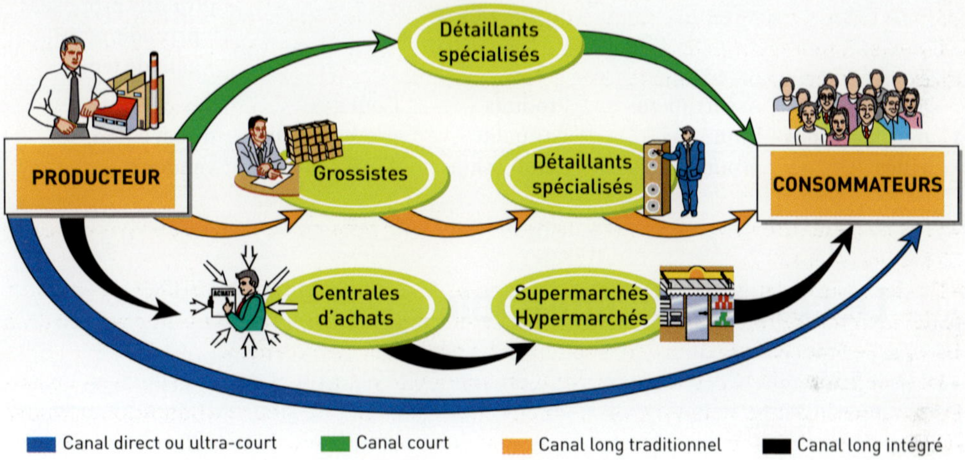

• La présence d'intermédiaires est souvent nécessaire, mais plus ils sont nombreux, plus le prix payé par le consommateur est élevé (frais de stockage, transport, livraison, marge bénéficiaire).

2 Des lieux d'achats

Les lieux d'achats sont nombreux et en concurrence (prix, diversité des produits, service après-vente...).

	Les magasins libre-service			Les commerces de proximité	Le commerce électronique
	Grandes surfaces : hypermarché, supermarché (Carrefour...)	« Hard discount » (Netto...)	Magasins spécialisés (Castorama...)	Boulangerie, boucherie...	Sites spécialisés sur internet
Avantages	Choix importants de produits	Prix attractifs	Choix importants de produits	Proximité	– possibilité de commander depuis chez soi, 24 heures sur 24, partout dans le monde ; – diversité des produits proposés ; – prix compétitifs ; – gain de temps...
Inconvénients	Situées à la périphérie des villes	Assortiment limité aux produits de base	Produits de qualité pour la plupart	Coût des produits plus élevé	Pas de contact direct client/vendeur

3 Le commerce équitable

A Le principe

L'acheteur	Le producteur
– garantit un prix minimal au producteur – aide à financer ses projets de développement – paie à la commande – s'engage à entretenir des relations commerciales sur du long terme	– verse à ses ouvriers un salaire décent – respecte les normes d'hygiène et de sécurité – ne recourt pas au travail forcé ni au travail des enfants – respecte dans la mesure du possible l'environnement

B Des logos

Les produits du commerce équitable peuvent être identifiés par des logos.

artisanat SEL service entraide liaison — FAIRTRADE MAX HAVELAAR Garanti Commerce Équitable — ALTER ECO COMMERCE ÉQUITABLE — Solidar MONDE

4 Les critères de choix d'un produit

■ Les critères relatifs aux conditions de vente sont :
- le prix ;
- les conditions de paiement ;
- le service après-vente ;
- les garanties commerciales.

■ Les critères relatifs à la qualité du produit sont :
- les caractéristiques techniques (par exemple : consommation électrique, puissance) ;
- la présence d'un signe de conformité pour les produits industriels ou les services.

Signes de conformité	Caractéristiques
CE	Garantie de la conformité du produit à toutes les dispositions communautaires européennes concernant : la santé, la sécurité, l'hygiène et la protection de l'environnement.
NF	Garantie de la conformité du produit à la norme élaborée par l'Association française de normalisation (AFNOR)
e	Marque de conformité de la Communauté européenne (CE) qui est utilisée pour les préemballages de même quantité nominale dont le poids varie de 5 g à 10 kg, respectivement de 5 mL à 10 L.
EU Ecolabel www.ecolabel.eu Label écologique européen NF Environnement Label écologique français	Garantie des caractéristiques qui rendent les produits ou les services concernés plus respectueux de l'environnement

5 Les modes de paiement

Moyens de paiement	Intérêts	Limites ou inconvénients
Les billets de banque ou les pièces de monnaie (espèces) 	- Plus simple à utiliser - Plus largement accepté (cours légal) - Obtention en général gratuite - Achats courants de faible montant - Libération immédiate des obligations de paiement - Pratique pour les petits budgets pour garder le contrôle de ses dépenses	- Conservation risquée - Pas de recours en cas de perte ou de fraude - Limités à des petites sommes
Le chèque 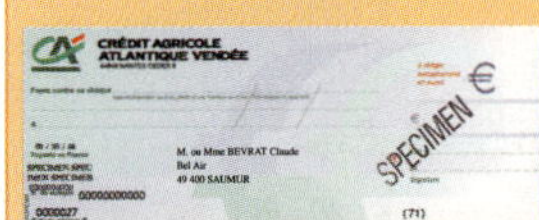	- Obtention en général gratuite - Gratuité d'utilisation - Évite de devoir circuler avec beaucoup d'espèces	- Bien tenir à jour les paiements effectués - Gravité des conséquences en cas de perte - Utilisation difficile en cas de paiement à l'étranger - Interdiction bancaire si le compte est sans provision (interdiction d'émettre des chèques).
Le titre interbancaire de paiement (TIP) 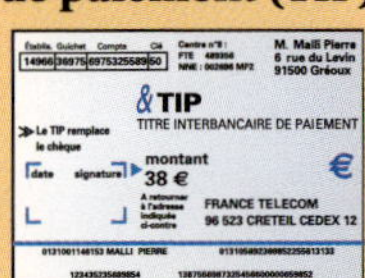 **L'autorisation de prélèvement sécurisé ou virement permanent**	- Facile à mettre en place - Permet de rester maître des règlements en ayant la possibilité de mettre fin à l'autorisation de prélèvement - Évite les retards de paiement et les oublis de paiement - Mise en place gratuite - Pas de frais sur les paiements	- Diminution de la vigilance sur la dépense correspondante - Oubli dans la gestion du budget - Difficultés des démarches à effectuer en cas d'erreurs dans le montant du prélèvement
La carte de crédit 	- Code confidentiel - Retrait de l'argent aux distributeurs - Règlement des achats chez les commerçants. Elle peut être selon l'option choisie à la banque à débit immédiat ou différé, à utilisation nationale ou internationale	Cotisation annuelle plus ou moins élevée en fonction des services offerts
La carte privative 	- Avantages dans le magasin concerné (réductions, caisses prioritaires...) - Réserve d'argent	- Payante - Liée au magasin qui la propose - Taux de crédit élevé (crédit renouvelable)
La carte virtuelle dynamique ou e-carte (CVD)	Carte délivrée par la banque, dont le numéro n'est valable que pour une seule transaction et pour un seul montant	

10 Les contrats et les assurances

1 Les contrats de consommation

Un contrat de consommation est un accord par lequel le consommateur acquiert, loue, emprunte ou se procure une marchandise ou des prestations de service auprès d'un professionnel.

Il existe différents types de contrats de consommation.

Le contrat de vente	Il récapitule l'accord de l'acheteur et du vendeur sur le bien, le prix, les conditions de vente et atteste la vente
Le contrat de location	Il fixe les conditions de la location à respecter entre le propriétaire et le locataire.
Le contrat de location avec option d'achat (location avec promesse de vente, crédit-bail ou leasing)	Il permet au consommateur de disposer d'un bien, en payant chaque mois un loyer, et à la fin du contrat, de l'acheter à un prix déterminé ou de le restituer.

En cas de litige à l'amiable, une procédure est à respecter.

Le règlement des litiges à l'amiable

Contacter le professionnel pour résoudre le problème. Lui exposer par écrit (par lettre recommandée avec accusé de réception) les faits et les attentes.

Si le professionnel accepte, la démarche prend fin.

En cas de refus ou d'absence de réponse, **contacter un médiateur**[1], dont le champ de compétences correspond au litige, pour négocier avec lui sans que le tribunal soit saisi.

Préparer le dossier (coordonnées des parties en litige et résumé précis de la situation) et l'envoyer au médiateur.

Résoudre le litige grâce au médiateur. Si le litige n'est pas résolu, une action pourra être menée en justice.

1. – En cas d'achat auprès d'un commerçant, le médiateur peut être le conciliateur de justice ou les services de la direction départementale de la protection des populations (DDPP).
   – En cas d'achat en ligne, le médiateur peut être celui du net (**www.mediateurdunet.fr**) ou l'association de consommateurs (e-litige).

2 Le contrat d'assurance

L'assurance est un service qui fait appel à la solidarité. Le contrat d'assurance est un contrat par lequel un organisme dit **assureur** s'engage envers un **assuré** à lui verser des **indemnités** en cas de **sinistre**. En contrepartie, l'assuré verse une somme d'argent appelée **prime d'assurance** pour garantir un certain nombre de **risques** déterminés dans le contrat.

Types d'assurances		Garanties
Obligatoires	**Responsabilité civile**	Permet la prise en charge des dommages causés aux tiers par l'assuré
Facultatives	**Dommages-collision**	Couvre les dégâts dans la mesure où il y a collision avec un piéton, un animal ou un autre véhicule identifié, sauf exclusions (par exemple : conduite sous l'emprise d'alcool)
	Incendie-vol	Permet de recevoir une indemnité égale à la valeur du véhicule. Pour le vol, des mesures de prévention sont prévues au contrat
	Assistance	Permet d'être dépanné ou remorqué en cas de panne ou d'accident
	Catastrophes naturelles	Garantie applicable après la parution d'un arrêté au Journal officiel (par exemple : tempête, inondations…)
	Tous risques ou « dommages tous accidents »	Couvre tous les dommages quel que soit le type d'accident, même si le conducteur est responsable, sauf exclusions prévues au contrat (par exemple : conduite sous l'emprise de l'alcool…)

3 La déclaration de sinistre

Tout sinistre doit être déclaré à l'assureur, **par lettre recommandée**, dans **les 5 jours** ouvrés qui suivent la constatation. Ce délai est réduit à **2 jours ouvrés pour un vol** qui doit également être déclaré à la gendarmerie ou au commissariat. Dans le cadre d'un accident de véhicule, la déclaration se fait à l'aide d'un **constat amiable** qui permet d'expliquer les circonstances de l'accident. En cas de blessure, faire établir par l'hôpital ou le médecin un certificat médical précisant les dommages.

11 L'information et la protection du consommateur

1 Les droits du consommateur

L'ensemble des lois concernant la consommation est regroupé dans le Code de la consommation. Le consommateur a droit à la protection de sa santé, de sa sécurité, de ses intérêts économiques, à la réparation des dommages, à l'information et à la représentation.

2 Les organismes d'information et/ou de défense du consommateur

Le consommateur est de plus en plus souvent confronté à des fraudes en matière de consommation. Des organismes publics et des associations de consommateurs ont été créés pour l'informer et le défendre en cas de litige.

A L'Institut national de la consommation (INC)

C'est un établissement public national à caractère industriel et commercial au service de tous les consommateurs et de leurs associations dont le rôle est :
- d'informer les consommateurs sur leurs droits.
- de procéder à des essais comparatifs.
- de procéder à des études techniques pour obtenir l'amélioration ou le retrait de certains produits estimés dangereux.
- de conduire des actions de formations auprès des associations de consommateurs.
- d'éditer un magazine mensuel : *60 millions de consommateurs*.
- de produire et diffuser des émissions de télévision : conso mag.

Il **n'assure pas la défense des consommateurs**.

B Les directions départementales de la protection des populations (DDPP)

Les DDPP relèvent du Premier ministre et sont placées sous l'autorité du préfet du département. Ce sont des administrations de contrôle. Elles veillent à ce que les textes législatifs et réglementaires en matière de police économique et de protection du consommateur soient appliqués.

a pour mission d'assurer

1 La qualité et la sécurité de l'alimentation
Exemples : prévenir les risques de contamination des aliments, contrôler les entreprises de restauration.

2 La protection de la santé animale
Exemples : contrôler l'état sanitaire des animaux, les productions agricoles.

3 La sécurité des consommateurs
Exemples : assurer une information claire et loyale sur les prix des produits, éviter la mise sur le marché de produits dangereux.

4 La protection de la vie économique des entreprises
Exemple : assurer l'exercice loyal de la concurrence en luttant notamment contre les contrefaçons.

Les DDPP n'interviennent pas pour régler les litiges individuels des consommateurs mais les conseillent et les informent sur la réglementation, et relèvent les infractions qui leur sont signalées ou qu'elles sont amenées à constater lors des contrôles qu'elles opèrent.

@ Comment la contacter ?
Par internet : **www.economie.gouv.fr/dgccrf/Liste-des-directions-departementales-de-la-protect**

C Les associations de consommateurs

Les consommateurs se regroupent en associations formées de bénévoles qui assurent des permanences pour informer sur les produits et les services, assurer la défense individuelle ou collective des consommateurs, proposer une assistance juridique ou des conseils. Il existe en France 18 organisations nationales de consommateurs (généralistes, syndicales, familiales ou spécialisées) agréées par les pouvoirs publics :
- l'une des plus connues est **UFC-Que choisir** qui édite une revue mensuelle de presse et peut être consultée sur son site internet : www.quechoisir.org ;
- l'association **E-litige** est une association de défense du consommateur qui se consacre en priorité aux problèmes rencontrés avec les achats effectués sur internet : www.e-litige.com.

12 La sécurité sanitaire du consommateur

1 L'alerte sanitaire

Est considéré comme une alerte sanitaire la détection et le signalement d'une non-conformité sur un produit alimentaire, comme la présence de bactéries pouvant être dangereuse pour la santé humaine ou d'un foyer de maladie animale transmissible ou non à l'homme (ex : grippe aviaire).

2 Le fonctionnement du système d'alerte sanitaire

La **Mission des urgences sanitaires** (MUS) de la Direction générale de l'alimentation (DGAL) est chargée de coordonner la gestion des alertes, des urgences et des crises sanitaires au niveau national et européen.

Cette alerte peut être déclenchée par :
- les services de contrôle des départements tels la **Direction départementale de la protection des population** (DDPP) ou la **Direction départementale de la cohésion sociale et de la protection des populations** (DDCSPP) ;
- les **administrations centrales** tels les ministères de l'Agriculture, de l'économie et de la santé après signalement par **l'Institut de veille sanitaire** (InVS).

3 Le principe de précaution

Il s'applique dans un contexte d'incertitude. Il impose de définir des mesures immédiates face à un **possible danger pour la santé** humaine, animale, végétale ou pour la **protection de l'environnement**.

4 L'étiquetage d'un produit alimentaire

• Une étiquette de produit alimentaire doit apporter un certain nombre d'informations dont certaines sont **obligatoires**.

❶ La dénomination de vente : c'est le nom du produit.

❷ La composition du produit : c'est l'énumération des ingrédients.

❸ La quantité nette de produit.

❹ Le nom ou la raison sociale du fabricant.

❺ L'estampille sanitaire uniquement sur les produits alimentaires d'origine animale.

❻ La date limite de consommation (DLC), uniquement pour les denrées périssables au bout de 6 semaines ; elle est signalée par la mention « À consommer avant le... ».
La date limite d'utilisation optimale (DLUO) se trouve uniquement sur les produits non périssables. Elle est signalée par la mention « À consommer de préférence avant le... »

❼ Le numéro de lot de fabrication (traçabilité).

❽ La date de fabrication.

❾ Les conditions particulières de stockage.

• D'autres mentions **ne sont pas obligatoires** (marque, valeur nutritionnelle, logo éco-emballage, le code-barres...).

5 Les signes officiels de qualité pour les aliments

Qualité et origine	**Appellation d'origine contrôlée (AOC)** Elle garantit un terroir délimité, un savoir-faire strictement local. Les caractéristiques sont liées essentiellement au milieu géographique.	**Appellation d'origine protégée (AOP)** C'est l'extension européenne de l'AOC.
	Indication géographique protégée (IGP) Elle désigne un produit originaire d'une région avec une qualité déterminée attribuée à cette origine.	
	Label Rouge Il atteste que le produit possède un ensemble de caractéristiques qui garantit un niveau de qualité supérieure le distinguant des autres produits alimentaires.	
	Agriculture biologique (AB) La référence à l'agriculture biologique garantit un produit élaboré selon des règles strictes (sans additifs chimiques de synthèse, sans utilisation de pesticides…).	**AB européen** C'est l'extension européenne du logo de l'AB français.
	Spécificité traditionnelle garantie (STG) Elle protège une composition traditionnelle ou un mode de production traditionnelle du produit, contrairement à l'AOC qui fait référence à une origine.	
Certification	La **certification de conformité** atteste qu'une denrée alimentaire est conforme à des caractéristiques spécifiques (matières premières utilisées, procédés de fabrication ou de transformation, composition…) ou à des règles préalablement fixées dans un cahier des charges.	

13 La formation initiale

1 Les cursus de formation

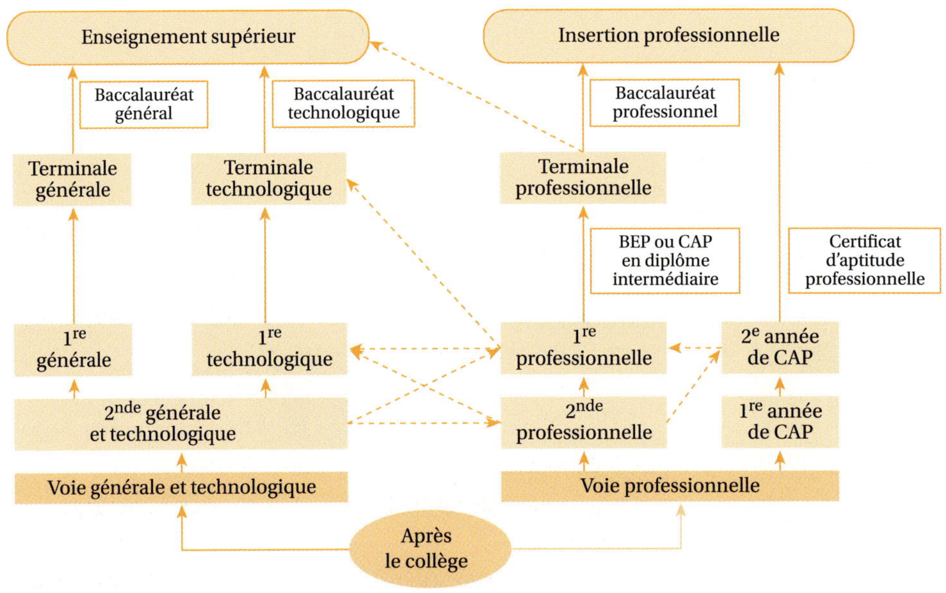

2 Les niveaux de qualification

Les 6 niveaux de qualification servent à indiquer le type de formation nécessaire pour occuper un poste dans le monde professionnel.

Niveaux	Diplômes	Types d'emploi
VI	Aucun diplôme	Manœuvre
V	- CAP (certificat d'aptitude professionnelle) - BEP (brevet d'études professionnelles)	Employé ou ouvrier professionnel qualifié
IV	Baccalauréat professionnel, général et technologique, brevet professionnel	Agent technique ou technicien
III	Bac + 2 : DUT (diplôme universitaire technologique), BTS (brevet de technicien supérieur)	Agent de maîtrise
I et II	Bac + 3 à Bac + 5 : licence, maîtrise, master, doctorat, diplômes de grandes écoles	Cadre et cadre supérieur

3 La définition de la formation initiale

En France, la formation initiale est obligatoire jusqu'à l'âge de 16 ans. La formation initiale est le premier programme d'études qui conduit à l'exercice d'un métier ou d'une profession. Elle est dite « initiale » parce qu'elle vise d'abord l'acquisition de compétences par une personne qui n'a jamais exercé la profession pour laquelle elle désire se préparer. Elle est toujours sanctionnée par un diplôme.

4 La voie scolaire et l'apprentissage

La formation initiale sous statut scolaire est obligatoire jusqu'à l'âge de 16 ans. Ensuite elle peut être poursuivie soit :
- par voie scolaire ❶
- par la voie de l'apprentissage ❷

<table>
<tr><th colspan="2"></th><th>❶ Voie scolaire</th><th>❷ Voie de l'apprentissage</th></tr>
<tr><td colspan="2">Statut</td><td>Scolaire</td><td>Salarié</td></tr>
<tr><td colspan="2">Lieux de formation</td><td>- Lycée professionnel
- Entreprise</td><td>- CFA (Centre de formation des apprentis)
- Entreprise</td></tr>
<tr><td colspan="2">Rémunération</td><td>Aucune</td><td>Pourcentage du SMIC</td></tr>
<tr><td colspan="2">Durée des congés</td><td>Congés scolaires</td><td>5 semaines</td></tr>
<tr><td colspan="2">Nom du document signé avec l'entreprise</td><td>Convention de formation en entreprise</td><td>Contrat d'apprentissage</td></tr>
<tr><td rowspan="2">Obligations</td><td>de l'entreprise d'accueil</td><td>- Former le stagiaire
- Ne pas exposer le stagiaire à des dangers</td><td>- Faire suivre la formation au CFA
- Confier des tâches en relation avec la formation</td></tr>
<tr><td>du jeune en formation</td><td>Respecter le règlement intérieur :
- de l'entreprise lors de la PFMP (période de formation en milieu professionnel) ;
- du lycée professionnel</td><td>- Suivre la formation au CFA
- Se présenter aux épreuves du diplôme
- Respecter le règlement intérieur du CFA et de l'entreprise</td></tr>
</table>

14 La formation continue et la validation des acquis de l'expérience (VAE)

1 La formation continue

Il existe différents dispositifs de la formation continue :

Dispositifs	Objectifs	Personnes concernées	Durée
Contrat de professionnalisation	Favoriser l'insertion et la réinsertion professionnelle par l'acquisition d'une qualification.	- Jeunes de moins de 26 ans - Demandeurs d'emploi de 26 ans et plus inscrits à pôle emploi	Entre 6 et 12 mois
Bilan de compétences	- Faire le point sur ses aptitudes et motivations personnelles et professionnelles, - Définir un projet professionnel ou de formation.	- Salariés en CDI justifiant d'au moins 5 ans d'activité professionnelle, dont 12 mois dans l'entreprise actuelle, - Salariés en CDD comptant 24 mois de travail, dont 4 mois au cours des 12 derniers mois, consécutifs ou non	24 heures
Congé individuel de formation (CIF)	- Accéder à un niveau supérieur de qualification - Se perfectionner et évoluer dans son métier - Changer de profession ou de secteur d'activité.	- Salariés en CDI justifiant d'au moins 24 mois d'ancienneté (consécutif ou non) en tant que salarié dont au moins 12 mois de travail au sein de l'entreprise. - Salarié en CDD ou ancien titulaire d'un CDD justifiant d'une activité salarié de 24 mois durant les 5 dernières années, dont 4 mois au cours des 12 derniers mois	1 an maximum pour les formations à temps complet ou de 1 200 heures pour les formations à temps partiel.

Dispositifs	Objectifs	Personnes concernées	Durée
Compte personnel de formation (CPF)	– Suivre une formation qualifiante – Acquérir de nouvelles compétences – Être accompagné pour la VAE	Toute personne âgée d'au moins 16 ans occupant un emploi, à la recherche d'un emploi, en projet d'orientation et d'insertion professionnelle ou accueillie dans un établissement et service d'aide par le travail, jusqu'à son départ en retraite	24 heures par année travaillée dans la limite de 150 heures
Plan de formation en entreprise	– S'adapter au poste de travail, – Évoluer vers d'autres postes de travail	Salariés de l'entreprise	1 à plusieurs jours

À l'initiative du salarié

À l'initiative de l'employeur

À l'initiative du salarié ou le l'employeur

2 La VAE (validation des acquis de l'expérience)

La validation des acquis de l'expérience est un dispositif permettant à toute personne de valoriser son expérience professionnelle ou personnelle pour obtenir un diplôme ou un titre ou un certificat de qualification professionnelle inscrit au Répertoire national des certifications professionnelles.

Les conditions d'accès

II faut avoir acquis des compétences professionnelles dans l'exercice d'une activité salariée, non salariée ou bénévole en rapport direct avec le contenu du diplôme ou du titre visé. La durée minimale d'activité requise est de 3 ans.

Les démarches

Elles s'effectuent auprès des Centres et Points information conseil (PIC), habilités par les conseils régionaux, qui sont souvent situés dans des structures déjà existantes : missions locales, permanences d'accueil d'information et d'orientation (PAIO), services académiques, centres d'information et d'orientation (CIO), agences locales pour l'emploi (ALE)…

Le parcours VAE

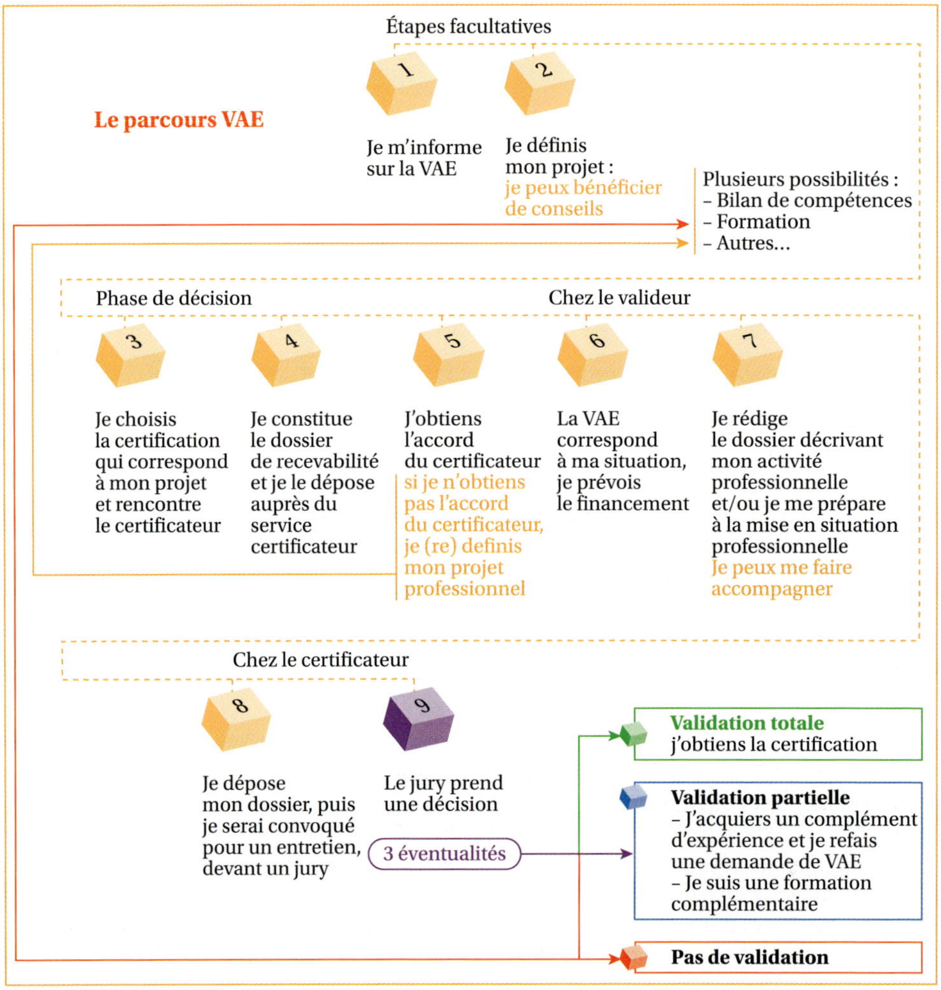

15 La recherche d'emploi

1 Des structures d'aide

A Pôle emploi

Au service des employeurs et des demandeurs d'emploi, **Pôle emploi** :
- assure l'accueil et l'inscription des demandeurs d'emploi ;
- recueille les offres d'emploi des entreprises ;
- met à disposition des demandeurs d'emploi plusieurs services : offres d'emploi, outils gratuits (téléphone, accès Internet...) ;
- verse les allocations des demandeurs d'emploi.

B Les autres structures

La **mission locale (ML)** et la **permanence d'accueil, d'information et d'orientation (PAIO)** dépendent des collectivités locales. Ces structures accueillent les jeunes de 16 à 25 ans qui ont quitté le système éducatif sans qualification pour :
- les conseiller pour leur orientation et leur projet professionnel ;
- les aider à réaliser leur projet d'insertion (recherche d'emploi, stage de formation professionnelle) ;
- les aider dans des démarches de la vie sociale (santé, logement, difficultés financières).

2 Les démarches

A Le curriculum vitae (CV)

Le CV est la carte d'identité professionnelle.

Sa présentation
- sur papier blanc de bonne qualité, de format A4 (21 x 29,7 cm) ;
- saisi à l'ordinateur ;
- clair et soigné.

Son contenu

Le CV débute par une accroche (le métier, par exemple : « Agent de prévention et de sécurité ») puis il est divisé en 3 ou 4 grandes parties :
- **l'état civil** : nom, prénom, adresse, numéro de téléphone, âge et éventuellement situation familiale ;

– **la formation** : elle se met avant ou après l'expérience professionnelle en fonction de l'âge ;
– **l'expérience professionnelle** : jobs d'été, stages, etc. qui doivent être énoncés chronologiquement en partant du plus récent ;
– **divers ou centres d'intérêts** : cette partie personnalise le CV en mettant en avant certaines compétences particulières (par exemple : « Parle couramment l'anglais »).

Un exemple de curriculum vitae

Montrer à l'employeur que l'expérience professionnelle est en adéquation avec le poste visé.

Permettre à l'employeur d'identifier rapidement le poste visé.

Agent de prévention et de sécurité

Adeline Major

ÉTAT CIVIL

23 ans
Nationalité française

Permettre à l'employeur de vous contacter.

COORDONNÉES

17, rue Léon Blum
49000 Angers
02 41 06 08 06
06 26 43 56 02
amajor@mail.com

EXPÉRIENCE PROFESSIONNELLE

2014 Agent contractuel au centre hospitalier d'Angers
- Confection et pose de panneaux de signalisation
- Vérification de la pression des poteaux d'incendie
- Accueil et prise en charge des stagiaires

2013 Agent spécialisé chez Bâtisecurit
- Remise à jour des consignes en cas d'incendie dans l'établissement

2012 Agent de surveillance à la gare Saint-Laud à Angers
- Tenue du poste de vidéosurveillance

FORMATION

2011 CAP Agent de prévention et de sécurité
2010 Attestation de compétences Prévention et secours civiques de niveau 1 (PSC1)

Montrer à l'employeur que la formation reçue est en adéquation avec le poste visé.

LANGUES

Anglais : bon niveau

SPORTS

Judo (ceinture noire)

INFORMATIQUE

Word Excel

AUTRE

Permis B

Montrer au travers d'activités extraprofessionnelles des qualités et connaissances qui apporteront une plus-value à l'employeur.

B La rédaction de la lettre de motivation

Il existe plusieurs types de lettre de motivation :
– la candidature répondant à une annonce ;
– la candidature spontanée.

■ Sa présentation

■ Sur papier blanc de bonne qualité, de format A4 (21 × 29,7 cm) ;

■ Autrefois obligatoirement manuscrite, elle est de plus en plus souvent saisie à l'ordinateur.

■ Son contenu

■ Exprimer l'intérêt que l'on porte à cette entreprise ;

■ Expliquer ce que l'on propose ou ce que l'on peut apporter à l'entreprise ;

■ Proposer une entrevue pour obtenir un complément d'informations ;

■ Terminer par une formule de politesse.

Un exemple de lettre de motivation

Adeline Major
17, rue Léon Blum
49 000 Angers
Tél. 02 41 06 08 06
amajor@mail.com

Entreprise Larue
4, rue du Moulin
ZI du cadre noir
49 000 Angers

À l'attention du Directeur
des ressources humaines

Objet : réponse annonce
n°123 AB

Angers,
le 1er septembre 2015

Monsieur,

Votre annonce parue sur le site www.net.fr en date du 30 août 2015 pour le poste d'agent de prévention et de sécurité a retenu toute mon attention.

Au cours de mes trois années d'expériences en tant qu'agent de sécurité et de prévention, j'ai appris à surveiller efficacement un lieu, en conservant une position fixe et/ou en effectuant des rondes régulières dans ce dernier. En contact constant avec le public, j'ai eu l'opportunité de développer mes capacités relationnelles. J'ai également appris à faire appliquer les règles de sécurité aux personnes que j'ai rencontrées dans le cadre de mes fonctions, tout en restant courtois et ce, même dans les situations les plus délicates.

Je me tiens à votre disposition pour un entretien qui me permettra de développer davantage mes motivations.

Dans cette attente, je vous prie d'agréer, Monsieur, l'expression de mes salutations respectueuses.

C L'entretien d'embauche

Avant	Pendant	Après
– S'informer sur l'entreprise et le poste proposé – Préparer son argumentation – Lister les questions à poser – Constituer son dossier : lettre de convocation, doubles du CV et de la lettre envoyés – Soigner sa tenue vestimentaire (elle doit être adaptée au poste visé et à l'entreprise) – Arriver 5 minutes avant	– S'exprimer avec clarté, ne pas hésiter à poser des questions – Soigner son attitude corporelle (se tenir droit, regarder franchement son interlocuteur) – Avoir son dossier	– Analyser sa prestation

16 La législation du travail

1 Le code du travail

• C'est **l'ensemble de la réglementation du droit du travail** : ses lois, ses décrets, ses règlements. C'est le cadre de référence sur laquelle repose toute question liée au respect des droits et devoirs des salariés, comme des employeurs.
• Il peut être consulté sur des questions liées aux congés de maternité, au temps de travail, aux droits à la retraite, à la modification d'un contrat, au droit à la formation professionnelle, etc., pour pouvoir, en cas de besoin, s'appuyer sur ce que dit la loi.

2 La convention collective

• C'est un accord écrit, qui résulte de **la négociation entre les représentants syndicaux de salariés et d'employeurs**. Elle complète, en les améliorant, les dispositions du code de travail. Elle est propre à une profession (par exemple : coiffeur) ou à un secteur professionnel (par exemple : la métallurgie) sur un territoire qu'elle précise (accord national, régional, local). Elle s'adapte aux conditions particulières d'un secteur d'activité.
• Elle s'applique, quel que soit l'effectif, dans :
- les entreprises où l'employeur est adhérent à une organisation patronale signataire ;
- les entreprises où l'employeur décide de l'appliquer volontairement ;
- toutes les entreprises, lorsque la convention collective a été « étendue » par arrêté du ministre du Travail.
• Le nom de la convention collective applicable au salarié est indiqué sur le bulletin de salaire. Un avis, affiché sur le lieu de travail, doit comporter l'intitulé de la convention et l'endroit où un exemplaire à jour peut être consulté. Le salarié peut également s'adresser aux représentants du personnel, qui disposent d'un exemplaire ainsi qu'à la Direction départementale du travail et de l'emploi et de la formation professionnelle (DIRECCTE).

3 Le règlement intérieur

• Le règlement intérieur est un document écrit obligatoire dans une entreprise d'au moins **20 salariés**.
• Le code du travail limite son contenu à l'hygiène, la sécurité et la discipline.
• Il doit être affiché sur les lieux de travail et d'embauche.

17 Les contrats de travail et les rémunérations

1 La définition d'un contrat de travail

• Il y a contrat de travail quand une personne se met au service d'une autre, sous sa direction et sa subordination, moyennant un salaire.
• Ce contrat peut être **verbal** mais l'employeur doit remettre lors de l'embauche un document où doit figurer le nom du salarié, la date et l'heure de l'embauche.
• Si ce contrat est **écrit** et exécuté en France, il doit être rédigé en français.
• Un contrat de travail peut être à durée indéterminée ou à durée déterminée.

Les obligations	
de l'employeur	**du salarié**
- Fournir le travail convenu - Payer le salarié - Observer la réglementation du travail légale et conventionnelle (convention collective)	- Effectuer le travail demandé - Respecter le règlement intérieur - Réserver son activité à l'entreprise (travail au noir interdit)

2 Les caractéristiques d'un contrat de travail

Type de contrat	Caractéristiques	Motif de recours à ce type de contrat
CDI (Contrat à durée indéterminée)	Absence de date de fin de contrat	
CDD (Contrat à durée déterminée)	- Date de début et de fin de contrat - Motif de l'embauche - Indemnités compensatrices de congés payés égales à 10 % de la rémunération totale brute perçue - Indemnités de fin de contrat égales à 10 % de la rémunération totale brute perçue	- Remplacement d'un salarié absent (congé parental, maladie...) - Accroissement temporaire de l'activité habituelle de l'entreprise - Travaux temporaires (emplois saisonniers...)

Il doit comporter les informations suivantes :

① Durée des congés payés
② Convention collective
③ Identité du chef d'entreprise
④ Durée de la période d'essai
⑤ Lieu de travail
⑥ Coefficient hiérarchique
⑦ Nature du poste
⑧ Adresse de l'entreprise
⑨ Montant de la rémunération
⑩ Identité et adresse du salarié
⑪ Durée hebdomadaire du travail
⑫ Date de début du contrat
⑬ Préavis

Un exemple de contrat de travail à durée indéterminée

Entreprise d'Électricité
Générale Petiteau
Zone industrielle
2, rue du Pressoir ⑧
49000 Angers

CONTRAT DE TRAVAIL À DURÉE INDÉTERMINÉE

Entre les soussignés :
– M. Petiteau Nicolas agissant en qualité de directeur général, d'une part ③
– M. Lacroix Baptiste demeurant 3, rue de la Paix à Angers 49000, ⑩ d'autre part,

Il a été convenu ce qui suit :

1. L'entreprise d'électricité générale Petiteau engage M. Lacroix à compter du 1er juillet 2015 pour une durée indéterminée. ⑫
2. Il est convenu d'une période d'essai de 2 semaines, du 1er juillet au 13 juillet 2015 inclus, ④ pendant laquelle chacune des parties pourra rompre le contrat sans indemnités ou délai de préavis.
3. M. Lacroix occupera un poste d'électricien ⑦ sur le site d'Angers. ⑤
4. En contrepartie de ses fonctions, M. Lacroix percevra une rémunération mensuelle brute de 1 641,70 euros ⑨ pour un horaire de 35 heures par semaine. ⑪
5. Conformément aux dispositions de la convention collective du 20 février 1989, ② le coefficient hiérarchique est fixé à 332. ⑥
6. Il bénéficiera de 2,5 jours de congés payés par mois de travail. ①

En exécution des dispositions prévues à l'article 5 du règlement intérieur, le présent engagement pourra être résilié à tout moment sans indemnités, par les deux parties, moyennant un préavis de 1 mois. ⑬
M. Lacroix Baptiste s'engage à respecter les clauses du règlement intérieur de l'entreprise.

Fait en double exemplaire

L'intéressé, Lu et approuvé
Lacroix

À Angers, le 1er juillet 2015
Nicolas Petiteau, Directeur général
Petiteau

(Signature précédée de la mention manuscrite « Lu et approuvé »)

3 D'autres contrats de travail

Nom du contrat	Type de contrat	Âge	Caractéristiques
Contrat unique d'insertion (CUI)	CDI ou CDD	Sans condition	Il y a deux types de contrat : - un contrat d'accompagnement à l'emploi (CAE) d'un emploi dans le secteur non marchand ; - un contrat initiative emploi (CIE) dans le secteur marchand.
Contrat de professionnalisation	CDD	- 16 à 25 ans révolus ou - demandeurs d'emploi de 26 ans et plus	Il permet d'acquérir une qualification professionnelle en associant une formation pratique en entreprise et une formation théorique en centre de formation.
Contrat d'insertion dans la vie sociale (CIVIS)	CDD	16 à 25 ans révolus	Il est conclu avec les missions locales (ML) ou les permanences d'accueil, d'information et d'orientation (PAIO).

4 La rémunération

A La fixation du montant du salaire

Le montant du salaire est négocié librement entre le salarié et l'employeur, mais il ne doit pas être inférieur au salaire minimum interprofessionnel de croissance (SMIC).

Souvent le salaire est fixé par les conventions collectives. Elles établissent des grilles de rémunération précises qui prennent en compte les qualifications, l'ancienneté...

B Le salaire minimum interprofessionnel de croissance (Smic)

■ Il a été créé pour garantir le pouvoir d'achat aux salariés les plus faiblement rémunérés et leur permettre de participer au développement économique de la nation. Il est revalorisé tous les ans au mois de janvier en fonction de l'évolution de l'indice des prix à la consommation ou lorsque l'indice de la consommation correspond à une hausse d'au moins 2 %, ou encore lorsque le gouvernement le décide.

■ Certaines personnes perçoivent un montant inférieur au Smic :
- les jeunes salariés âgés de moins de 18 ans qui ont moins de six mois de pratique professionnelle dans la branche d'activité ;
- les apprentis et les jeunes salariés en contrat de formation en alternance (contrat d'apprentissage ou de professionnalisation) en fonction de l'âge et de la durée du contrat ;
- les travailleurs handicapés.

5 Le bulletin de salaire

■ C'est un document établi mensuellement pour la plupart des salariés :
- il doit être conservé toute la vie ;
- il contient des mentions obligatoires (voir page suivante) ;
- il constitue un élément de preuve de l'existence du contrat et permet au salarié de faire-valoir ses droits sociaux ;
- il renseigne le salarié sur le décompte de sa rémunération ;
- il sert de preuve de paiement.

■ Le salaire doit être obligatoirement payé par chèque ou virement bancaire ou postal lorsque le montant est supérieur à 1 500 euros/mois. Si la somme est inférieure ou égale à 1 500 euros/mois, le salaire peut être payé en espèces ou au moyen de dispositifs particuliers tels que le chèque emploi service universel (CESU) ou le chèque emploi associatif.

Le salaire brut	Nombre d'heures travaillées multipliées par le taux horaire, auquel s'ajoutent les primes.
Le salaire net	Salaire brut diminué des retenues salariales, augmenté éventuellement de certaines indemnités.
Les retenues sociales (cotisations)	Pourcentage du salaire brut conservé par l'employeur et reversé aux organismes sociaux.
Les indemnités	Sommes qui remboursent les dépenses engagées par le salarié pour son travail.
Les primes	Sommes versées au salarié en plus de son salaire à titre de gratification (ancienneté, rendement, qualité du travail...).

Les informations figurant sur un bulletin de salaire

1 Le nom et l'adresse de l'entreprise dont dépend le salarié
2 Le nom et l'adresse du salarié
3 La période de travail à laquelle correspond le bulletin de salaire
4 Le nombre d'heures normales de travail effectuées
5 Le montant du salaire horaire brut
6 Le montant du salaire mensuel brut
7 La nature des retenues sociales sur la rémunération brute
8 Le montant des retenues salariales
9 Le mode de versement du salaire (chèque, virement)
10 Le montant de la rémunération nette
11 La date de versement du salaire

Exemple de bulletin de salaire

Entreprise ABC Menuiserie (1)
18, route de la Pyramide
49000 Angers

N° SIRET : 233564923000 32
Code APE : 652 N
N° URSSAF : 5 420 254 515 155
Convention collective : bâtiment

Jérôme OGER (2)
2, rue de la Libération
49000 Angers

N° de Sécurité sociale : 1 86 02 49 007 301 78
Emploi : menuisier
Coefficient : 185 Niveau II
Règlement du 30 juin 2014 (11)

Virement bancaire : compte n° 12354632000 (9)

Période du 1re juin 2014 au 30 juin 2014 (3)

Salaire de base : 1671,40 €
Heures supplémentaires : 4 heures à 125 % : 55,10 €
Avantage en nature : 120,50 €
Salaire brut total (soumis à cotisations) : 1 847 € (6)

Horaire mensuel : 151,67 heures (4)
Taux horaire : 11,02 € (5)

Retenues sociales	Cotisations patronales		Cotisations salariales	
Sécurité sociale				
Assurance-maladie, maternité, décès	12,80 %	236,41 €	0,75 %	13,85 €
Assurance vieillesse	8,40 %	155,14 €	6,75 %	124,67 €
Allocations familiales (7)	5,40 %	99,73 €		
Accident du travail	4,00 %	73,89 €		
Assurance chômage	4,00 %	73,88 €	2,40 %	44,32 €
Fonds national de garanties des salaires	0,30 %	5,54 €		
Retraite complémentaire	4,50 %	83,11 €	3,00 %	55,41 €
CSG[1] déductible			5,10 %	92,54 €
CSG + CRDS[1] non déductibles (base : 98,25 % du salaire brut)			2,90 %	52,62 €
TOTAL DES COTISATIONS		**727,69 €**		**384,41 €** (8)
Primes non soumises à cotisation	40,40 %			
Indemnités pour frais professionnels	72,50 €			
Salaire NET à PAYER	**1 575,49 €** (10)			
NET IMPOSABLE (net à payer + CSG/CRDS imposable)	1 628,11 €			

PSE

18 Les représentants du personnel

1 Les délégués du personnel et le comité d'entreprise

	Délégués du personnel	Comité d'entreprise
Effectif de l'entreprise	Obligatoire dans les entreprises de **11 salariés et plus**.	Obligatoire dans les entreprises de **50 salariés et plus**
Composition	Des représentants du personnel élus pour 4 ans et dont le nombre varie selon l'effectif de l'entreprise	- Le chef d'établissement - Des représentants du personnel élus pour 4 ans et dont le nombre varie selon l'effectif de l'entreprise - Des représentants syndicaux désignés par les organisations syndicales
Missions	- Présenter aux employeurs toutes les réclamations individuelles ou collectives - Veiller au respect de la réglementation du travail pour tout ce qui concerne les conditions d'emploi et de travail des salariés. - Saisir l'inspecteur du travail de toutes plaintes et observations du personnel - Donner son avis sur le règlement intérieur	- Être informé et consulté sur l'évolution de l'emploi, les conditions de travail, la formation professionnelle, les modifications dans l'organisation de l'entreprise - Gérer des activités culturelles et sociales - Donner son avis sur le règlement intérieur

2 Les syndicats

- Un syndicat est un groupement de personnes qui se constitue librement dans le cadre d'une activité professionnelle donnée, pour défendre les intérêts des salariés.
- Le code du travail précise : « Tout salarié, quels que soient son sexe, son âge, sa nationalité, peut librement adhérer au syndicat de son choix. »

Les attributions des syndicats

- Faire respecter la législation du travail : les syndicats assistent ou représentent les salariés devant les conseils des prud'hommes.
- Négocier les conventions collectives : la loi attribue aux syndicats représentatifs des salariés le monopole de la négociation des conventions collectives.

- Revendiquer : ils jouent un rôle important dans le déclenchement des grèves et leur déroulement.
- Désigner un délégué syndical qui animera la section syndicale dans les entreprises employant au moins 50 salariés.

Les syndicats représentatifs

Un syndicat est dit représentatif si son importance le rend apte à représenter les intérêts des travailleurs et à parler en leur nom. Les critères de la représentativité sont les effectifs, l'indépendance, les cotisations, l'expérience et l'ancienneté du syndicat.

Quelques syndicats représentatifs des salariés

CGT		Confédération générale du travail
CFDT		Confédération française démocratique du travail
FO		Force ouvrière
CFTC		Confédération française des travailleurs chrétiens

19 Les structures de défense, de protection et de contrôle

1 Le conseil des prud'hommes

C'est un tribunal composé en nombre égal de représentants des salariés et des employeurs appelés conseillers prud'homaux. Ce sont des juges non professionnels élus pour cinq ans par les salariés, les demandeurs d'emploi et les employeurs à l'exception de ceux constituant le bureau de formation normale présidée par un juge du tribunal de grande instance (juge professionnel).

Le rôle du conseil des prud'hommes

Le conseil de prud'hommes règle les litiges individuels qui surviennent entre salariés ou apprentis et employeurs, à l'occasion du contrat de travail ou d'apprentissage (exemples : licenciement, salaire...).

Les étapes d'un procès aux prud'hommes

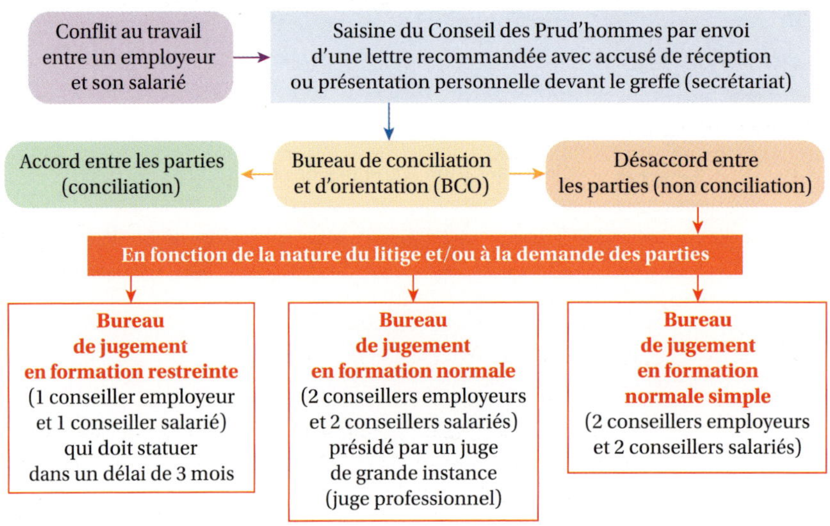

2 Le comité d'hygiène de sécurité et des conditions de travail (CHSCT)

Le CHSCT est obligatoire dans toutes les entreprises d'au moins 50 salariés.

La composition du CHSCT

- Le chef d'établissement ou son représentant.
- Les représentants du personnel élus pour 2 ans (leur nombre varie avec le nombre de salariés dans l'entreprise).

• Des membres avec voix consultatives (médecin du travail, ingénieur conseil de la Caisse d'assurance retraite et de la santé au travail (CARSAT), inspecteur du travail...).

Son rôle
• Analyser les risques professionnels.
• Donner son avis sur le règlement intérieur.
• Enquêter sur les causes des incidents ou des accidents du travail.

3 L'inspection du travail

C'est un service public qui représente l'État dans les relations de travail. Il a pour rôles de :
- contrôler l'application de la législation du travail ;
- arbitrer les conflits de travail ;
- autoriser les licenciements des représentants du personnel ;
- vérifier la conformité du règlement intérieur ;
- décider de l'aménagement du temps de travail, du recours au chômage partiel, des horaires individualisés, etc. ;
- sanctionner les entreprises lors d'une infraction à la législation.

4 Le service de prévention de la Caisse d'assurance retraite et de la santé au travail (CARSAT)

Le service prévention de la CARSAT a pour but de :
- réduire le nombre et la gravité des accidents de travail et des maladies professionnelles ;
- améliorer les conditions de travail des salariés.

Il dispose de moyens humains dont le contrôleur CARSAT qui assure une fonction d'information, de conseil et de formation sur les risques professionnels dans les entreprises.

5 Le service de santé au travail

Suivant l'importance de l'entreprise, le service de santé au travail peut être propre à une seule entreprise ou commun à plusieurs. C'est un service assuré par un ou plusieurs médecins du travail. Ce dernier a un rôle exclusivement préventif. Il consacre :
- 2/3 de son temps au suivi de l'état de santé des salariés (par exemple : visites médicales périodiques tous les 24 mois) ;
- 1/3 de son temps à mener des actions de prévention sur les lieux de travail (par exemple : analyse de poste).

6 Le défenseur des droits

C'est une autorité indépendante. Il est chargé de veiller à la protection des droits et des libertés et de promouvoir l'égalité. Sa mission est d'accompagner les victimes de discriminations fondées sur la race, les mœurs, l'âge, le handicap..., les aider à constituer un dossier et à trouver la procédure de défense la plus appropriée.

20 La surveillance de la santé du salarié

1 Les examens médicaux

Le médecin du travail réalise différents examens médicaux obligatoires.

Nom	Fréquence	Objectifs
Examen médical d'embauche	Avant l'embauche ou au plus tard avant l'expiration de la période d'essai.	- Rechercher si le salarié n'est pas atteint d'une affection dangereuse pour les autres travailleurs. - Vérifier qu'il est médicalement apte au poste de travail auquel l'employeur envisage de l'affecter.
Examen médical périodique	Au moins tous les 24 mois	- S'assurer du maintien de l'aptitude du salarié au poste de travail occupé. - Dépister les maladies dont pourrait être atteint le salarié.
Visite de reprise du travail	Au plus tard dans un délai de 8 jours après la reprise du travail suite à un congé de maternité, une absence d'au moins 30 jours pour accident du travail, maladie ou accident non professionnel	Apprécier l'aptitude du salarié à reprendre son emploi, la nécessité d'une adaptation des conditions de travail ou d'une réadaptation.
Examen médical renforcé	Au moins tous les 24 mois pour certains salariés (exemple : âgés de moins de 18 ans, affectés à certains travaux, handicapés...)	- Rechercher si le salarié n'est pas atteint d'une affection dangereuse pour les autres travailleurs. - Vérifier qu'il est médicalement apte au poste de travail auquel l'employeur envisage de l'affecter.

2 Les vaccinations

Les vaccinations obligatoires

Trois vaccins sont obligatoires en France pour lutter contre les trois maladies suivantes :
- la poliomyélite ;
- le tétanos ;
- la diphtérie.

Dans certaines professions, d'autres vaccinations peuvent être obligatoires en fonction des risques professionnels évalués par le médecin du travail.

Maladies	Exemples de professions ou d'établissements
Diphtérie, tétanos, hépatite B, poliomyélite	Établissements pour l'enfance et la jeunesse handicapée, de garde d'enfants d'âge préscolaire, services sanitaires de maintien à domicile, services de médecine du travail…
Tuberculose (BCG)	Professions à caractère sanitaire, social, assistante maternelle…

Le principe de vaccination

	VACCIN
Composition	Micro-organismes tués ou ayant perdu leur pouvoir pathogène
Mode d'action	Production d'anticorps spécifiques par certains globules blancs (les lymphocytes B)
Durée d'action	Durable (5 à 10 ans) avec nécessité de faire des rappels
Rôle	Préventif

21 Les risques professionnels

1 Du danger à l'apparition d'un dommage

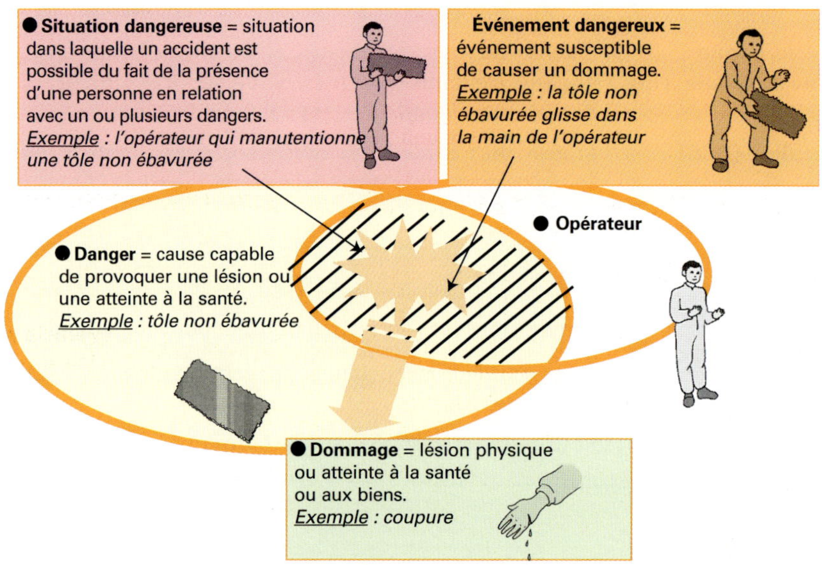

2 Des exemples de situations de travail

Situations	Dangers	Situation dangereuse	Événement dangereux	Dommages possibles
Déplacements fréquents 	Aire de circulation encombrée par un câble	L'opérateur se déplace en portant une charge sur une aire de circulation encombrée	L'opérateur se prend les pieds dans le câble	Fracture Plaie etc.

Situations	Dangers	Situation dangereuse	Événement dangereux	Dommages possibles
Soudure à l'arc 	Arcs électriques	Un opérateur se déplace près d'un opérateur qui soude	L'opérateur passe en regardant en direction de l'arc électrique	Picotement Brûlure etc.

3 Les niveaux de prévention

Pour éviter ou supprimer les risques d'accidents du travail et de maladies professionnelles, il existe des mesures de prévention.

Ces mesures sont classées par niveaux :

Du plus efficace au moins efficace

Niveau 1 = **prévention intrinsèque** : il correspond à la suppression et/ou à la réduction du danger (ex. : automatisation d'un système de production, remplacement d'un produit dangereux par un produit moins dangereux, etc.).

Niveau 2 = **protection collective et individuelle** : il correspond aux moyens de protection collective (ex. : ventilation, carter, etc.) et individuelle (ex. : bouchons d'oreille, lunettes de meulage, etc.) contre le risque.

Niveau 3 = **formation et information de l'opérateur** : il correspond à la formation (ex. : formation à la prévention des risques liés à l'activité physique, formation aux gestes de premiers secours, etc.) et à l'information (ex. : affiches sur les méfaits du bruit, plan d'évacuation en cas d'incendie, etc.).

Exemple emprunté à la vie quotidienne

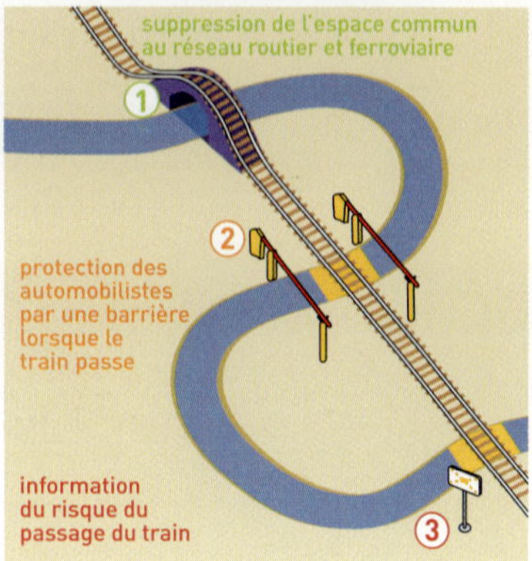

22 Les accidents du travail et les maladies professionnelles

1 Les critères de reconnaissance d'un accident du travail et d'une maladie professionnelle

A L'accident du travail

L'accident du travail proprement dit	L'accident de trajet
- Le salarié doit être déclaré à la Sécurité sociale. - L'action doit être soudaine et violente et entraîner une blessure. - L'accident doit être survenu par le fait ou à l'occasion du travail. - L'accident doit être survenu sur le temps et le lieu de travail.	- Le salarié doit être déclaré à la Sécurité sociale. - L'accident doit être survenu sur le trajet aller-retour entre l'entreprise et le lieu d'habitation ou le lieu où il se rend pour prendre ses repas sans détour, sauf pour les nécessités de la vie courante (boulangerie, crèche...).

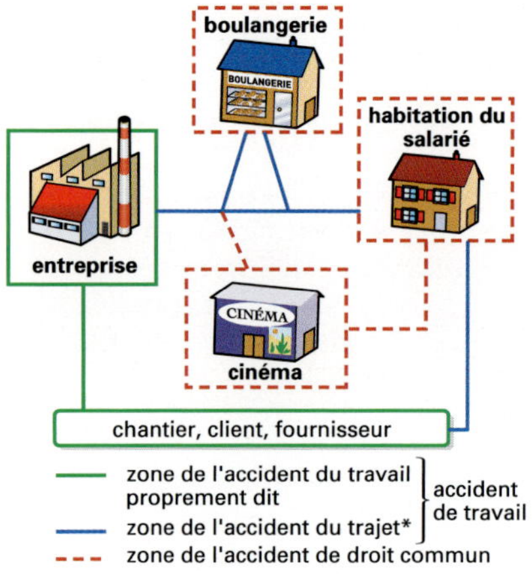

B La maladie professionnelle

Une maladie est reconnue comme professionnelle si :
- la personne est salariée ou a été salariée ;
- les symptômes ou la maladie sont identifiés dans un des 98 tableaux de la Sécurité sociale ;
- la maladie est due à la réalisation de travaux professionnels listés dans le tableau ;
- le délai de prise en charge et le temps d'exposition sont respectés.

Un exemple de tableau d'une maladie professionnelle

Date de création : 16 février 1999 (décret du 15 février 1999) Dernière mise à jour : -

Désignation des maladies	Délai de prise en charge	Liste limitative des travaux susceptibles de provoquer ces maladies
Sciatique par hernie discale L4-L5 ou L5-S1 avec atteinte radiculaire de topographie concordante. Radiculalgie crurale par hernie discale L2-L3 ou L3-L4 ou L4-L5, avec atteinte radiculaire de topographie concordante.	6 mois (sous réserve d'une durée d'exposition de 5 ans)	Travaux exposant habituellement aux vibrations de basses et moyennes fréquences transmises au corps entier : - par l'utilisation ou la conduite des engins et véhicules tout-terrain : chargeuse, pelleteuse, chargeuse-pelleteuse, niveleuse, rouleau vibrant, camion tombereau, décapeuse, chariot élévateur, chargeuse sur pneus ou chenilleuse, bouteur, tracteur agricole ou forestier ; - par l'utilisation des engins et matériels industriels : chariot automoteur à conducteur porté, portique, pont roulant, grue de chantier, crible, concasseur, broyeur ; - par la conduite de tracteur routier et de camion monobloc.

Cette colonne précise les symptômes que doit présenter le salarié.

Cette colonne indique le délai maximal entre la constatation de la maladie et la date à laquelle le salarié a cessé d'être exposé au risque (et, pour certaines maladies, le temps nécessaire d'exposition au risque).

Cette colonne liste les travaux qui peuvent provoquer une maladie.

INRS, TJ 19

2 Les démarches à effectuer

A Lors d'une maladie professionnelle

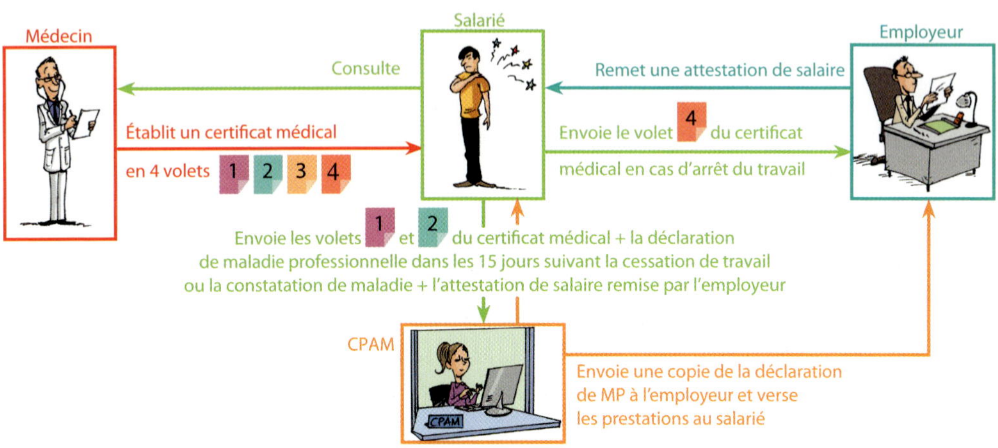

B Lors d'un accident du travail

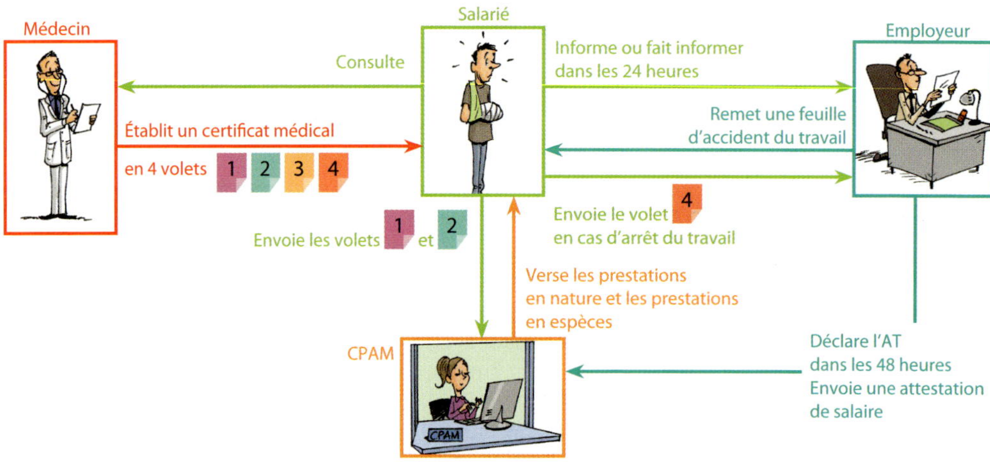

3 Les prestations perçues par la victime

Elles sont identiques pour les accidents du travail et les maladies professionnelles et sont de deux types :

• **les prestations en nature** qui correspondent aux remboursements des soins pris en charge à 100 % par la Caisse primaire d'assurance maladie. Elles sont versées directement aux praticiens (médecin, pharmacien...) afin d'éviter une avance de frais par la victime ;

• **les prestations en espèces** qui comprennent :

- les indemnités journalières qui sont versées par la CPAM pour compenser la perte de salaire dès le lendemain de l'accident ;
- la rente d'incapacité attribuée si la victime conserve des séquelles (par exemple : amputation, paralysie...) ;
- la rente aux ayants droits (enfants, conjoint) attribuée en cas de décès de la victime.

23 Le risque lié à l'activité physique

1 Les facteurs de risques liés à l'activité physique

Plus de 3/4 des maladies professionnelles reconnues et la moitié des accidents du travail sont associés à des activités physiques au travail dues à :
- **des efforts physiques excessifs ou répétés dont les risques liés aux manutentions manuelles** : 1 salarié sur 10 porte des charges plus de 10 heures par semaine (1 sur 4 dans le BTP et parmi les ouvriers non qualifiés travaillant dans les services) ;
- **des postures de travail contraignantes** : 2 salariés sur 10 travaillent près de 2 heures par semaine dans des postures pénibles (bras en l'air, à genoux, en torsion, accroupi), 5 salariés sur 10 subissent au moins une contrainte posturale ou articulaire lourde ;
- **des gestes répétitifs** : 1 salarié sur 10 répète à cadence élevée et pendant plus de 10 heures par semaine des gestes identiques ;
- **des déplacements à pied** (risques de chute ou de glissade).

Source : d'après http://www.inrs.fr/accueil/risques/activite-physique.html

2 La colonne vertébrale

Description

Elle est formée d'un assemblage de 33 vertèbres et présente trois courbures naturelles.

Son rôle

Elle a une triple fonction :
- soutenir la partie supérieure du corps ;
- assurer la mobilité du tronc et de la tête ;
- protéger la moelle épinière.

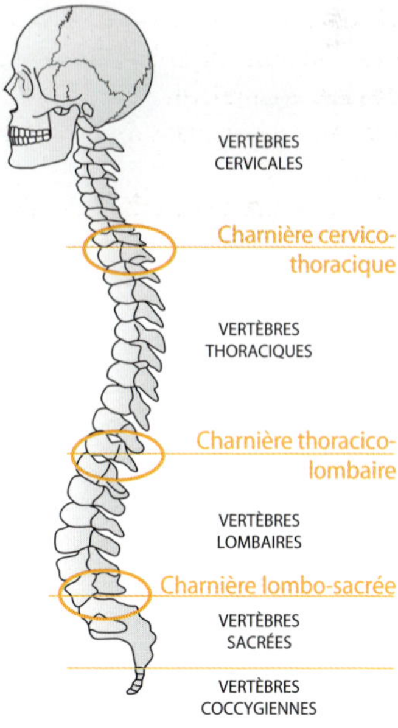

3 Le disque inter-vertébral

Le rôle et la description du disque intervertébral

Situé entre chaque vertèbre, il assure la mobilité de la colonne vertébrale et absorbe les pressions subies par celle-ci.

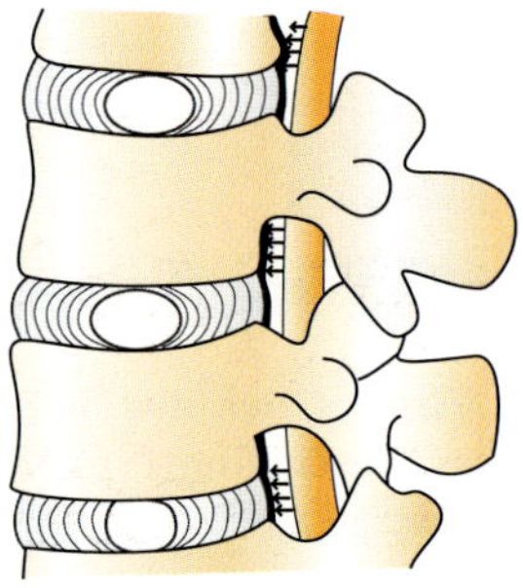

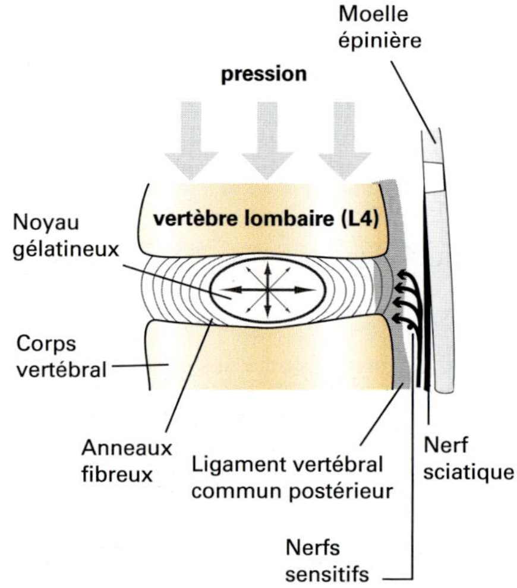

Les 4 formes d'accident du disque intervertébral

Nom	Schéma	Description
Lumbago	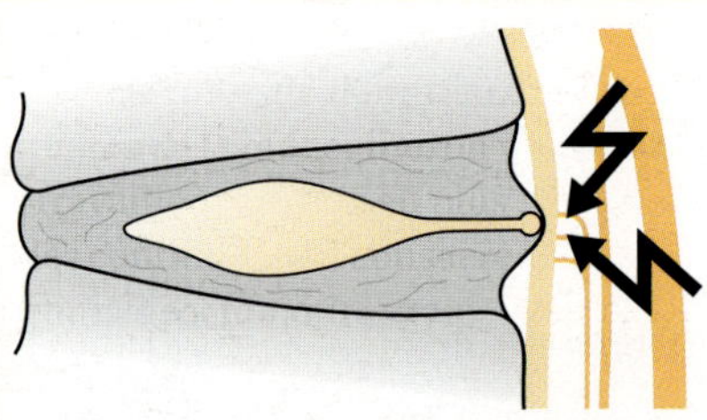	Le disque est déformé par le noyau gélatineux qui est resté coincé dans les anneaux fibreux fissurés et il touche les nerfs sensitifs.
Sciatique	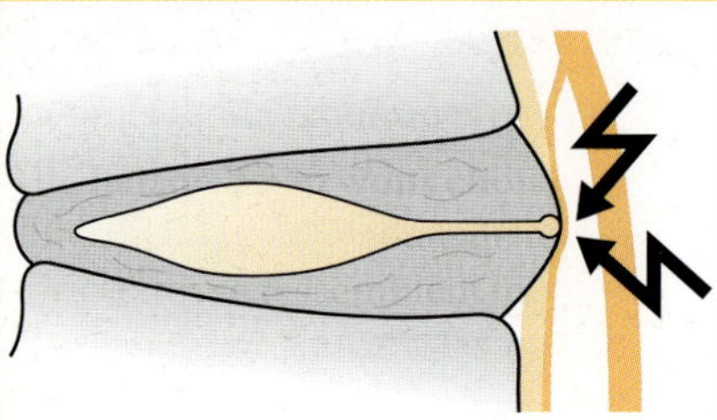	Le disque est très déformé par le noyau qui est resté coincé dans les anneaux fibreux fissurés et il touche le nerf sciatique.
Hernie discale	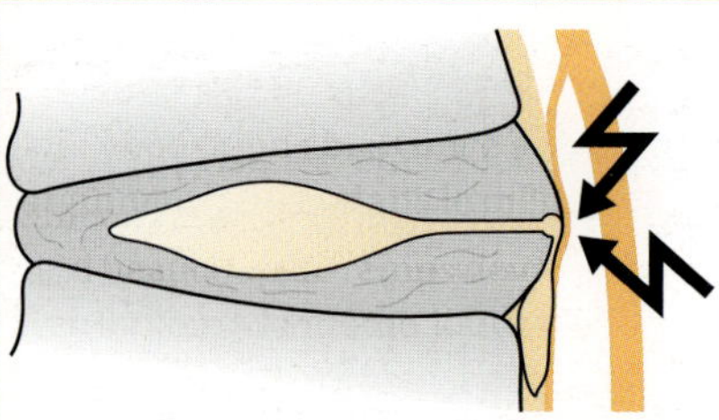	Une partie du noyau gélatineux est à l'extérieur du disque soit par distension soit par rupture de l'enveloppe périphérique du disque intervertébral. La partie du noyau chassée à l'extérieur touche le nerf sciatique et parfois la moelle épinière d'où un risque de paralysie.

Nom	Schéma	Description
Tassement discal	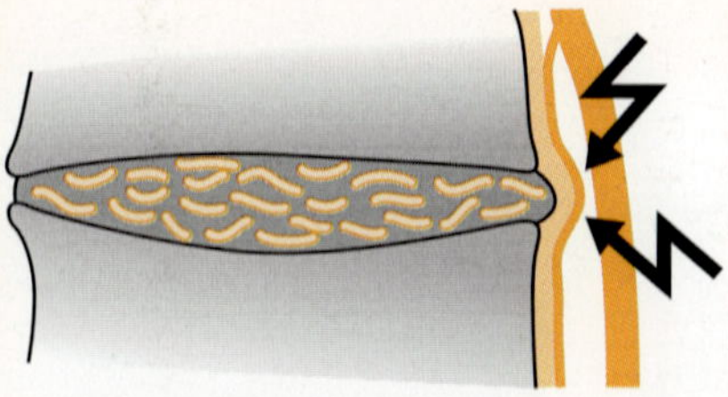	L'éclatement du noyau gélatineux répandu dans les anneaux fibreux entraîne un rapprochement des vertèbres.

4 Les mesures de prévention

Elles portent sur :
- l'organisation du poste de travail ;
- l'utilisation des aides mécanisées (palan, chariot élévateur), des aides à la manutention (préhenseur pneumatique, équilibreur d'outils, chariot de type « diable »...) ;
- le port des EPI (équipements de protection individuelle) : gants, genouillères, chaussures de sécurité... ;
- la formation aux techniques gestuelles PRAP (prévention des risques liés à l'activité physique).

	Les 5 principes de sécurité	**But**
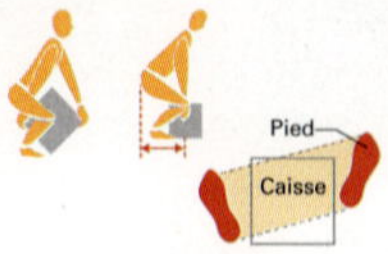	1. Se rapprocher le plus possible de la charge 2. Écarter et décaler les pieds	Superposer les centres de gravité Assurer l'équilibre
	3. Positionner ses mains 4. Fléchir les jambes	Assurer une bonne prise Utiliser les muscles des cuisses
	5. Fixer la colonne vertébrale et relever la tête	Conserver les courbures naturelles de la colonne vertébrale
Les 3 principes d'économie d'effort		
	1. Utiliser l'élan 2. Faire travailler les bras en traction simple (sans les plier) 3. Utiliser l'appui cuisse	

PSE

24 Les troubles musculo-squelettiques (TMS)

1 La définition

Les troubles musculo-squelettiques (TMS) sont une atteinte des tissus mous : muscles, tendons, nerfs, ligaments qui touche principalement les articulations : genou, épaule, main, dos, etc.

Ces troubles se développent graduellement au cours des semaines, des mois ou des années d'activité professionnelle.

Les principales localisations des TMS

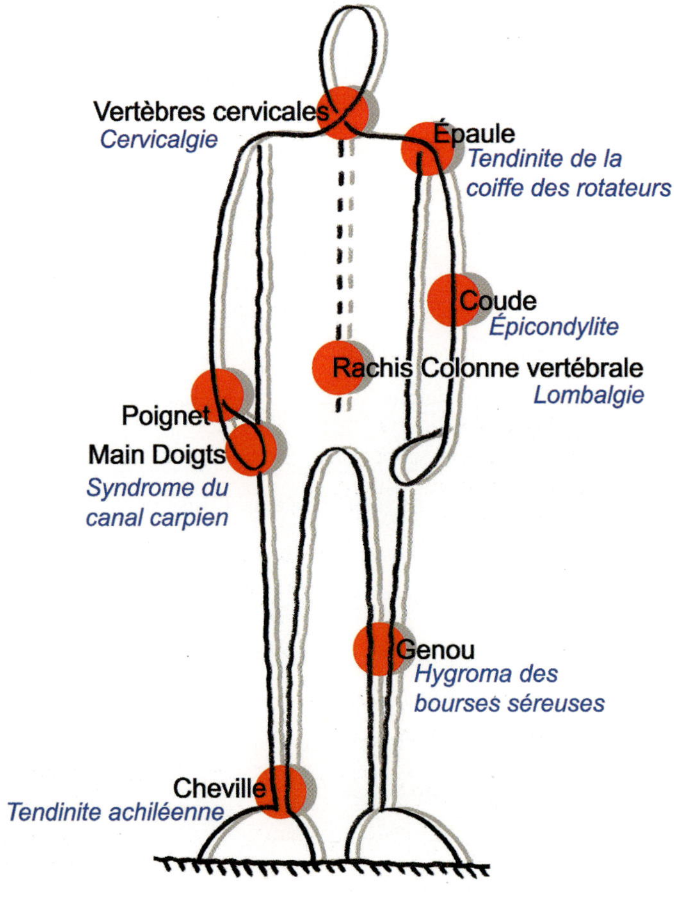

2 Les principales causes d'apparition des TMS

On peut citer :
- les mauvaises postures (fatigantes ou inconfortables) ;
- les efforts musculaires importants (port de charges lourdes...) ;
- la répétition de gestes à cadence élevée dans une durée prolongée ;
- l'ambiance de travail (froid, vibrations...) ;
- l'état psychosocial (stress, sentiment d'isolement...) ;
- les caractéristiques personnelles (état de santé...).

3 Les principaux signes

Les principaux signes des TMS s'expriment au travers de la douleur ressentie au cours ou en dehors du travail :
- sensation d'irritation ou de fourmillement (inconfort, picotements, engourdissements) ;
- faiblesse et fatigue musculaire (raideur) ;
- douleur localisée, pouvant entraîner un handicap sérieux.

4 Des situations de travail, sources de TMS

Dangers (causes possibles de TMS)	**Situations dangereuses**	**Dommages : TMS**	
		Localisation des atteintes	**Maladies possibles**
Mouvements de rotation du poignet et de l'épaule	 Farid désosse une carcasse en effectuant des mouvements de rotation du poignet et de l'épaule.	Épaule Poignet	Tendinite de la coiffe des rotateurs Syndrome du canal carpien
Cagettes de 20 kg	 Amélie manutentionne des cagettes de 20 kg.	Dos : au niveau des vertèbres lombaires	Lombalgie
Riveteuse pneumatique	 Robert fixe les protections avec une riveteuse pneumatique.	Membre supérieur : poignet, coude, épaule	Tendinite Épicondylite Syndrome du canal carpien

PSE

Dangers (causes possibles de TMS)	Situations dangereuses	Dommages : TMS	
		Localisation des atteintes	Maladies possibles
Position agenouillée	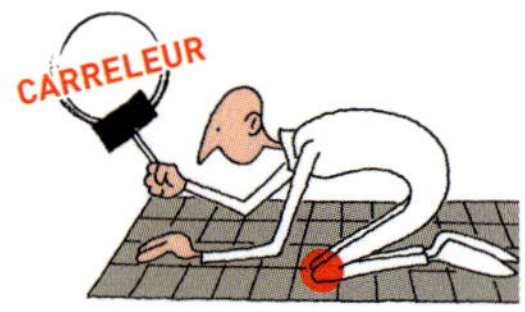 Léo pose du carrelage en position agenouillée.	Genoux	Hygroma des bourses séreuses

5 Les mesures de prévention

Elles sont déterminées après l'analyse du poste de travail.

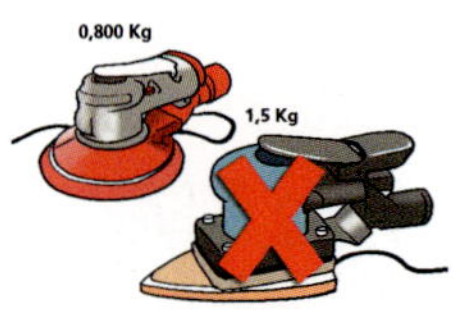 Utiliser des outils plus légers	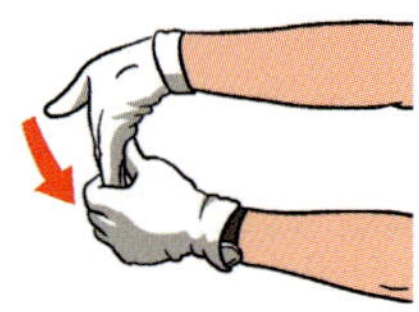 Relâcher la tension musculaire par une gymnastique de compensation	 Utiliser les aides à la manutention (diable)
 Réduire les masses manutentionnées	 Utiliser un préhenseur pneumatique	 Suivre une formation aux ports de charges (PRAP)
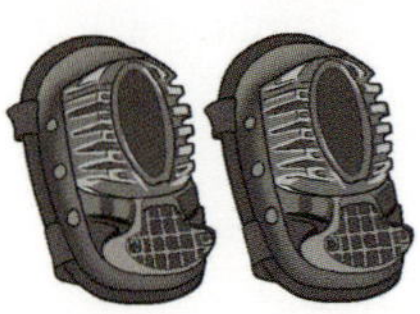 Porter des équipements de protection individuelle	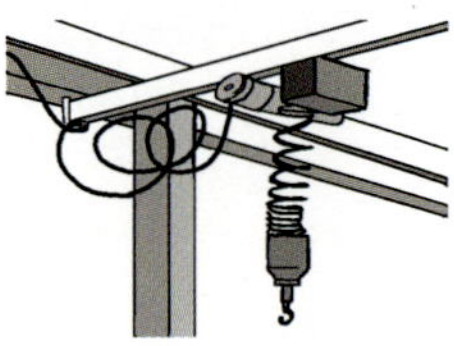 Utiliser un équilibreur d'outils	 Utiliser des gants anti-vibration

D'autres mesures :
- développer la rotation du personnel au niveau des postes de travail ;
- instituer des temps de récupération ;
- gérer les cadences pour laisser une marge de manœuvre aux salariés ;
- informer le personnel sur les risques de TMS ;
- favoriser la démarche participative des salariés dans le choix des solutions.

25 Le risque lié au bruit

1 Les caractéristiques du bruit

Les sons sont des vibrations qui se déplacent sous forme d'ondes acoustiques. On parle de bruit lorsqu'un ensemble de sons peut être perçu comme gênant. Le bruit se caractérise par :
- **sa fréquence**, qui indique si le son est grave ou aigu. Elle se mesure en hertz (Hz). L'oreille humaine perçoit les sons compris entre 20 hertz et 20 000 hertz. Les fréquences inférieures (infrasons) ou supérieures (ultrasons) sont inaudibles par l'homme ;
- **son intensité**, qui indique si le son est faible ou fort. Elle se mesure en décibels (A) (dB(A)). La pondération (A) tient compte de la sensibilité de l'oreille humaine aux différentes fréquences.

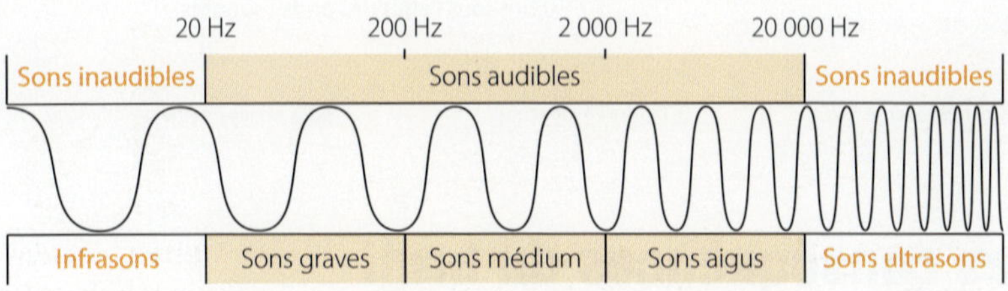

2 L'échelle des niveaux sonores

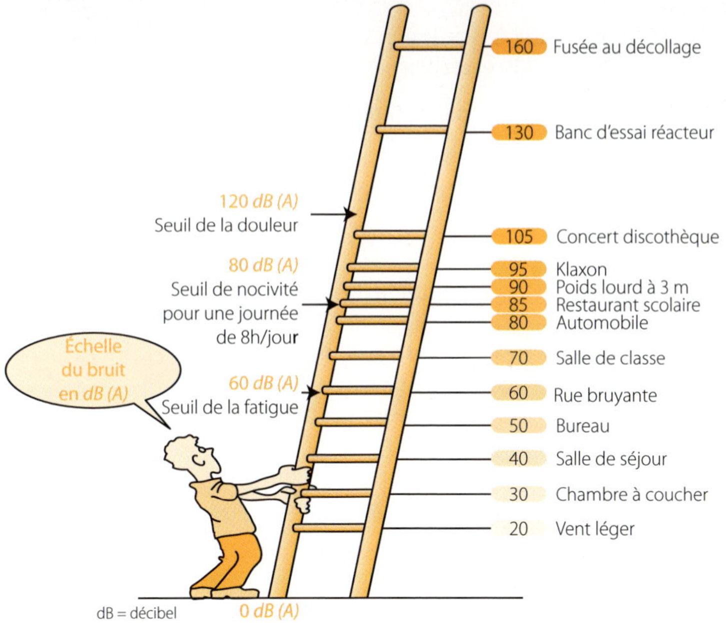

PSE

3 Le fonctionnement de l'oreille

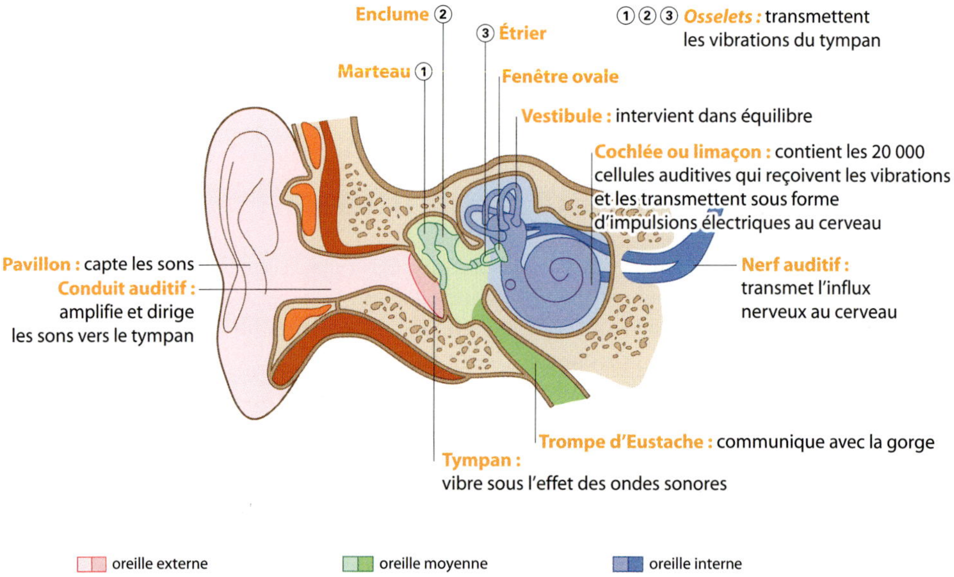

4 Les conséquences du bruit

Sur l'appareil auditif

Le bruit peut provoquer :
- une fatigue temporaire ;
- une surdité de transmission due à une lésion de l'oreille externe ou moyenne (tympan déchiré, osselets fracturés) ;
- une surdité de perception due à une lésion de l'oreille interne (cellules auditives avec cils endommagés). Cette surdité est irréversible.

La surdité peut être détectée par un audiogramme, examen médical obligatoire pour les salariés exposés au bruit.

Sur les autres organes, le travail et la vie sociale

Les autres organes	Le travail	La vie sociale
- Élévation de la tension artérielle - Troubles gastro-intestinaux - Réduction du champ visuel - Nausées - Troubles du sommeil - Fatigue - Irritabilité	- Diminution du rendement - Diminution de la qualité - Manque d'attention - Augmentation de la fréquence des accidents du travail - Augmentation du nombre de maladies professionnelles dues au bruit	- Difficulté à communiquer - Isolement

5 Les mesures de prévention

La réglementation

L'employeur a l'obligation de :

- mettre à disposition gratuitement des protections auditives lorsque le niveau de bruit quotidien ne peut être réduit au-dessous de 80 dB(A) ou de 135 dB(A) pour le niveau de pression acoustique de crête (bruit impulsionnel comme un coup de marteau par exemple) ;
- veiller à l'utilisation effective des équipements de protection individuelle mis à disposition lorsque le niveau de bruit quotidien dépasse 85 dB(A) ou lorsque la pression acoustique de crête dépasse le niveau de 137 dB(A) ;
- faire périodiquement contrôler l'audition des salariés exposés à des niveaux de bruits élevés.

Les moyens d'action

Pour limiter le niveau sonore dans un atelier, on peut agir à différents niveaux :

- réduire le niveau sonore émis à la source (exemple : concevoir des machines moins bruyantes...) ;
- réduire le bruit au cours de sa propagation en protégeant :
  - collectivement les opérateurs (par exemple : encoffrer les machines, réaliser des traitements acoustiques des locaux...) ;

Panneaux absorbants

  - individuellement (par exemple : proposer des casques anti-bruit).

Bouchons d'oreilles

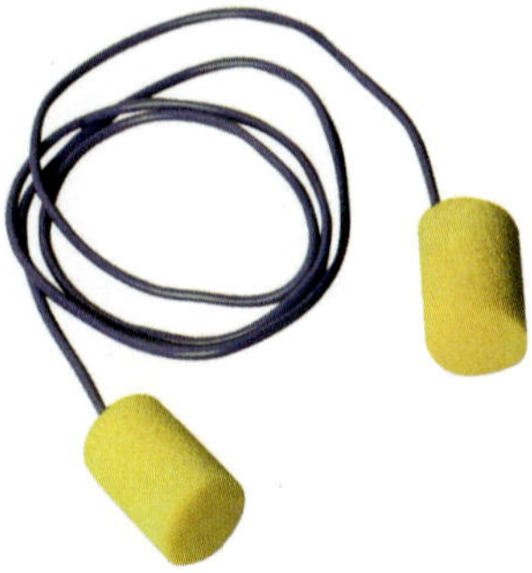

PSE

26 Le risque lié aux poussières

1 Les métiers exposés

Les professions concernées sont celles liées au travail du bois, de la farine, du charbon, de la peinture, de la silice, du ciment...

2 Les caractéristiques des poussières

Les poussières sont de très fines particules solides, en suspension dans l'air dont le diamètre est égal ou inférieur à 100 micromètres (µm) (0,1 mm) ou dont la vitesse de chute dans l'air est inférieure ou égale à 25 cm/s.

Elles se différencient en fonction de :

- **leur nature** :
  - les **poussières inertes** ne présentent pas en elles-mêmes de risque pour la santé. Par contre, un travail répétitif dans une atmosphère fortement polluée entraîne une surcharge pulmonaire et souvent un dépassement des capacités des voies respiratoires (exemple : la farine...) ;
  - les **poussières actives** ou **toxiques** sont dangereuses car elles ont une action néfaste sur l'organisme (exemples : les poussières d'amiante, de silice...).
- **leur vitesse de chute** : plus elles sont fines, plus elles restent en suspension dans l'air.
- **leur concentration** : plus leur concentration dans l'air est élevée, plus le risque est important.
- **leur granulométrie** (diamètre des particules inhalées).

De 10 à 100 microns	Aussi appelées « poussières totales », ces poussières sont retenues au niveau des fosses nasales.
De 5 à 10 microns	Poussières qui pénètrent dans la trachée, les bronches puis les bronchioles. Elles peuvent être crachées ou avalées dans l'œsophage ; mais si l'empoussiérage est trop élevé, elles iront jusqu'aux alvéoles pulmonaires.
0,5 micron	Poussières très fines qui se déposent sur les alvéoles pulmonaires. En dessous de 0,5 micron les poussières se comportent comme un gaz dans l'organisme, suivent la ventilation pulmonaire et, par conséquent, passent dans le sang.

L'appareil respiratoire

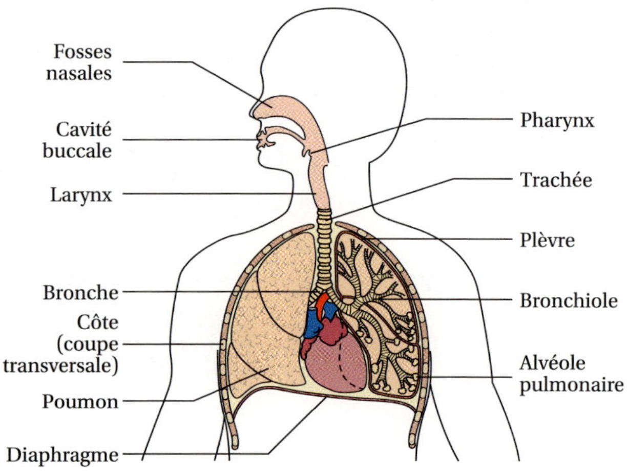

3 Les effets des poussières

Sur l'organisme

- **La peau :** eczéma, rougeur.
- **Les yeux :** larmoiements, gonflement des paupières, conjonctivite.
- **L'ethmoïde** (os formant le squelette des fosses nasales) : cancer.
- **L'appareil respiratoire** : rhinite, éternuements, asthme, toux, expectorations, difficultés à respirer, bronchites aiguës et chroniques, cancers broncho-pulmonaires, allergies.

4 La prévention

A Les valeurs limites d'exposition professionnelle

La réglementation impose une valeur limite d'exposition professionnelle (VLEP) sur une période de 8 heures. Le respect cette VLEP doit être considéré comme un objectif minimal de prévention. L'exposition des travailleurs devant être réduite au niveau le plus bas.

Exemple de la VLEP pour les poussières de bois = 1 mg/m^3 d'air.

B Les mesures de prévention

Pour limiter l'émission de poussières au niveau le plus bas possible :
- travailler par voie humide (arrosage, humidification) ;
- travailler en vase clos (appareils hermétiques, boîtes à gant) ;
- recourir à des procédures d'ouverture des sacs ou de déchargement des véhicules évitant la dissémination ;
- interdire le recours à la soufflette pour chasser la poussière, nettoyer avec un aspirateur équipé d'un filtre haute efficacité.

Protection collective
- Capter, au plus près de leur source d'émission, avec un dispositif d'aspiration approprié à la nature des polluants, les poussières qui ne peuvent être éliminées.
- Maintenir en bon état de fonctionnement et contrôler périodiquement les installations

Protection individuelle
Lorsque l'utilisation de protections collectives est impossible ou insuffisante, les opérateurs doivent être équipés de protections individuelles et notamment de masques respiratoires dotés de filtres appropriés.

Formation spécifique pour les nouveaux embauchés et les salariés susceptibles d'être exposés au risque.

27 Le risque chimique

1 Les produits chimiques

Tous les produits chimiques existent à l'état solide, liquide ou gazeux.

	Substance	Mélange
Définition	Élément chimique tel qu'il se présente à l'état naturel ou tel qu'il est produit	Solution composée d'au moins deux substances
Exemples	- Alcool à brûler - Soude - Acétone - Acide chlorhydrique	- Vernis - Décapant - Peintures - Colle polychloroprène connue sous le nom générique de « néoprène »
Information pour l'utilisateur	- Étiquette - Fiche toxicologique de l'INRS	- Étiquette - Fiche de données de sécurité du fabricant

2 Les voies de pénétration des produits chimiques

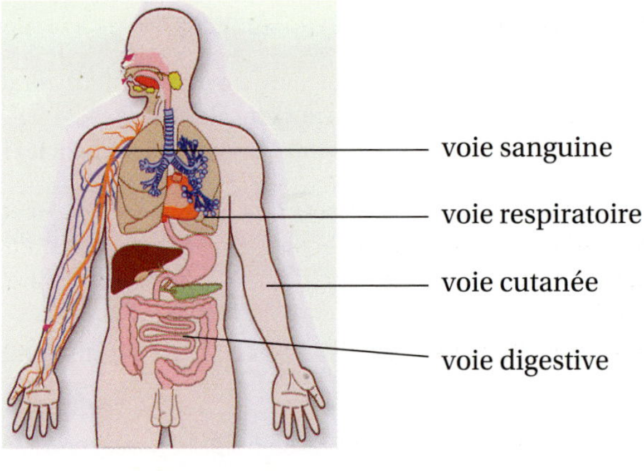

3 Les effets des produits chimiques

Sur le corps humain

	Effets	
	À court terme : intoxication aiguë = absorption d'une quantité importante de produit en une ou plusieurs fois rapprochées	**À long terme : intoxication chronique** = expositions prolongées ou répétées à des doses faibles. Les symptômes ne se révèlent lentement qu'au bout de quelques mois
Appareil respiratoire	Arrêt respiratoire (asphyxie)	Effet cancérigène
Peau	Brûlures, démangeaisons, dermite,	Eczéma
Système nerveux	Ébriété, perte de connaissance, coma, vertiges	Perte de mémoire, troubles du comportement
Appareil digestif	Coliques, diarrhées, nausées, vomissements	
Appareils génitaux		Altération de la fertilité

Sur l'environnement

Incendie ; explosion ; pollution (air, eau, sol).

4 Les mesures de prévention

A La prévention intrinsèque

Remplacer un produit dangereux par un produit moins dangereux ou inoffensif, sans déplacer le risque.

B La protection collective et individuelle

- Mesurer l'exposition au risque (mesures au niveau du poste de travail, sur 8 heures de travail).
- Éviter l'exposition régulière ou occasionnelle d'un salarié par la ventilation : captage à la source des polluants, utilisation d'un système clos, mécanisation des méthodes de travail, encoffrement des procédés...
- Porter des équipements de protection individuelle : bottes, tablier, lunettes, masque respiratoire, gants...

C La formation et l'information de l'opérateur

- Fiche de données de sécurité des produits.
- Panneaux de signalisation sur les équipements de protection individuelle à porter.
- Fiches de procédure.
- Étiquetage.

Les étiquettes sont obligatoires et doivent figurer sur le récipient d'origine et sur chacun des emballages successifs en cas de transvasement et de reconditionnement. Elles regroupent les informations suivantes :
- **l'identité du fournisseur** ;
- **l'identificateur du produit** (numéro CE, nom commercial) ;
- **les conseils de prudence**, (par exemple « Éviter tout contact avec les yeux, la peau ou les vêtements ») ;
- **la ou les mentions de danger** (par exemple « Mortel par inhalation ») ;
- **la mention d'avertissement et le ou les pictogrammes de danger** suivants :

J'EXPLOSE 	Je peux exploser, suivant le cas, au contact d'une flamme, d'une étincelle, d'électricité statique, sous l'effet de la chaleur, d'un choc, de frottements.	**JE SUIS SOUS PRESSION** 	• Je peux exploser sous l'effet de la chaleur (gaz comprimés, liquéfiés...). • Je peux causer des brûlures ou blessures liées au froid (gaz réfrigérés).	**JE NUIS GRAVEMENT À LA SANTÉ** 	Je peux provoquer le cancer, des allergies respiratoires (asthme), modifier l'ADN, nuire à la fertilité et au fœtus, altérer le fonctionnement de certains organes.
JE FLAMBE 	Je peux m'enflammer, suivant le cas, au contact d'une flamme, d'une étincelle, d'électricité statique, sous l'effet de la chaleur, d'un choc, de frottements, au contact de l'air ou au contact de l'eau si je dégage des gaz inflammables.	**JE RONGE** 	• Je peux attaquer ou détruire les métaux. • Je ronge la peau et/ou les yeux en cas de contact ou de projection.	**J'ALTÈRE LA SANTÉ OU LA COUCHE D'OZONE** 	• J'empoisonne à forte dose. • J'irrite la peau, les yeux et/ou les voies respiratoires. • Je peux provoquer des allergies cutanées (eczéma par exemple), somnolence et vertiges. • Je détruis l'ozone dans la haute atmosphère.
JE FAIS FLAMBER 	Je peux provoquer ou aggraver un incendie, ou même provoquer une explosion en présence de produits inflammables.	**JE TUE** 	J'empoisonne rapidement, même à faible dose.	**JE POLLUE** 	Je provoque des effets néfastes sur le milieu aquatique (poissons, crustacés, algues, autres plantes aquatiques).

28 Le risque mécanique

1 Le risque mécanique

Le risque mécanique désigne l'ensemble des facteurs qui peuvent être à l'origine d'une blessure par l'action mécanique d'éléments de machine, d'outils, de pièces, de charges, de projections de matériaux solides ou de fluides.

2 Des exemples de risques d'origine mécanique

	Risque d'écrasement		Risque de chocs avec des éléments solides		Risque de cisaillement, de coupure ou de sectionnement
	Risque de perforation ou de piqûre		Risque de happement, d'enroulement, d'entraînement		Risque d'abrasion, de frottement

3 Des dommages possibles

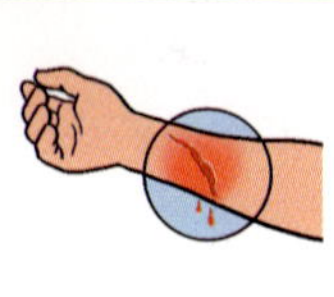	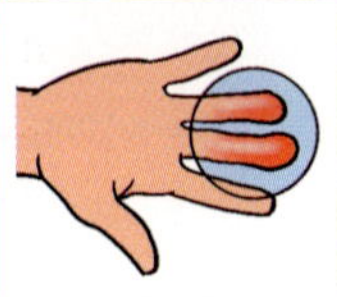	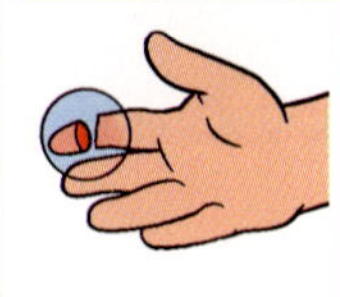	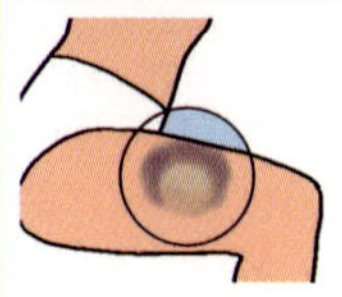	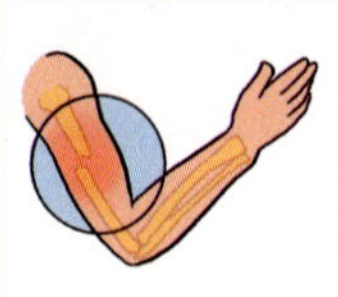	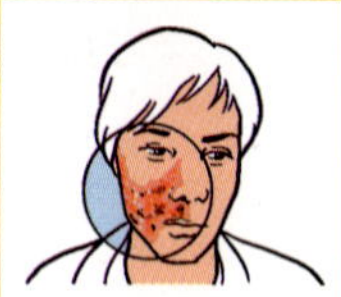
Plaie	**Écrasement**	**Amputation**	**Contusion**	**Fracture**	**Brûlure**

4 Les mesures de prévention du risque mécanique

A La prévention intrinsèque et la protection collective

- Automatisation des interventions (par exemple : machines à conditionner).
- Conception de machines sûres.
- Capotage et cartérisation des équipements.

• Barrières physiques ou immatérielles qui détectent le franchissement du périmètre délimitant la zone de danger (par exemple : cellules optiques, bords sensibles, tapis et planchers sensibles, cellule mono faisceau...).

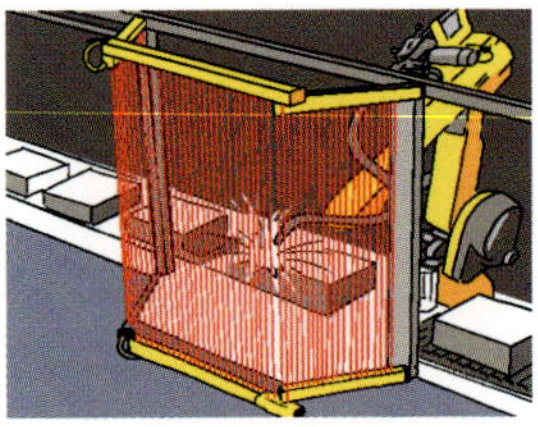
Cellules optiques

Bord sensible

Plancher sensible

• Utilisation des aides à la manutention (par exemple : bras manipulateur pour éviter de toucher à des tôles coupantes...).

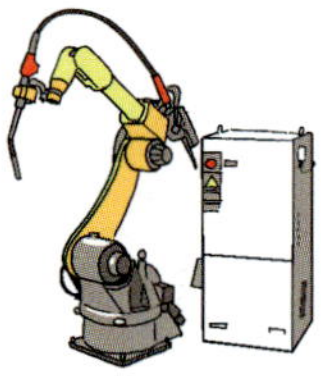

• Arrêt d'urgence.

• Éloignement ou maintien du corps humain hors de la zone de danger (par exemple : commandes bi-manuelles, protecteur fixe...).

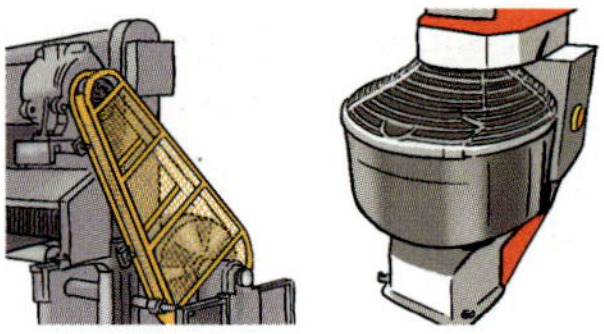

• Sécurisation des commandes.
• Vérifications périodiques (par exemple : pont roulant, pont élévateur, sangles...).
• Maintien en conformité des équipements de travail.
• Respect des procédures d'intervention sur des organes en mouvement.
• Rythmes de travail permettant le respect des temps de sécurité.

B La protection individuelle

• Tenue professionnelle adaptée : gants, chaussures de sécurité, lunettes, casque, vêtements ajustés, cheveux attachés...

• Visite médicale à jour (audition, vision, réflexes, latéralité...).
• Vaccinations à jour (diphtérie, tétanos, poliomyélite : DT-Polio).

C La formation et l'information de l'opérateur

• Formation spécifique ou renforcée si les machines le nécessitent.
• Fiche de risques au poste.
• Formation à la conduite des chariots automoteurs (CACES : Certificat d'aptitude à la conduite des engins en toute sécurité).

29 Le risque électrique

1 Les conditions du risque électrique

Trois conditions sont nécessaires :
- un circuit sous tension ;
- un circuit fermé ;
- une personne en contact par deux points distincts de son corps avec les parties sous tension.

2 Les formes d'électrisation

L'électrisation désigne les manifestations du courant électrique à travers le corps humain alors que l'électrocution est une électrisation mortelle. L'électrisation peut être provoquée par :

- un **contact direct** : en touchant un des conducteurs normalement sous tension ;

- un **contact indirect** : en touchant une masse métallique quelconque mise accidentellement sous tension ;

- un **amorçage** d'arc ou d'étincelle ;
- un **foudroiement**.

3 Les facteurs de gravité

Il faut distinguer plusieurs facteurs :
- les facteurs **physiologiques** : épaisseur et humidité de la peau, surface de contact, trajet du courant... ;
- les facteurs **électriques** : nature, tension, intensité, fréquence et temps de passage du courant.

4 Les effets du passage du courant électrique

0,5 mA

Picotements

10 mA

Secousse

10 mA et plus ...

Brûlures superficielles au point de contact

10 à 20 mA

Contractures

À partir de 25 mA

Asphyxie

40 mA pendant 5 secondes ou 80 mA pendant 1 seconde

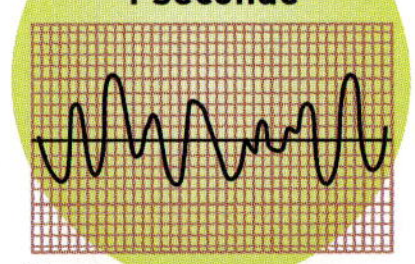

électrocardiogramme

Fibrillation cardiaque

50 mA et plus

Arrêt du cœur

5 Les mesures de prévention

Il existe une réglementation fixée par le décret du 14 novembre 1988.

À LA CHARGE DU CONSTRUCTEUR	**À LA CHARGE DES UTILISATEURS**		
① **Prévention intrinsèque** (prévue au moment de la conception de l'appareil)	② **Protection collective**	③ **Protection individuelle**	④ **Formation et information de l'opérateur**
- Transformateur de sécurité (source de tension inoffensive) - Fusible - Appareil de classe II (double isolation) - Matériel normalisé - …	- Interposition d'obstacle - Éloignement (lignes aériennes) - Isolation du matériel - …	- Tapis isolant - Lunettes anti UV - Gants - Casques - Outillage isolé - Vêtements secs et ininflammables - Chaussures isolantes - …	- Formation à la prévention des risques électriques pour obtenir une HABILITATION ÉLECTRIQUE - Fiche de sécurité - Respect des normes d'installations électriques

EXEMPLES

① Un exemple de prévention intrinsèque : acheter du matériel conforme

Classe	Symbole	Utilisation
0	Pas de symbole	Interdite dans l'industrie
I		Matériel devant être relié obligatoirement à la terre
II		Matériel à double isolation, jamais relié à la terre
III		Matériel alimenté en TBTS* non relié à la terre

Symbole	Protection
	contre les chutes d'eau verticales
	contre les projections d'eau, les éclabousssures
	contre les jets d'eau (lance)
	étanche à l'immersion

* TBTS : très basse tension de sécutité.

② Des exemples de protection collective

• Des mesures de protection contre les contacts directs

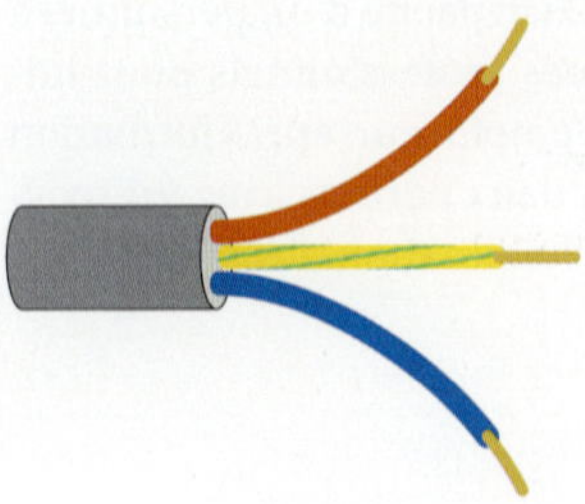

Isolation

Pose d'obstacles

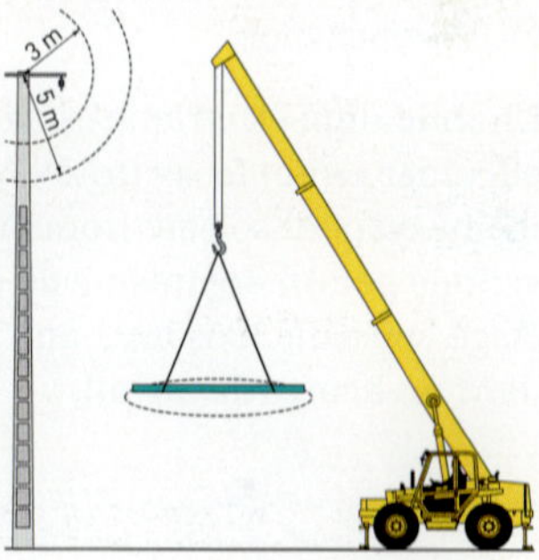

Éloignement

• Des mesures de protection contre les contacts indirects

Coupure automatique
(disjoncteur différentiel)

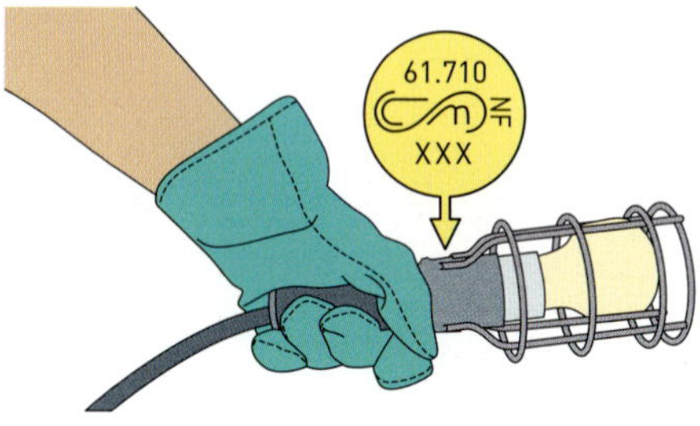

Matériel homologué

③ Des exemples d'équipement de protection individuelle

④ Une formation

L'habilitation électrique est la reconnaissance par l'employeur de la capacité d'un personnel à effectuer en toute sécurité les tâches fixées, présentant des risques professionnels pour lui-même ou pour son environnement. C'est un document établi par l'employeur, après formation validée par un organisme de certification accrédité, signé par les deux parties, avec un recyclage conseillé tous les 3 ans. Le titulaire doit disposer du titre d'habilitation électrique pendant ses heures de travail.

30 Le risque lié à l'éclairage

1 La nature et les sources de la lumière

La principale source de lumière naturelle est la lumière solaire. Les sources de lumière artificielle sont des lampes à incandescence, à fluorescence et à décharge.

2 L'éclairement

- La mesure de l'éclairement, exprimé en **lux**, permet de déterminer si la quantité de lumière qui parvient à l'objet est suffisante pour que celui-ci soit perçu sans effort.
- Pour effectuer cette mesure, on utilise un **luxmètre**.
- **Des valeurs minimales sont fixées en fonction des espaces de travail :**

– **locaux affectés au travail** : voies de circulation intérieure (40 lux), escaliers et entrepôts (60 lux), locaux de travail, vestiaires, sanitaires (120 lux), locaux aveugles affectés à un travail permanent (200 lux) ;

– **espaces extérieurs** : zones et voies de circulation extérieures (10 lux), espaces extérieurs où sont effectués des travaux à caractère permanent (40 lux).

3 Les facteurs du confort visuel

Des facteurs contribuent au confort visuel d'un opérateur à son poste de travail.

Bon rendu des couleurs

Absence d'éblouissement

Absence ou limitation des contrastes

Niveau d'éclairement suffisant

4 Le mécanisme de la vision

Le trajet de l'image perçue

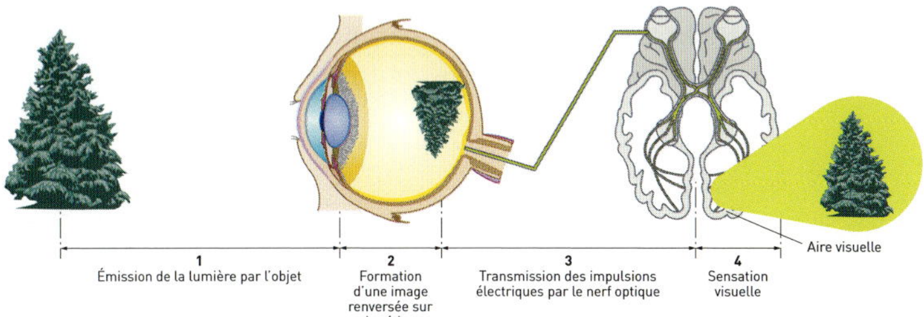

PSE

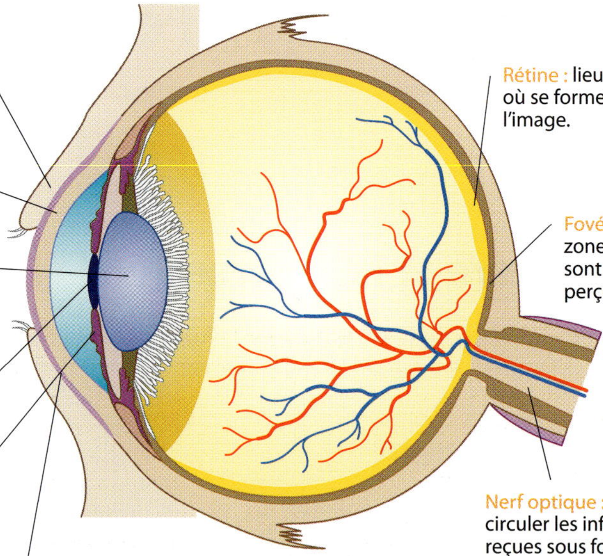

5 Les effets d'un éclairage mal adapté

Effets oculaires	Effets sur l'organisme	Effets sur le travail
- Larmoiements - Brûlures - Rougeur - Picotement - Vision floue	- Maux de tête - Vertiges - Troubles posturaux (ex. : cervicalgies, lombalgies…) - Fatigue générale	- Manque de précision - Diminution de la qualité - Diminution du rendement - Augmentation de la fréquence des accidents du travail

6 Les mesures de prévention

Pour prévenir la fatigue visuelle, il convient d'agir sur 3 domaines :
- **l'éclairage** (exemple : préférer l'éclairage indirect afin de limiter les risques d'éblouissements, avoir des zones d'éclairage uniformes afin d'éviter les contrastes, avoir un nombre de luminaires permettant un niveau d'éclairement suffisant, entretenir régulièrement les luminaires) ;
- **le poste et l'organisation du travail** (exemple : alterner des tâches à prédominance visuelle et des tâches moins contraignantes pour la vision, installer les postes de travail latéralement par rapport aux fenêtres, utiliser des matériaux de finitions mats pour éviter l'éblouissement) ;
- **la vision** (exemple : corriger les défauts de vision, contrôler périodiquement la vision).

31 Le risque incendie

1 Le triangle du feu

Trois composantes sont nécessaires au déclenchement d'un feu :
- un **combustible** (corps qui a la particularité de brûler, comme le bois) ;
- un **comburant** (corps qui permet et entretient la combustion comme l'oxygène) ;
- une **source d'énergie** (chaleur nécessaire pour démarrer la combustion).

Il suffit de supprimer l'un des trois éléments pour arrêter un feu.

2 Les effets d'un incendie sur l'organisme humain

Causes	Effets sur l'organisme humain
Fumées Gaz	- Asphyxie liée à la baisse du taux d'oxygène - Intoxication due aux produits de combustion (monoxyde de carbone)
Chaleur	- Brûlures
Flammes	- Problèmes oculaires (effet lumineux)
Effondrement des structures	- Blessures plus ou moins graves - Mort

3 La conduite à tenir en présence d'un incendie

Le feu est maîtrisable : Éteindre le feu le plus vite possible avec un extincteur approprié ou un robinet d'incendie armé (RIA) ou le déclenchement des sprinklers.

	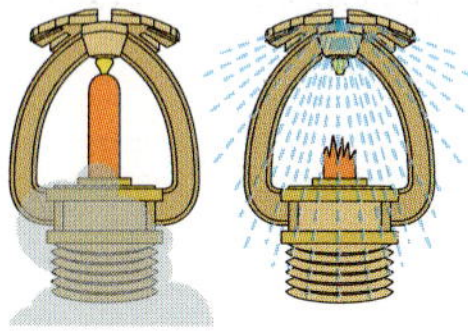	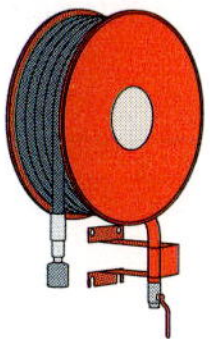
Extincteur	Sprinklers	Robinet d'incendie armé

PSE

■ **Le feu n'est pas maîtrisable**

Appliquer la procédure :
- **alarmer** : déclencher l'alarme ou crier « au feu » ;
- **alerter** les pompiers : téléphoner au numéro 18 ;
- **évacuer** les lieux et rejoindre le point de rassemblement en s'assurant que tout le personnel a quitté les lieux.

4 Les moyens de prévention

A Des dispositifs de sécurité obligatoires à la conception des locaux

		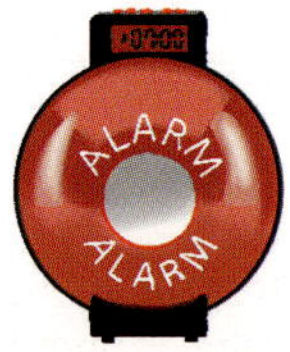
Porte coupe-feu automatique	Espace d'attente sécurisé pour les personnes en situation d'handicap	Signalisation réglementaire
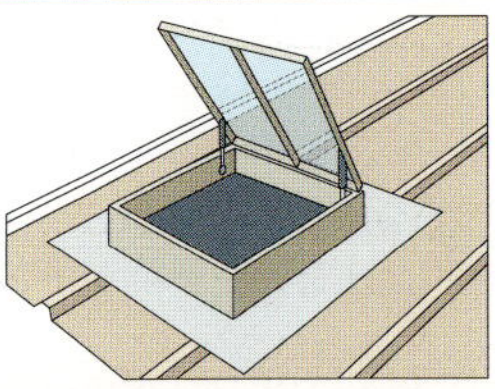		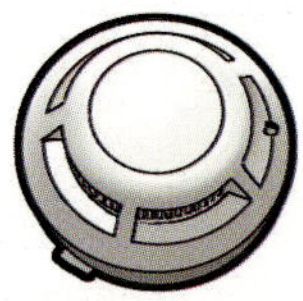
Exutoire de fumées (dispositif de désenfumage)	Signalisation réglementaire visuelle	Détecteur automatique de fumée

B La formation et l'information du personnel

- Effectuer régulièrement des exercices d'évacuation afin que le personnel se familiarise avec les dispositifs d'alarme, les issues de secours et les points de ralliement.
- Informer le personnel sur les risques d'incendie de l'entreprise.
- Former le personnel afin qu'il prenne connaissance des consignes, du plan d'évacuation des locaux et qu'il identifie la signalétique.
- Former une équipe de première intervention.
- Former le personnel à l'utilisation d'un extincteur de façon efficace et en toute sécurité.

C D'autres moyens de prévention

- Choisir des matériaux résistants au feu.
- Utiliser du matériel électrique dit « de sûreté ».
- Séparer les points chauds du stockage des combustibles.

32 Le risque lié à la charge mentale

1 La définition de la charge mentale

La charge mentale est un état de mobilisation globale de l'opérateur humain résultant de l'accomplissement d'une tâche mettant en jeu le traitement d'informations. Elle symbolise le coût de ce type de travail pour l'opérateur (exemples : efforts de concentration, de compréhension, d'adaptation).

2 Les facteurs de surcharge mentale

- Une charge de travail trop importante
- Les relations difficiles avec les collègues
- La difficulté à concilier vie professionnelle et vie privée
- Le manque d'écoute et de soutien de la hiérarchie
- Le stress
- Le harcèlement.

A Le stress professionnel

■ D'après l'Agence européenne pour la sécurité et la santé au travail, le stress survient lorsqu'il y a déséquilibre entre la perception qu'une personne a des contraintes que lui impose son environnement et la perception qu'elle a de ses propres ressources pour y faire face.

■ **Le mécanisme physiologique du stress :** face à un stimulus stressant, l'organisme réagit en 3 phases.

Les différentes phases	Les caractéristiques de chaque phase
❶ Phase d'alarme 	La libération d'hormones (par exemple : adrénaline) provoque plusieurs réactions physiques qui ont pour but de préparer l'organisme à réagir. 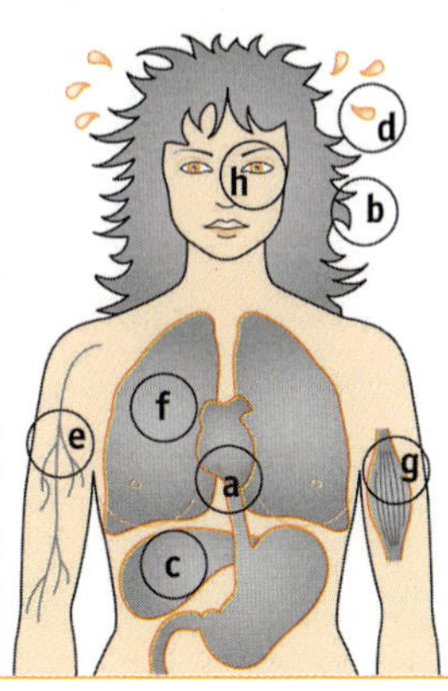 **a** Le cœur se contracte plus fort et bat plus vite. **b** Les cheveux se hérissent. **c** Le taux de sucre dans le sang s'élève (utilisation des réserves du foie). **d** La transpiration augmente. **e** La pression artérielle augmente. **f** Le rythme respiratoire s'accélère. **g** Les muscles reçoivent un afflux de sang. **h** Les pupilles se dilatent.

PSE

Les différentes phases	Les caractéristiques de chaque phase
❷ **Phase de résistance** 	Si la situation stressante se prolonge, de nouvelles hormones sont secrétées par l'organisme dont le cortisol qui augmente le taux de sucre dans le sang pour apporter l'énergie nécessaire aux muscles, au cœur et au cerveau.
❸ **Phase d'épuisement** 	Lorsque la situation stressante dure trop longtemps ou s'intensifie, l'organisme ne peut plus faire face, c'est l'état de stress chronique. L'organisme est submergé d'hormones activatrices pouvant nuire à sa santé.

B Les effets du stress

- **Les effets comportementaux :** dépression, troubles du sommeil, crises d'angoisse...
- **Les effets physiques :** ulcères à l'estomac, maux de tête, accidents cardio-vasculaires, sensibilité aux infections...
- **Les effets psychiques :** perte de confiance en soi, démotivation...

3 Des mesures de prévention

Mises en œuvre par le salarié	Mises en œuvre par l'employeur
- Observer une bonne hygiène de vie (se relaxer, pratiquer un sport, opter pour une alimentation saine et équilibrée) - Se faire suivre sur le plan médical et/ou sur le plan psychologique	- Adapter le travail demandé aux capacités et aux ressources du salarié - Faciliter le dialogue et les échanges entre tous les acteurs de l'entreprise - Assurer la formation des salariés aux nouvelles technologies - Mettre en place une cellule d'écoute dans l'entreprise

33 Les déchets

1 La définition d'un déchet

« Tout résidu d'un processus de production [...] ou plus généralement tout bien meublé abandonné ou que son détenteur destine à l'abandon » (article L 541-1 du code de l'environnement).

2 Les catégories de déchets

Il existe 3 grandes catégories de déchets produits par les entreprises.

Les déchets inertes (DI) 	Déchets qui ne subissent aucune modification physique, chimique ou biologique importante. Ils ne se décomposent pas, ne brûlent pas et ne produisent aucune réaction physique ou chimique. Ils sont essentiellement issus du secteur du bâtiment et des travaux publics : déblais, gravas...
Les déchets industriels banals (DIB) 	Déchets qui ne sont pas inertes, mais ne présentent aucun caractère toxique ou dangereux. Ils sont assimilables aux ordures ménagères ; il s'agit du carton, du papier, du bois, des plastiques, des métaux...
Les déchets industriels dangereux (DID) 	Déchets qui présentent une ou plusieurs des propriétés suivantes : explosif, comburant, inflammable, irritant, nocif, toxique, cancérogène, corrosif, infectieux, toxique pour la reproduction, mutagène, écotoxique. D'une façon générale, ils sont dommageables pour l'homme et l'environnement. Exemples : les huiles, les solvants, les néons, les batteries, les piles, les bombes aérosols... Par extension, les emballages de ces produits, même vides, sont considérés comme DID.

3 L'impact des déchets sur l'environnement

La production des déchets est **une source de gaspillage de matières premières et d'énergie**. C'est aussi un facteur de risque pour l'environnement. En effet, les différents traitements des déchets et leur transport sont sources de nuisances et de pollutions :
- pour **l'air** : émissions de gaz « à effet de serre », de particules en suspension ;
- pour **l'eau** : entraînement de métaux lourds, de substances dangereuses ;
- pour **le sol** : accumulation de substances dangereuses pouvant contaminer la chaîne alimentaire.

4 L'organisation de la gestion des déchets dans le milieu professionnel

Le circuit des déchets industriels

Déchets industriels banals (DIB)

Déchets industriels dangereux (DID)

Pour les déchets industriels dangereux, un des éléments à fournir et qui va suivre le déchet tout au long de son circuit d'élimination ou de traitement est le **bordereau de suivi des déchets**. Il constitue une preuve de leur élimination pour le producteur responsable. Il comporte des indications sur la provenance des déchets, leurs caractéristiques, les modalités de collecte, de transport et d'entreposage, l'identité des entreprises concernées et la destination des déchets.

La valorisation est un terme générique qui recouvre : la valorisation matière (c'est-à-dire le réemploi, la réutilisation, la régénération et le recyclage), la valorisation biologique et la valorisation énergétique des déchets.

Les différents types de valorisation des déchets

Incinération 	Brûler les déchets non recyclables permet d'en réduire le volume et de récupérer l'énergie. Cette énergie peut ainsi servir à chauffer des logements, à produire de l'électricité et donc à économiser les combustibles traditionnels.
Recyclage 	Transformer certains emballages afin de leur donner une nouvelle vie : le verre redevient bouteille ; les journaux et magazines renaissent sous forme de carton ou de papier journal ; les métaux sont refondus et transformés ; les bouteilles en plastique deviennent tuyaux, tubes téléphoniques et même pulls polaires...
Compostage 	Entreposer les matières organiques (épluchures, restes de repas...) pour qu'elles se décomposent naturellement.
Centre de stockage 	Enfouir des déchets dans un site étanche pour éviter la pollution des eaux et récupérer les « jus » et le gaz combustible (biogaz) qui se sont formés pour pouvoir produire de l'électricité et de la chaleur.

5 Des logos pour informer

Les écolabels officiels délivrés par l'AFNOR (Association française de normalisation)			Les écolabels privés collectifs émanant d'un secteur industriel ou d'un organisme professionnel, considéré comme indépendant du fabricant	
NF ENVIRONNEMENT	Ces deux logos reconnaissent la qualité d'usage du produit ainsi que la limitation de ses impacts sur l'environnement	Écolabel français (Marque NF-Environnement)	80% PAPIER RECYCLÉ	Délivré par l'association des producteurs et des utilisateurs de papier-cartons recyclés (APUR), il garantit le caractère recyclé à hauteur de 80 %
€		Écolabel européen		
Autres écolabels				
	Le « point vert » signifie que le producteur contribue financièrement à un dispositif (Éco-emballages ou Adelphe) aidant les communes à développer des collectes sélectives des déchets d'emballages afin de les valoriser. Il ne présume pas du recyclage effectif du produit qui le porte.		alu aluminium acier	Pictogrammes d'identification des matériaux
65 %	La boucle de Möbius (Norme internationale ISO 14021) signifie que le produit ou l'emballage est recyclable. Lorsque cette boucle est accompagnée d'un pourcentage, elle signifie que ce produit ou cet emballage contient des matières recyclées (exemple : 65 % de matières recyclées).		02 PE - HD polyéthylène haute densité	

6 Les mesures pour respecter l'environnement

C'est l'ensemble des mesures et des actions, notamment au niveau de la conception, de la production, de la distribution et de la consommation d'un bien, visant à :
- réduire les quantités de déchets produits : **prévention quantitative** ;
- réduire leur nocivité et/ou améliorer leur caractère valorisable : **prévention qualitative**.

ANGLAIS

1. Les chiffres et les dates 350
2. Le nom 354
3. To be, to have et have got 357
4. Le présent simple, le présent en -ing et le gérondif 361
5. Le prétérit simple 366
6. Can, must et l'impératif 370
7. Les questions et les prépositions 373
8. Le futur avec will et l'expression would like to 378

ANGLAIS

1 Les chiffres et les dates

1 Les chiffres cardinaux

Les chiffres cardinaux s'emploient pour compter et donner des renseignements chiffrés.

Numbers from 0 to 1,000,000,000			
0	nought/zero	21	twenty-one
1	one	22	twenty-two
2	two	23	twenty-three
3	three	24	twenty-four
4	four	25	twenty-five
5	five	26	twenty-six
6	six	27	twenty-seven
7	seven	28	twenty-eight
8	eight	29	twenty-nine
9	nine	30	thirty
10	ten	40	forty
11	eleven	50	fifty
12	twelve	60	sixty
13	thirteen	70	seventy
14	fourteen	80	eighty
15	fifteen	90	ninety
16	sixteen	100	one/a hundred
17	seventeen	1,000	one/a thousand
18	eighteen	100,000	one hundred thousand
19	nineteen	1,000,000	one million
20	twenty	1,000,000,000	one billion

■ **Les chiffres sont invariables**. On met un trait d'union entre les dizaines et les unités et une virgule sépare les milliers des centaines. Les dizaines et unités qui sont ajoutées à **hundred** et **thousand** sont précédées de **and**.

■ **Hundred, thousand, million, billion** prennent un **-s** <u>seulement</u> quand ils sont employés comme noms et suivis de **of**.

Exemple : Hundred**s of** people went to the concert. *Des centaines de personnes sont allées au concert.*

Exercice n° 1

Écrivez ces chiffres en toutes lettres.

1. 10 ; 17; 24 ; 56 ; 83 ; 94
2. 102 ; 305 ; 510 ; 885 ; 999
3. 1,238 ; 3,474 ; 15,000 ; 35,289

2 Les chiffres ordinaux

Les chiffres ordinaux s'emploient pour donner un classement et pour les dates.

Ordinal numbers			
1st	first	20th	twentieth
2nd	second	21st	twenty-first
3rd	third	22nd	twenty-second
4th	fourth	23rd	twenty-third
5th	fifth	24th	twenty-fourth
6th	sixth	25th	twenty-fifth
7th	seventh	26th	twenty-sixth
8th	eighth	27th	twenty-seventh
9th	ninth	28th	twenty-eighth
10th	tenth	29th	twenty-ninth
11th	eleventh	30th	thirtieth
12th	twelfth	31st	thirty-first
13th	thirteenth	40th	fortieth
14th	fourteenth	50th	fiftieth
15th	fifteenth	60th	sixtieth
16th	sixteenth	70th	seventieth
17th	seventeenth	80th	eightieth
18th	eighteenth	90th	ninetieth
19th	nineteenth	100th	one hundredth

Les dates

• Elles peuvent s'écrire de plusieurs façons.

Exemple : January 11, 1971 – 11 January, 1971 – January 11th 1971 – 11th January 1971.

• On peut les prononcer de plusieurs façons.

En Grande-Bretagne : The eleventh of January, nineteen seventy-one.
Aux États-Unis : January eleventh, nineteen seventy-one.

• Pour prononcer les années avant 2000, il faut couper l'année en deux :

Exemple : 1971 = nineteen seventy-one – 2001 = two thousand and one.

• Pour parler des décennies il faut procéder de la manière suivante :

70s = the seventies (*les années soixante-dix*)
80s = the eighties (*les années quatre-vingt*)
90s = the nineties (*les années quatre-vingt-dix*)
00s = the noughties (*les années deux mille*)
Exemple : I was born in the seventies. – *Je suis né dans les années soixante-dix.*

Les autres emplois des nombres

• Les pourcentages : 50 % = fifty per cent.
• Les fractions : on utilise les chiffres ordinaux.

Exemple : 1/2 = a/one half ; 1/4 = a/one quarter ; 2/3 = two thirds, etc.

• Les numéros de téléphone et de chambres d'hôtel se lisent chiffres par chiffres. Le 0 se lit comme la lettre O.

• L'heure : It is (It's) ten o'clock.
– Après l'heure : It is five past / ten past / (a) quarter past / twenty past / twenty-five past ten. It is half past ten.
– Avant l'heure : It is twenty-five to / twenty to / (a) quarter to / ten to / five to eleven.

Les minutes se mettent toujours avant l'heure.

ANGLAIS

• Dans la journée :
- In the morning = *le matin*
- In the afternoon = *l'après-midi*
- In the evening = *le soir*
- At night = *la nuit*
- Midday = *midi*
- Midnight = *minuit*

Les systèmes monétaires

• Britannique :
- £1.00 = one pound = 100 pence.
- £2.75 = two pounds seventy-five **ou** two seventy-five.

• Américain :
- $1 = one dollar = 100 cents.
- $3.50 = three dollars fifty.

Remarque : Pour demander « *combien de...* ? » en anglais, on utilise **« how many... ? »** avec les noms au pluriel et **« how much... ? »** pour l'argent.
Exemple : How many people play football? – *Combien de personnes jouent au football ?*
How much money have you got? – *Combien (d'argent) as-tu ?*

Exercice n° 2

Écrivez ces chiffres, dates, pourcentages et montants en toutes lettres.

1. 1st ; 5th ; 17th ; 22nd ; 31st
2. 1450 ; 1766 ; 1986 ; 1999 ; 2000 ; 2001
3. 20 % ; 35 % ; 56 % ; 75 % ; 100 %
4. $3.65 ; $39.99 ; 60p ; 99p ; £1.55 ; £13.25 ; £95.99

Exercice n° 3

FACTS AND FIGURES ABOUT THE U.K.

England is part of the United Kingdom of Great Britain and Northern Ireland. The population of the United Kingdom is approximately sixty million. The Union Flag is the official flag of the U.K. and is made up of three different flags. Over 250 languages are spoken in London. More than 10% of primary school children and 9% of secondary pupils do not have English as their first language. The British currency is the pound sterling. The sign for the pound is **£**. The pound is made up of 100 pence. There are about 3.7 million businesses in the UK. About 75% of British jobs are in service industries – hotels, restaurants, travel, shopping, and computer and finances. The service industry employs over twenty million people. In the U.K., the minimum wage in October 2010 for workers between the ages of 18 and 20 was £4.92 per hour. Education is free and compulsory for all children between the ages of 5-16. Children enjoy playing and watching sports such as football, cricket and tennis. The minimum age for driving a car in the U.K. is 17, and 16 for riding a moped or motorbike with a maximum engine capacity of 50 cc. The average amount of pocket money for 12 to 16-year-olds is £9.15 per week. In the English Football League there are 92 professional clubs. Hundreds of thousands of people also play football in parks for fun.

Adapted from *projectbritain.com*

Lexique

- flag : *drapeau*
- made up of : *composé de*
- currency : *devise (l'argent utilisé dans le pays)*
- pound sterling : *la livre sterling (£)*
- service industry : *secteur tertiaire*
- over : *plus de*
- free : *gratuit*
- moped : *mobylette*
- hundreds of thousands : *des centaines de milliers*

Répondez aux questions suivantes en anglais avec des phrases complètes.

1. What is the population of the United Kingdom?
2. What is the name of the United Kingdom's flag?
3. How many languages are spoken in London?
4. How many primary school children do not have English as their first language?
5. What is the British currency?
6. How many businesses are there in the U.K.?
7. What was the minimum wage for workers of 18 to 20 in October 2010?
8. When can you drive a car?
9. What is the average amount of pocket money in the U.K.?
10. How many professional football clubs are there in the English Football League?

Corrigés des exercices

Exercice 1

1. ten, seventeen, twenty-four, fifty-six, eighty-three, ninety-four

2. one hundred and two, three hundred and five, five hundred and ten, eight hundred and eighty-five, nine hundred and ninety-nine

3. one thousand two hundred and thirty-eight, three thousand four hundred and seventyfour, fifteen thousand, thirty-five thousand two hundred and eighty-nine

Exercice 2

1. first, fifth, seventeenth, twenty-second, thirty-first

2. fourteen fifty, seventeen sixty-six, nineteen eighty-six, nineteen ninety-nine, the year two thousand, two thousand and one

3. twenty per cent, thirty-five per cent, fifty-six per cent, seventy-five per cent, one hundred per cent

4. three dollars sixty-five, thirty-nine dollars ninety-nine, sixty pence, ninety-nine pence, one pound fifty-five, thirteen pounds twenty-five, ninety-five pounds ninety-nine

Exercice 3

1. The population of the United Kingdom is approximately sixty million.

2. The United Kingdom's flag is called the Union Flag.

3. There are over 250 languages spoken in London.

4. More than 10% of primary school children do not have English as their first language

5. The British currency is the pound sterling.

6. There are about 3.7 million businesses in the UK. About 75% of British jobs are in service industries - hotels, restaurants, travel, shopping, and computer and finances.

7. The minimum wage for workers of 18 to 20 in October 2010 was £4.92 per hour.

8. You can drive a car in the UK when you are 17.

9. The average amount of pocket money for 12 to 16-year-olds in the U.K. is £9.15 per week.

10. There are 92 professional football clubs in the English Football League.

2 Le nom

1 Le singulier et le pluriel

• Au pluriel, les noms prennent un **-s.**
• On ajoute **-es** aux noms qui se terminent en **-ch**, **-s**, **-sh**, **-x**, et certains noms qui se terminent en **-o.**

Exemple : watch → watches - glass → glasses - brush → brushes - box → boxes - tomato → tomatoes

• Les noms qui se terminent en **-y** s'écrivent de la façon suivante :
- **-y** précédé d'une consonne : on enlève **-y** et on le remplace par **-ies**

Exemple : lady → lad**ies** - lorry → lorr**ies** - fly → fl**ies**

- **-y** précédé d'une voyelle : on laisse **-y** et on rajoute un **-s**

Exemple : tray → tray**s** - guy → guy**s**

• On ajoute **-ves** aux noms qui se terminent en **-f** après l'avoir enlevé.

Exemple : shelf → shel**ves** - knife → kni**ves** - leaf → lea**ves**
sauf pour : roof → roof**s** - cliff → cliff**s** - chief → chief**s**

• Quelques pluriels irréguliers : man → **men** - woman → **women** - child → **children** - foot → **feet** - mouse → **mice**

2 Les noms dénombrables et indénombrables

Les noms dénombrables

Les noms dénombrables peuvent être comptés. On admet le pluriel. On utilise l'article indéfini **a/an** et **some/any (du, de la, des)**.

Exemple : a cat, three chairs, some cars, not many boys, hundreds of people. - *un chat, trois chaises, des voitures, beaucoup de garçons, des centaines de personnes.*

Les noms indénombrables

Les noms indénombrables ne peuvent pas être comptés et on n'admet pas le pluriel. On n'utilise pas l'article indéfini mais on peut utiliser **some/any**.

Exemple : wood, some tea, not much money, a lot of time. - *du bois, du thé, pas beaucoup d'argent, beaucoup de temps.*

L'article indéfini a/an

• L'article indéfini **a** devant une consonne et **an** devant une voyelle ont en général le même sens que *un/une* en français.
• **A/an** n'a pas de pluriel et on utilise soit l'article **Ø** soit **some** pour l'équivalent de « des ».
• On emploi toujours l'article indéfini **a/an** devant les métiers.

■ **L'article défini the**

• L'article défini **the** signifie *le/la/les* en français et est utilisé devant un nom singulier ou pluriel défini par le contexte.

• L'article défini est aussi utilisé devant les noms de peuples, noms propres au pluriel et les pays suivants : The United States of America, The United Kingdom and The Netherlands.

■ **Les quantifieurs some/any *(du, de la, des)***

• **Some** s'utilise en général dans une phrase affirmative.

• **Any** s'utilise dans les questions et phrases négatives.

• **Some** s'utilise également dans des questions lorsqu'il s'agit d'offres et de demandes.

Exemple :

– I have some money. I don't have any money. Do you have any money? – *J'ai de l'argent. Je n'ai pas d'argent. As-tu de l'argent ?*

– Could I have some bread, please? Would you like some more chips? – *Puis-je avoir du pain, s'il vous plaît ? Désirez-vous d'autres frites ?*

3 Les pronoms et les adjectifs

Tableau récapitulatif

Pronoms personnels sujets	Pronoms personnels compléments	Adjectifs possessifs	Pronoms possessifs
I – *je*	me – *me, moi*	my – *mon, ma, mes*	mine – *le mien, la mienne, les miens/miennes*
you – *tu, vous*	you – *te, toi, vous*	your – *ton, ta, tes, votre, vos*	yours – *le tien, la tienne, les tiens/tiennes, le/la vôtre, les vôtres*
he – *il*	him – *l', le, lui*	his – *son, sa, ses*	his – *le sien, la sienne, les siens/siennes*
she – *elle*	her – *l', la, lui, elle*	her – *son, sa, ses*	hers – *le sien, la sienne, les siens/siennes*
it – *il, elle (objet ou animal au singulier)*	it – *l', la, le, lui, elle*	its – *son, sa, ses*	its – *le sien, la sienne, les siens/siennes*
we – *nous*	us – *nous*	our – *notre, nos*	ours – *le/la nôtre, les nôtres*
you – *vous*	you – *vous*	your – *votre, vos*	yours – *le/la vôtre, les vôtres*
they – *ils, elles (personnes, objets et animaux au pluriel)*	them – *les, leur, eux, elles*	their – *leur, leurs*	theirs – *le/la leur, les leurs*

■ **Les pronoms personnels sujets : I, you, he, she, it, we, you, they.**

Le pronom it correspond à un objet ou un animal au singulier son pluriel est they.

Le cas possessif

Le cas possessif établit une relation de possession entre deux termes avec **'s** au singulier et **s'** au pluriel, sauf pour les pluriels irréguliers. L'ordre des mots est l'inverse de celui du français. On emploie le cas possessif surtout pour parler d'êtres vivants.

Exemple : David's car ; my parents' house ; the children's toys – l*a voiture de David ; la maison de mes parents ; les jouets des enfants.*

Les adjectifs possessifs : my, his, her, its, our, your, their

Les adjectifs possessifs expriment une relation de possession et s'accordent avec le possesseur.

Exemple : my bag, your car, his hat, his chair, her book, her hand, its head, its name, our house, their things – *mon sac, ta voiture, son chapeau, sa chaise, son livre, sa main, sa tête, son nom, notre maison, leurs affaires.*

Les adjectifs qualitatifs épithètes

Les adjectifs épithètes se placent devant le nom et ne prennent jamais de **–s** au pluriel.

Exemple : a black cat, three red cars, a good day – *un chat noir, trois voitures rouges, une bonne journée.*

Les adjectifs qualitatifs attributs

Les adjectifs qualitatifs attributs se placent après le verbe d'état.

Exemple : I am tired. She feels sick. – *Je suis fatigué. Elle se sent malade.*

Exercice

Écrivez l'équivalent en anglais.

1. La voiture de Tom.
2. La maison de la famille Richard.
3. Mon sac est dans la chambre de tes parents.
4. Son ordinateur (homme). Son téléphone portable (femme). Leur maison. Leurs clés.
5. Ton argent de poche. Ta famille. Votre chien. Vos affaires.
6. Je n'ai pas d'amis. J'ai du temps de libre. As-tu des bonbons ?
7. Puis-je avoir du café ? Désirez-vous du lait avec votre café ?
8. Un sac rouge. Trois grosses voitures. Un chien marron.
9. Je me sens très fatigué. Il est grand. Ils sont contents.

Corrigés de l'exercice

1. Tom's car.
2. The Richards' house.
3. My bag is in your parents' room.
4. His computer. Her mobile phone. Their house. Their keys.
5. Your pocket money. Your family. Your dog. Your things.
6. I don't have any friends. I have some free time. Do you have any sweets?
7. Can I have some coffee? Would you like some milk with your coffee?
8. A red bag. Three big cars. A brown dog.
9. I feel very tired. He is tall. They are happy.

3 To be, to have et have got

1 To be

En anglais, **to be** (*être*) et **to have** (*avoir*) sont à la fois des verbes lexicaux et des auxiliaires.

La conjugaison du verbe <u>to be</u> au présent

Forme affirmative	Forme négative	Forme interrogative	Réponses courtes
I am	I am not (I'm not)	Am I?	– Yes, I am. – No, I'm not.
You are	You are not (you're not **ou** you aren't)	Are you?	– Yes, you are. – No, You're not **ou** you aren't.
He/she/it is	He/she/it is not (he/she's not **ou** isn't)	Is he/she/it?	– Yes, he/she/it is. – No, he/she/it's not **ou** isn't.
We/you/they are	We, you, they are not (we/you/they're not **ou** aren't)	Are we/you/they?	– Yes, we/you/they are. – No, we/you/they're not **ou** aren't.

L'emploi du verbe <u>to be</u>

Le verbe **to be** correspond la plupart du temps au verbe *être* en français, sauf dans les expressions suivantes :
- to be 15 years old – *avoir 15 ans*
- to be afraid – *avoir peur*
- to be cold / warm / hot – *avoir froid / chaud / très chaud*
- to be hungry / thirsty – *avoir faim / soif*
- to be lucky – *avoir de la chance*
- to be right / wrong – *avoir raison / tort*
- it is cold / warm / hot – *il fait froid / chaud / très chaud*

Le verbe **to be** est aussi utilisé pour traduire *il y a* :
- There is + nom au singulier.
- There are + nom au pluriel.

Exemple :
- There is a car in the street. – *Il y a une voiture dans la rue.*
- There are 500 pupils in our school. – *Il y a cinq cents élèves dans notre école.*

Exercice n° 1

Remettez les mots dans l'ordre.

1. you / old / how / are / ? /
2. old / am / 18 / I / years / . /
3. you / are / where / from / ? /
4. am / I / hello, / Susie /. / name / what's / your / ? /
5. your / what's / job / ? /
6. an / I'm / apprentice / . /

Exercice n° 2

Écrivez l'équivalent en anglais.

1. Quel âge a-t-il ?
2. Ma mère a trente neuf ans.
3. Mon frère est apprenti cuisinier.
4. Quel est votre numéro de téléphone ?
5. J'ai faim est soif.
6. J'ai chaud.

2 To have

La conjugaison du verbe <u>to have</u> au présent simple

Forme affirmative	Forme négative	Forme interrogative	Réponses courtes
I have	I do not have (I don't have)	Do I have?	– Yes, I do. – No, I don't.
You have	You do not have (you don't have)	Do you have?	– Yes, you do. – No, you don't.
He/she/it **has**	He/she/it do**es** not have (he/she/it doesn't have)	Do**es** he/she/it have?	– Yes, he/she/it do**es**. – No, he/she/it do**es**n't.
We/you/they have	We/you/they do not have (we/you/they don't have)	Do we/you/ they have?	– Yes, we/you/they do. – No, we/you/they don't.

L'emploi de <u>to have</u>

Le verbe **to have** correspond la plupart du temps au verbe *avoir* en français sauf dans les expressions suivantes :
– to have breakfast / lunch / dinner / a drink – *prendre le petit-déjeuner / le déjeuner / le dîner / un verre*
– to have a bath / a shower – *prendre un bain / une douche*

3 Have got

■ **La conjugaison de have got**

Forme affirmative	Forme négative	Forme interrogative	Réponses courtes
I have got	I have not got (I haven't)	Have I got?	– Yes, I have. – No, I haven't.
You have got	You have not got (you haven't)	Have you got?	– Yes, you have. – No, you haven't.
He/she/it has got	He/she/it has not got (he/she/it hasn't)	Has he/she/it got?	– Yes, he/she/it has. – No, he/she/it hasn't.
We/you/they have got	We/you/they have not got (we/you/they haven't)	Have we/you/they got?	– Yes, we/you/they have. – No, we/you/they haven't.

■ **L'emploi de have got**

L'expression **have got** s'emploie pour parler de possession et de lien de parenté, **uniquement** au présent.

Exemple :

– They have got a big car. He has got two brothers and a sister. – *Ils ont une grosse voiture. Il a deux frères et une sœur.*
– I haven't got a motorbike. – *Je n'ai pas de moto.*
– Have you got any brothers or sisters? – *Avez-vous des frères ou des sœurs ?*

Exercice n° 3

Remplissez les blancs dans le texte suivant avec la forme de be ou have qui convient.

My name ____ Mark and I ____ 18 years old. I ____ Australian and I come from Sydney. I ____ two brothers and a sister. My sister ____ twenty-eight and she ____ an artist. She ____ lots of friends and ____ very lucky because she ____ a house in the city centre. I love computers and I ____ two. I also ____ a smartphone.

Exercice n° 4

Remettez les mots dans l'ordre.

1. of / I / lots / have / friends / . /
2. have / a / you / computer / do / ? /
3. money / got / much / have / how / you / ? /
4. got / you / any / sisters / brothers /or / have / ? /
5. haven't / a / I / got / car / . /

ANGLAIS

Exercice n° 5

AN E-FRIEND

Hi !

My name is Rachel. I am English, I am 16 years old and I come from a small town in the south of England called Romsey. I live with my parents in a lovely thatched cottage and I have got quite a big family. My mother's name is Susan and she is a nurse and my father's name is Paul and he works for the local council. I have got five brothers and sisters. Their names are Cat, who is 23, she is a secretary, Jason who is 21, he is a car mechanic, Pete, my twin brother, who is 16 and is at school, Kerry, 13, who is at secondary school and Miles who is three years old. I love my little brother, he is so cute! We love animals and we have got three horses, four dogs, two cats and rabbits. I like watching TV and surfing on the Internet. My favourite food is pizza and my favourite colour is red. What about you? What is your favourite colour and what food do you like ? Please write to me soon.

Best wishes

Rachel

Lexique

- thatched cottage : *une chaumière*
- nurse : *infirmière*
- local council : *la municipalité*
- cute : *mignon*

Répondez aux questions suivantes en anglais avec des phrases complètes.

1. How old is Rachel?
2. Where does she come from?
3. How many brothers and sisters has she got?
4. How old are they?
5. Does the family have any pets? What are they?
6. What does Rachel like?

Corrigés des exercices

Exercice 1

1. How old are you?
2. I am 18 years old.
3. Where are you from?
4. Hello, I am Susie. What's your name?
5. What's your job?
6. I'm an apprentice.

Exercice 2

1. How old is he?
2. My mother is 39 years old.
3. My brother is an apprentice chef.
4. What is your phone number?
5. I'm hungry and thirsty.
6. I'm hot.

Exercice 3

My name **is** Mark and I **am** 18 years old. I **am** Australian and I come from Sydney. I **have** two brothers and a sister. My sister **is** twenty-eight and she **is** an artist. She **has** lots of friends and **is** very lucky because she **has** a house in the city centre. I love computers and I **have** two. I also **have** a smartphone.

Exercice 4

1. I have lots of friends.
2. Do you have a computer?
3. How much money have you got?
4. Have you got any brothers or sisters?
5. I haven't got a car.

Exercice 5

1. Rachel is sixteen years old. **2.** She comes from Romsey, a small town in the south of England. **3.** She has got five brothers and sisters. **4.** They are twenty-three, twenty-one, sixteen, thirteen and three years old. **5.** The family has lots of pets. They have three horses, four dogs, two cats and rabbits. **6.** Rachel likes watching TV and surfing on the Internet. Her favourite food is pizza and her favourite colour is red.

4 Le présent simple, le présent en -ing et le gérondif

1 Le présent simple

En anglais, il est très important de faire la différence entre le présent simple et le présent en -ing. Il est également très important de maîtriser l'ordre des mots dans une phrase.

La conjugaison du présent simple

Forme affirmative	Forme négative	Forme interrogative	Réponses courtes
I drink	I do not drink (I don't)	Do I drink?	– Yes, I do. – No, I don't.
You drink	You do not drink (you don't)	Do you drink?	– Yes, you do. – No, you don't.
He/she/it drink**s**	He/she/it do**es** not drink (he/she/it do**es**n't)	Do**es** he/she/it drink?	– Yes, he/she/it do**es**. – No, he/she/it do**es**n't.
We/you/they drink	We/you/they do not drink (we/you/they don't)	Do we/you/they drink?	– Yes, we/you/they do. – No, we/you/they don't.

Les modifications d'orthographe

• Au présent simple, les verbes prennent un **-s** à la troisième personne du singulier à la forme affirmative. Cependant, il faut tenir compte des modifications orthographiques pour les verbes suivants : do → do**es** - go → go**es** - have → **has**.

• On ajoute **-es** aux verbes qui se terminent en **-ch**, **-s**, **-sh**, **-x**, **-z**.
Exemple : watch → watch**es** - pass → pass**es** - wash → wash**es** - fix → fix**es** - fizz → fizz**es**

• Les verbes qui se terminent en **-y** se conjuguent de la façon suivante :
– **-y** précédé d'une consonne, on enlève **-y** et on le remplace par **-ies**
Exemple : carry → carr**ies** - worry → worr**ies** - fly → fl**ies**
– **-y** précédé d'une voyelle, on laisse **-y** et on rajoute un **-s**
Exemple : stay → sta**ys** - buy → bu**ys**

L'emploi du présent simple

• Le présent simple s'emploie pour parler d'habitudes, d'événements réguliers, de faits plus ou moins permanents et de constats.
• Pour parler de la fréquence d'une activité, on emploie des adverbes et des expressions de fréquence : always, usually, often, sometimes, rarely, never – *toujours, d'habitude, souvent, parfois, rarement, jamais*
• Les adverbes de fréquence se placent **avant** le verbe dans la phrase mais **après** le verbe be.
Exemple :
– I often go to the theatre with my parents. – *Je vais souvent au théâtre avec mes parents.*
– I never eat ice-cream. – *Je ne mange jamais de glace.*

- I don't usually go shopping. – *Je ne fais pas habituellement les courses.*
- Do you sometimes take your brother to the cinema? – *Emmènes-tu ton frère parfois au cinéma ?*
- I am never late for work. – *Je ne suis jamais en retard pour mon travail.*
- Every day/week/month/year – *Tous les jours/toutes les semaines/tous les mois/tous les ans*
- Once/twice/three times a day/week/month/year – *Une fois/deux fois/trois fois par jour/semaine/mois/an*
- Each weekend – *Chaque weekend*
- On weekdays – *Les jours de la semaine*

• Les expressions de fréquence se placent en général **en fin** de phrase.

Exemple :

- I go swimming every day. – *Je fais de la natation tous les jours.*
- I play football twice a week. – *Je joue au football deux fois par semaine.*

• Pour savoir la fréquence d'une activité, on pose les questions :

- How often...? – *Combien de fois... ?*
- How many times a day/week/month/year...? – *Combien de fois par jour/semaine/mois/an... ?*

Exercice n° 1

Écrivez la troisième personne du singulier des verbes suivants.

1. do, go, mix, pass, push, watch
2. buy, fly, play, stay, try
3. have, like, listen, move
4. hope, open, read, think, see, want

Exercice n° 2

Écrivez la forme négative puis la forme interrogative des phrases suivantes.

1. I like eating chocolate biscuits.
2. I have a lot of responsibilities at work.
3. Peter works for a bank in London.
4. My father reads the newspaper every day.
5. I go to the cinema once a month.

2 Le présent en -ing

Forme affirmative	Forme négative	Forme interrogative	Réponses courtes
I am drinking	I am not drinking (I'm not)	Am I drinking?	– Yes, I am. – No, I'm not.
You are drinking	You are not drinking (you're not **ou** you aren't)	Are you drinking?	– Yes, you are. – No, you're not **ou** you aren't.
He/she/it is drinking	He/she/it is not drinking (he/she/it's not **ou** isn't)	Is he/she/it drinking?	– Yes, he/she/it is. – No, he/she/it's not **ou** isn't.

Forme affirmative	Forme négative	Forme interrogative	Réponses courtes
We/you/they are drinking	We/you/they are not drinking (we/you/ they're not **ou** aren't)	Are we/you/they drinking?	– Yes, we/you/they are. – No, we/you/they're not **ou** aren't.

L'emploi du présent en -ing

• Le présent en -ing s'emploie pour parler d'actions en cours, de situations temporaires et de projets.

Exemple :

– I am talking to you. – *Je suis en train de vous parler.*
– They are building a new hospital. – *Ils construisent un nouvel hôpital.*
– I am going on holiday to Ireland next year. – *Je vais en vacances en Irlande l'année prochaine.*

• Les marqueurs de temps utilisés avec le présent en -ing sont : now, at the moment, these days, this week, right now – *maintenant, en ce moment, ces jours-ci, cette semaine, maintenant*

Les verbes sans forme progressive

Certains verbes ne peuvent pas être mis à la forme progressive. En voici les principaux : believe, like, love, dislike, hate, remember, know, want, think, understand – *croire, aimer, adorer, ne pas aimer, détester, se souvenir, savoir ou connaître, vouloir, penser, comprendre*

Exercice n° 3

Écrivez la question pour chacune des réponses suivantes.

1. I am working at home this week.
2. My father is repairing his car.
3. Pete and Jennifer are going on holiday to China in the spring.

Exercice n° 4

Écrivez l'équivalent en anglais.

1. Que fais-tu ? Je fais mes devoirs.
2. Mon frère regarde la télévision dans le salon.
3. Pierre travail pour une banque en ce moment.
4. Ils construisent une nouvelle maison à côté.
5. En ce moment j'apprends l'anglais.
6. Nous partons aux États-Unis en vacances.

3 Le gérondif

• Certains verbes sont souvent suivis de la forme en -ing, dont : begin, start, continue, like, love, hate, prefer – *commencer, continuer, aimer, aimer/adorer, détester, préférer*

Exemple :

– I like swimming. – *J'aime nager.*
– I hate eating spinach. – *Je déteste manger des épinards.*

• L'utilisation du verbe en -ing est obligatoire après les verbes suivants : avoid, dislike, enjoy, finish, imagine, practise – *éviter, ne pas aimer, aimer, finir, imaginer, pratiquer*

Exemple :
– I dislike cleaning. – *Je n'aime pas faire du nettoyage.*
– I enjoy fishing. – *J'aime pêcher.*

Exercice n° 5

Écrivez l'équivalent en anglais.

1. J'aime danser mais je n'aime pas nager.
2. Ils adorent jouer au football.
3. Neil déteste faire ses devoirs.
4. Préférez-vous boire du café ou du thé ?

Exercice n° 6

DARREN'S TYPICAL DAY

Darren Watts is 15 years old and lives with his mum in the city of Manchester. He is an apprentice and works as a car mechanic in the city centre. He gets up at six-thirty every day. He has eggs, bacon, toast and a cup of tea for his breakfast. His mum goes to work before him; she works in a local shop. Darren leaves for work at eight and gets the bus to the garage where he starts work at eight-thirty. He repairs cars, mopeds and motorbikes. He loves his jobs and would like to have his own garage one day. He has a coffee break at ten-thirty and his lunch at twelve. He usually takes sandwiches to work and he always has a cup of tea and a piece of cake. In the afternoon, he also answers the phone and does some work on the accounts in the office. He finishes work at five-thirty and catches the bus home at six. In the evening, he always has his dinner at seven-thirty and he often goes out with friends after work. He often goes to bed around midnight.

Lexique
– apprentice : *apprenti* – local : *du quartier* – mopeds : *mobylettes* – accounts : *la comptabilité* – midnight : *minuit*

Répondez aux questions suivantes en anglais avec des phrases complètes.

1. How old is Darren?
2. Where does he live?
3. What is Darren's job and where does he work?
4. What time does he get up?
5. What does he do at work?
6. When does he have lunch and what does he eat?
7. What does he do at work in the afternoon?
8. How does he get home?
9. What does he do in the evening?
10. What time does he go to bed?

Corrigés des exercices

Exercice 1

1. does, goes, mixes, passes, pushes, watches
2. buys, flies, plays, stays, tries
3. has, likes, listens, moves
4. hopes, opens, reads, thinks, sees, wants

Exercice 2

1. I don't like eating chocolate biscuits. Do you like eating chocolate biscuits?
2. I don't have a lot of responsibilities at work. Do you have a lot of responsibilities at work?
3. Peter doesn't work for a bank in London. Does Peter work for a bank in London?
4. My father doesn't read the newspaper every day. Does your father read the newspaper every day?
5. I don't go to the cinema once a month. Do you go to the cinema once a month?

Exercice 3

1. Where are you working this week?
2. What is your father doing?
3. Where are Pete and Jennifer going on holiday to in the spring?

Exercice 4

1. What are you doing? I'm doing my homework.
2. My brother is watching television in the living room.
3. Peter is working for a bank at the moment.
4. They're building a new house next door.
5. I'm learning English at the moment.
6. We're going to the U.S.A. on holiday.

Exercice 5

1. I like dancing but I don't like swimming.
2. They love playing football.
3. Neil hates doing his homework.
4. Do you prefer drinking coffee or tea?

Exercice 6

1. Darren is fifteen years old.
2. He lives with his mum in the city of Manchester.
3. He works as a car mechanic in the city centre.
4. He gets up at six-thirty every day.
5. He repairs cars, mopeds and motorbikes.
6. He has his lunch at twelve. He usually takes sandwiches to work and he always has a cup of tea and a piece of cake.
7. He answers the phone and does some work on the accounts in the office.
8. He catches the bus home.
9. He always has his dinner at seven-thirty and he often goes out with friends.
10. He often goes to bed around midnight.

5 Le prétérit simple

1 Le prétérit simple

En anglais, pour parler d'une action qui a eu lieu dans le passé et qui est terminée, on utilise le prétérit.

La conjugaison du prétérit

La conjugaison est la même **pour toutes les personnes**.

Forme affirmative	Forme négative	Forme interrogative	Réponses courtes
Les verbes réguliers : base verbale + ed			
I work**ed**	I **did** not **drink** (I didn't)	**Did** you **work**?	– Yes, I **did**. – No, I **didn't**.
Les verbes irréguliers : chaque verbe est particulier, il faut les apprendre !			
I went	I **did** not **go** (I didn't)	**Did** you **go**?	– Yes, I **did**. – No, I **didn't**.

La liste des verbes irréguliers se trouve en fin de partie. Les verbes au prétérit se trouvent dans la deuxième colonne.

L'emploi du prétérit simple

• Le prétérit s'utilise pour parler d'une action qui a eu lieu dans le passé, terminée, n'ayant aucun rapport avec le présent.
• Le prétérit se traduit souvent par un passé composé en français mais peut aussi se traduire par un imparfait ou le passé simple.

Les marqueurs de temps associés au prétérit

Au prétérit, on associe des marqueurs de temps comme **yesterday** – *hier*, **last** – *dernier/dernière*, et **ago** – *il y a*, de même que des dates relatives au passé et autres moments faisant référence au passé : **in 1999**, **on Friday**, **in September**, etc.

Exemple :
– I went to the cinema yesterday. – J*e suis allé au cinéma hier.*
– He played football on Friday evening. – *Il a joué au football vendredi soir.*
– I left school in 1989. – *J'ai quitté l'école en 1989.*
– When did you buy your new car? We bought it three weeks ago. – *Quand avez-vous acheté votre voiture neuve? Nous l'avons acheté il y a trois semaines.*

Exercice n° 1

Écrivez la forme négative des phrases suivantes ; ensuite, posez une question qui aurait pour réponse la partie soulignée de la phrase.

1. I had breakfast at 8 o'clock this morning.
2. My brother gave me a watch for Christmas.
3. Mrs Smith went on holiday to the West Indies last year.
4. He walked to work yesterday.

Exercice n° 2

Écrivez l'équivalent en anglais.

1. Je suis allé au cinéma hier soir.
2. J'étais malade la semaine dernière, c'est la raison pour laquelle je ne suis pas venu.
3. Neil Armstrong a marché sur la Lune en 1969.
4. J'ai passé plusieurs mois en Inde il y a dix ans.

2 To be au prétérit

La conjugaison du verbe to be (être) au prétérit (était)

Forme affirmative	Forme négative
I/he/she/it **was**... We/you/they **were**...	– I/he/she/it **was not/wasn't**... – We/you/they **were not/weren't**...
Forme interrogative	**Réponses courtes**
Was I/he/she/it...? **Were** we/you/they...?	– Yes, I/he/she/it **was**. No, I/he/she/it **wasn't**. – Yes, we/you/they **were**. No, we/you/they **weren't**.

Pour traduire *il y avait* le verbe **to be** au prétérit est utilisé :
There was + nom au singulier *ou bien* There were + nom au pluriel.

Exemple : There was a car in the street. – *Il y avait une voiture dans la rue.*
There were 500 pupils in our school – *Il y avait cinq cents élèves dans notre école.*

Exercice n° 3

Écrivez l'équivalent en anglais.

1. Il avait 15 ans en 1995.
2. Quand êtes-vous né ? Je suis né en 1997.
3. Où étais-tu hier ? J'étais en ville avec mes amis.
4. Il y avait beaucoup de monde à la fête.

Exercice n° 4

SELENA GOMEZ

Selena Marie Gomez was born on July 22, 1992. She is an American actress, singer, and UNICEF Goodwill Ambassador.

Gomez is the lead singer and founder of the pop band *Selena Gomez & the Scene*, which has released two studio albums, *Kiss & Tell* and *A Year Without Rain*. Gomez began her acting career at the age of seven, playing Gianna on *Barney & Friends*. She was in *Hannah Montana*.

In October 2008, Gomez became UNICEF's spokesperson for the *Trick-or-Treat for UNICEF* campaign, which encouraged children to raise money on Halloween to help children around the world. She said that she was "extremely excited" to "encourage other kids to make a difference in the world." Gomez is involved in *Disney's Friends for Change*, an organization which promotes "environmentally-friendly behaviour". She also launched her own production company in the same year.

In October, 2009, Gomez announced her plan to launch her own fashion line, called "*Dream Out Loud by Selena Gomez*". The clothing line will consist of bohemian dresses, floral tops, jeans, skirts, jackets, scarves and hats, all made from recycled or eco-friendly materials. Gomez said that the line will reflect her own personal style and described the clothing as being "pretty, feminine, and bohemian". She is the owner of five rescue dogs and describes herself as a "huge animal lover".

Lexique

- UNICEF Goodwill Ambassador : *ambassadrice de bonne volonté de l'UNICEF*
- founder : *fondateur/fondatrice*
- spokesperson : *porte-parole*
- raise money : *récolter des fonds*
- environmentally-friendly behaviour : *un comportement d'écologiste*
- launch : *lancer*
- clothing line : *ligne de vêtements*
- eco-friendly : *écologique*
- owner : *proprietaire*
- rescue dogs : *chiens sauveteur*

Répondez aux questions suivantes en anglais avec des phrases complètes.

1. When was Selena Gomez born?
2. What does she do?
3. When did she begin acting?
4. What did Gomez become in October 2008?
5. What did she do for the *Trick-or-Treat for UNICEF* campaign?
6. What does the *Disney's Friends for Change* organization do?
7. What did she also do in the same year?
8. What did Gomez announce in October 2009?
9. What will the line consist of?
10. What does Gomez also love?

Corrigés des exercices

Exercice 1

1. I didn't have breakfast at 8 o'clock this morning. What time did you have breakfast this morning?
2. My brother didn't give me a watch for Christmas. What did your brother give you for Christmas?
3. Mrs Smith didn't go on holiday to the West Indies last year. Where did Mrs Smith go on holiday last year?
4. He didn't walk to work yesterday. How did he get to work yesterday?

Exercice 2

1. I went to the cinema yesterday evening.
2. I was ill last week, that's why I didn't come.
3. Neil Armstrong walked on the moon in 1969.
4. I spent several months in India ten years ago.

Exercice 3

1. He was fifteen years old in nineteen ninety-five.
2. When were you born? I was born in nineteen ninety-seven.
3. Where were you yesterday? I was in town with my friends.
4. There were a lot of people at the party.

Exercice 4

1. Selena Gomez was born on July 22, 1992.
2. She is an American actress and singer. Gomez is the lead singer and founder of the pop band *Selena Gomez & the Scene.*
3. Gomez began her acting career at the age of seven. She played Gianna on *Barney & Friends*. She was in *Hannah Montana*.
4. In October 2008, Gomez became UNICEF's spokesperson for the *Trick-or-Treat for UNICEF* campaign.
5. She encouraged children to raise money on Halloween to help children around the world. She was very happy to encourage children to make a difference in the world.
6. *Disney's Friends for Change* promotes "environmentally-friendly behaviour".
7. She also launched her own production company in the same year.
8. In October, 2009, Gomez announced her plan to launch her own fashion line, called *"Dream Out Loud by Selena Gomez"*.
9. The line will consist of bohemian dresses, floral tops, jeans, skirts, jackets, scarves and hats, all made from recycled or eco-friendly materials.
10. Gomez also loves animals and she has five rescue dogs.

6 Can, must et l'impératif

1 Can et must

Les auxiliaires modaux **can** et **must** servent à parler de capacité, incapacité, permission, interdiction et obligation.

Les particularités de can et must

- Can et Must n'ont pas d'infinitif.
- Ils ne prennent pas de **-s** à la troisième personne du singulier.
- Pour les mettre à la forme négative il suffit d'ajouter la négation **not (n't)**.

Exemple : I cannot (can't) go out straight away. – *Je ne peux pas sortir tout de suite.*

- Pour les mettre à la forme interrogative, il faut les inverser avec le sujet.

Exemple : Can I wear my new shoes to school? – *Est-ce que je peux porter mes chaussures neuves à l'école ?*

- Can et Must sont **toujours suivis de la base verbale**.

Exemple : I must do my homework. – *Je dois faire mes devoirs.*

La capacité et l'incapacité/possibilité et impossibilité

- Pour parler de capacité/possibilité, on utilise le modal **can** au présent. Pour parler d'incapacité/impossibilité il suffit de mettre **can** à la forme négative.

Exemple :
- I can swim but I can't play tennis. – *Je sais nager mais je ne sais pas jouer au tennis.*
- I can/can't come to the meeting on Wednesday evening. – *Je peux/ne peux pas venir à la réunion mercredi soir.*

La permission

Pour demander et pour donner la permission, on utilise **can** ou **may**.

Exemple :
- Can/May I go out tonight? Yes, you can/may. *Puis-je sortir ce soir ? Oui.*
- You can/may leave now. *Vous pouvez partir maintenant.*

L'interdiction

Pour exprimer l'interdiction, on utilise le modaux **can** et **must** à la forme négative.

Exemple : You cannot/can't **ou** You must not/mustn't take dogs into supermarkets. – *Vous ne pouvez/devez pas* **ou** *Il ne faut pas emmener des chiens au supermarché.*

L'obligation

Must exprime l'obligation au présent et de la part de celui qui parle.

Exemple : I must do my homework. – *Je dois faire mes devoirs (c'est moi qui m'oblige à les faire).*

Exercice n° 1

Écrivez l'équivalent en anglais.

1. Je ne sais pas parler allemand mais je sais parler anglais couramment.
2. Tu ne peux pas aller au concert.
3. Puis-je sortir ce soir ?
4. Il ne faut pas courir à la piscine.
5. Je dois finir ce livre.

2 L'impératif

L'impératif est utilisé pour donner des ordres, des consignes et pour faire des suggestions.

Donner des ordres

- La **base verbale** est utilisée à la deuxième personne du singulier pour la forme affirmative.
- La forme **do not/don't + base verbale** est utilisé à la deuxième personne du singulier pour la forme négative.
- La forme **let us** ou **let's + base verbale** est utilisé pour la première personne du pluriel.

Les adverbes *always* et *never* peuvent être employés avec l'impératif à la forme affirmative de la 2e personne du singulier. Ils se placent avant la base verbale.

Exemple :
- Wait here, I won't be a minute. – *Attends-moi ici, je n'en ai pas pour longtemps.*
- Don't touch the kettle, it's hot. – *Ne touche pas à la bouilloire, elle est chaude.*
- Let's go and buy some cakes for tea. – *Allons chercher des gâteaux pour le goûter.*

Exercice n° 2

Écrivez l'équivalent en anglais.

1. N'oubliez pas de poster votre courrier.
2. Ne fais pas autant de bruit !
3. Fais ton lit avant de descendre.
4. Vas chercher mes lunettes, s'il te plaît.
5. Allons à la pêche ce soir.

Exercice n° 3

MY SCHOOL

Hi !
It's me Rachel again. Thank you for your reply to my e-mail. There are lots of pupils in our school and I am lucky because I have lots of friends. My school is in the town and I walk there every day. I have got a school uniform and I always have lots of homework to do after school. Have you got lots of homework? I am a member of some clubs at school and I play tennis and have music lessons after school. I am learning to play the guitar and the piano. I really like school and at lunchtime I talk with my friends. I have lunch at school in the school canteen, the food is ok! I prefer their chips and pizza but I also like vegetables! We have two lessons in the morning and two in the afternoon. My favourite subjects are French, English, Maths and History. School starts at nine o'clock in the morning and finishes at a quarter to four in the afternoon.

Lexique

– pupils : *élèves* ; homework : *devoirs* ; music lessons : *cours de musique.*

I. Faites un résumé du texte en anglais.

ou

II. Répondez aux questions suivantes en anglais avec des phrases complètes.

1. Who wrote the e-mail?
2. Why is Rachel lucky?
3. Where is Rachel's school?
4. What does she wear to school?
5. What does she do after school?
6. What does she say about school lunches?
7. How many lessons does she have in a day at school?
8. When does school start and finish?

Corrigés des exercices

Exercice 1

1. I can't speak German but I can speak English fluently.
2. You can't go to the concert.
3. Can I go out tonight ?
4. You mustn't run at the swimming pool.
5. I must finish this book.

Exercice 2

1. Don't forget to post your letter.
2. Don't make so much noise!
3. Make your bed before you come downstairs.
4. Go and get my glasses, please.
5. Let's go fishing this evening.

Exercice 3

I. The text is an e-mail sent by Rachel. She talks about her school. There are lots of pupils in her school and she says she has a lot of friends. She walks to school every day, her school is in town. She wears a school uniform and she always has lots of homework. She is a member of some clubs and she plays tennis and is learning to play the guitar and the piano. She likes school and she has lunch at the school canteen. She likes chips, pizza and vegetables. She has two lessons in the morning and two in the afternoon. She likes French, English, Maths and History. She starts school at nine o'clock in the morning and finishes at a quarter to four in the afternoon.

II.

1. Rachel wrote the e-mail.
2. Rachel is lucky because she has lots of friends.
3. Rachel's school is in the town.
4. She wears a school uniform to school.
5. She plays tennis and has music lessons after school.
6. She says school lunches are ok. She likes their chips and pizza and also the vegetables.
7. She has two lessons in the morning and two in the afternoon.
8. School starts at nine o'clock in the morning and finishes at a quarter to four in the afternoon.

7 Les questions et les prépositions

1 Les questions

En anglais, il y a deux types de questions :
- les **questions fermées**, qui appellent pour seules réponses **oui** et **non** sous forme de réponse courte ;
- les **questions ouvertes**, pour lesquelles plusieurs réponses peuvent être données.

Les questions fermées

Les questions fermées sont aussi appelées : **Yes/No questions**. Elles **ne commencent pas par un pronom interrogatif** mais par le verbe ou l'auxiliaire (pour l'ordre des mots dans une question voir le deuxième tableau ci-dessous). La réponse est donnée par une réponse courte.

Exemple :
- Are you fifteen years old? Yes, I am. – *As-tu quinze ans? Oui.*
- Do you like ice-cream? Yes, I do. – *Aimes-tu la glace? Oui.*
- Did you go on holiday last year? Yes, we did. – *Êtes-vous partis en vacances l'année dernière? Oui.*

Les questions ouvertes

Les questions ouvertes commencent par le **pronom interrogatif**. Il y a une multitude de réponses possibles.

Le tableau des pronoms interrogatifs

Les pronoms interrogatifs en Wh- et How			
What	Que/quel ?	**How**	Comment ?
What time	(À) quelle heure ?	**How far**	(À) quelle distance ?
What...for	Pour quoi/dans quel but ?	**How long**	(Depuis) combien de temps
What...like	Comment (description)	**How many**	Combien (de) ? + dénombrable
When	Quand ?	**How many times**	Combien de fois ?
Where	Où ?	**How much**	Combien ? (prix) Combien (de) ? + indénombrable
Which	Quel/lequel ?	**How often**	Combien de fois ?
Who	Qui ?	**How old**	Quel âge ?
Whom	Qui/à qui (COI)	**How deep**	Quelle profondeur ?
Whose	À qui ? (possession)	**How fast**	À quelle vitesse ?
Why	Pourquoi ?	**How heavy**	Combien pèse ?
What colour	De quelle couleur ?	**How high**	Quelle est la hauteur ?
What size	De quelle taille ?	**How long**	Quelle est la longueur ?
What about **How about**	Et si... ? (pour faire une suggestion)	**How tall**	Combien mesure-t-il ?
		How wide	Quelle est la largeur ?

Exemple :
- What time is lunch? At twelve. - *À quelle heure est le déjeuner? À douze heures.*
- How often do you eat pizza? About twice a week. - *Combien de fois mangez-vous de la pizza? Environ deux fois par semaine.*
- When are you going back to England? In September. - *Quand retournez-vous en Angleterre? En septembre.*

Remarque : on n'emploie pas **do/did** dans des questions dont les pronoms interrogatifs **who, what** et **which** sont **sujets**.

Exemple :
- Who said that? - *Qui a dit ça ?*
- What happened yesterday? - *Que s'est-il passé hier ?*

L'ordre des mots dans une question

Pronom interrogatif	Auxiliaire	Sujet	Verbe	Complément et divers
What time	is	it?		
What	are	they	doing	this afternoon?
Where	do	you	live?	
How often	does	he	go	on holiday?
	Are	you	English?	
What	did	they	do	last week?
	Would	you	like	some bread?
	Can	you	tell	me what the time is?

Remarque : pour poser des questions avec des auxiliaires modaux comme **can** et **must**, il suffit de les inverser avec le sujet.

Exemple : I can swim. Can you swim?

Exercice n° 1

Écrivez une question qui aurait pour réponse la partie soulignée de la phrase.

1. I am eighteen years old.
2. My parents live in the south of England.
3. They gave James a bike for his birthday.
4. I am cleaning the car.
5. It is Dad's watch.

Exercice n° 2

Écrivez l'équivalent en anglais.

1. Où vas-tu ?
2. Qu'avez-vous fait la semaine dernière ?
3. Pourquoi ont-ils oubliés de venir hier ?
4. Qu'aimerais-tu pour ton dîner ?
5. Qui vient demain ?

2 Les prépositions

■ **Les prépositions de lieu**

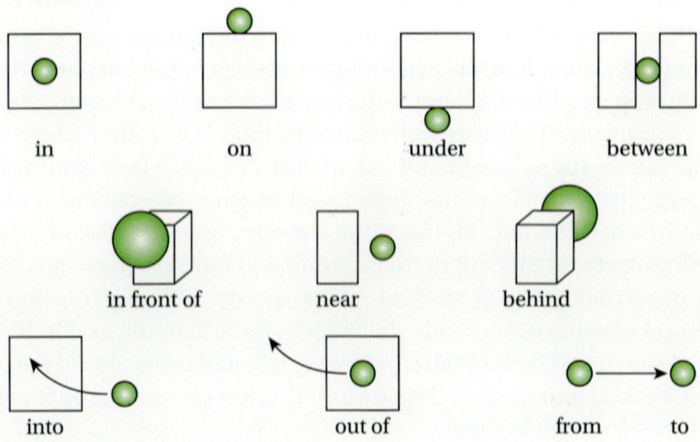

■ **Les prépositions de temps**

after : *après* ; at : *à* ; before : *avant* ; during : *pendant* ; for : *pendant/depuis* ; from : *à partir de* ; in : *de* ; on : *en, le (+ nom du jour)* ; since : *depuis* ; until : *jusqu'à*

■ **Autres prépositions**

by : *par* ; with : *avec* ; for : *pour*

■ **Les verbes suivis d'une préposition (phrasal verbs)**

En anglais, beaucoup de verbes se construisent avec une préposition. Ce sont des **phrasal verbs.** En voici quelques-uns : break down : *tomber en panne* ; bring back : *rapporter* ; carry on : *continuer* ; come off : *se détacher* ; cut off : *couper* ; eat up : *manger (tout)* ; get off : *descendre (d'un bus...)* ; get up : *se lever* ; give back : *rendre* ; give up : *renoncer à* ; give away : *distribuer/donner* ; grow up : *grandir* ; look up : *chercher (un mot)* ; pick up : *ramasser* ; put away : *ranger* ; put on : *mettre (un vêtement...)* ; set off : *partir* ; stand up : *se lever (d'un siège)* ; switch on : *allumer (la lumière...)* ; write down : *noter*

RAPPEL
Dans une question qui commence par who, which et what, la préposition est rejetée en fin de question.

Exercice n° 3

Remplissez les blancs dans le texte suivant avec la préposition ou le verbe suivi d'une préposition qui convient parmi la liste ci-dessous.

after, at (x 3), before, eat up, from, get off, in, into, on (x 3), pick up, to (x 2), with

At the weekend I went _____ the cinema. I went _____ my friends _____ school _____ Saturday night _____ sport's practice _____ the local race track. I love going _____ the cinema and when we _____ the bus _____ 7.30 we always have a pizza _____ the film which starts _____ 9 o'clock _____ the evening. I always _____ everything that is _____ my plate because pizza is delicious. We also _____ some popcorn _____ the way _____ the cinema.

Exercice n° 4

A POSTCARD FROM TORQUAY

Dear Sarah,
I am sending this postcard from Torquay in the south of England where we are spending our summer holiday. There are lots of people here and the beach is very busy. We are staying in a lovely hotel with a swimming pool. Today we are on the beach enjoying the hot weather, the sun is shining and the sea is really calm and blue. My brother John is learning how to windsurf. He is wearing a wetsuit and it is so funny because he is finding it really difficult! Mum is sunbathing and dad has gone to get us some ice-creams. I really love ice-cream especially when it's hot. My favourite flavours are vanilla and strawberry. The weather is nearly always great here in the summer and I always make lots of friends. The people next to us on the beach are really nice. They are staying at a campsite near here.
The campsite has a restaurant and some shops and is quite near the beach. They are talking to mum at the moment and their children who are eight and ten years old are playing in the sand with their buckets and spades. They are building a huge sandcastle to protect us from the water. I am going swimming now.

Wish you were here.
Best wishes

Claire

Lexique

- summer holiday : *vacances d'été*
- the beach : *la plage*
- windsurf : *planche à voile*
- wetsuit : *combinaison de surf*
- sunbathing : *prendre un bain de soleil*
- sandcastle : *château de sable*

I. Faites un résumé du texte en anglais.

ou

II. Répondez aux questions suivantes en anglais avec des phrases complètes.

1. Where is Claire spending her summer holiday?
2. What does she say about her hotel?
3. What is she doing today?
4. What is the weather like?
5. What are the other members of her family doing?
6. Does she like ice-cream? What are her favourite flavours?
7. Describe the people next to her on the beach.
8. Is she going surfing?

Corrigés des exercices

Exercice 1

1. How old are you?
2. Where do your parents live?
3. What did they give James for his birthday?
4. What are you doing?
5. Whose watch is it?

Exercice 2

1. Where are you going?
2. What did you do last week?
3. Why did they forget to come yesterday?
4. What would you like for dinner?
5. Who is coming tomorrow?

Exercice 3

At the weekend I went to the cinema. I went with my friends from school on Saturday night after sport's practice at the local race track. I love going to the cinema and when we get off the bus at 7.30 we always have a pizza before the film which starts at 9 o'clock in the evening. I always eat up everything that is on my plate because pizza is delicious. We also pick up some popcorn on the way into the cinema.

Exercice 4

I. Claire is sending a postcard from Torquay where she is on holiday. There are lots of people and the beach is very busy. She is staying in a nice hotel with a swimming pool. Today they are on the beach enjoying the hot weather. Her brother, John, is learning to windsurf and is finding it difficult. Her dad is buying some ice-creams and her favourite flavours are vanilla and strawberry. She always makes lots of friends on holiday. The people next to them on the beach are staying at a campsite. Their children are eight and ten years old. They are building sandcastles on the beach. Claire is going swimming.

II.

1. Claire is spending her summer holiday in Torquay in the south of England.
2. She is staying in a lovely hotel with a swimming pool.
3. Today she is on the beach.
4. The weather is hot.
5. Her brother is learning to windsurf, her mother is sunbathing and her dad is buying some ice-creams.
6. She really loves ice-cream especially when it's hot. Her favourite flavours are vanilla and strawberry.
7. The people next to her on the beach are really nice. They are staying at a campsite near the beach with a restaurant and some shops.
8. No, she isn't. She is going swimming.

8 Le futur avec will et l'expression would like to

1 Le futur avec will

■ **Will + verbe**

On utilise **will + verbe** pour faire des prédictions (action ou événement) dans l'avenir.

Forme affirmative	Forme négative	Forme interrogative
S + will/'ll + V	S + will not/won't + V	Will + S + V...?

Exemple :

– There will be a new prototype on the market next year. – *Il y aura un nouveau prototype sur le marché l'année prochaine.*

– They won't travel by car in the future. – *Ils ne voyageront pas en voiture dans l'avenir.*

– What will the weather be like tomorrow? – *Quel temps fera-t-il demain?*

Remarque : dans une phrase, la subordonnée introduite par **when** ou **as soon as** est au présent et la principale est au futur.

Exemple : When there is no fuel left, man will not travel by car. – *Quand il n'y aura plus de carburants, l'homme ne se déplacera pas en voiture.*

Exercice n° 1

Écrivez l'équivalent en anglais.

1. Ce sera difficile de trouver un bon travail dans 10 ans.
2. Les voitures n'auront pas lieu d'être dans 100 ans. (not be needed)
3. Il fera beau demain.
4. Je ferai des études pendant deux ans.
5. Je passerai vous voir quand je serai à Londres.

Exercice n° 2

Remettez les mots dans l'ordre.

1. will / on / holiday / I / next / go / year / . /
2. rain / will / tomorrow / it / . /
3. do / he / a / will / future / diploma / in / in / the / catering / . /
4. I / in / work / a / next / factory / year / won't / . /
5. will / the / the / you / go / opportunity / to / abroad / in / have / summer / ? /

2 Would like to

On utilise l'expression **would like to + verbe** pour parler de ce que l'on aimerait faire.

Forme affirmative	Forme négative	Forme interrogative
S + would/'d like to	S + would not/wouldn't like to	Would + S + like to?

Exemple:
- I would like to be a teacher. – *J'aimerais être professeur.*
- I wouldn't like to be unemployed. – *Je n'aimerais pas être au chômage.*
- What would you like to do when you leave school? – *Qu'aimerais-tu faire quand tu auras quitté l'école ?*

Exercice n° 3

Écrivez l'équivalent en anglais.

1. J'aimerais acheter une belle voiture.
2. Je n'aimerais pas travailler la nuit.
3. Ils aimeraient vivre dans le sud de l'Angleterre.
4. Aimerais-tu être coiffeur ?

Corrigés des exercices

Exercice 1
1. It will be difficult to find a good job in ten years' time.
2. Cars will not be needed in one hundred years.
3. The weather will be nice tomorrow.
4. I will study for two years.
5. I will come and see you when I'm in London.

Exercice 2
1. I will go on holiday next year.
2. It will rain tomorrow.
3. He will do a diploma in catering in the future.
4. I won't work in a factory next year.
5. Will you have the opportunity to go abroad in the summer?

Exercice 3
1. I would like to buy a nice car.
2. I wouldn't like to work nightshifts.
3. They would like to live in the south of England.
4. Would you like to be a hairdresser?

Crédits photographiques

Pages	
9	ph © photo 12/Alamy
28 h	ph © Kyodowc/Nescom/Sipa
28 b	ph © Collection ChristopheL
29	ph © Gilles Rolle/REA
34 g, d	ph © Pascal Victor/ArtComArt
35	© Lewis Trondheim
38	© Rémi MalinGrëy/Iconovox
74 b	ph © National Library of Australia, Canberra, Australie/Bridgeman images
79	ph © Collection Jean-Jacques Allevi/Rue des Archives, © Adagp, Paris 2015
80	ph © Fonds de dotation Peugeot pour la mémoire de l'histoire industrielle
82	ph © Keystone
83 h	ph © Suzanne Nagy
83 b	ph © Hamilton/REA
89	ph © Photo Josse/Leemage
97	© Fritz Behrendt
98	ph © Abecasis/Leemage
108	ph © Tsvangirayi Mukwazhi/AP/Sipa Press
119	ph © Amnesty International
121	ph © Laurent Dard/AFP
122	ph © Rafiqur Rahan/Reuters pictures
127	ph © Tom Cockrem/Getty images
129 h	ph © ChristopheL
129 b	ph © Jacques Petit
130	ph © Rossel & Cie – Le Soir, 16 mai 2010. « La présente photo est reproduite avec l'autorisation de l'Editeur, tous droits réservés. Toute utilisation ultérieure doit faire l'objet d'une autorisation spécifique de la société de gestion Copiepresse : info@copiepresse.be »
135	ph © Photopqr/La Provence/MaxPPP
139	ph © FIDL, le Syndicat lycéen, 2015
144	ph © Conception Action d'Eclat

Malgré nos recherches, il nous a été impossible de joindre certains auteurs ou leurs ayants droit pour solliciter l'autorisation de reproduction. Nous prions les personnes concernées de s'adresser aux Éditions Foucher afin de nous permettre de leur régler les droits usuels.

FOUCHER

s'engage pour l'environnement
en réduisant l'empreinte carbone
de ses livres.
Celle de cet exemplaire est de :
1,6 kg éq. CO_2
Rendez-vous sur
www.editions-foucher-durable.fr

PAPIER À BASE DE
FIBRES CERTIFIÉES

Mise en page : STDI
Cartographie et iconographie : STDI
Iconographie : Éliane Usaï

Paris – Juin 2016 – 01 – SG-CN/STM-VO

Imprimé en Italie par Legatoria Giovanni Olivotto L.E.G.O. S.p.A. – Lavis